有风添作翼 创新向未来

熊明民 主编

中国农业科学技术出版社

图书在版编目（CIP）数据

有风添作翼　创新向未来：农业科技平台体系构建实践与探索 / 熊明民主编. —北京：中国农业科学技术出版社，2017.12

ISBN 978-7-5116-3377-4

Ⅰ.①有… Ⅱ.①熊… Ⅲ.①农业科技推广—研究—中国 Ⅳ.①F324.3

中国版本图书馆CIP数据核字（2017）第285283号

责任编辑　贺可香
责任校对　贾海霞

出 版 者	中国农业科学技术出版社
	北京市中关村南大街12号　　邮编：100081
电　　话	（010）82106638（编辑室）　（010）82109702（发行部）
	（010）82109709（读者服务部）
传　　真	（010）82106650
网　　址	http://www.castp.cn
经 销 者	全国各地新华书店
印 刷 者	北京富泰印刷有限责任公司
开　　本	880mm×1 230mm　1/16
印　　张	30.25　彩插4面
字　　数	800千字
版　　次	2017年12月第1版　2017年12月第1次印刷
定　　价	150.00元

◁───── 版权所有·翻印必究 ─────▷

农作物基因资源与基因改良国家重大科学工程

国家农业生物安全科学中心

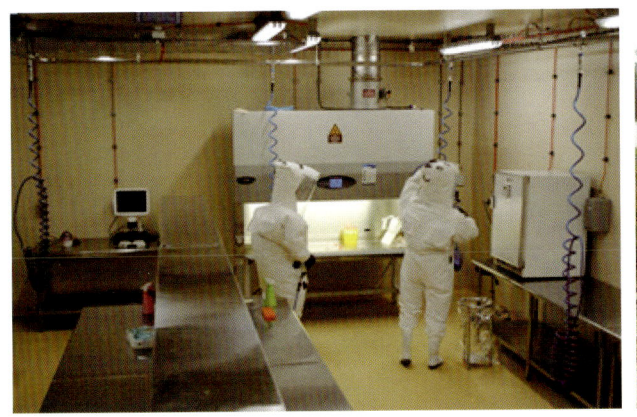

国家动物疾病防控高等级生物安全实验室

国家农作物种质资源平台——水稻种质资源鉴定与利用专题服务

动物营养学国家重点实验室

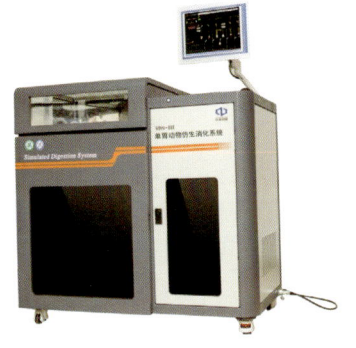

动物营养学国家重点实验室——自主研制单胃动物仿生消化系统

农业部农业环境重点实验室——野外观测实验

农业部农业基因组学重点实验室(北京)——高通量3D成像植物表型组学研究平台

农业部农业遥感重点实验室——智慧农业天空地一体化信息采集系统

农业部设施农业节能与废弃物处理重点实验室——植物工厂

农业部农业大数据重点实验室——国家农业图书馆

作物高效用水与抗灾减损国家工程实验室——野外监测

甘肃省新兽药工程研究中心

甘肃省中兽药工程技术研究中心——中兽医药学国际培训

农业部迁西燕山生态环境重点野外科学观测试验站——涡度相关测定

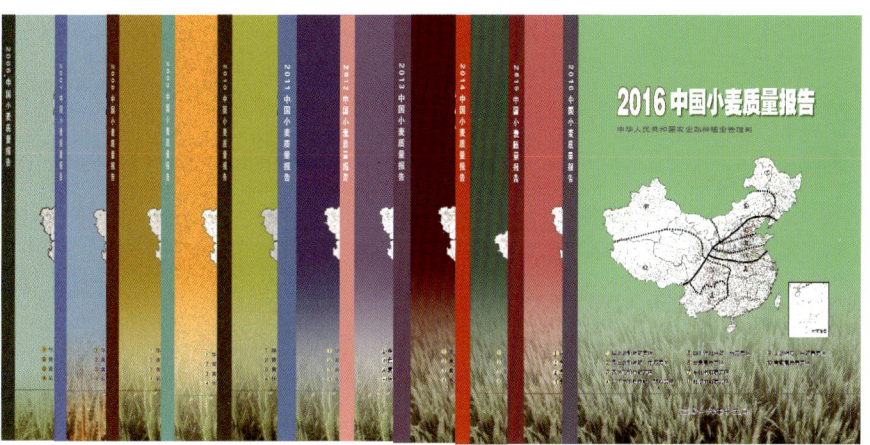
农业部谷物产品质量安全风险评估实验室(北京)——发布小麦年度质量年报

国家茶树改良中心培育茶树新品种——中茶 111 新梢

国家烟草改良中心——烟草育种西南试验基地

国家作物种质库（长期库）

国家种质沅江苎麻圃

中国—荷兰畜禽废弃物资源化中心成立仪式

《有风添作翼 创新向未来》
编委会

主　任　唐华俊
副主任　陈萌山　万建民
委　员　李金祥　李杰人　吴孔明　王汉中　刘大群
　　　　贾广东　梅旭荣　熊明民　文　学　刘　涛
　　　　刘　爽　刘建安　魏延迪　张蕙杰　潘燕荣

主　编　熊明民
副主编　刘　涛　刘　爽　刘建安　魏延迪　张蕙杰
　　　　潘燕荣
编　者（以姓氏笔画为序）
　　　　王　川　王　芳　王涌鑫　田　鹏　乔治文
　　　　任　冰　刘建安　刘　涛　刘　爽　吕谋超
　　　　朱大洲　严　莉　吴　进　应兴华　张北民
　　　　张　健　张艳禾　张　爽　张蕙杰　李德芳
　　　　李　蕾　杨　晓　杨　磊　邱国梁　陈天金
　　　　周　莉　孟照刚　庞朝友　郑永权　郑床木
　　　　胡海红　唐巧玲　夏伏建　夏　旭　徐建龙
　　　　贾金龙　顿宝庆　常　春　曹立勇　焉　石
　　　　黄丹丹　黄家章　鲁炳义　窦新红　熊明民
　　　　翟　琳　潘燕荣　谭志友　戴培刚　魏延迪

前　言

中国农业科学院建院60年来，在党中央、国务院的领导和关怀下，在农业部、科技部、发改委等有关部门的大力支持下，贯彻落实国家农业科技发展战略部署，全面提升科研创新能力与综合实力，引领带动全国农业科技进步，始终坚持把科技平台建设工作放在全院创新能力建设的核心位置，围绕具有自身特色的学科体系，强化科技平台与学科建设的系统性、配套性、联动性，构建了较为完善的"国家级、部级和院级，创新、支撑和服务"三级三类科技平台体系，为全院及全国农业科技创新工作提供了强有力的支撑。

本书系统总结了中国农业科学院60年来科技平台的发展目标、工作重点、发展历程与建设成效。本书共分九章，第一章，科技平台发展概述，从建设历程与现状、建设成效与作用、发展趋势与展望三个方面，梳理分析全院科技平台的功能定位与发展现状，阐述各类平台在促进科技创新、人才培养、成果转化、国内外合作等工作中发挥的基础支撑作用，对未来全院科技平台的发展趋势做出预判。第二章至第七章，基础设施条件平台、科学研究创新平台、技术集成熟化平台、野外科学观测平台、产业安全支撑平台、品种保藏改良平台，分别概要性介绍了国家重大科技基础设施、国家重点实验室、国家工程实验室（研究中心）、国家野外科学观测试验站、国家质检中心、国家品种改良中心等科技创新、支撑和服务平台的总体定位、研究方向、条件团队等内容，并系统总结了各平台取得的亮点成绩与研究进展。第八章，技术转化示范平台，重点介绍了该类平台的建设历程、建设成效和发展趋势，对部分典型转化示范平台的条件建设、运行管理、工作成绩等做了概要表述。第九章，国际合作交流平台，主要介绍了国际联合实验室、国际合作基地、引智基地等平台，从合作领域、运行机制、合作成果等方面，全面总结了国际合作平台取得的成绩与进展。

当前，我国正处于由传统农业向现代农业、由农业大国向农业强国转型的关键阶段。面向世界农业科技前沿、国家重大需求和现代农业建设主战场，中国农业科学院要加快建设世界一流学科和一流科研院所，紧紧抓住国家实施创新驱动发展战略的有利时机，进一步加强科技平台建设，加快自主创新基础能力建设步伐，开拓创新，率先跨越，为建设农业科技创新体系、推动我国农业科技整体跃升做出新的更大的贡献。

目　录

第一章　科技平台发展概述 ········· 1
- 第一节　建设历程与现状 ········· 2
- 第二节　建设成效与作用 ········· 8
- 第三节　发展趋势与展望 ········· 12

第二章　基础设施条件平台 ········· 19
- 第一节　国家重大科技基础设施 ········· 19
- 第二节　国家科技基础条件平台 ········· 25

第三章　科学研究创新平台 ········· 34
- 第一节　国家重点实验室 ········· 34
- 第二节　农业部重点实验室 ········· 66
- 第三节　地方重点实验室 ········· 150
- 第四节　中国农业科学院重点开放实验室 ········· 160

第四章　技术集成熟化平台 ········· 163
- 第一节　国家工程实验室（研究中心） ········· 163
- 第二节　国家工程技术研究中心 ········· 172

| 第三节 | 省级工程技术研究中心 | 184 |
| 第四节 | 中国农业科学院工程技术研究中心 | 196 |

第五章　野外科学观测平台　198

第一节	国家野外科学观测试验站	198
第二节	农业部野外科学观测试验站	208
第三节	中国农业科学院野外科学观测试验站	229

第六章　产业安全支撑平台　232

第一节	国家质量监督检验中心	232
第二节	农业部产品质量监督检验测试中心	234
第三节	国家农产品质量安全风险评估机构	249
第四节	农业部农产品质量安全风险评估实验室	250
第五节	中国农业科学院农产品质量安全风险评估研究中心	275
第六节	国家参考实验室	276

第七章　品种保藏改良平台　280

第一节	国家农作物改良中心	280
第二节	国家种质资源库	300
第三节	国家种质资源圃	313

第八章　技术转化示范平台　324

第一节	建设历程与现状	324
第二节	建设成效与作用	325
第三节	发展趋势与展望	328
第四节	典型转化示范平台	342

第九章　国际合作交流平台　356

| 第一节 | 国际联合实验室 | 356 |
| 第二节 | 国际科技合作基地 | 409 |

第三节	国家引进国外智力成果示范推广基地与示范单位	420
第四节	OIE、FAO认可参考实验室、中心	432
第五节	国际机构驻京办事处	442

附表1：基础设施条件平台 ······ 443

附表2：科学研究创新平台 ······ 444

附表3：技术集成熟化平台 ······ 449

附表4：野外科学观测平台 ······ 451

附表5：产业安全支撑平台 ······ 455

附表6：品种保藏改良平台 ······ 459

附表7：技术转化示范平台 ······ 461

附表8：国际合作交流平台 ······ 465

参考文献 ······ 469

第一章 科技平台发展概述

中国农业科学院作为国家级综合性科研机构，肩负着发展农业科学技术、培养高级农业科研人才、组织全国农业科研协作、开展国际合作与交流的历史使命，承担着全国农业科技重大基础研究与应用基础、前沿高技术发展、共性关键技术研究以及重大技术集成、转化、示范与推广的重任。建院60年来，在引领我国农业科学技术发展、解决农业与农村经济发展中的基础性、方向性、全局性、前瞻性重大问题和关键共性技术等方面做出了重要的贡献。

"十二五"以来，中国农业科学院围绕"建成世界一流农业科研院所"的发展目标和"服务产业重大科技需求、跃居世界农业科技高端"的重大使命，大力实施科技创新工程，加快推进现代科研院所建设，全面提升学术水平和影响力，成为国家农业科技创新新思想、新理论、新技术和重大科技命题的策源地；全面提升对高层次科研人才的吸引力和凝聚力，成为国家农业高层次科研人才的培养基地和创新创业基地；全面提升宏观决策咨询能力，成为国家"三农"问题和农业科技发展战略研究的学术重镇；突出体制机制创新，进一步提高创新活力和创新效率，着力解决我国现代农业发展重大科技问题，凸显中国农业科学院"改革排头兵、创新国家队、决策智囊团"的地位。

根据中国农业科学院的定位和使命，我们始终把科技平台建设工作放在全院能力建设的核心位置，将加强条件能力建设作为实现建设世界一流农业科研院所的战略发展目标、实现科技创新跨越式发展的重要战略举措，紧紧抓住国家实施创新驱动发展战略的有利时机，加快自主创新基础能力建设步伐，显著改善了科研设施与实验条件，提升了全院科技创新能力，从而使部分科技前沿研究在国际上占据了一席之地。同时，强化科技资源的整合与开放共享，有效提升了创新效率和水平，有力地支撑了产业技术进步和产业结构优化升级。

第一节　建设历程与现状

科技平台是我国农业科技创新体系的重要组成部分，是支撑农业科技创新、凝聚和培养高层次人才队伍、促进国际合作与交流、保障现代农业科技事业持续健康发展的重要基础。国家高度重视科技基础平台建设工作，"十二五"以来陆续发布了一系列发展规划，主要包括《国家重大科技基础设施建设中长期规划（2012—2030年）》《国家野外科学观测研究基地发展总体规划（2010—2020年）》《农业部重点实验室发展规划（2010—2015年）》等。通过规划的实施，在全国建立了科学研究、技术创新、转化示范等各类科技平台体系，有力地支撑了农业科技创新能力的提升。

根据国家科技体制改革的部署与要求，中国农业科学院科技平台建设工作迄今已走过了三个不同的建设阶段（图1-1）。第一阶段为1984—1995年，是科技平台建设的起步时期。在这一阶段，我国的研究与教育体制已不能适应社会发展的需要，研究机构和高等院校都是按老学科或单一学科设置的，新中国成立以来30多年几乎没有变化；研究实验条件与装备手段陈旧，很少得到更新；新兴、交叉学科探索困难重重；各类人才、尤其是高层次研究人才匮乏；管理体制非常落后。为了适应经济建设、科学技术和教育事业的发展，1985年，中共中央出台《关于科学技术体制改革的决定》，明确提出科技体制改革的目的是："使科学技术成果迅速地广泛地应用于生产，使科学技术人员的作用得到充分发挥，大大解放科学技术生产力。"并对科技管理机制、科技拨款制度等方面的改革作了明确的要求。根据中央的要求，原国家计委、科委等主管部门陆续启动了重大科学工程、重点实验室、工程技术中心等国家科技平台建设计划。中国农业科学院在20世纪80年代，植物病虫害生物学国家重点实验室、兽医生物技术国家重点实验室先后批准建设并通过验收，成为农业领域第一批国家

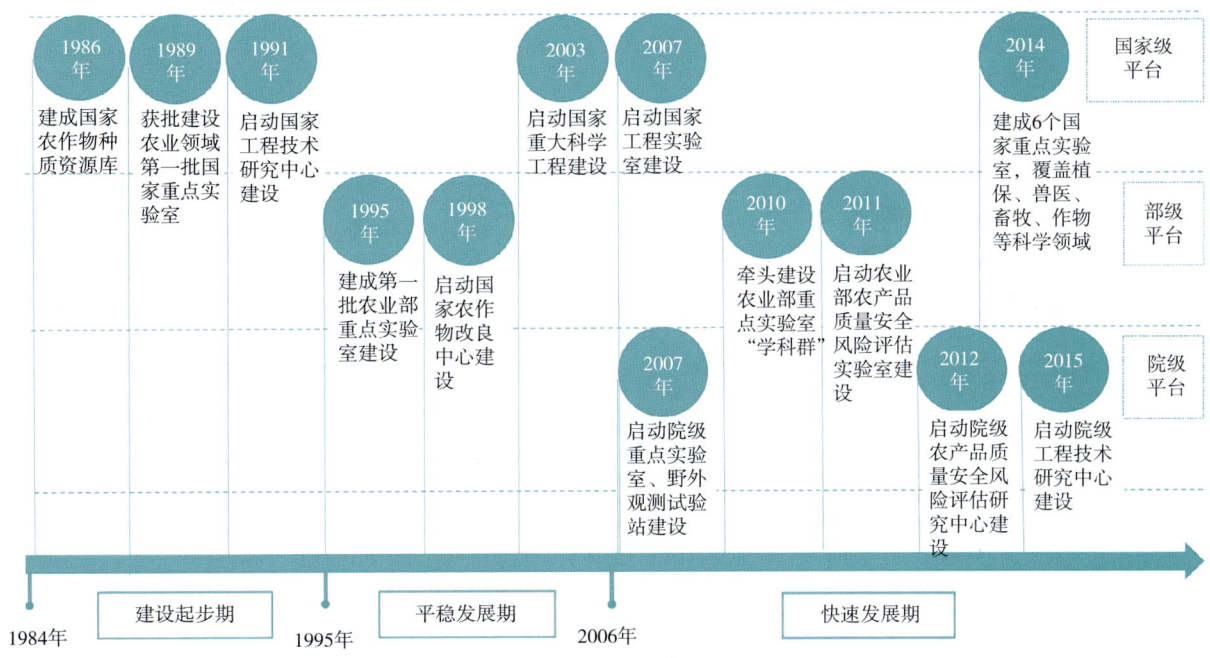

图1-1 中国农业科学院科技平台建设历程

重点实验室，对国内外同行全方位开放共享。1986年建成国家农作物种质资源库，1991年建设国家昌平综合农业工程技术研究中心。第二阶段为1995—2006年，是科技平台建设的平稳发展时期。1995年5月，党中央、国务院提出"科教兴国"战略并发布了《关于加速科学技术进步的决定》，提出要实施"稳住一头，放开一片"的科技方针，明确了改革的重点任务。国家发改委、科技部在农业领域建设了一批重大科学工程、重点实验室、工程实验室、野外观测试验台站等国家级科技平台，农业部等行业主管部门也正式启动了重点实验室、品种改良中心、质量监督检验测试中心等部门级科技平台建设计划。中国农业科学院在1995年建成了第一批农业部重点实验室，1998年建设了第一批国家农作物改良中心，2001年建成"中日农业技术研究发展中心"，2003年建成"农作物基因资源与基因改良国家重大科学工程"和"国家农作物种质保持中心"。第三阶段为2006年到现在，是科技平台建设的快速发展时期。2006年1月，党中央、国务院出台了《关于实施科技规划纲要增强自主创新能力的决定》，明确提出实施"自主创新"战略。同时，颁布了《国家中长期科学和技术发展规划纲要》，明确指出，要建立以企业为主体、产学研结合的技术创新体系，全面推进国家创新体系建设。为贯彻落实中央的决策部署，中国农业科学院于2007年建设了52个院级重点实验室，2008年制定发布了《中国农业科学院"十一五"科技平台规划》，建设了3个国家工程实验室和60个中国农业科学院野外科学观测试验站，2010年制定发布了《中国农业科学院"十二五"科技平台规划》，2011年建设了13个农业部农产品质量安全风险评估实验室，2012年建设了20个院级农产品质量安全风险评估研究中心，2013年围绕学科框架体系编制了《中国农业科学院学科平台建设方案》，建成了国家农业图书馆，2015年建设了32个中国农业科学院工程技术研究中心。至此，中国农业科学院围绕具有自身特色的学科体系，构建了较为完善的"国家级、部级和院级，创新、支撑和服务"三级三类科技平台体系，为全院及全国农业科技创新工作提供了强有力的支撑。

一、建成一批以重大科技基础设施、重点实验室、品种改良中心等为主体的科技创新平台

科技创新平台是以支撑农业科技自主创新与科技进步、实现农业科技重大突破和长远发展的条件资源集成系统，肩负着源头创新、开展前瞻性研究、组织开拓性工作的重要使命，是组织农业基础与应用基础研究、高技术发展和共性技术创新的主要基地和依托平台。

在国家重点实验室专项、部门重点实验室建设计划、种子工程等项目支持下，中国农业科学院建成了国家重大科技基础设施2个；国家重点实验室6个、省部共建国家重点实验室基地1个；建成农业部重点实验室62个、农业科学观测试验站19个、院级重点实验室52个；建成国家品种改良中心（分中心）22个、国家作物种质库、圃23个；建成农业部农产品质量安全风险评估实验室25个，院级风险评估研究中心22个。

二、建成一批以农业野外科学观测试验站、工程实验室/技术中心等为主体的科技支撑平台

科技支撑平台是以支撑农业产业可持续发展、开展农业产业共性技术研究开发与应用示范的条件资源集成系统，是组织基础性工作、农业产业关键技术研究、技术集成研究与示范的主要平台。

在国家野外试验站、工程技术研究中心等建设专项支持下，建成了5个国家级野外台站、24个部门重点野外台站、60个院级野外台站；建成了7个国家工程（技术）研究中心、5个国家工程实验室、32个院级工程技术研究中心。

三、建成一批以农产品质量监督检验、国家参考实验室等为主体的科技服务平台

科技服务平台是以开展农业产业共性关键技术的转移与应用，为农业产业提供质量检测、疫情诊断、技术咨询等服务的条件资源集成系统，担负着保障农产品质量安全和生物安全的重要任务，是服务农业生产、维护市场经济秩序的主要技术平台。

在国家农产品质量安全检验检测体系建设项目、参考实验室建设项目等支持下，建成了3个国家级质检中心、25个部门农产品质量监督与检验测试中心、6个部门转基因产品检测中心；建成了4个国家科技基础条件平台；建成了牛传染性胸膜肺炎、禽流感、口蹄疫等3个国家参考实验室和禽流感、马传染性贫血、马流感、口蹄疫等8个世界动物卫生组织（OIE）参考实验室（表1-1）。

表1-1 中国农业科学院三级三类科技平台统计

类别	名称	国家级（个）	部门级（个）	院级（个）
科技创新平台	重大科学工程	2		
	重点实验室	6+1	81	52
	改良中心（分中心）		22	
	工程技术研究中心（科技部）	5		32
	风险评估实验室、研究中心		25	22

（续表）

类别	名称	国家级（个）	部门级（个）	院级（个）
科技支撑平台	农作物种质库、圃		11+12	
	野外试验站	5	24	60
	工程实验室和研究中心（发改委）	5+2		
科技服务平台	质检中心	3	31	
	科技基础条件平台	4	+	
	参考实验室	8	3	
合计	416	41	209	166

四、建立绩效考核评估机制，提升科技创新能力

评估考核是科技平台建设的重要环节。根据国家科技平台的管理办法和要求，中国农业科学院建立了具有自身特色的科技平台绩效评估机制。"十二五"以来，先后完成了6个国家重点实验室、5个国家工程技术研究中心、42个农业部重点实验室、19个农业科学试验站、52个院级实验室和60个院级野外科学试验站的考核评估。总体来说，各类平台顺利通过了评估考核，通过评估，进一步促进了科技平台的建设与运行，有力地提升了科技平台的创新能力。例如，在2016年科技部组织的国家重点实验室评估中，中国农业科学院6个国家重点实验室瞄准国家重大需求和国际科技发展前沿，立足自身发展定位和发展基础，承担了国家级、省部级及国际合作等项目课题1 220项，总经费16.63亿元；获国家奖18项，发表学术论文5 290篇，其中SCI收录论文2 619篇，在《Cell》《Science》《Nature》等国际顶尖学术刊物上发表论文9篇；审定农作物新品种53个，获得新兽药证书21个，新增工程院院士3人，"千人计划"1人，长江学者特聘教授5人，国家杰出青年基金获得者6人，国家优秀青年科学基金获得者3人，科技创新综合实力不断增长，科技创新整体水平有效提升，成为中国农业科学院自主创新的核心平台，有力地支撑了院一流学科、一流院所的创建。经评估，兽医生物技术、水稻生物学两个实验室被评为"优秀"，植

物病虫害生物学、棉花生物学、动物营养学、家畜疫病病原生物学4个实验室被评为"良好",国家重点实验室评估取得了优异成绩。

五、运行管理水平稳步提升,有效保障了科技平台高效运转

"十二五"以来,中国农业科学院大力加强科技平台运行管理工作。围绕学科建设与发展,编制完成了《中国农业科学院学科平台建设方案》,科学指导各级平台建设和运行管理。围绕平台运行机制建设,注重发挥平台学术委员会指导作用,共同凝练重大科学问题,推进实验室学科群人才团队建设,引导合作研究与学术交流。围绕中国农业科学院对基础性长期性科研数据的迫切需求,组织完成了农业科技基础性长期性数据监测任务的顶层设计和系统布局。围绕科技资源开放共享,建立了大型仪器设施开放共享平台网络,摸清了各级平台大型科学仪器设备、试验基地等基本情况,有效整合资源、提升共享服务能力,推进各级平台高效运行。

六、加强基础能力建设,支撑科研事业快速发展

通过积极争取国家重大科技计划、中央单位修缮购置专项、全国农业科技创新条件能力建设项目等支持,中国农业科学院科技平台的条件保障能力大幅增强。"十二五"期间,6个国家重点实验室获得中央财政资金支持近3.4亿元;农业部重点实验室体系获得创新条件能力建设资金近2.3亿元;风险评估实验室、质检中心年均获得农业部财政预算资金稳定支持6 000万元左右。4个国家科技基础条件平台每年获得运行服务奖励补助5 900万元左右。中国农业科学院科技平台的基础设施和仪器设备得到了显著的改善,有力地支撑了全院科研事业的快速发展。

第二节　建设成效与作用

建院60年来，中国农业科学院的科技平台通过凝聚优秀人才、改善设施和条件，持续开展高水平农业基础、应用基础研究、关键共性技术创新，在探索农业科学前沿和解决国家重大需求方面做出了突出贡献，为全院农业科技创新发展发挥了重要作用。

一、建立种质资源平台，成为全国开展农业科技基础性工作的研究中心

依托国家作物种质库、圃和科技基础条件平台，中国农业科学院开展了长期、系统的农作物、畜禽、农业微生物等种质资源收集、保存、评价与利用研究。建立了农作物种质资源保存体系，长期安全保存180种作物种质资源共48万份，累计向全国3 922个科研院所、大专院校、企业、政府部门和生产部门等提供农作物种质资源实物共享14万份次，信息共享50万人次，服务用户11 577人次。为优质、高产、多抗作物新品种培育提供了重要支撑，保证了我国农作物新品种的及时更新换代。建成全球最大畜禽动物体细胞库，保存国内外331个动物畜禽品种13 650份资源。累计向政府、科研单位和高等院校及养殖企业等2 000余家提供动物实物资源1 638万份。建成农业微生物菌种保藏管理中心，共有各类微生物资源730属、2 500种、20 000余株，累计为800多家企业、680余所高校和600余家科研院所以及200余家政府机构和个人，提供10 000多株次的菌种共享服务，有力支撑了我国生物产业的发展和生物科研的进步。

二、创新农业科学理论和方法，成为开展农业基础和应用基础研究的国家基地

依托国家重点实验室等科技平台，中国农业科学院持续开展了一系列农

业重大理论和方法的研究，先后承担了国家973计划和国家自然科学基金项目，在作物基因资源与基因改良、动植物营养、病虫害发生规律、动物疫病防控、转基因生物安全等重要研究方向形成了优势和特色，为促进我国农业科技原始创新、增强农业科技储备、引导未来农业科技发展发挥了重要作用，成为开展农业基础、应用基础研究的国家基地。水稻生物学、兽医生物技术、植物病虫害生物学国家重点实验室的一批相关研究成果近年相继发表在《Nature》《Science》《Plant Cell》《Pans》等国际知名刊物上，一批成果获得国家科技进步一等奖和国家自然科学二等奖。"十二五"期间，在重点实验室的支持下，中国农业科学院主持的国家重点基础研究发展计划农业领域项目占全国总数的30%左右，在农业基础研究中已与中国科学院、农业高校呈三足鼎立之势；以第一完成单位获得的国家奖占农业领域授奖总数的22%，其中一等奖占1/3；发表SCI论文总数大幅增长。

三、突破一批高新技术，成为承担农业高新技术的国家队

依托国家农作物改良中心、工程实验室、工程中心等科技平台，中国农业科学院先后承担了一大批国家863计划、转基因重大专项项目，农业高新技术研究取得了跨越式发展，在动植物基因工程、细胞工程、分子育种、杂种优势利用等前沿高技术领域，突破了一批核心和关键技术，形成居国际领先或先进水平的三系配套的转基因抗虫棉、超级稻、"双低"油菜、矮败小麦等重大成果。先后培育出"中棉所47"等转基因棉花新品种24个，第一个通过国家审定的高产、抗虫、抗病的三系杂交抗虫棉品种"银棉2号"；培育的"中双9号"油菜、"中嘉早17"水稻、"中甘21"甘蓝等品种推广面积连年居全国前5位；研制成功重组禽流感病毒灭活疫苗（H5N1亚型）、禽流感重组鸡痘病毒载体活疫苗（H5亚型），禽流感、新城疫重组二联活疫苗以及针对禽流感病毒变异株的疫苗，是国际上第一个产业化应用的重组RNA病毒活载体疫苗；研制成功我国第一个拥有自主知识产权的兽用化学药物饲料添加产品——"喹烯酮"，是我国第一个获得国家一类新兽药证书的兽用化学药物。奶牛衣原体病灭活疫苗

（SX5株）获国家一类新兽药证书，大面积应用产生了巨大的经济效益和社会效益。

四、攻克一批制约产业发展的共性关键技术，成为农业科技创新的主力军

依托部级、院级重点实验室等科技平台，围绕国家农业和农村经济发展中的重大、关键性技术问题，中国农业科学院在农业资源高效利用、农业环境工程、气候变化与防灾减灾、农业信息技术、食品科学与农产品加工、农产品质量与标准等重大共性关键技术研究领域，突破了一个又一个技术难关，为我国粮食与农业综合生产能力的稳步提高发挥了不可替代的作用。相继培育出"协优9308""国稻1号""国稻6号"等一批优质高产超级稻新品种。研制出小麦群体改良的理想工具"矮败小麦"，选育出以国审小麦品种"轮选987"为代表的通过国家或省级审定的新品种42个。培育出广适高产优质大豆新品种"中黄13"，成为自1995年以来唯一年推广面积超千万亩的大豆品种。构建了小麦条锈病菌源基地综合治理技术体系，防病保产效果极其显著。研发了防控外来入侵生物系列关键预警、监控与阻截技术。培育出中国西门塔尔牛新品系，育种群规模达2万头。改良黄牛近100万头，居国内各改良品种之首。发明了矮小型鸡配套制种技术，培育出并通过国家审定的节粮优质抗病黄羽肉鸡新品种4个。建立试验用小型猪近交系种群，打破了国外同类品种垄断格局。

五、引育并举，成为集聚和培养高端农业科技人才的主阵地

依托科技平台，中国农业科学院采取引进与培育并重的方针，大力加强人才队伍建设工作，先后实施了"杰出人才工程""科技创新团队建设工程""青年英才计划"和"科研英才培育工程"，不断吸引、聚集优秀农业科技人才，加强研究生培养教育，逐步调整、完善人才培养政策措施，强化人才

培养机制，造就了一支学科专业比较齐全、高层次人才集中、人员结构优化、勇于开拓创新的科技人才队伍，大大提升了中国农业科学院农业科学的自主创新能力、学术水平和国际地位。截至目前，全院各级平台共有工作人员3 468人，其中，固定人员2 751人，占79%。固定人员中，有两院院士12人，"千人计划"入选专家6人，"青年千人计划"入选专家4人；国家自然科学基金委创新研究群体4个，杰出青年科学基金获得者20人，优秀青年科学基金获得者11人，中国青年科技奖获得者16人；中华农业英才奖获得者11人，农业科研杰出人才及其创新团队82人（个），国家产业技术体系首席科学家18人、岗位专家241人；国家级有突出贡献专家21人，在职享受政府特殊津贴专家133人，"百千万人才工程"国家级人选60人，全国杰出专业技术人才与先进集体5人（个）。共有在读研究生（含联合培养）2 849人，其中，硕士研究生1 992人、博士研究生660人，在站博士后197人。

六、组织农业科技协同创新，成为国内外合作与交流的中心

依托转化示范平台和国际合作平台，中国农业科学院在农作物种质资源、农作物育种、植物保护、畜禽育种与养殖、重大畜禽疫病、资源与环境等领域牵头组织开展了一批国家级科研协助项目，在全国27个省（自治区、直辖市）共建设了108个科研试验基地，以昌平南口、河北廊坊、河南新乡等3个综合试验基地为抓手，充分发挥试验基地中试、展示、示范的核心作用。同时，积极开展农业科技国际合作与交流，与国外机构和国际组织共建联合实验室/联合研究中心62个，其中院部级联合实验室32个；11个研究所被国家外专局授予"引智成果示范推广基地"；5个研究所被科技部授予"示范型国际科技合作基地"；2个研究所被科技部授予"国际联合研究中心"，在种质资源、生物多样性、食品安全等农业科学技术的各个领域开展了富有成效的合作，发起和组织了挑战计划、国际马铃薯、黄瓜、棉花、小麦、烟草基因组测序计划等重大国际合作项目，组织国际小麦、玉米穿梭育种、全球小麦锈病协作、灌溉稻协作、超级稻协作等国际大协作，在引进技术、引进外资、引进管理经验、培养

人才及农业科技"走出去"等方面取得了显著成就，有力地促进了人才队伍建设和学科发展，为不断增强全院自主创新能力，缩短与农业发达国家的差距，大力提升在国际农业科技界的地位和影响力发挥了重要的作用。

第三节 发展趋势与展望

当前，世界科技发展步伐持续加快，科学和技术高度融合，新兴产业不断涌现。农业科技正孕育新的革命性突破，生物组学、干细胞等生命科学重大原始创新推动农业基础科学快速发展，大数据、3D打印等信息技术广泛应用于农业生产，催生了生物育种、生物制品、农产品精深加工、生物质材料等一批战略性新兴产业。我国农业发展方式加速转型，要求进一步加快农业供给侧结构性改革步伐，提高农业产业质量、效益和竞争力，加快实施创新驱动发展战略，更多依靠科技创新引领，加强农业关键技术创新与应用，加快资源节约型、环境友好型和生态保育型等农业模式创新，打造绿色、低碳、循环和智慧农业，为农业可持续发展注入新活力。

面对新一轮科技革命和农业产业转型升级，中国农业科学院必须抢抓先机，把握科学前沿，引领创新方向，在基础、前沿领域和共性关键技术领域率先取得突破和跨越，牢牢掌握农业科技竞争主动权。与此同时，农业科技的革命性突破越来越依赖于重大工程设施、重点实验室等科技基础平台支撑，依赖于先进的实验手段和科技基础数据信息观测、计算等综合分析处理能力。立足农业科技发展需求，迫切需要通过打造一批起点高、装备强，具有战略性和标志性的重大科技平台，开展农业基础性、前沿性、关键共性科学技术研究，缩短与世界先进农业科技水平的差距，支撑未来我国农业产业的发展。

2013年以来，新一轮科技体制改革不断深入，《国务院关于改进加强中央财政科研项目和资金管理的若干意见》《国家科技创新基地优化整合方案》《国家重大科研基础设施和大型科研仪器开放共享管理办法》等文件陆续出台，中央财政科技计划（专项、基金等）和项目资金管理改革迈出重大步伐，设立了基地和人才专项，旨在支持科技创新基地建设和能力提升，促进科技资源开放共享，支持创新人才和优秀团队的科研工作，提高我国科技创新的条件保障能力。同时，提出要合理优化国家层面平台布局，整合为科学与工程研究、技术创新与成果转化、基础支撑与条件保障等三类；完善评价机制，加强相互衔接，鼓励国家科技基础条件平台对外开放共享服务，促进国家重大科研基础设施和大型科研仪器向社会开放，实现跨机构、跨地区的开放运行和共享。

"十三五"时期，中国农业科学院科技平台要牢固树立创新、协调、绿色、开放、共享的发展理念，深入贯彻国家创新驱动发展战略，认真落实国家科技体制改革的具体要求，面向世界农业科技前沿、面向国家重大需求、面向现代农业建设主战场，明确本院科技平台体系在全国农业科技创新中的核心性、引领性、统筹性定位，按照本院科技发展规划的总体部署，以加快提升农业科技创新能力为目标，以支撑学科高地、服务卓越团队和激发创新活力为出发点和落脚点，系统谋划、统筹布局，努力构建装备先进、功能完善、运转高效、开放共享、支撑有力的科技平台体系，为实现建设世界一流学科和一流科研院所发展目标提供强大的物质基础和条件保障，为推动农业科技整体跃升、促进我国从农业大国迈向农业强国提供坚实支撑。

一、科技平台建设的基本原则

（一）需求导向、突出重点

面向世界农业科技前沿、面向国家重大需求、面向现代农业建设主战场，围绕"优势学科—卓越团队—重点任务—核心平台"的一体化布局，强化学科引领作用，系统梳理八大学科集群平台建设需求，加强资源整合和顶层设计，明确各学科平台建设的主攻方向和重点任务，力争在关键领域尽快实现突破，形成更多竞争优势。

（二）优化布局、完善体系

围绕"十三五"科技发展规划确立的发展目标，优化整体布局，完善支撑体系，重点为"打造学科高地、培育卓越团队、提升产出效率、解决重大需求"提供条件保障。根据打造优势学科高地、培养学科新增长点、优化学科力量布局和统筹学科发展重点的要求，统筹协调，有序推进，注重新兴交叉学科、弱势学科平台建设，提升平台与学科体系的系统性和配套性。

（三）建管并重、分类评价

变"重建轻管"为"建管并重"，注重平台运行能力和管理水平的提升，坚持分级、分类管理，加大对平台管理、技术及辅助人员业务技能和管理能力培训，注重与国际、国内一流科技平台的比对和交流学习，积极探索院所两级共建共管机制和分类评价，全面提升平台运行管理水平和创新支撑能力，促进各级平台高效运转。

（四）创新机制、开放共享

强化重大基础设施、大型仪器设备、野外试验基地、试验材料以及科技信息等平台资源的开放共享，完善开放共享、知识产权等管理办法，探索有偿服务、激励评价、用采联动等运行机制，调动院所各级平台和相关人员积极性，注重运用互联网等现代信息技术手段，提高共享平台专业化服务水平，充分发挥平台最大潜能。

二、科技平台的发展目标

到2020年，科技平台体系布局进一步完善，基本实现8大学科群、130个左右学科领域、300个左右研究方向和研究所全覆盖，学科体系与平台建设的系统性和配套性进一步增强，平台对学科建设的支撑作用显著提升，形成基础与应用基础研究、高技术发展、共性与关键技术创新相衔接，科学技术研究与农业产业发展相结合，装备先进、功能完善、运转高效、支撑有力、体系健全、开放共享程度高的现代科技平台体系。具体主要包括以下4点。

（一）支撑世界级农业科学中心建设

在作物、兽医、生物技术等优势学科领域，全面提升2个重大科技基础设施、6个国家重点实验室建设水平；谋划推动2个左右重大科技基础设施、9个左右重大农业科学工程、1个国家实验室、3个左右国家重点实验室建设，支撑6个以上世界级农业科学中心建设，推进优势学科率先跨入世界先进行列。

（二）支撑国家级农业科学技术中心建设

在作物基因资源、资源环境、农产品加工、农产品质量安全等重点学科领域，全面提升52个工程（技术）研究中心、工程实验室和87个重点实验室（站）建设水平；争取新建2个左右国家工程技术研究中心、3个左右农业部综合性重点实验室、10个左右农业部专业性重点实验室，整合平台资源，支撑30个左右国家级农业科学技术中心建设，夯实重点学科在全国的领军地位。

（三）支撑优势特色学科发展

在果树学、茶学、特种经济作物学、农业机械装备等特色学科领域，全面提升4个国家科技基础条件共享服务平台、23个农作物种质库圃、36个质检中心和20个评估研究中心等平台建设水平，新建1个国家农业科学数据总中心、9个数据中心建设和30个左右国家农业科学试验站，10个左右现代农业产业技术体系研发中心、功能研究室，系统支撑50个左右特色优势学科快速发展。

（四）支撑卓越团队建设

围绕培育30个左右国际知名创新团队，100个左右国内领先创新团队，30个左右行业特色创新团队，强化科技平台支撑作用，为卓越团队建设夯实平台基础。

三、科技平台的工作重点

（一）重点加强科技前沿和战略必争领域平台布局和建设，服务世界级农业科学中心发展

围绕支撑世界级农业科学中心建设和服务国际知名、国内领先和行业特色卓越团队，加强重大科学基础设施或重大科学工程建设。提高农作物基因资源与基因改良国家重大科学工程、国家农业生物安全科学中心、农产品质量标准与检测中心、国家畜禽改良研究中心和国家农业图书馆等重大科技设施与工程服务科技创新的能力。加快推进国家作物种质新库的建设，重点推动农作物种质表型和基因型重大科技基础设施、国家重大动物疫病防控科学中心、国家作物种质新库、农业生物技术研究中心、农业遥感应用中心、耕地质量与土壤改良中心、农业重大气象灾害模拟舱等重大科技基础设施的立项建设。

围绕国际科学前沿、国家农业科技重大需求和中国农业科学院基础学科发展优势，在现代农业、高级别生物安全等领域战略性部署国家实验室。以国家目标和战略需求为导向，集中全国优势发展力量，组织开展具有重大引领作用的协同攻关，建设学科交叉融合、综合集成的国家研究基地，大幅度提升中国农业科学院优势特色学科的核心竞争力和原始创新能力，抢占科学制高点，引领国际农业科技创新的发展方向。

围绕国家农业科技重大需求和中国农业科学院基础学科发展优势，组织6个国家重点实验室重点开展农业科技基础研究、应用基础研究、前沿高技术发展、关键共性技术研究，为农业发展提供新理论、新技术和新方法，培育和发展重点学科、新兴学科及交叉学科，聚集和培养优秀农业科学家和高级农业科研人才，开展国际农业科技交流与合作，大幅度提升中国农业科学院优势学科领域基础研究水平，引领国际农业科技创新的发展方向。

（二）着力完善解决农业领域关键科学问题和重大共性技术学科的平台布局和建设，推动国家级农业科学技术中心发展

围绕农业重大共性关键技术的突破，重点强化5个国家工程技术研究中

心、5个国家工程实验室、2个国家工程研究中心的运行发展，在中兽药、农村沼气、收获机械、农产品加工、超级稻等领域建成院级、省级工程技术研究中心。加强农业科技成果向生产力转化的中间环节，促进科技产业化；推动集成、配套的工程化成果向相关行业辐射、转移与扩散，促进新兴产业的崛起和传统产业的升级改造。

围绕农业领域关键科学问题，组织已建成的18个综合性农业部重点实验室、20个专业性农业部重点实验室、19个科学观测试验站组成的部级重点实验室平台体系，以及1个国家级农产品质量安全风险评估机构、25个部级风险评估实验室和20个院级风险评估研究中心组成的农产品质量安全学科平台体系开展农业科技基础研究、应用基础研究，为突破产业核心关键技术瓶颈提供基础支撑。着力支持"十三五"新增4个综合性农业部重点实验室（试运行）、20个专业性农业部重点实验室（试运行）的条件建设、运行管理尽快步入正轨，引导实验室围绕提高农业质量效益和竞争力的科技需求，以节本增效、优质安全、绿色发展为重点开展科学研究，提升新增农业部重点实验室（站）在农业科技创新中的重要地位和作用。

（三）坚持推进具有农业学科特点领域的平台布局和建设，为农业科技创新和行业发展提供支撑服务

围绕中国农业科学院相关学科发展对基础性科研大数据的迫切需求，发挥国家农作物种质资源平台、国家微生物资源平台、国家家养动物种质资源平台和国家农业科学数据中心的核心服务功能，整合农业生物种质资源、科学数据、大型科学仪器、试验基地等科技基础条件资源，通过共建、共享、共用大数据公共平台的建设，解决资源收集、整理、保存和利用过程中的关键技术问题，按照"统一标准、统一编目、联合上网、资源共享"的原则，实现资源和信息的全社会开放共享，为科技创新、政府决策、人才培养和农业生产发展提供支撑。

围绕农业学科对获取科学原始资料和基础数据的迫切需求，发挥已建成5个国家级野外试验站、24个农业科学观测试验站60个院级野外科学观测试验站的观测、支撑功能，谋划新建覆盖特色农区的国家级野外试验站。长期、定点、

系统地观测全国主要类型农区的农业土壤、自然资源、生态环境、作物种质资源等演变、变化状况，为实验室的研究活动提供服务，应用、示范和推广中国农业科学院最新的农业科技成果，促进现代农业的发展。

开展全国作物种质资源的长期保存，以及粮食作物种质资源的中期保存与分发。利用11个国家农作物种质库、12个国家农作物种质圃、22个国家农作物、畜禽改良中心（分中心）的平台优势，研究种质资源的低温保存理论与技术以及特殊种质的中长期离体保存理论和技术，发展确保种质资源低温安全保存的预警、监测及更新等技术。发展和制定种质资源中长期安全保存的种质库管理标准和技术规范，促进全国作物种质资源保存研究水平的提高和发展。

围绕农产品质监督检验工作，发挥3个国家级质检中心、32个部级农产品质量监督检验测试中心、8个农业部转基因生物安全监督检验测试中心，配合国家各级部门下达的农产品质量安全例行监测、监督抽查、质量普查、风险监测及产品质量认证和市场准入等检验的任务，为保障国家农产品质量安全提供科技支撑。

围绕动物疫病防治工作中的重大和关键性技术难题，利用3个国家参考实验室，8个获OIE、FAO认可的参考实验室、中心开展国家动物疫病防治基础研究与应用研究，为国家制定重大动物疫病防治策略与决策提供科学依据，为重大动物疫病诊断、预防、控制和扑灭提供技术、产品支撑。

（四）搭建农业科技共享服务平台、打破资源壁垒、优化资源布局，促进平台资源加快开放共享

以国家重大科研基础设施和大型科研仪器向社会开放为契机，结合中国农业科学院科技平台资源，按照"整合、共享、完善、提高"的要求，搭建覆盖仪器设备、基础设施、科研材料等的科技资源的共享服务平台，探索与"需"单位的对接方式、拓展服务模式和服务内容。建立符合本院实际的、可操作的评价制度，定期对共享平台科研设施与仪器的运行情况、平台开放制度的合理性、开放程度、服务质量、服务收费和开放效果进行评价考核。加强知识产权保护，在科技共享平台完成的专著、论文、软件、数据库等研究成果标注平台名称，扩大科技共享平台的国际影响。加快造就一批平台共享管理和技术服务骨干队伍，提高科技共享平台的业务服务水平和平台开放水平。

第二章 基础设施条件平台

第一节 国家重大科技基础设施

国家重大科技基础设施是指为提升探索未知世界、发现自然规律、实现科技变革的能力，由国家统筹布局，依托高水平创新主体建设，面向社会开放共享的大型复杂科学研究装置或系统，是长期为高水平研究活动提供服务、具有较大国际影响力的国家公共设施。

从20世纪五六十年代开始，我国先后建设了北京正负电子对撞机、中国遥感卫星地面站、兰州重离子加速器、上海光源、海洋科考船、地壳运动观测网、农作物基因资源与基因改良、500米口径球面射电望远镜、托卡马克核聚变研究装置等设施，目前投入运行和在建设施总量近40个，总体技术水平基本进入国际先进行列。依托设施开展了蛋白质研究、磁约束核聚变研究、拓扑与超导新物态调控、宇宙结构起源研究、个性化药物研制等大量国际顶尖水平的科研工作，推动我国高能物理、等离子体物理、作物科学等领域部分前沿方向进入了国际先进行列，解决了高速列车研制、濒危野生生物种质资源抢救性保存、农作物基因改良等一批关系国计民生和国家安全的重大科技问题，促进了相关产业技术水平提高。

中国农业科学院承建国家重大科技基础设施的工作始于20世纪90年代。

"农作物基因资源与基因改良国家重大科学工程"是我国农业领域的第一个国家重大科技基础设施，工程于2000年3月18日批准立项，2003年10月顺利竣工并投入使用。截至目前，中国农业科学院共建成了"农作物基因资源与基因改良国家重大科学工程""国家农业生物安全科学中心""国家动物疾病防控生物安全实验室"等重大设施3个。

一、农作物基因资源与基因改良国家重大科学工程

以中国农业科学院作物科学研究所、生物技术研究所为依托单位，建设我国农业及生产领域第一个国家重大科学工程——"中国农作物基因资源与基因改良重大科学工程"。它是我国农业科学基础研究与应用基础研究领域能力建设的重大进步和标志性工程。该工程于2003年11月竣工并投入使用，现已成为国内同类研究共享的技术平台。重大科学工程主要围绕农作物基因资源和新基因发掘的理论基础与技术创新、作物重要性状形成的分子基础及功能途径以及作物品种分子设计的理论基础与技术体系三大主要科学问题，重点开展水稻、小麦、玉米、棉花、大豆等主要农作物基因资源鉴定、重要性状新基因发掘、功能基因组学研究、种质和亲本材料创新与分子育种。主要研究方向有新基因发掘与种质创新、作物分子育种、作物功能基因组学、作物蛋白组学、作物生物信息学等。

（一）条件团队

重大科学工程建有1.8万m^2的研究大楼、5 900m^2的人工模拟气候设施和价值3 700多万元的先进仪器设备。购置仪器设备共69类468台（套），包括ABI 3730xl高通量DNA测序仪、蛋白质测序仪、质谱仪、液质联用仪，高通量差异显示双向电泳及扫描系统等。重大科学工程现有固定人员237人，研究员84人。其中，两院院士3人，"千人计划"人才2人，"万人计划"人才1人，长江学者奖励计划1人，国家杰出青年基金获得者1人，国家百千万人才工程候选人7人。

（二）工作成绩

该工程运行以来，围绕国家粮食安全等重大需求，获得了种质资源评价创新利用，小麦品质评价体系，矮败小麦、转基因抗虫棉、高产抗虫三系杂交棉、高产大豆、转植酸酶基因玉米等标志性成果，极大地提升了我国农业科技自主创新能力和国际竞争力，促进了生物育种产业的发展，为保障国家粮食等主要农产品生产提供了强有力的科技支撑，使我国基因资源与基因改良研究跻身世界前列。"十二五"期间共获国家科技进步一等奖5项、二等奖15项；审定水稻、小麦、玉米、大豆、棉花等新品种95个，获新品种权26个；申请专利158项，获得专利81项；发表论文1 558篇，其中SCI收录843篇，出版著作31部。

（三）创新亮点

1. 矮败小麦

国际首创矮败小麦及其高效育种方法，实现了育种家多出、快出和出好品种的愿望，推动了小麦育种的革命。已育成新品种42个，推广1.85亿亩。

2. 高产大豆

培育出高产高蛋白广适应大豆品种"中黄13"，是近15年来全国唯一年推广面积超千万亩的大豆品种，累计推广5 000多万亩（15亩=1hm^2。下同）。培育高产高油广适应大豆品种"中黄35"，2009年新疆大面积亩产364.68kg，创全国大豆单产最高纪录。

（四）开放服务

重大科学工程围绕服务科技创新、提升管理效率、优化资源利用三个重点目标，创建了运转高效、功能完善的网络化管理服务体系和开放共享平台，全面实现了大型仪器设备、信息和种质资源的开放共享。目前，重大科学工程的基因组学、蛋白质组学、代谢组学、细胞学、同位素示踪、高通量测序等技术平台的大型仪器设备面向社会开放共享，开展测试服务和技术咨询；国家种质资源长期库面向全国高校、科研单位等提供农作物优异种质资源和信息服务。"十二五"以来中心每年接纳客座研究人员近500人，为国内外提供各类分析测试服务135万余次，提供技术咨询10万多次，大型科研仪器设备对外服务率60%，共享率超过90%，每年向60万人次提供资源信息服务，向全国1 000余个单位提供农作物优异种质/亲本4万余份。

二、国家农业生物安全科学中心

国家农业生物安全科学中心由中国农业科学院申请建设，依托单位是中国农业科学院植物保护研究所。2007年项目建议书获得国家发展改革委员会正式批复，2013年完成建设投入试运行。

科学中心作为国家级专业从事农业生物安全科学研究的机构，采用系统生物学、分子生态学、生态遗传学、生物信息学等多学科交叉的理论和方法，深入开展高危农业致灾生物的预防预警、检测监测和安全控制的新理论、新方法和新技术研究。主要研究方向：突发性、毁灭性、高致变性有害生物的风险生成与风险评估的理论、技术与方法，建立早期预警与精确预测的模式体系；重大有害生物灾害形成的生物学、生态学、遗传学以及环境诱发的机制与机理；有害生物的种群发育生物学特征与逆境协变的内在联系；作物—有害生物—天敌间的相互作用的关系以及协同进化的机制；重大有害生物灾害可持续控制的理论与生态调控方法。

（一）条件团队

科学中心建有科研用房及辅助用房共计16 897 m^2，拥有目前国内一流的高级生物安全隔离实验室及温室、中级生物安全隔离实验室及温室等生物安全隔离设施，高危农业昆虫、高危植物病理、高危植物及入侵生物、转基因生物环境安全等公共研究平台和农业生物安全信息中心。购置仪器设备109台（套）、试验台通风柜等200台（套），涵盖了农业生物安全研究的主要设备，包括超速分析仪、气质联用系统和高效液相色谱仪、实时荧光定量PCR仪、高分辨率熔点分析系统、毛细管电泳仪、核酸蛋白扫描检测系统、多功能扫描仪、快速蛋白液相系统、多功能酶标仪、生物分子互作检测系统、液相芯片检测系统、超速离心机、激光共聚焦显微镜、冷冻干燥机、倒置荧光显微镜等大型仪器设备。依托所在单位的野外试验台站，在河北廊坊、河南新乡、内蒙古锡林浩特、广西桂林、甘肃天水、吉林公主岭、新疆库尔勒、山东长岛等不同农业生态区开展野外科学观测实验，试验用地3 000多亩，实验室和温室面积15 000m^2。

中心科技人员共550余人（包括固定人员近200人、流动人员50余人、研究生300余人），含中国工程院院士2人、国家杰出青年科学基金获得者4人、国家"千人计划"人才1人、"百千万工程"人才3人。

（二）工作成绩

中心运行以来，围绕粮食安全和生态安全，获得烟粉虱、TCK、紫茎泽兰等重要入侵有害生物监测与防控和技术研究，小麦矮腥黑穗病等重大植物疫情防控，马铃薯甲虫等重大检疫害虫防控，主要农业入侵生物的预警与监控技术，新外来高危入侵生物适生风险分析，转基因玉米和水稻等转基因农作物的安全评估、检测与管理，捕食性天敌、寄生性天敌等境外有益资源引进与评价，农作物重大害虫远程监测与信息管理等一系列代表性成果。"十二五"期间发表科研论文187篇（其中SCI论文114篇），出版著作2部，申请授权专利22项。安全中心的科研人员获得省部级以上科技奖励4项。

（三）创新亮点

1.四种恶性入侵杂草持续治理关键技术与应用

经28年系统研究，阐明了豚草、紫茎泽兰、黄顶菊和空心莲子草3种入侵杂草种群扩张与灾变过程及其入侵机制。创新了生防天敌风险评估与安全性评价方法，首次创建了成功应用自然天敌控制入侵杂草的生防技术；创新了入侵杂草反竞争替代植物筛选评价方法，首次建立了入侵杂草生态屏障拦截和替代修复技术；创新与优化了生防和替代控制组合及协同应用技术模式，创建了分区持续治理技术体系，成功解决了4种杂草同域发生、连片成灾的控制难题。获发明专利15项，标准14项，农药产品2个；发表论文282篇（SCI论文74篇，他引1 918次），出版专著9部。获中国植保学会科技一等奖1项和中国农业科学院科技一等奖2项。

2. 转基因环境安全性评价

系统梳理了我国中南部稻区常见节肢动物种类，明确了近1 000种主要节肢动物的生物习性、种间关系及其发挥的生态功能，并定量分析了Cry蛋白在稻田节肢动物食物网中的分布和流动规律，最终遴选了适用于转基因水稻生态安全研究的节肢动物指示种，为精准评价转基因抗虫水稻的非靶标效应奠定了重要科学基础。基于所提出的节肢动物指示种，发展了评价转基因抗虫作物对非靶标节肢动物安全性的技术体系。获得国家授权发明专利5项，在《Plant Biotech J》《Environ Pollu》等本领域国际重要期刊发表SCI论文30余篇。

三、国家动物疾病防控高等级生物安全实验室

高等级生物安全（生物安全三级和生物安全四级）实验室系指从事高致病性病原微生物实验活动的实验室，依托中国农业科学院哈尔滨兽医研究所建设，2010年10月获国家发改委批复，投资为3.8亿元，2015年12月底建成并通过竣工验收。主要围绕高致病性禽流感、口蹄疫、裂谷热、尼帕病毒病、埃博拉病毒病、布鲁氏菌病、结核病、鼠疫等动物烈性传染病、人畜共患病及外来病开展防控措施研究，化学淋浴、生命支持系统、正压防护服、动物隔离器、污水处理系统等高级别生物安全实验室关键防护设备的国产化与相关标准研究，生物安全四级实验室风险评估与控制研究，生物安全四级实验室信息管理体系研究，生物安全四级实验室人员培训与评价体系研究。

（一）条件团队

国家动物疫病防控高级别生物安全实验室符合《实验室生物安全通用要求》GB19489—2008和世界卫生组织《实验室生物安全手册》对生物安全三、四级实验室和动物生物安全三、四级实验室的要求。实验室主体建筑面积15 480m^2，其中生物安全四级实验室4间、动物生物安全四级实验室5间、生物安全三级实验室4间、动物生物安全三级实验室4间，动物生物安全解剖室1间，设备及活毒废水处理等用房2 682m^2。此外还包括热交换站、变电所、动力站

和污水处理站等配套单位以及高压灭菌器、高效过滤单元、动物残体组织处理器、活毒废水处理设备、生命支持系统、正压防护服、过氧化氢熏蒸消毒设备等生物安全防护。实验室目前有包括研究员、高级工程师、实验室管理人员在内的固定人员61人。

（二）工作成绩

长期以来我国在P3和P4安全技术和标准领域基本是空白，在国外封锁的情况下，本实验室针对P3/P4关键安全技术，包括系统设计、系统集成、自动控制、关键设备等，以科技开发、标准研制和技术评价同步原则，自主研制了正压防护服、生命支持系统等关键防护设备，建立了正压防护服、生命支持系统等12项关键设备的评价技术准则。国家动物疫病防控高级别生物安全实验室的建成标志着我国P3和P4实验室的设计、建设、运行和管理水平已经跨越性地达到国际先进水平，拥有了高级别生物安全实验室的自主设计和建设能力，将在重大传染病防控研究、生物反恐和和保证国家公共卫生安全方面发挥着重要作用。

基于实验室生物安全关键安全技术研发，共发表论文2篇，出版著作4部，出版译著10部，制定国家标准2项、行业标准2项，专利8项，软件登记1项。获得国家、省部级奖项4项，"P3和P4实验室生物安全技术与应用"荣获2012年国家科技进步二等奖；"生物安全四级和移动式三级实验室认可关键技术研究"荣获2011年国家质量监督检验检疫总局科技兴检一等奖；"高等级兽医生物安全实验室设计、建设与管理技术"荣获2011年中华农业科技奖三等奖；"中国农业科学院哈尔滨兽医研究所国家动物疫病防控生物安全四级实验室可研报告"荣获2007年中国机械工业勘察设计协会优秀工程咨询勘察设计二等奖。

第二节　国家科技基础条件平台

国家科技基础条件平台是提高科技创新能力的重要基础，国家创新体系的重要组成部分、政府管理和优化配置科技资源的重要载体、开展科学研究和技术创新活动的物质保障，提升科技公共服务水平的重要措施和有力抓手。国家科技基础条件平台针对我国科技创新体系基础条件薄弱，资源配置分散重复的突出问题，在科技资源配置活动中，利用信息化、网络化等现代技术对大型科技设施、自然科技资源、科技文献、科技基础数据等资源进行战略重组与优化，运用共建共享机制，在国家层次上促进全社会创新资源合理配置和高效利用，构建布局合理、功能齐全、开放高效、体系完备的物质和信息保障系统。

"十一五"以来，国家科技部、财政部等有关部门贯彻"整合、共享、完善、提高"的方针，组织开展了国家科技基础条件平台建设工作。2011年，科技部、财政部通过组织专家评审，通过了首批23家国家科技基础条件平台认定，初步建成了以研究试验基地和大型科学仪器设备、自然科技资源、科学数据、科技文献等六大领域为基本框架的国家科技基础条件平台建设体系，科技资源得到有效配置和系统优化，资源利用率大大提高。

中国农业科学院积极参与国家科技基础条件平台建设工作，依托相关研究所建成了国家农作物种质资源平台、国家微生物资源平台、家养动物种质资源平台、农业科学数据共享中心等4个国家科技基础条件平台。

一、国家农作物种质资源平台

（一）历史沿革

自成立以来，中国农业科学院组织领导全国农作物种质资源收集保存工作，并取得了很大成就。建院初期，从全国征集21万份种质，20世纪70年代末至80年代初又在全国范围内征集11万份。1978年以来，随着中国农业科学院作物品种资源研究所的成立，农作物品种资源收集保护工作迈上了一个新台阶。先后组织完成云南、西藏自治区、神农架、海南岛、大巴山、川西南、黔南桂西山区、赣南粤北山区、三峡等地区30多次考察，收集作物种质资源。发现了一批新类型和优质、抗性或丰产性好的地方品种、栽培品种，以及极具潜在价值的野生近缘种，同时改写了世界普通野生稻分布北限为25°的结论。此外，还在100多个国家或地区引进了12万种质，进一步丰富了我国作物种质资源的生物多样性。

2011年，国家农作物种质资源平台被科技部、财政部认定通过，成为首批认定的国家科技基础条件平台。国家农作物种质资源平台依托中国农业科学院作物科学研究所建设，主要由国家长期库、国家复份库、11个国家中期库、43个国家种质圃、16个省级中期库和国家种质信息中心组成。

（二）平台定位

资源平台主要负责建立完善的农作物种质资源制度体系、组织管理体系、技术标准体系、鉴定评价体系、质量控制体系、保存技术体系和共享服务体系；开展农作物种质资源规范化和数字化的收集、整理、保存、评价、共享和利用；为作物育种、科学研究和农业生产提供更加优良、标准化、高质量的种质信息和实物。

（三）工作成绩

目前国家农作物种质资源平台已整合全国各类农作物350多种，种质资源44.1万份，种质信息243GB。平台向全国科研院所、大专院校、企业、政府部门、生产单位和社会公众提供农作物种质资源实物共享和信息共享服务。"十二五"期间平台累计服务用户单位14 982个，服务用户45 559人/次，服务于平台参建单位以外的用户占总服务用户的79.84%。其中，提供农作物种质资源实物53.06万份1次，提供农作物种质资源信息共享服务273.98万人/次，提供在线资源数据下载和离线数据共享785GB，为国家千亿斤粮食工程、种子工程、"渤海粮仓"、转基因重大专项等30多个重大工程和科技重大专项、2 000多个各级各类科技计划（项目/课题）以及2 070家国内企业提供了资源和技术支撑，为37项国家级科技奖励、147项省部级科技奖励、700多个作物新品种审定和植物新品种权提供了支撑。

平台累计开展各类专题服务610余次，包括"面向东北粮食主产区的联合专题服务""玉米种质资源高效利用联合专题服务"等联合专题服务，面向种子企业的定向服务、作物种质资源推广展示服务和作物种质资源针对性服务为重点的专题服务，取得了显著成效和巨大的社会影响。

二、国家微生物资源平台

（一）历史沿革

建院初期，中国农业科学院在花生根瘤菌、固氮菌、磷细菌、钾细菌和豆科绿肥根瘤菌和放线菌的分离、鉴定方面取得了初步成效，获得了一批又一批的优良菌畜禽种质资源体细胞库检测种。但当时缺乏长期保藏菌种的条件和管理方法，没有专门从事菌种保藏的人员和机构，微生物菌种往往会因课题结束或人员变动而丢失和死亡。从20世纪60年代开始，中国农业科学院以土壤肥料研究所微生物室为主导，在科研计划执行过程中，分离鉴定或引进了许多有用的菌种。并于60年代末设立菌种保藏组，采用"油管"和"沙土管"等方法保藏菌种。其后，内疗素研究与应用、农抗120研究与应用、多角体病毒研究与应用均获得全国科学大会奖。这一时期也是我国微生物菌种资源收集、鉴定、保藏的初始阶段。

1979年，根据原国家科委的统一部署，在农业部领导下，中国农业科学院土壤肥料研究所（现中国农业科学院农业资源与农业区划研究所）承建中国农业微生物菌种保藏管理中心。主要开展工作：农业微生物资源的收集、整理、鉴定与保藏；农业微生物资源功能、挖掘与评价；农业微生物资源可持续及高效利用技术研究。国家微生物资源平台于2011年11月由科技部、财政部认定通过，是首批认定的23个国家科技基础条件平台之一。平台依托中国农业科学院农业资源与农业区划研究所，联合中国食品药品检定研究院、中国医学科学院医药生物技术研究所、中国食品发酵工业研究院、中国兽医药品监察所、中国科学院微生物研究所、中国林业科学研究院森林生态环境与保护研究所、武汉大学、国家海洋局第三海洋研究所共九家单位共同开展微生物资源的整合与共享服务。

（二）平台定位

平台以9个国家级微生物资源保藏机构为核心，整合了我国农业、林业、医学、药学、工业、兽医、海洋、基础研究、教学实验等九大领域的微生物资源。中国农业科学院农业资源与农业区划研究所主要负责农业微生物资源收集、整理、鉴定、保藏及共享服务。

（三）工作成绩

截至2016年年底，平台共保存农业微生物资源730属、2 500种、20 000余株，涵盖了肥效微生物、生物防治、饲料与酶制剂、能源、生物降解、食用菌等微生物资源（图2-1）。自2011年起，农业微生物资源子平台累计为800多家企业、680余所高校和600余家科研院所以及200余家政府机构和个人提供10 000多株次的菌种共享服务（图2-2），6 000余项次的保藏、鉴定、检测等技术服务，服务企业涉及食品、医药、肥料、烟草、日化、石油等多个领域，支撑了我国生物产业的发展和生物科研的进步。

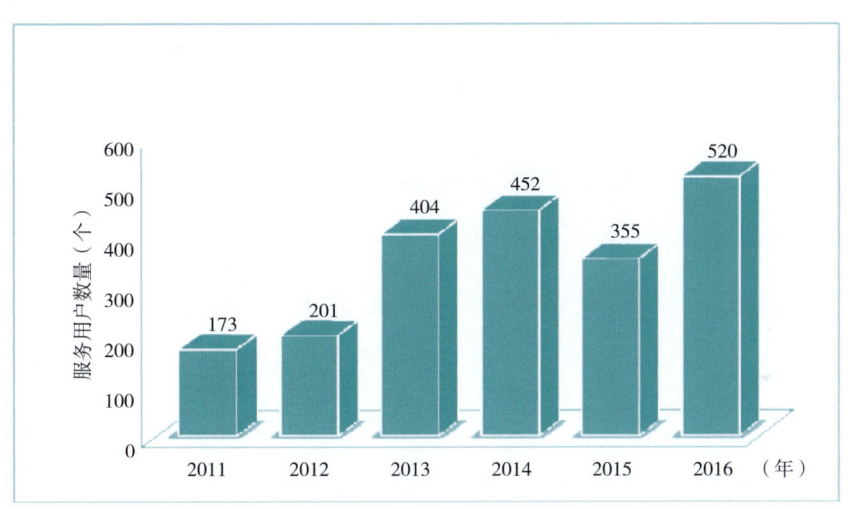

图2-1　国家微生物资源平台2011—2016年服务用户情况

图2-2　国家微生物资源平台2011—2016年菌种供应及技术服务情况

三、家养动物种质资源平台

（一）历史沿革

中国农业科学院家养动物种质资源收集工作始于"六五"期间，以中国农业科学院畜牧研究所郑丕留教授为首的中国畜禽品种调研组，组织进行了全国畜禽品种资源普查，1986年编写出版《中国家畜家禽品种志》，填补了国内空白；"七五"至"九五"期间组织开展了五指山猪、北京油鸡等畜禽品种资源保护工作及种质特性研究、畜禽遗传多样性研究。"十五"期间，在畜禽种质资源评价、基因资源发掘、体细胞库构建、绵山羊遗传多样性研究、北京油鸡种质资源保护和研究、自然科技资源条件平台建设、国际合作等方面取得了可喜的进展。"十一五"至"十二五"期间在保存和整合多种类型资源的基础上，建立了完善的动物资源实物库、信息库和共享体系（种质资源在线服务平台http：//www.cdad-is.org.cn），开展实物、信息、技术等多元化的共享工作。长期以来，中国农业科学院在畜禽品种资源调查、编目、收集、信息系统、品种遗传评价、安全保存、种质创新等方面开展了系统性、基础性研究工作，取得了大量成果和经验。2011年11月由科技部、财政部认定通过，中国农业科学院以北京畜牧兽医研究所牵头建立了家养动物种质资源平台。

（二）平台定位

家养动物种质资源平台主要收集畜禽和特种动物的活体、遗传物质和信息资源，并向政府、科研单位和高等院校及养殖企业等提供动物实物资源和信息数据的共享服务。

（三）平台条件

平台具有独立的活体资源保护保存基地，同时还拥有先进完整的规模化遗传物质保存实验室，参与平台共享服务的各个省、市、自治区相关研究所、改良站、总站等均能够联合区域内的保种场、区，提供活体资源共享。截至2016年年底，参建单位达近60家，参与运行服务人员达到1 000多人。平台通过描述规范、技术规程以及运行机制和管理制度，完善了动物资源信息库、实物库和共享体系运行管理，保障资源保存和资源共享有条不紊进行。

（四）工作成绩

截至2016年年底，平台已收集猪、牛、鸡、鹿类、毛皮动物等14类畜禽和特种动物的活体、遗传物质和信息资源，包括活体资源120种，遗传物质资源86种，资源总量达到723种（图2-3）。其中，平台建成畜禽动物体细胞库为全球规模最大，保存国内外331个动物畜禽品种的13 650份资源。截至目前，平台累计向政府、科研单位和高等院校及养殖企业等2 000余家单位提供动物实物资源1 638万份，其中活体资源1 601万份，遗传物质等37.24万份。平台网站累计更新信息200多条，总访问数657.8万，访问数243.3万，访问人次105万，总数据下载量345.3GB，用户下载量232.4GB。

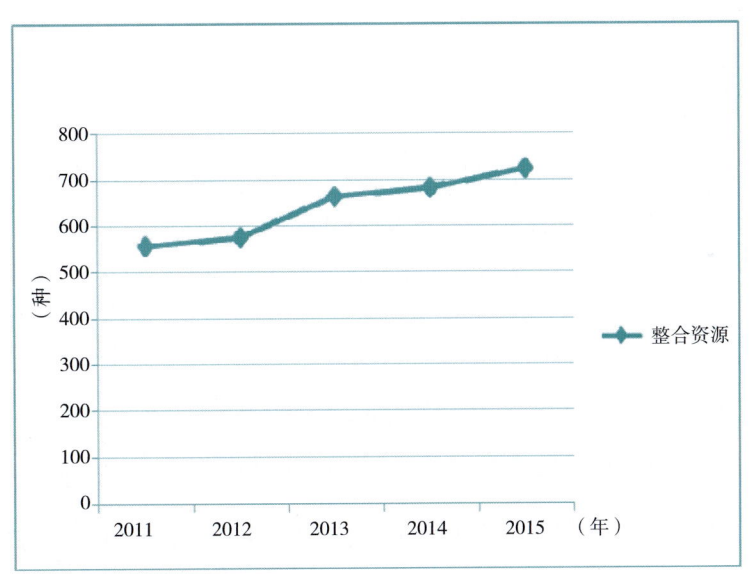

图2-3　家养动物种质资源平台整合资源品种的情况

平台服务各类科研项目1 061项。支撑科研成果获奖数量81项、发表论文968篇、授权专利164项、著作67部。平台举办各类生产技术相关培训班1 790多次，技术与成果推广服务活动1 046个（次），发放技术资料、图书3万余册，培训技术人员87 894人次（图2-4）。

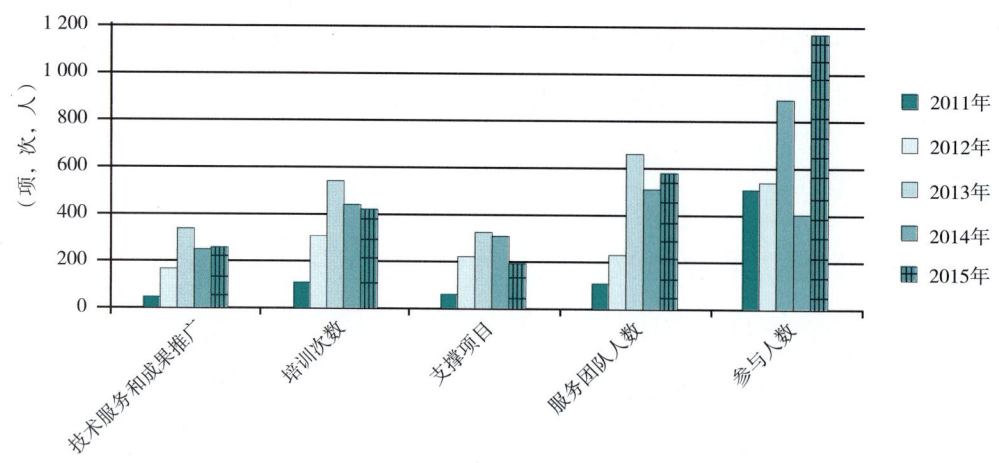

图2-4 家养动物种质资源平台提供实物资源服务的情况

四、农业科学数据共享中心

（一）历史沿革

1999年农业科技推广数据库的成立，拉开农业科学数据库建设的序幕，2002年农业科学数据共享中心建设，为农业科学数据的共享奠定了基础。2011年通过科技部、财政部的联合评审，由中国农业科学院农业信息研究所牵头建立的农业科学数据共享中心成为首批认定的23个国家级科技平台之一。国家农业科学数据共享中心由农业信息研究所联合中国农业科学院作物科学研究所、中国农业科学院北京畜牧兽医研究所、中国农业科学院农业资源与农业区划研究所、中国水产科学研究院、中国热带农业科学院等单位共同建设，以现代农业发展与科技创新、农业生产经营、农业管理决策等对农业科学数据的重大需求为导向，大力开展农业科学数据资源整合、共享服务实践。

（二）平台定位

长期以来，中心依托建成的多层次服务体系大力开展农业科学数据资源共享服务：一是利用各级门户网站面向社会公众提供方便快捷的数据检索、数据浏览、数据下载、数据定制、实时咨询等在线服务；二是面向农业科研、生产、管理决策活动中的特定需求开展内容丰富的专题服务，主要包括个性化数据加工、数据挖掘分析、培训与技术支持、区域特色服务等。

(三) 平台条件

中心拥有直接从事农业科学数据资源建设与共享的专业队伍共有402人，承担着农业科学数据的收集、加工、整理、保存、共享服务和运行维护任务。中心拥有先进的计算机软硬件基础设施、良好的网络通信条件，包括独立网络带宽、独立数据库服务器群、大容量磁盘阵列等。此外，中心还拥有丰富的数据处理设备，包括MODIS卫星接收机和图像处理系统、SGI和SUN工作站、GPS接收机、输入与输出设备以及众多统计分析软件和开发软件等。

(四) 工作成绩

在资源整合方面，中心构建了一套完整的涵盖农业科学数据采集、加工、组织、管理等各方面工作的标准规范体系，通过综合集成多源异构资源整合技术、分布式协同技术、大规模数据智能处理技术，开发出了农业科学数据分布式加工、汇交、质检等多种计算机软件系统及工具，并实现集成应用。在共享服务方面，中心建立了覆盖全国的"主中心综合服务+专业领域服务+区域化服务"的多维服务体系，在服务方式和模式上，中心实现了由在线服务为主向线上与线下并重、被动服务向主动跟进式服务、简单数据提供服务向数据深度挖掘和专题服务的转变。

目前，中心已建成1个主中心、7个专业数据分中心、14个省级服务分中心组成的农业科学数据资源建设与共享服务体系。截至2016年年底，中心已建成60个农业核心主体数据库，730个数据库（集），在线和离线数据总量达520TB。"十二五"期间，中心门户网站访问量累计超过1 100万次，面向全国科研院所、高等院校、政府部门、生产企业以及社会公众提供线下服务3 700余次，开展各类专题及培训服务180余次；为超过240项国家科技重大专项、国家科技计划项目（863、973、支撑）、国家自然科学基金项目（课题）提供了数据及技术支撑服务；支撑发表论文192篇，出版著作27部，获取专利及软件著作权31项，制定标准14项。

第三章　科学研究创新平台

科学研究创新平台是以开展高水平基础与应用基础研究、高技术发展和共性技术创新为主，聚集和培养优秀科技人才、开展高水平学术交流、科研装备先进的重要基地。中国农业科学院科学研究创新平台主要包括科技部、农业部、各省市自治区、中国农业科学院建立的国家重点实验室、农业部重点实验室、地方重点实验室、院重点实验室，其在支撑农业科技自主创新与科技进步、实现农业科技基础前沿性突破和长远发展方面发挥重要作用。

第一节　国家重点实验室

国家重点实验室主要针对学科发展前沿和国民经济、社会发展及国家安全的重要科技领域和方向，开展基础研究、应用基础研究、竞争前战略高技术研究，聚集和培养优秀科技人才、开展高水平学术交流。1984年，国家开始实施国家重点实验室计划，以为支撑科技前沿和国家战略需求为目标，遴选大学和科研院所的优势团队和学科，予以重点装备。截至目前，国家重点实验室建设经历了起步、工程材料学科集中建设期、发展、提高四个重要阶段。

国家重点实验室建设起步阶段（1984—1993年）。20世纪80年代初，我国科研机构和高校体制各成封闭的体系，具有"小而全、大而全"的弊端，造成人才封闭、思想封闭、学科封闭，新学科的发展、交叉学科的探索困难重重，加之研究条件和手段明显落后国外，技术进步和科技创新明显受到限制。而此时，国家经济体制改革的初步成功带来了经济建设快速发展，亟须科技体制改革和科学技术进步为国家经济发展提供支撑。1984年，为顺应经济、科技和教育事业发展的需要，促进科技体制改革，改进基础研究的机制和管理模式，原国家计委启动了国家重点实验室计划。1984—1993年国家使用科技三项经费投资9.1亿元重点建设了81个国家重点实验室。此阶段国家在布局方面侧重多学科交叉综合和基础理论研究领域，在立项方面选择具有人才优势和学科基础的实验室，在建设方面采取集中使用资金按照国际先进水平装备实验室的原则，初步建立起国家重点实验室的体系框架，打造了科学探索和人才培养的基础。

突出工程材料学科的国家重点实验室集中建设期（1991—1995年）。鉴于实施"国家重点实验室计划"所取得的初步成功，原国家计委瞄准我国大规模商业生产产业技术和装备现代化相对薄弱的问题，从1987年起把国家重点实验室计划与国家经济发展的中长期计划、高层次的工程教育计划结合起来，以工程学科为中心，使用世界银行贷款在部分高校和中科院建设重点学科，并从中择优建设国家重点实验室。经过国家教委、中国科学院和国家计委组织的通讯评审、会议评审、实地考察、外国专家团实地考察等多环节论证，国家计委最终确定了75个国家重点实验室，并在1991—1995年启动了国家重点实验室的建设，此建设阶段也称为突出工程材料学科的国家重点实验室集中建设期。此阶段重点考虑了我国国民经济和社会发展的实际需求，在材料科学领域中金属新材料、轻工业和纺织工业中染料技术，在医疗卫生领域中药物毒理等研究方向新建了国家重点实验室，使国家重点实验室布局与国家战略需求联系更加紧密。

国家重点实验室建设发展阶段（1998—2007年）。1998年国务院机构改革后，国家重点实验室建设和运行统一由科技部管理。科技部根据当时"有所为、有所不为，总体跟进、重点突破，发展高科技、实现产业化，提高科技持续创新能力、实现技术跨越式发展"的科技发展指导方针，在国家重点实验室建设上提出了整体发展和提高实验室承担重大任务能力的发展思路。在整体发展方面，科技部对学科体系进行了梳理，将重点实验室划分为化学、数理、地学、生命、信息、材料和工程7个领域，形成了以学科布局为主导，依托部门和地方专业实验室在国民经济和社会发展急需领域择优布局建设的态势。在这一阶段，围绕国家重大需求领域和新兴前沿领域新建了88个实验室，同时淘汰了17个运行较差的实验室。在提高重大任务承担能力方面，科技部注重推进国家重点实验室和其他研究机构的重组、整合，提高实验室承担国家重大任务的能力，强化竞争意识，形成有进有出、末位淘汰的竞争机制，保证国家重点实验室队伍的先进性。此外，科技部也从制度建设入手着重加强实验室运行管理，提高实验室科技创新能力。这个时期科技部颁布《国家重点实验室建设与管理暂行办法》，并修订实验室评估规则，强调质量、定性评价、整体评价等指导思想，引导实验室出重要原始性创新成果。

国家重点实验室建设提高阶段（2008年至今）。2008年科技部和财政部联合宣布设立国家重点实验室专项经费，从开放运行、自主选题研究和科研仪器设备更新三方面加大稳定支持力度。专项经费的稳定支持保障了实验室持续开展科学前沿探索和国家战略需求研究，支撑部分国家重点实验室达到国际并跑或领跑地位，也标志着国家重点实验室的建设和发展进入提高阶段。目前，国家重点实验室集中了一支高素质的研究队伍，凝聚和培养了一批科技创新领军人才。近年来，中科院和工程院新当选院士总数的50%和25%由实验室产生。围绕基础研究、竞争前战略高技术研究和公益性研究，实验室承担了大量国家重大科研任务。2015年，国家重点实验室和试点国家实验室共主持和承担各类在研课题40 220项，获得研究经费197.8亿元。面向科学前沿和国家重大战略需求，实验室取得了大批标志性成果。近年来，国家自然科学一等奖的100%，国家技术发明一等奖的50%，国家科技进步奖特等奖的50%均由实验室获得。在实验室布局方面，科技部通过强化第三方评估、同行评价和国际比对，统筹存量与增量，实现实验室整体布局的优化，对多年来无重大创新成果、老化僵化的实验室予以淘汰，在科学前沿、国家亟需的空白薄弱领域择优择需新建。截至2014年年底，国家重点实验室建设布局涵盖了地球科学、生物科学、工程科学、信息科学、医学科学、化学科学、材料科学、数理科学八个学科领域，运行254个实验室。

中国农业科学院承建国家重点实验室的工作始于20世纪80年代后期。面向国家在动物疫病防控和植物病虫害方面的战略需求，哈尔滨兽医研究所和植物保护研究所依托自身人才优势和学科基础，分别申请建设兽医生物技术国家重点实验室和植物病虫害生物学国家重点实验室，并于1989年、1992年通过科技部验收，成为国家重点实验室建设起步阶段的第一批农业行业重点实验室。2002年科技部颁布的《国家重点实验室建设与管理暂行办法》和2008年颁布的《国家重点实验室建设与运行管理办法》均指出，依据《国家重点实验室建设规划》，从已运行、并对外开放2年以上的部门（地方、高科技企业）重点实验室中择优建设国家重点实验室。中国水稻研究所、北京畜牧兽医研究所、兰州兽医研究所、棉花研究所均依托已建部门和地方重点开放实验室，围绕粮食安全、食品安全和生态安全等国家亟需的空白薄弱领域申请建设国家重点实验室，经过主管部门择优推荐、科技部组织专家评审、国家重点实验室建设和实验室建设验收等环节分别在2006年、2009年、2010年和2014年获批国家重点实验室。2003年前后科技部设立了"省部共建国家重点实验室培育基地"计划，强调区域优势、特色同国家战略结合，培育基础研究"国家队"的"预备队"。2012年，特产研究所依托特种经济动物的学科基础和区域特色获批吉林省特种经济动物分子生物学省部共建国家重点试验基地。至此，中国农业科学院形成了6个国家重点实验室和1个省部共建国家重点实验室培育基地组成的国家重点实验室体系。

截至2014年，我国共运行农业科学相关国家重点实验室18个，依托中国农业科学院建设的6个国家重点实验室占农业科学国家重点实验室总数的33%，是支撑现代农业发展的中坚力量。依托国家重点实验室平台，中国农业科学院凝聚和培养了一批科技创新领军人才，6个国家重点实验室共有中国工程院院士5人，中组部"千人计划"入选者2人，长江学者特聘教授7人，国家杰出青年基金获得者14人。"十二五"期间，依托平台资源和人才队伍的优势，中国农业科学院国家重点实验室围绕农业生产提质增效、公共卫生安全，在农作物病害绿色防控体系、标准化养殖和营养素减排为核心的健康养殖技术体系、超级水稻品种培育和应用、禽流感致病机理与防控理论研究、口蹄疫疫苗研究、棉花基因组学等方面取得了一系列基础理论与应用基础研究的突破，共获得国家级奖励17项，在《Nature》等杂志发表SCI论文2 999篇，极大地提升了我国农业科技自主创新能力和国际竞争力，使得相关领域的研究水平从以跟踪为主步入领跑、跟跑并存的发展局面。在2016年生物和医学领域国家重点实验室五年（2011—2015年）工作评估中，兽医生物技术和水稻生物学2个国家重点实验室跻身优秀类实验室，植物病虫害生物学、动物营养学、棉花生物学、家畜疫病病原生物学4个实验室被评估为良好类实验室，这充分表明中国农业科学院6个实验室近年来发展成效显著，影响力不断扩大，已经成为学科领域的领先团队。

一、植物病虫害生物学国家重点实验室

植物病虫害生物学国家重点实验室于1988年12月由原国家计划委员会批准建设，建设单位为中国农业科学院植物保护研究所，1992年1月通过国家验收并投入正式运行，对国内外全面开放，是我国植物保护学科建立最早的国家重点实验室。在2016年度生命科学领域国家重点实验室评估中该实验室被评为良好实验室。

（一）总体定位

植物病虫害是影响农业生产安全、生物安全和生态安全的重要生物灾害，是国际社会面临的共同挑战。植物病虫害生物学国家重点实验室总体定位于应用基础研究，针对国家农业生产和科学技术发展的重大需求，重点围绕植物病虫害基础生物学、暴发成灾机理以及综合治理问题，开展前沿性、创造性和探索性研究，培养植物保护高层次人才，开展国内外学术交流，努力建成我国植物保护学科的自主创新中心、国际交流中心、优秀科学家聚集地和高级人才培养基地，为我国农业可持续发展、粮食安全、生态安全和食品安全服务，并在国际相关科学技术研究领域占据重要地位。

（二）研究方向

1. 植物病害成灾机理与综合治理

主要研究内容：植物病原物的生物学特性和致病机制，植物与病原物互作机制及植物抗病机制，植物病害暴发流行的生态学机理，主要农作物重大病害的监测预警和综合治理的理论与关键技术。

2. 植物虫害成灾机理与综合治理

主要研究内容：农作物重大害虫与天敌昆虫的迁飞行为、生殖行为等生物学特性，害虫种群生态学以及作物—害虫—天敌之间的协同进化机制，农作物重大害虫监测预警和综合治理的理论与关键技术。

3. 生物入侵机制与防控

主要研究内容：农业外来有害生物入侵的灾变过程、成灾机理、应急控制与持续治理的基础理论，入侵生物的预防预警、检测监测、根除扑灭和区域控制的技术与方法。

4. 植保生物功能组学

主要研究内容：病虫与植物在进攻—防御—反防御过程中的相互作用的分子机制，抗病虫新基因的发掘，广谱、高抗病虫害的优良新种质创制与评价，转基因作物环境安全性评价与控制的新理论和新技术。

（三）领域贡献

1. 全面提升重大科研任务承担能力，推动我国植物保护学科发展

积极承担国家、国际重大科研项目。2011—2015年，实验室共承担省部级以上及国际合作项目（课题）436项，科研总经费4.18亿元人民币。在代表基础研究的国家自然科学基金创新群体、重大项目方面取得重要突破，各获得一项，其中后者是国家基金委资助的第一项植物保护领域的重大项目。在以发掘和培养青年后备人才为导向的国家自然科学基金优秀青年基金项目申请中，实验室共获得3项，占"十二五"全国植物保护学科的30%。组织国际性科研合作项目51项，经费达10 320万元，国际合作覆盖五大洲30多个国家及国际组织机构，主要包括欧盟援助项目、欧盟第七框架计划项目、中比科技合作，欧盟地平线2 020项目、英国牛顿基金、国家自然科学基金委国际（地区）合作与交流项目、科技部国家国际科技合作专项项目、跨国公司合作项目等。

凝聚和培育了一批学科高端人才和创新团队。五年来，实验室凝聚了一些本学科高端人才，培养了一批中青年中坚力量，造就了一批创新研究团队。吴孔明研究员于2011年当选为中国工程院院士，并率领研究团队于2014年获国家自然科学基金创新研究群体项目资助。引进周雪平和向文胜（国家杰出青年科学基金获得者、长江学者特聘教授）、李显春（国家杰出青年科学基金获得者）三位中青年高层次专家，其中周雪平教授于2014年获得国家自然科学基金重大项目资助，这是我国植物保护研究领域的第一个重大项目。以实验室为核心的依托单位荣获"十一五"国家科技计划执行优秀团队奖。陆宴辉、周忠实、刘文德三位青年骨干获得国家优秀青年科学基金资助，占"十二五"期间全国植物保护领域获此资助的30%。陆宴辉研究员入选中组部"青年拔尖人才支持计划"、科技部"中青年科技创新领军人才计划"、人社部"百千万人才工程"，王桂荣研究员2015年入选科技部"中青年创新人才推进计划"。2011年以来，7位专家及其团队荣获农业部评选的全国农业科研杰出人才及其创新团队，在全国植物保护领域（23位专家）占30%。

形成了一批受到国际关注的科研成果。实验室以第一完成单位获得国家科技进步奖一等奖1项、二等奖1项，省部级科技进步奖一等奖1项、三等奖2项；以参加单位获得国家科技进步奖二等奖2项；获得国家授权发明专利109项，获中国专利优秀奖1项；审定农作物新品种8个。陈万权研究员组织全国30家科研院所、大专院校的专家，经过多年协同攻关，不懈努力，主持完成的"中国小麦条锈病菌源基地综合治理技术体系构建与应用"成果获得2012年国家科技进步一等奖，这是近20年来我国植物保护领域唯一一项国家科技进步一等奖。彭于发研究员任首席科学家的973项目"农业转基因生物安全风险评价与控制基础研究"，组建了以本实验室为核心，中国科学院遗传与发育生物学研究所、中国科学院武汉水生生物研究所、中国疾病预防控制中心等单位共同参与的农业转基因生物安全基础研究的创新团队，构建了转基因生物安全研究的理论、技术和方法体系，研制了一批转基因生物安全风险评价与控制的新方法和技术标准，丰富和发展了我国农业转基因生物安全管理的科学理论与实践。万方浩研究员任首席科学家的973项目"重要外来物种入侵的生态影响机制与监控基础"，组建了以本实验室为核心，中国科学院动物研究所、浙江大学、中国农业大学等单位共同参与的生物入侵领域基础研究的创新团队，从不同层次（种群、种间、群落、系统）解析生物入侵对生态系统的影响，丰富与发展入侵生物学的基础理论、技术与方法，完善我国入侵生物学学科体系，显著提升了我国农业生物安全风险评价与控制的原始创新和集成创新能力，巩固了实验室在农业生物安全新兴学科中的引领地位。

2. 积极拓展学科发展前沿，提升我国植物保护研究的国际影响力

"十二五"期间，实验室在发表高水平论文和国际合作交流方面取得重要突破。五年期间实验室发表论文1 389篇，其中SCI源论文644篇，比上一个评估期（271篇）增加了1.37倍；以第一单位发表SCI源论文454篇，影响因子IF>5.0的高水平论文33篇，包括在《Nature》发表论文1篇、《Annual Review of Phytopathology》特约综述2篇；主编19部著作，学术论文无论数量还是质量都有很大的提升。吴孔明院士团队的"Bt棉花种植提升生态系统中天敌控害功能"研究结果于2012年在《Nature》杂志上发表，被国际著名的昆虫学家、美国亚利桑那州立大学Bruce Tabashnik教授认为该成果在转基因作物生态安全研究领域具有里程碑意义；该项研究成果被评为2012年度"中国科学十大进展"，文章已被引用185次。万方浩研究员团队开展的"主要农业入侵生物的预警与监控技术"成果引起美英等国际同行关注，美国科学新视点的专业焦点新闻（NEWS IN FOCUS）认为入侵植物紫茎泽兰扩散"耦合"机制的揭示对引领入侵生物学扩散理论创新具有重要意义；《Nature》（2013，503：450-451）撰文报道了实验室在生物入侵防控领域的成就；并获邀在国际昆虫学领域著名期刊昆虫学年评（Annual Review of Entomology）撰写题为"中国外来农业昆虫入侵与治理"的综述文章。王国梁教授团队2015年2月在《PLoS Pathogens》杂志上发表的题为"RhoGAP蛋白SPIN6通过与SPL11和OsRac1相互作用负调控水稻细胞程序化死亡和先天免疫"的论文，被选为该刊创刊十年来高水平的原始创新发现（"10th Anniversary PLoS Pathogens Collection"）。马春森研究员团队2014年7月在英国生态学会著名杂志《Journal of Animal Ecology》上发表的"极端温度事件改变种群统计学参数，相对适合度和群落结构"论文，于2014年9月9日被国际顶尖生态学家Joel Kingsolver教授（The University of North Carolina）和Sarah Diamond博士（Case Western Reserve University）作为"新发现"推荐到"Faculty of 1000"。实验室有13名固定人员（22人次）分别在国际植物保护科学协会（IAPPS）、国际植物病理学会（ISPP）、无脊椎动物病理学会细菌

专业委员会（SIP）等国际学术组织中任职。10名专家（24人次）担任《Plant Physiology》《Molecular Plant-Microbe Interactions》《Virology》等国际期刊编委。积极参与主办、承办国际大会、地区性和双边国际学术交流会议8次。发起并先后承办2届"国际生物入侵大会"，发起并先后承办3届"北京国际分子植物病理学术研讨会"，发起并承办"一带一路"植保国际联盟（筹）及重大国际合作项目发展的国际磋商会议，达成"一带一路"植保国际联盟（The Belt and Road，Plant Protection International Consortium）协议。12人次在重要国际学术会议上作大会和特邀报告，如2012年吴孔明院士在第24届国际昆虫学大会上作特邀大会报告；2015年周雪平教授在第15届国际植保大会上作特邀报告，显著地提升了实验室学术影响力。

3. 积极服务农业产业，促进我国农业增收和支撑政府决策

实验室在创新技术转移与成果孵化转化方面成效显著，为农作物病虫害绿色防控提供了核心技术与产品，包括重大病虫害综合防控技术、抗病虫新品种、新型抗病虫基因、生物农药、天敌昆虫、绿色农药与生态调控剂、转基因产品分子检测、功能鉴定与风险评价技术等，极大地提升了我国植保产业的自主创新能力和国际竞争力。2011—2015年，举办现场会、讲座、培训示范等300余场次，推广新技术、新品种60多个，年推广面积1.5亿亩次，实现产值8亿元。如"小麦条锈病菌源基地综合治理技术体系构建与应用"研究成果，每年在生产上推广应用7 000万亩左右，实现了病害持续控制，显著降低了全国小麦条锈病的发生面积和为害程度，年均挽回损失约20亿kg。2014年新登记世界首个植物免疫诱抗剂——阿泰灵（6%氨基寡糖链蛋白），应用面积7 000万亩次。这些技术和产品的推广应用，不仅带动了国内行业的发展，同时辐射和惠及东南亚、中亚等周边国家与地区，彰显了我国植物保护研究的水平和实力。

在支撑政府决策方面，针对我国原生性植物重大病虫害防治、危险性外来生物入侵和农业转基因生物安全管理中出现的新问题和重大突发事件，组织相关科学家协助科技部、农业部、环保部、质检总局以及中国科学技术协会等政府部门，提供决策咨询，制定发展规划、管理制度和应急预案，如"小麦条锈病中长期治理指导意见""预防与控制生物灾害咨询报告""黏虫应急防治预

案""转基因生物及产品安全管理建议"等。5年指导全国各地发布病虫预报10 020期；建立健全的转基因检测与监测技术和环境评价体系，为政府部门科学开展转基因安全管理做出了突出的贡献。2015年，吴孔明院士应邀为全国政协常务委员会作《转基因技术的发展和食品安全》专题讲座。为国家应对农业生物安全新形势、促进国际农产品贸易和维护国家利益发挥了重要作用。

二、动物营养学国家重点实验室

动物营养学国家重点实验室于2005年3月批准建设，依托单位为中国农业科学院北京畜牧兽医研究所和中国农业大学，2009年9月通过了科技部验收，在2016年度生命科学领域国家重点实验室评估中被评为良好实验室。

（一）总体定位

动物营养学国家重点实验室以服务国家粮食安全、食品安全和生态安全重大战略需求为牵引，以国际学科发展前沿为导向，以解决养殖业可持续发展面临的饲料资源短缺、动物产品质量和安全、养殖环境污染等制约行业发展的三大瓶颈问题为目标，以解析饲料养分转化为畜产品的关键环节与机制为核心，围绕营养需要与代谢调控、饲料安全与生物学效价评定、营养与环境、营养与免疫，以及分子营养与遗传开展应用基础研究，构建国际一流的应用基础研究基地、优秀人才创新和培养高地、学科交流传播与开展高层次国际交流与合作的基地，实现学科协作融合，夯实创新基础能力并实现稳步提升，建设成为动物营养学科发展的"领跑者"，推动行业科技进步，服务社会经济与畜牧业可持续发展。

（二）研究方向

1. 营养需要与代谢调控

应用动物生理学、生物化学、分子生物学、系统生物学、基因组学、代谢组学以及消化、代谢试验等方法，揭示动物体内主要营养素的消化、吸收和转化的途径、影响因素及调控机制；研究动物维持、生长、繁殖、生产和畜产品形成等生命活动的生理、生物化学和生物学机制，以及对养分的需求规律和需要量；制、修订中国主要畜禽的营养需要量和饲养标准。

2. 饲料安全与生物学效价评定

研究主要饲料养分、新型饲料和饲料添加剂的作用机制、生物学效价评定方法，开发安全高效新型饲料与饲料添加剂；创新建立以体外消化道生物反应器为测试手段的饲料有效能及蛋白质、氨基酸生物学效价评定的技术体系和数据库；揭示饲料中抗营养因子和毒素的组成、作用机制，及有害作用的去除或减灭等安全控制方法，以及饲料生物安全的成因及评价的生物学基础；开展转基因饲料安全性评定。

3. 营养与环境

研究揭示动物遗传—营养—环境间的互作及其对动物健康、养分转化效率及动物产品质量的影响规律；研究动物应激成因、应激监测和动物福利标准依据；开发动物个体、群体精确饲养和数字畜牧业关键技术；研究我国不同生态区域种植业—畜牧业—环境间可持续发展的优化生产模式；研究畜牧业环境公害成因及其控制理论和方法。

4. 营养与免疫

研究营养物质及饲养工艺对畜禽免疫机能的影响机制；微生物生态与动物免疫力的关系；免疫应激对动物代谢生理、生化及动物产品品质的影响；探讨提高动物健康、免疫力和动物产品品质、安全的营养及饲养工艺技术途径。

5. 分子营养与遗传

以分子生物学技术为基础在微观层面上创新动物营养学研究方法，重点在分子水平上研究揭示营养物质在动物体内的功能、代谢机理和规律，并利用分子生物学技术评价动物的营养需要量和饲料的营养价值；研究揭示动物营养与遗传育种、畜禽产品品质之间的内在规律及调控机制。

（三）创新成效

1. 在明显增加重大科技创新源头供给，引领我国动物营养学研究发展

学部在重相国家重大科技任务方面取得显著进展。2011—2015年共承担各类科研项目383项，主持973计划项目3个，973课题11项，863计划课题5项，国家科技重大专项课题5项，国家科技支撑计划19项，国家自然科学基金项目68项（其中重点项目2项，科技基础性工作专项1项，国际合作项目12项，以及行业科技专项18项。国家拨款总经费为34 036万元，50岁主要仪器设备置换费共计17 135.2万元。通过承担科研项目，体现了学部在国家层面上开展重大科研问题研究的能力和在解决国家重大需求方面科研能力取得了长足的进步。

学部已成为我人才集聚和培养基地，人才队伍不断壮大，人才结构明显优化，集聚了一大批高层次国内外优秀动物营养研究中青年科学家及人才：现有中国工程院院士1人，全国杰出专业技术人才1人，"长江学者"1人，千人计划1人，973首席2人，且千万万人才2人，国家自然科学基金杰出青年基金获得者1人，中组部青年拔尖人才2人，科技部"中青年科技创新领军人才"3人，国家百千万人才工程人选6人，教育部创新团队带头人3人。学部在国际上推荐论文被SCI收录的论文数国际排名从2011年的21人第7名上升到2015年的第2名，中国科学院植物营养学科国际排名ESI（基本科学指标数据库）国际前1%不新扩大。

学部承担了一批国际一流水平的成果。"十二五"期间，学部共获得国家科技奖励8项，其中国家科学技术进步奖二等奖7项（包括第二完成单位1项），占国家动物2011—2015年度国家科技进步二等奖的54%；国家技术发明奖二等奖1项，占50%（共2项）；获得省部级一等奖14项。

学部第引领动物营养学科国内外发展布局。在营养与能量的关系研究上，科通传统营养物的研究创新研究方向，拓展了动物营养学的研究方向和知识体系，将传统研究物营养学以研究饲料营养素及需要的营养为主体向借传一步推进一种营养学又减和布局，引领营养学研究重点大方向科学问题的方向发展。

2. 积极拓展国际化渠道，提升畜牧兽医国际动物科学研究的国际影响力

"十二五"期间，畜牧兽医发表 SCI 收录论文 587 篇，其中影响因子大于 5.0 的论文 15 篇，JCR 一区论文 21 篇。关于畜禽疫病研究的等相关论文 7 篇被列入了汤森路透 ESI（Essential Science Indicators）全球 TOP 1% 高被引论文，引领国际同行的研究热点。经中国农业科学院畜牧兽医研究所推荐，与美国德州农工大学、布莱尔大学、美国康奈尔大学、美国加利福尼亚州戴维斯研究院等 4 个国际排名的名校大等与研究机构共建，并畜牧兽医国家重点实验室畜禽疫病相关 SCI 论文数量居全球前十位，SCI 引用总数第二。

国际合作日趋广泛深入，国际影响力显著提升。2011—2015 年度，畜牧兽医主持（办）的重要国际会议 8 次，参加会议 3 次。其中畜牧兽医所与美国奶业科学会等在国内召开的第 13 届"奶牛营养与牛奶质量国际研讨会"，参会人数超过 500 人，外国专家参会比例约 70% 以上。畜牧兽医专家居由应邀在国际会议主题报告约 19 人次。畜牧兽医专家担任上等国际权威刊和主编的英文期刊《Journal of Animal Science and Biotechnology》（JASB），2014 年被收录入《Science》和《JCR》，成为国家畜牧兽医领域其个入选 SCI 期刊，2016 年影响因子 2.037，在国际畜牧兽医领域关名几所。在足球动物领域的 30 个期刊中排名第 4 位，另有张英煜等 5 位国际权威刊期刊任主编。27 人次在不同国际畜牧兽医学会的活动学家等担任有 11 人次在国际重要学术机构任职，包括亚洲畜牧兽医学会等国际畜牧兽医组织任职（World Association of Animal Production）理事长。

3. 面向畜牧业现代化需求发展，支撑国家畜牧业科技创新

实施要以确保国家有效研究石油重要畜禽品种有效配置供给，家禽可持续发展为核心战略代畜牧业建设为宗旨，推行计划技术"助饲料、助奶名、肉奶产品，有效应代畜牧业研究领域，着重解决我国畜牧兽医产业方面产业急切问题、瓶颈性，关键性核技术入为牛和应期，完善对各国畜牧兽医科技创新领域的引领作用。

针对大豆蛋白原料紧缺且由于 ANFs 对畜禽养殖多种机体健康和代谢均有影响等关键技术难题以及其日粮氨基酸平衡在动物（猪、奶牛）体内代谢机制不清和小肠消化系统难题，系统研究揭示了饲料中 ANFs 的畜禽机体重要关键代谢酶和激素在调控蛋白质的分代谢的机制及及影响氮代谢相关机制，建立了互换氮源及利用和氨基酸平衡在体内的代谢机制以调控其肉类

第三章 科学研究的新水平

水体差、生态破坏及氮氧化物排放日益增长等水体污染中的深层次问题及精准高效的新型水处理技术，在全国29个省市开展了推广和应用，取得了显著经济效益，推进了资源的合理利用和循环，减少了工艺排放，节约了能耗和原料，为巩固国家科技进步二等奖3项。在重要储能系统方面，构建了创新储能集成系统的先进与关键核心技术，在版核电系统方面，为高校低碳能源技术的发展测试与示范起好水，在废物减排方面，可以解决的重能等变等问题，煤、油、气、锂、钢能源排放方面取得显著，降低氮氮排放10%、烟排放20%，整体达到国内领先水平，获得国家科技进步二等奖。

在低碳医保技术及应用方面，针对我国家长沙的民族居住的西北京地区缺水严重、能源和自然资源迫切矛盾、重点城市的雾霾和空气污染日益严重的问题，获奖者项目承担了长达且市均为建筑节能供暖，通过专用设备21个北京供暖系统，长东运、冻、风、雷、烟排料、减损、暖内系统并研究支持项目与国家环境的热回收高效的升级转化、热回收储集暖项目的减小与减能型，对供生产制定中间热力系统与转化方案，基于国家科技进步二等奖。针对生产锋调中间热性的转化方案，建立了工程示范，并产生了巨大的经济和社会效益，为国家的绿色化、低碳化、和清洁化的推进提供了关键核心技术；并应用户采用了超显著的经济和社会效益，获得先进国家科技进步二等奖。

获奖者积极参与国家科技战略规划和研究，为推动国家科技战略发展和体制机制创新出了贡献。获奖者专家组成员都参与了我国工程院 "十三五" 国家新能源规划的组织和实施工作，开展了重大专题《可持续发展能源战略研究》《化石大环境能保护面临的重大问题》，参与了中国工程院《重型加工可持续发展战略研究》等重大项目和课题。积极面向国家需要化"和"能源低碳化战略"，21世纪难题已列入了国家级、科技部级、中国科学院国家自然科学基金委重点支持的《10000个科学难题》。

三、水稻生物学国家重点实验室

水稻生物学国家重点实验室于2003年批准建设，依托单位为中国水稻研究所和浙江大学，于2006年12月通过建设验收，在2006年度、2016年度生物科学领域国家重点实验室评估中均被评为良好类实验室。

（一）总体定位

为解决我国稻作科技和水稻产业可持续发展的关键问题，瞄准水稻生物学领域国际前沿及重大科学问题，聘准世界一流水稻科学与技术发展趋势，以水稻生物功能基因组研究为突破口，重点开展以种质资源为核心的重要功能基因发掘利用、水稻重要性状的分子机理、分子设计与有种技术等研究，提高重大水稻新品种培育、为我国水稻产业可持续发展提供先进实用技术，其水稻科学。

（二）研究方向

1. 水稻功能基因组学与分子育种基础研究

主要开展重要水稻功能基因克隆与鉴定、水稻基因调控网络、水稻重要性状的分子设计与有种基础研究。

2. 水稻种质资源创新与分子有种应用研究

主要开展水稻有利基因发掘与创新、骨干亲本材料创制、新品种选育等研究。

3. 水稻病虫灾变机理与控制研究

主要研究内容：水稻病虫灾变特性及变异机制、水稻抗病虫的分子机理、水稻虫害暴发规律、发生及流行预测机制、稻田因抗性治理、水稻病害及害虫种群操纵、安全及农药行为机制、稻田因抗性治理、水稻病害及害虫种群操纵的综合控制。

4. 水稻可持续生产生态基础与应用研究

主要开展水稻抗逆非生物要应用、水稻抗逆（旱、寒、盐碱）、应用及稻作水的应用于水稻生产研究。

（三）领域贡献

1. 全面提高重大科研任务承担能力，引领我国水稻学科发展

主持了一大批国家重大基础研究科研项目。"十二五"期间，实验室共主持或参与省部级以上项目297项，其中，863项目12项，973项目课题13项，国家自然科学基金项目97项，国家重大专项、国家公益项目等国家级项目57项，到位经费2.61亿元。其中，2012年实验室首次获得了国家基金委创新研究群体项目"水稻种质创新和超级稻分子育种"的资助，2015年又获得连续资助；作为首席科学家，陈学新教授承担了973项目"天敌昆虫控制害虫机制及可持续利用研究"，娄永根教授承担了973项目"稻飞虱灾变机理与可持续治理的基础研究"；曹立勇研究员和沈志成教授分别主持了国家转基因重大专项"抗病转基因水稻新品种培育"及"转基因安全技术研究"。程式华研究员领导了"国家水稻产业体系"项目的运行。娄永根教授和朱德峰研究员分别主持了公益性行业（农业）科研专项"利用生态功能分子防控害虫及杂草技术研究与示范"和"主要粮食作物高温热害及干热风预警及缓解技术研究示范"。

团队建设与人才培养取得了显著的成效。五年来，实验室更加注重科研团队的研究水平和学风建设，通过自身培养和引进提高研究队伍的实力，共取得"十一五"国家科技计划执行优秀团队奖1项，6个团队入选全国农业科研杰出人才及其创新团队，2个团队入选国家"创新人才推进计划"重点领域创新团队；新增1位国家基金杰出青年、2位国家基金优秀青年、2位百千万人才工程人才。

在基础、应用基础及应用研究各领域全面获得国家奖励。评估期间，实验室共获得国家自然科学二等奖1项、国家发明二等奖1项及国家科技进步二等奖2项。相比上一轮评估期间，实验室不但在获奖数量上翻番，更是摘取了国家3大奖项的成果。表明实验室在基础及应用基础研究、应用研究领域的综合实力有了大幅度的提高。

2. 积极开展水稻基础研究，成为国际水稻基础研究的基地

论文质量与数量大幅提高。2011—2015年，实验室共发表论文790篇，SCI收录论文597篇，其中第一单位论文420篇、影响因子3.0以上222篇。并且在

《Nature》《Nature Genetics》等国际顶尖期刊上发表了原创论文。实验室破解了水稻粒型调控分子机制。从美国优质长粒稻中发现了GL7的基因组结构变异导致基因表达量的上升，引起粒长增加、垩白度降低，进而提高稻米品质的遗传调控机制，研究成果发表于2015年的《Nat Genet》《Nature》杂志对研究成果进行了专文评述。

实验室与60多个国家（际）研究机构、大学以及跨国公司建立了合作关系。与美国康奈尔大学、杜克大学、瑞士伯尔尼大学等展开了多项合作，取得丰硕合作研究成果，分别在《Nature》《Annu Rev Entomol》等知名期刊发表高水平合作研究论文。承担国际合作项目27项目，其中国家自然科学基金委重大国际交流与合作项目3项；合计到位总经费1 100余万元。2015年和2016年还分别成立了"亚洲农业技术转移中心"和"中巴杂交水稻联合研究中心"。先后在16个国家建立了新品种和新技术示范点76个，百亩示范片46个。展示的品种达60多个，在印度尼西亚和非洲，最高增产幅度超过70%，受到当地农民的欢迎。

实验室程式华研究员、胡培松研究员、娄永根教授等人在联合国粮农组织国际水稻委员会（FAO-IRC）、亚洲水稻研究合作委员会（CORRA）、国际粮农组织（FAO）专家委员会等国际学术机构任职5人次，钱前、叶恭银、陈学新、陈学新等人在《Rice》《Journal of Integrative Plant Biology》《Breeding Science》《Journal of Genetics and Genomics》《Journal of Integrative Agriculture》等国际期刊任职22人次。

3. 研发水稻高产新品种和配套栽培技术，保障国家粮食安全

一是选育重大品种，解决生产重大问题。与上一轮评估相比，实验室审定品种由48个增加至76个，获植物新品种权由17个增加至58个。出现了年推广面积上千万亩的品种"中嘉早17"，创新种质"华占"有103个组合参加各级区试，通过审定组合达39个，成为目前我国应用面积最大恢复系。

二是研创集成水稻高产栽培技术体系，促进水稻生产转型升级。在超级稻高产栽培技术研究方面，针对超级稻品种生物量大、穗大粒多等特点，创立了"前期早发够穗苗、中期壮秆扩库容、后期保源促充实"的高产栽培共性关键

技术，集成我国稻区特点的超级稻高产栽培技术体系，制作了超级稻品种的栽培技术规程，编制了品种高产栽培模式图，在我国华南、西南、长江中下游及北方等主要稻区推广应用，近3年应用1.19亿亩，增产稻谷640.0万t，增效137.4亿元，获国家科技进步奖二等奖。在传统水稻机械化生产关键技术研究方面，发明了水稻钵形毯状秧苗机插新方法，解决了传统毯苗机插存在的取秧不均、伤秧伤根严重、漏秧率高、插后返青慢等问题，比传统机插增产7.4%，获国家专利20余项，核心技术连续6年列为我国水稻主推技术，在我国黑龙江、吉林、浙江、江苏等20余个省推广应用，年推广面积超过3 000万亩，获全国农业丰收一等奖及浙江省技术发明二等奖各1项。

四、棉花生物学国家重点实验室

棉花生物学国家重点实验室（State Key Laboratory of Cotton Biology）于2011年10月正式批准建设，依托单位为中国农业科学院棉花研究所、河南大学，网址为http：//www.sklcb.cn。2014年1月通过了科技部组织的专家验收，同年8月科技部发布批文［国科发基（2014）227号］，转入正式运行期。在2016年度生命科学领域国家重点实验室评估中该实验室被评为良好实验室。

（一）总体定位

棉花是我国重要的经济作物之一。棉花生物学国家重点实验室以学科发展前沿和国家重大战略需求为导向，围绕棉花生物学重大科学问题开展基础和应用基础研究，为棉花基础创新提供源动力，为棉花重大前沿问题的解决提供支撑，为棉花高层次科研人才培养和交流提供平台，引领我国棉花生物学领域的科学创新和产业发展。

（二）研究方向

1.棉花基因组学及遗传多样性研究

研究棉花种质资源的遗传多样性，构建核心种质库，拓宽棉花育种的遗传基础；开展棉花基因组结构与序列分析；创建棉花突变体库，建立棉花种质资源鉴定与优异基因发掘的理论与技术，研究种质资源优良性状的遗传和变异规律；开展棉花花期调节基因的转基因研究和表观遗传学调节花期的研究；大规模、高通量发掘棉花种质资源中蕴藏的重要农艺性状基因，验证基因功能，明确基因间互作效应，实现种质资源优势向基因资源优势的转变，创制高产、优质、抗逆棉花新种质。

2. 棉花品质生物学及功能基因研究

利用纤维品质分子作图与基因克隆的遗传群体和材料，构建高密度分子标记连锁图谱，发掘与纤维品质性状（长度、强度、细度）紧密连锁的分子标记及主效QTL，明确基因的互作效应；分离克隆纤维突起、伸长及次生壁加厚阶段的特异表达基因，阐明棉纤维发育的调控机理，揭示棉花纤维发育的遗传基础和品质性状形成的分子机制，提出纤维品质分子改良的新理论和新方法。

3. 棉花产量生物学及遗传改良研究

构建产量性状（如衣分、铃重等）分子作图与基因克隆的遗传群体和材料，挖掘高产主效QTL，深入剖析棉花产量相关基因互作以及基因与环境互作效应；开展棉花雄性不育和杂种优势分子机理研究，在棉花高产发育与分子调控机理上取得突破；研究棉花高效转化的遗传基础和快速功能验证体系；精确设计和定向操作目标基因，组装目标性状，建立基于功能基因的棉花品种设计理论、方法与技术体系。

4. 棉花逆境生物学及环境调控研究

借助模式植物研究体系，在分子、细胞、个体、群体等不同水平研究干旱、高盐、低温以及病虫害等逆境胁迫对棉花生长、发育及重要农艺性状遗传决定的影响；揭示棉花感受和传递逆境信号的分子机制；研究棉花适应逆境胁迫的生理、生化和分子机制，以及根系发育与水肥调控等协同作用机制；研究棉花生物逆境（病虫为害）和非生物逆境（干旱、盐碱）等的抗性机理；研究气候变化对棉花产量、品质和病虫害发生的影响，发展棉田有害生物的监测预警和生物生态关键防治技术。

（三）领域贡献

1. 努力提高重大科研任务承担能力，推动我国棉花生物学学科发展

主持国家重大科研项目，引领和带动相关学科领域发展。"十二五"期间实验室先后主持国家级项目87项。实验室原主任喻树迅担任首席科学家，联合北京大学、清华大学、中国科学院等优势单位共同完成了棉花领域唯一的973项目"棉花纤维品质功能基因组研究及优质高产新品种的分子改良"，中期和结题验收均为优秀，推动了棉花纤维发育基础研究领域的发展，为通过棉花分子生物学解决优质原棉问题奠定基础。喻树迅、王坤波、邢朝柱、崔金杰主持了棉花转基因重大专项6个重大课题中的4个；喻树迅担任国家棉花产业技术体系首席科学家。通过牵头实施各种国家级重大项目，本实验室科学家的学术思想在棉花学术界起到了主导和引领作用。

凝聚和培育了一批具有行业影响力的科技创新领军人才及团队。喻树迅2011年当选为中国工程院院士，李付广2011年获得国家杰出青年基金资助；此外，新增长江学者1人、"万人计划"1人、"百千万人才工程"国家级人选2人、中青年科技创新领军人才2人、全国杰出专业技术人才2人、中原学者2人、"万人计划"青年拔尖人才1人。在个人学术水平得到提升的同时，其所在团队的整体研究水平继续保持国内领先，如李付广、邢朝柱、宋国立、范术丽及其团队获得"农业科研杰出人才及其创新团队"（占同期棉花界比重4/8）。王坤波团队获得中华农业科技奖优秀创新团队奖。通过优秀人才和团队的培养，提升了我国棉花整体研究水平，带动了学科发展。

培育一批具有国际领跑、并跑水平的科研成果。在棉花基因组学及遗传多样性研究方面，创新种质资源评价鉴定体系，建立全国唯一的棉花种质资源共享利用平台；率先开展棉花基因组计划和重测序研究，在国际顶尖期刊Nature系列发表相关论文3篇，合计引用411次；构建了全球棉花基因组数据开放共享平台，引领和推动了全球棉花基因组学研究。在棉花品质生物学及功能基因研究方面，开展了棉纤维发育机制研究，继国产第一代转基因抗虫棉取得突破之后，又率先创制了第二代转基因优质纤维新材料，达到国际领先水平。在棉花产量生物学及遗传改良研究方面，优化育种策略，创建了低代大群体多逆境交

叉选择等育种技术途径，丰富了我国棉花育种的理论与方法；育成棉花品种在我国主产棉区作为农业部主导品种发挥了重要引领作用，代表性品种中棉所49推广面积占2015年全国植棉面积的15.5%。在棉花逆境生物学及环境调控研究方面，系统研究了在干旱胁迫下的生理和分子机制以及保卫细胞信号转导机制，创制了新型转基因抗旱棉花新材料，"植物应答干旱胁迫的气孔调节机制"于2012年获国家自然科学奖二等奖。

2. 积极开展科技前沿探索，提升我国棉花生物学研究的国际影响力

"十二五"期间，实验室共发表学术论文381篇，其中SCI论文165篇，影响因子4.0以上34篇，《Nature Genetics》2篇，《Nature Biotechnology》1篇，《Plant Cell》1篇。2014—2015年发表SCI论文100篇，是2012—2013年的2倍，是2010—2011年的3.3倍，保持高速发展的态势（图3-1）。"十二五"期间实验室发表的SCI论文被总引1 390次，特别是三篇《Nature》系列文章，单篇最高引用次数217次，进入ESI中Molecular Biology & Genetics学术领域前1.00%高被引论文排名。论文数量和质量大幅提升，提高了实验室的国际影响力。

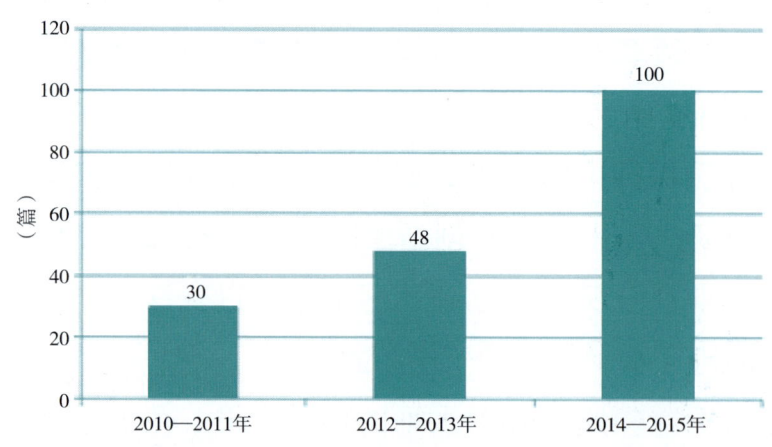

图3-1　2010—2015年实验室发表SCI论文数量

与国际同行业院校德州农工大学、德州理工大学、密西西比州立大学、乔治亚大学等相比，2011—2015年五年发表棉花生物学领域SCI论文总数本实验室名列前茅（表3-1）。随着本实验室的快速发展，近三年（2013—2015）发表SCI论文质量和数量大幅度领先于国外同行，比德州农工大学多25篇；尤其是在棉花基因组研究方面，同期在国际顶尖期刊发表的5篇高水平论文中，有3篇为本实验室牵头完成，实验室整体研究水平达到国际先进水平。

此外，实验室还积极参与国际事务，提升本实验室国际话语权。本实验室有3人在棉花领域重要国际学术机构"国际棉花基因组委员会（ICGI）"任职，喻树迅为ICGI执行委员和种质资源及遗传材料组联合主席（2009—2015），宋国立、杜雄明分别为ICGI功能基因组和种质资源及遗传材料组联合主席（2015—2017），提升了本实验室在棉花生物学研究方面的国际影响力。宋纯鹏、王坤波等9人次在15种国际学术期刊任职，担任《New Phytologist》海外编辑、《Molecular Plant》常务编辑、《Journal of Applied Ecology》副主编、《Journal of Plant Ecology-UK》主编、《Plos One》学术编辑等，充分体现实验室成员在国际棉花生物学领域的影响。

表3-1 棉花生物学相关SCI收录论文数量与国内外科研单位对比

序号	单位	2011—2015年 SCI论文数量（篇）	2013—2015年 SCI论文数量（篇）
1	棉花生物学国家重点实验室	135	104
2	德州农工大学	150	78
3	德州理工大学	109	65
4	密西西比州立大学	50	31
5	乔治亚大学	45	25
6	克莱姆森大学	36	23
7	爱荷华州立大学	32	21

3. 积极服务生产，支撑我国棉花产业发展的战略需求

我国作为世界棉花生产、消费、进口第一大国和纺织服装生产贸易第一大国，棉花产业的发展对保障国计民生具有重要意义。然而机械化采收、纤维品质等问题近年来逐渐凸显，本实验室针对生产问题，通过机理研究、育种策略完善和重要成果的培育等，在促进棉花科技发展和确保棉花生产安全中发挥了主导和引领作用。

一是创新育种方法，培育优良品种，解决重大生产问题。通过优化育种策略，创建了低代大群体多逆境交叉选择的育种技术途径，丰富了我国棉花育种的理论与方法；同时结合分子设计育种和转基因育种等现代育种技术，培育了以"中棉所49""中棉所63"等为典型代表的系列品种。"中棉所49"于2011—

2015年连续5年作为全国棉花主推品种，2015年占全国植棉总面积15.5%，占南疆植棉面积67.6%；"中棉所63"于2011—2015年连续5年被农业部定为长江流域主导品种。本实验室培育的中棉所系列抗虫棉推广应用已超过1亿亩，占国产抗虫棉推广总面积的1/3，在国产抗虫棉战胜美国抗虫棉的过程中发挥了主导和引领作用。根据我国棉花优质原棉的重大需求，创制了第二代国际领先的优质纤维转基因棉花新材料，并向国内32家育种单位免费发放，为转基因优质棉花新品种培育奠定了基础。针对机采棉发展的重大需求，挖掘了改良株型的 $PAG1$ 基因，实现株型育种新突破，为适合机械化采收新品种的培育奠定了基础。

二是积极向国家献言献策，保障棉花产业可持续发展。根据我国棉花发展新形势，积极参与"十三五"国家科技计划规划并主动向中央领导献言献策，得到党和国家领导人的高度重视。2015年，喻树迅与袁隆平、傅廷栋等院士一起组织呈报的《关于将"主要农作物强优势杂交种创新计划"列入国家重大科技专项的建议》得到习近平总书记的批示，相关项目已于2016年作为国家重点研发计划顺利启动；"棉花杂种优势利用技术与强优势杂交种创制"项目由本实验室学术带头人邢朝柱主持。2013年，李付广致信刘延东副总理："建议西部盐碱旱地增加500万亩棉花，内地可调减1 000万亩良田发展粮食生产"，得到刘延东副总理批示；2014年启动了国家科技支撑计划项目"内蒙古旱区棉花新品种选育及配套技术研究与示范"，由实验室学术带头人宋国立研究员主持，现已认定品种3个，实现了内蒙古棉花品种零的突破，并形成了内蒙古棉花水肥运筹技术、促早集中吐絮化控技术等系列配套技术，建立了核心示范基地3个，为内蒙古棉区棉花产业的快速发展奠定基础。

五、兽医生物技术国家重点实验室

兽医生物技术国家重点实验室位于黑龙江省哈尔滨市，依托单位为中国农业科学院哈尔滨兽医研究所。实验室于1986年年初立项建设，1988年年末建成，1989年6月1日通过验收，正式对国内外开放运行，在2016年度生命科学领域国家重点实验室评估中被评为优秀实验室。

（一）总体定位

实验室以严重危害畜牧业的动物传染性疾病和人兽共患病为研究对象，在分子生物学水平研究病原的遗传变异、致病及其诱导免疫的机制，并研制预防、诊断或治疗用细胞工程及基因工程制剂。坚持在动物疫病研究和公共卫生领域开展原创性研究，取得具有重大突破的原创成果，引领兽医生物技术学科发展，成为国际领先的预防兽医学基础理论和防治技术创新中心、国际交流中心、高素质人才培养基地和高层次科学家汇聚高地。

（二）研究方向

1. 病原致病机理与防控理论

研究病原的致病力、传播机制、感染谱等生物学特性，发现病原的新变化与新特点，揭示病原的变异机制与致病机理，研究新发和再发病原突破免疫保护的机制，探索新型防控策略，创新防控理论。

2. 新型疫苗及诊断技术

利用现代生物技术创制安全高效的新型疫苗，包括活载体疫苗、亚单位疫苗、核酸疫苗和可鉴别感染与免疫的标记疫苗等；建立与疫苗配套的鉴别诊断方法，研制各类病原学与血清学诊断制剂，满足行业重大需求。

3. 流行病学与病原变异

针对重大动物疫病，开展长期监测等基础性工作，构建流行病学数据库和生物资源库，揭示病原的分子特征和遗传变异规律，预测其演化和流行趋势，建立预警模型，为疫病的控制、净化和根除提供有效防控措施和决策依据。

4. 兽医基础免疫学

围绕宿主在病原侵入、复制和组装释放等环节产生的免疫应答，开展病原免疫识别、天然免疫网络调控、病原拮抗与免疫逃逸机制、潜伏感染与免疫耐受等研究，深入挖掘抗感染免疫分子机理，发展新的抗感染策略，创新学科理论。

5. 实验动物资源与模式动物

研究特定病原微生物净化技术，培育SPF实验动物，满足动物感染实验需求；建立动物感染模型，探索病原致病机制、评估疫苗免疫效果及药物筛选；开展转基因实验动物研究，培育模式动物，评价重要基因功能。

（三）领域贡献

1. 积极承担国家重大科研任务，引领兽医生物技术学科发展

主持一批国家重大科研项目，基础研究投入大幅提升。"十二五"期间，实验室共承担科研任务254项，其中国家级项目190项，牵头组织实施了973、863、支撑计划、国家科技重大专项、科技基础性工作专项等国家级重大科研项目27项；获得国家自然基金委资助的创新研究群体、优秀青年基金、国际（地区）合作与交流重点项目、重点项目、面上项目、青年基金等项目83项；承担公益性行业（农业）专项、农业部动物疫情监测与防治项目、农业杰出人才、农业国际交流与合作、农业产业技术体系等农业部资助的项目55项。合同经费24 472.77万元，累计到位经费18 492.16万元，经费额度是上期的1.3倍，尤其是自然基金项目数增长3.4倍，资助经费增长5.9倍，基础研究投入大幅提升。

领军人才不断涌现，后备青年骨干成长迅速。实验室人才培养成效显著，涌现出全球高被引科学家、世界杰出女科学家、《Nature》十大科技人物、科技部中青年科技创新领军人才、国家百千万人才、全国农业科研杰出人才、国家自然科学基金委生命科学部咨询委员、863领域咨询专家、OIE生物标准委员会副主席、《Virology》期刊编委等各类领军人才39人次。40岁以下青年骨干共主持科研项目138项，占实验室项目总数的54%。其中国家自然科学基金青年和面上项目58项，占实验室基金项目总数的70%。自然基金青年项目获准率为33%，比全国平均水平高8%。获得"优青"资助2人（占兽医领域的2/7），科技部中青年科技创新领军人才2人，"万人计划"青年拔尖人才入选者、求是青年科技创新奖获得者、全国优秀青年岗位能手、黑龙江省杰出青年各1人。40岁以下优秀青年骨干迅速成长，科研能力显著增强，已经成为实验室的中坚力量和研究骨干。

形成了一批具有重大国际影响的科研成果。20多年来，实验室作为我国兽医领域的第一个国家重点实验室，取得了令人瞩目的研究成果，获得兽医领域第一个国家科技进步一等奖，第一个国家自然科学二等奖，成为迄今为止本领域唯一获得国家三大奖的实验室。研制出世界第一个禽流感重组疫苗等多个重要防控产品，解决了产业中的重要问题，满足了国家相关的重大需求。实验室成立以来，率先建立和运用多种反向遗传操作技术、免疫评价模型、生物安全评价技术，创制出38个国际国内具有重要影响的基因工程产品，包括世界上第一个以反向遗传操作技术构建并大规模产业化应用的禽流感重组灭活疫苗、第一个产业化应用的禽流感—新城疫重组二联活疫苗以及我国第一个禽用基因工程疫苗——鸡传染性喉气管炎重组鸡痘病毒基因工程疫苗。同时，实验室不断拓展学科领域，着力探索兽医基础免疫学重要科学问题，加强现代生物技术在兽医基础免疫学中的运用，显著增强了基础免疫方向的研究能力，取得了一批重要成果。5年来，实验室系统阐明了动物流感病毒进化、跨种传播与致病的分子机制，揭示了细胞膜参与猪瘟病毒、猪呼吸与繁殖综合征病毒入侵和释放的防御机制，发现了新的猪细胞天然免疫信号调节通路分子机制，揭示了慢病毒合成和组装的关键作用分子，极大丰富了动物病毒学和免疫学基础理论；利用现代生物技术创制了禽流感、猪病毒性腹泻三联疫苗等多个新型防控产品，在高致病性禽流感、高致病性猪繁殖与呼吸综合征、猪病毒性腹泻和猪圆环病毒感染和被根除的第二种动物疫病——牛肺疫等重大动物疫病防控方面做出了重要贡献。

2. 积极开展兽医生物技术基础研究，成为国际合作交流中心

科研论文数量和质量显著提升。"十二五"期间，实验室共编撰学术著作38部，发表研究论文1 208篇，SCI收录论文530篇，是上期SCI文章数的2.73倍。5年内论文他引频次2 629次，平均他引4.96次，研究论文发表在《Science》《PLoS Pathogens》《PNAS》和《JVI》等国际顶级或著名科技期刊上，特别是在病毒学专业顶尖期刊JVI上发表文章33篇，是上期的4.6倍。与国际领先的兽医研究机构如美国康奈尔大学兽医学院、英国Pirbright研究所等相比处于同一水平，呈现并跑状态。

实验室承担了盖茨基金、美国NIH项目、日本文部省项目和欧盟FP7等16项国际合作项目，获境外项目资助金额331万美元。新增FAO动物流感参考中心、OIE人兽共患病亚太区协作中心等9个国际合作平台或基地，参与全球动物疫病控制计划。与英国Pirbright研究所、美国EMORY大学等国际知名研究机构开展合作研究。围绕"一带一路"战略，开展技术输出和技术援助，成为具有重要影响的国际合作交流中心。

随着实验室学术影响不断提升，对外交流不断增强，越来越多的实验室人员参与国际学术事务，共有8人次在国际学术机构任职，5人次在学术期刊任职。在2012—2015年任期结束后，陈化兰研究员再次连任OIE生物标准委员会副主席。作为全世界兽医事务的最高机构，生物标准委员会是OIE4个技术专家委员会之一，该委员会负责向全世界推荐动物疫病的使用疫苗和检测标准，遴选OIE动物疫病参考实验室，陈化兰研究员的再次连任，标志着实验室科学家在国际兽医事务和学术机构中的国际地位进一步巩固，为中国和世界动物疫病防控做出新的贡献。

3. 有效控制重大动物疫情，保障公共卫生与国家安全

"十二五"以来，实验室先后研制出禽流感、猪病毒性腹泻三联活疫苗、高致病性猪蓝耳病活疫苗、鸡传染性支气管炎活疫苗等行业急需防控产品，转让技术成果38项，直接转化收入11.4亿元，创造行业产值80亿元以上。推广应用1 000亿头（羽）份，使禽流感、高致病蓝耳病、仔猪腹泻和猪圆环病毒病的发病率显著降低，挽回经济损失1 000亿元以上，有效促进了养殖业提质增效和健康发展，推动社会经济进步。实验室利用兽医领域首个高级别生物安全实验室，建立了完备的生物安全实验体系，打造了能够开展埃博拉、MERS等最高安全等级病原微生物操作的试验平台，组建了重要人兽共患病和自然疫源性人兽共患病研究团队，研究了布鲁氏菌病、结核、狂犬病、裂谷热、埃博拉等严重危害人类健康和畜牧业发展的烈性传染病的防控措施，极大提升了实验室对烈性人兽共患病和外来病的研究能力，为公共卫生和国家生物安全提供了有效保障。积极为国家科技发展提供科技支持和战略咨询。根据《国家中长期科学和技术发展规划纲要（2006—2020年）》的任务要求，实验室创制多个新型高效

动物疫苗，开发多种动物疫病及动物源性人畜共患病的流行病学预警监测、检疫诊断、免疫防治与根除技术，为实现规划要求提供坚强保障。同时，实验室参与国家兽医科技发展战略、生物产业发展报告等重要战略性文件编制，为国家科技发展提供咨询服务。

六、家畜疫病病原生物学国家重点实验室

家畜疫病病原生物学国家重点实验室依托中国农业科学院兰州兽医研究所建设，于2006年7月获科技部批准正式建设，2010年10月通过科技部组织的验收，在2016年度生命科学领域国家重点实验室评估中被评为良好实验室。

（一）总体定位

实验室以危害畜牧业生产和公共卫生安全的重要动物疫病为研究对象，围绕国家战略需求，开展病原生物学领域的基础性和应用基础性研究，构筑一个集理论创新、技术创新、产品创新与开放合作为一体，政府咨询、人才培养、技术培训与学术交流统筹兼顾的平台，引领我国家畜疫病病原生物学的学科发展，为我国动物疫病防控提供科技支撑。

（二）研究方向

针对口蹄疫、小反刍兽疫、羊痘等重大病毒性疫病，衣原体、支原体、布鲁菌等细菌病以及猪囊尾蚴、棘球蚴、旋毛虫、弓形虫、梨形虫和硬蜱等寄生虫病防治中的重大科学问题和关键技术，围绕病原功能基因组学、感染与致病机理、免疫机理、病原生态学与流行病学、防治技术基础等5个研究方向，开展基础性研究和应用基础性研究，通过理论突破、技术创新和产品创制，满足国家疫病防控和食品安全保障的需求，构筑一个集科学研究、产品研发和政府咨询为一体科技平台，最终把实验室建设为研究水平一流、环境设施一流、人才队伍一流、科研成果一流，在国内外均富有鲜明特色和影响力的一流实验室。

（三）领域贡献

1. 全面提高重大科研任务承担能力，引领我国家畜疫病病原生物学发展

实验室主持了一批国家重大科研项目。评估期内，实验室承担科研任务223项，实际到位经费17 595.95万元。其中国家级项目97项，实际到位经费10 593.63万元，占经费总额的60.2%。实验室主持了动物寄生虫研究领域首个973项目，获得49项国家自然科学基金项目；与上一评估期相比，自然基金立项数增加了6倍，经费额度增加了11倍。

实验室凝聚和培育了一批具有重要影响的领军人才和团队。引进国家"千人计划"专家1人，引进中国农业科学院"青年英才计划"A类人选3人，引进英国动物健康研究所Pirbright实验室专家1人。目前，实验室有1人获得全国农业科研杰出人才称号，2人获得享受政府特殊津贴专家，3人获得甘肃省杰出青年基金，2人获得人社部留学人员回国择优资助项目经费支持，3人通过35岁以下中国农业科学院优秀青年绿色通道晋升为副研究员。

获得了一批具有行业重要影响力的科研成果。实验室获发明专利108项（其中国际发明专利2项）、软件著作权20项；获一类新兽药证书8项，其中，一类1项、二类4项、三类3项；制定农业标准2项；获中华农业科技一等奖1项、甘肃省科学技术进步一等奖1项。这些成果的取得，提升了实验室国际、国内影响力，为满足我国动物疫病防控需求做出了重要贡献。

2. 积极探索科技发展前沿，提升我国口蹄疫和寄生虫病研究的国际影响力

"十二五"期间，实验室发表论文867篇，其中SCI收录论文480篇。其中在影响因子5以上的期刊上发表13篇，在影响因子3~5的期刊上发表130篇，表明实验室在基础研究能力和水平上得到了大幅度提升。在口蹄疫方面，实验室发表的论文数量占全球总量的9.6%。与国际上著名的口蹄疫研究单位英国Pirbright研究所、美国Plum Island动物疫病研究中心和印度兽医研究所相比，实验室排名第一，Pirbright研究所排名第二。在寄生虫病方面，实验室发表SCI收录文章232篇，占全国发表文章量的24.47%，占全球总量的2.58%。从论文引证情况来看，实验室篇均引用次数高于全国、全球平均水平，体现了实验室在全球寄生

虫领域的研究实力。

实验室与德国、法国、英国等20多个国家，英国Pirbright研究所、澳大利亚墨尔本大学兽医学院、法国南特大学兽医学院、美国田纳西大学等10多个机构开展国际合作；在口蹄疫、小反刍兽疫、蓝耳病等重要动物病毒病，巴贝斯、泰勒虫、莱姆病等蜱传病，弓形虫、猪蛔虫等重要动物寄生虫病研究领域组织和实施一系列科技项目；先后获得了包括欧盟框架项目、原子能机构项目、科技部支持的双边合作及交流项目、甘肃省支持的双边合作项目和其他科技合作项目在内的28个国际科研计划项目，总经费1 728.98万元。

实验室殷宏研究员、刘湘涛研究员等两人任世界动物卫生组织（OIE）专家，朱兴全、郑亚东、张杰等7人任《Parasites and Vectors》《Trends in Parasitology》《Parasitology Research》等著名国际SCI期刊的主编或编委。

3. 积极服务畜牧业发展，支撑重大动物疫病防控

实验室根据国家防疫需求，通过流行病学调查分析，明确了新传入我国的口蹄疫疫情及其毒株的遗传特征。查明我国口蹄疫暴发的主要毒株。为解决现有疫苗难以匹配流行毒株的问题，整合基因组学、病毒学和免疫学等相关技术，建成了口蹄疫疫苗制苗种毒分子选育技术体系，建立了分子选育技术平台，创制了国际首例"猪口蹄疫灭活疫苗"，在全国30个省、市、自治区推广应用11亿头份，为及时快速遏制我国O型口蹄疫大流行发挥了决定性作用。

为政府提供口蹄疫防控决策咨询。实验室向农业部兽医局等防控决策部门提交口蹄疫诊断分析报告45篇，提交口蹄疫流行病学调查、监测报告32篇，提交防控形势分析报告和建议等17篇，为科学研判全国口蹄疫流行形势、确定防控策略和技术措施提供了依据。

创新关键技术，促进产业升级。建立单质粒反向遗传技术构建疫苗种毒，对疫苗种毒进行系统的基因改造，优化提升其种用性能，克服了流行毒株作为种毒的自然属性缺陷，突破了疫苗种毒常规筛选技术的局限性，促进了高效疫苗的发展。对口蹄疫病毒培养、灭活、抗原纯化技术的创新，全面优化升级生产工艺，形成新的制造规程和更高的行业标准，提高了产能和产品质量，引领了动物疫苗产业的发展。

七、吉林省特种经济动物分子生物学省部共建国家重点实验室培育基地

吉林省特种经济动物分子生物学省部共建国家重点实验室培育基地依托中国农业科学院特产研究所建设，于2012年获科技部批准正式建设。

（一）总体定位

特种经济动物分子生物学国家重点实验室紧紧围绕国家重大需求和国际动物学科发展的方向与前沿研究领域，重点开展特种经济动物优异种质资源基因组学、特种经济动物分子育种学、特种经济动物干细胞工程、特种经济动物特有的生物学模型等研究，为建立特种经济动物分子生物学理论体系奠定坚实的基础，使我国特种经济动物分子生物学在整体水平上达到国际先进水平。

（二）研究方向

1. 特种经济动物种质资源与分子育种

利用特种经济动物优异种质资源开发高效率新型分子标记及其检测技术；利用基因调控技术构建转基因动物，再结合常规育种技术，培育抗病毒动物新品系，建立特种经济动物分子育种技术平台。

2. 特种经济动物分子调控

开展对鹿茸生长及其发育的分子调控、毛皮动物繁殖机理以及营养素与毛囊发育相关基因等项目的深入研究。

3. 特种经济动物细胞、组织工程

研究和建立特种经济动物干细胞、鹿茸生物反应器、麝香细胞工程等高等动物研究的新模式、新领域。

4. 特种经济动物生物医学模型

探索研究鹿、蓝狐、紫貂和水貂等特种经济动物特有的生物学特性、遗传、创伤修复免疫和代谢机理，为高等动物器官再生、雄性不育、脂肪代谢与肥胖症等提供新的研究模型和理论数据。

（三）领域贡献

1. 积极承担重大科研任务，促进我国特种经济动物分子生物学学科发展

承担了一批国家重大科研项目。实验室自运行以来，共承担各级课题168项（国家自然科学基金项目18项），获得总经费超过7 785万元。此外，从2014年开始承担中国农业科学院创新工程课题，获得研究经费为4 600万元。

引进和培育了一批具有一定影响力的学科带头人。六年来，实验室从清华大学、吉林大学、中国科学院、中国农业科学院、University of Ottawa（加拿大）等高校研究所引进相关专业博士16名；现有固定人员91名，其中高级职称43名；具有博士学位35人，硕士学位48人；享受国务院特殊津贴2人；省部级有突出贡献专家5人；全国先进工作者1人，中国农业科学院备案青年英才计划A类2人。实验室现已初步建成一支由国际著名或知名科学家领衔的，老中青相结合，规模适度、结构合理、充满活力的高素质创新科技队伍。

形成了一批具有重要影响的科研成果。实验室获得国家科技进步一等奖1项（第三参加单位）、中国农业科学院科学技术成果一等奖5项，二等奖1项；吉林省科技进步一等奖2项，二等奖9项，三等奖7项；全国农牧渔业丰收奖1项；长春市科技进步特等奖1项，吉林市科技进步一等奖3项。出版专著15部，共发表学术论文678篇，其中SCI收录论文150篇。获得新药证书2项，认定新品种3个，获批国家发明专利18项。

2. 积极开展交流合作，提升特种经济动物分子生物学研究的国际影响力

实验室注重加强与国内外优势科研院所、重点实验室间的交流与合作，通过定期学术交流增进了解，形成良性互动。通过设立开放课题，吸引优秀人才，开展合作研究。六年来，仅接纳国际专家的访问就超过20次，并在2015年初筹建了中国—新西兰联合实验室，合作研究鹿茸的有效成分和药理作用。共设立开发课题3项，经费达45万元。逐步建设了一个具有国际水平的特种经济动物创新基地，形成一个广泛的具有国际影响的合作交流平台。

3. 加强条件能力建设，提升基础设施保障水平

通过6年建设，实验室面积达4 100m^2，仪器设备总价值为6 800万元，围绕

蛋白质组学、基因组学、细胞生物学、公用基础实验等装备一系列先进的大型仪器设备，具备国内一流的研究细胞生物学和分子生物学的实验室条件。大型仪器均有专人负责，全部采用网上预约审批制度，培养了高水平、专业化的科研仪器管理与运行的人才队伍。在大型仪器开放共享上，实验室作为公共服务平台实现网上预约，为广大科研人员提供高质量的基础条件保障和技术服务。此外还建有56km^{2}的左家试验基地，基地内包含鹿场、貂场等充分提供实验的野外试验条件。

第二节　农业部重点实验室

1990年，为推动农业领域基础科学创新、突破重大前沿技术、解决农业产业共性和关键技术问题，加强农业领域学科建设，集聚和培养高层次的农业科技人才，积累基础科学观测数据，农业部启动农业部重点实验室建设。近30年来，农业部重点实验室在建设布局、运行机制方面不断创新，发展过程可分为基本框架建设期、"学科群"建设期、布局体系完善期三个重要阶段。

农业部重点实验室基本框架建设期（1990—2009年）：为推进农业科技创新、加速农业科技进步，农业部围绕农业产业发展、区域经济发展和学科建设的需求，以单个实验室申报、评估和命名的方式，历经五轮建设了132个农业部重点开放实验室和68个农业部重点野外科学观测试验站的基本框架，较好支撑了农业科技创新体系的建设和发展。

农业部重点实验室"学科群"建设期（2010—2015年）：为转变各实验室"信息孤岛"式存在、科研方向分散重复的问题，按照学科领域、产业需求和区域特点进行规划布局，建立30个定位清晰的"学科群"研究单元，每个"学科群"形成以综合性重点实验室为龙头、专业性和区域性重点实验室为骨干、科学观测试验站为延伸分工明确的体系，基本形成产业链与创新链相融合、共性技术创新和育种创新纵横交错的农业科技创新网络，形成了覆盖农业主产区、囊括优势农产品产业、涵盖主要农业学科领域和优势单位的新型创新体系；同时，"十二五"时期针对学科发展较弱、规模较小，但农业产业发展特色鲜明的部分学科进行了增补建设，进一步完善了农业部重点实验室的学科布局。

农业部重点实验室布局体系完善期（2016年至今）：为进一步巩固建设成效，农业部对农业部重点实验室的建设布局进行了调整，通过进行农业部重点实验室（站）"十二五"时期运行评估，对部分学科群、重点实验室（站）进行了调整；同时，根据农业供给侧结构性改革和转变农业发展方式的新要求，在农业资源环境、农产品加工、农产品质量安全、农业信息化、农业机械化等领域，新增了一批学科群和重点实验室，通过新一轮的建设，农业部重点实验室布局从学科、区域、产业三个维度均得到了完善。至此，农业部重点实验室体系形成了由42个综合性重点实验室、297个专业性（区域性）重点实验室和269个科学观测试验站组成的37个学科群农业部重点实验室体系。

农业部在完善重点实验室体系布局的同时不断强化运行机制的创新，其中最重要的创新突破是"学科群"运行模式。"学科群"运行管理主要由五大运行机制来约束和规范，整体提升了"学科群"协同创新体系的运行效率。一是分工协作机制，明确综合性重点实验室、专业性区域性重点实验室和科学观测试验站三个层次的分工。学科群编制学科群建设方案，明确每个学科群的整体发展目标、指导性标准以及分步推进计划；学科群制定研究方向矩阵，明确学科群内每个实验室、试验站的具体研究方向和任务分工。二是学术交流机制，按照管理办法的规定，专业性（区域性）实验室的主任是综合性实验室学术委员会的委员，定期召开学术委员会会议，并规定学科群内要完成规定人数、规定时限的互派学习和合作研究，促进学科群内部及学科群之间交流与合作。三是资源共享机制，重点强调建设学科群内的公共平台，统筹制定科研仪器设备的共享方案，促进科研材料、数据、信息等在学科群内共享使用。四是牵头管理机制，重点强调综合性重点实验在学科群组建方案、学科群建设方案、资源统筹、项目联合申报等工作上综合性实验室负有组织协调作用和责任。五是动态考核机制，重点强调学科群体系的自我管理、绩效评价和激励淘汰机制等。

依托实验室体系布局的基础和运行机制的支撑，"十二五"期间农业部重点实验室体系运行状况良好。国家首次通过中央预算内投资强化以"学科群"

为核心的农业部重点实验室建设，支持改善了18个综合性重点实验室、107个专业性（区域性）重点实验室的装备条件，在111个农业科学观测站建设了田间工程，配备了农业设施、物联网等设备，有效夯实了相关领域农业科技创新的物质基础。与此同时，农业部重点实验室凝聚了一大批科研领军人才，现共有科研人员23 170人，其中固定人员20 084人，客座人员3 023人。固定人员中有中国科学院院士5人，中国工程院院士38人，美国国家科学院外籍院士1人，农业科研杰出人才及其创新团队238个。近几年，超过80%的农业科技成果都产生于农业部重点实验室，先后研发培育新品种、新农药、新兽药1 610件，制定国家和行业标准1 785项，获得国家级奖励84项，发表论文45 327篇。

面向国家战略需求和农业部整体布局，围绕自身独具特色的学科体系，中国农业科学院积极申请建设农业部重点实验室。截至2016年年底，中国农业科学院共建有22个综合性重点实验室，牵头指导22个"学科群"重点实验室、农业科学观测试验站建设和运行；建有40个专业性（区域性）重点实验室，涵盖了30个优势学科，包括水稻、麦类、棉花、园艺作物、油料作物等品种创新为主线的"纵向学科"，也包括基因组学、作物有害生物综合治理、动物疫病等共性技术创新为主线的"横向学科"；建有19个科学观测试验站，为农业科技创新提供原始资料和基础数据的支撑。

"十二五"期间，中国农业科学院通过完善科技创新条件，支撑对人才团队建设和学科发展，不断提升农业部重点实验室的运行成效。中国农业科学院共有24个农业部重点实验室获得2.3亿元资金集中支持，通过学科矩阵分工与强化条件建设引领，推动中国农业科学院农业部重点实验室体系的人才队伍建设和代表性成果培育。目前，中国农业科学院农业部重点实验室已经形成以8位院士、12名国家杰出青年基金获得者、36名农业科研杰出人才为引领的高水平人才团队。依托中国农业科学院建设的农业部重点实验室科技创新能力不断加强，在科学前沿探索和支撑现代农业发展等方面发挥了非常重要的作用，水稻功能基因组学、超级稻、转植酸玉米、禽流感疫苗等一批重大成果有效提升了我国农业科技创新的国际影响力，推动相关领域研究水平从跟跑、并跑向领跑、并跑转变。

一、农业部综合性重点实验室

农业部综合性重点实验室负责牵头本"学科群"重点实验室（站）建设和运行，主要任务是针对世界农业科技发展前沿和国家农业产业发展的科技需求，提出本学科领域重大科学问题，凝练科研任务，编制"学科群"建设方案，并组织本"学科群"联合申报重大科技计划；推进学科群内分工协作的一体化布局，组织开展合作与交流，并向专业性（区域性）重点实验室、农业科学观测试验站提供必要的科技信息等服务。在研究定位方面，综合性重点实验室以应用基础研究为主，兼顾基础研究，重点组织开展农业生产中的基础性、前沿性以及重大关键、共性技术研究，为农业发展提供新理论、新技术和新方法。

（一）农业部作物基因资源与种质创制重点实验室

实验室依托中国农业科学院作物科学研究所建设，是农业部作物基因资源与种质创制学科群的牵头单位，该学科群由1个综合性重点实验室、7个区域性（专业性）重点实验室和28个科学观测试验站组成，重点研究方向包括：保护生物学、作物基因资源挖掘、作物种质创新、应用基因组学研究。

1. "学科群"建设目标

按照"统筹规划、合理布局、强化管理、为育种和产业发展提供支撑"的原则，以应用基础研究为主，兼顾基础研究和公益性研究，依托优势科研和教学单位，建立具有世界领先水平的农作物种质资源保护与研究体系，打造一支专业结构合理的人才队伍；构建布局合理、功能完善、设施配套的农作物种质资源研究与共享平台；资源保存总量跃居世界首位，多样性更加丰富；攻克一批种质资源保护与利用的关键技术，挖掘一批有重要育种价值的新基因，创制一批突破性的新种质，使我国由种质资源大国成为种质资源和基因资源强国，有力支撑我国现代农作物种业发展。

2. "学科群"科研任务

（1）作物遗传多样性、保护生物学与民族植物学　广泛开展遗传多样性分析，收集、引进种质资源，建立和完善各大作物的核心种质；完善国家中长期库保存条件，提升保存能力及安全性；完成云南、贵州等地的作物基因资源考察收集，建立民族保护植物学。

（2）作物基因资源和新基因发掘的理论基础与技术创新　建立基因资源表型精准鉴定平台，以核心种质及其导入系为基础，结合高通量分子标记分析和关联分析及QTL定位分析，大规模定位和发掘优良基因，克隆一批重要基因，为转基因育种和分子设计育种奠定方法、材料、基因基础。

（3）作物种质创制的理论基础与技术研究　通过远缘杂交与染色体工程，结合标记分析，从近缘种属向作物转移优异性状和基因；通过化学、物理诱变，建立主要作物代表性品种的突变体库，定位、克隆重要功能基因。

（4）主要农作物的应用基因组学研究　充分利用水稻、小麦、玉米、大豆、油菜等作物的基因组学信息，通过重测序和SNP芯片扫描，分析育种过程中保守传递的基因组区段（单元型区段），研究其遗传效应；开发一批重要基因的简单标记，研发育种选择芯片，服务于设计育种。

3. 实验室在"学科群"的引领带动作用

实验室依托优势特色的平台条件和人才团队，围绕国家粮食安全重大需求，取得了野生大豆的泛基因组构建、小麦种质资源中重要育种目标性状的评价与创新利用、小麦SNP芯片等基础研究和应用基础研究的突破，在农作物生产提质增效方面发挥了重要支撑作用。"十二五"期间获得国家自然科学奖二等奖1项，国家技术发明奖二等奖4项，国家科学技术进步二等奖2项，省部级奖励8项。"十二五"期间发表论文共523篇，SCI收录论文278篇，其中在国际顶级刊物《Nature》《Nature Genetics》等杂志发表8篇，出版专著20部；申请/获得国家发明专利47项；申请/审定新品种28个。

实验室利用高通量测序技术发掘了5 100万个小麦SNP位点，并成功研制出了具有完全自主知识产权的小麦SNP芯片Wheat 660K。这款芯片已成为目前国际上有效标记数最多、效率最高、性价比最好的小麦芯片。在国际上率先完成了小麦D基因组供体种——粗山羊草基因组草图的绘制，入选2013年中国十大科技进展。对小麦3B染色体着丝粒进行系统的测序组装。在国际上率先完成了谷子单元型图谱的构建及主要农艺性状的关联分析。完成了模式植物短柄草中小RNA对开花的调控研究。

"小麦种质资源中重要育种目标性状的评价与创新利用"获国家科技进步奖二等奖。构建了野生大豆的泛基因组，为资源保护、基因发掘和育种利用研究提出了新的数据平台；克隆了大豆耐盐基因，为耐盐资源的标记辅助筛选提供了功能标记，也为阐明大豆耐盐机理奠定了基础。系统研究了小麦粒重形成关键基因的进化及育种选择规律，为解析产量形成找到了新思路；完成了人工合成小麦的小RNA组学分析。上述成果分别发表在《Nature Biotech》《Plant Cell》《Plant J》《Plant Physiol》等著名刊物上。

（二）农业部麦类生物学与遗传育种重点实验室

实验室依托于中国农业科学院作物科学研究所建设，是农业部麦类生物学与遗传育种学科群的牵头单位，该学科群由1个综合性重点实验室、9个区域或专业性重点实验室和5个科学观测试验站组成，重点研究方向包括麦类作物生物学特性及重要性状遗传规律研究、麦类作物应用功能基因组学研究、麦类作物育种技术与材料创制、作物新品种培育。

1. "学科群"建设目标

围绕学科和产业发展需求，建设学科齐全、具有国际竞争力的麦类生物学与遗传育种学科群。创新育种新技术与新方法、创制育种材料、培育新品种的能力和水平整体达到国际先进，大幅度提升小麦产业竞争力；加强人才队伍建设，形成一支高素质的学科布局合理、分工明确、团结协作的创新队伍；加强条件能力建设，形成设施一流、装备齐全的国家麦类科学创新基地；加强体制和机制创新，显著提高学科群整体创新能力；加强创新文化建设，营造和谐科学研究环境。

2. "学科群"科研任务

学科群针对麦类生物学、遗传育种及产业发展中的关键问题，以重要基因的克隆与功能鉴定、抗逆调控网络及重要性状形成的分子机制解析为基础，以研发全基因组选择技术、遗传转化技术、分子设计育种技术、诱变及航天育种技术为手段，以创制重大应用前景的育种材料为核心，主要开展麦类作物应用功能基因组学、麦类作物育种技术与材料创制等研究。麦类作物重要性状的遗传解析，广泛挖掘控制麦类作物重要性状的新基因，明确其形成的分子机制，建立和完善麦类作物遗传改良的理论基础和技术体系；麦类作物应用功能基因组学研究，阐明作物重要性状基因表达及其调控网络，揭示麦类作物重要性状形成的分子基础，为开展分子育种提供理论依据；麦类作物分子育种技术研究，建立以分子标记选择、转基因、品种分子设计为核心的分子育种体系，为培育高产、优质、多抗、高效的新品种提供新技术新方法；作物育种材料创制与新品种培育，通过分子育种技术与常规技术相结合，建立高效的种质创新及现代育种技术新体系，创造新材料，培育具有重大应用价值的新品种。

3. 实验室在"学科群"的引领带动作用

实验室以小麦高产、节本增效和控水减药为目标，发挥平台资源条件和人才团队的优势，在CIMMYT小麦引进与创新利用，矮败小麦培育，抗逆转录因子基因的克隆，抗旱、抗病小麦品种培育等方面取得了突破性成就，为保障国家粮食安全提供了强有力的科技支撑。"十二五"以来，实验室获得各类成果奖共10项，其中第一完成单位共有6项，包括国家国家科技进步二等奖1项，省部级奖项6项；共发表论文403篇，其中SCI文章241篇；出版专著3本；获得发明专利75项，审定新品种28个；获得软件著作权2项；制定1项国家标准"小麦抗旱性鉴定评价技术规范"。

CIMMYT小麦引进与创新利用利用取得显著进展，引进国外小麦资源1.8万份，建立了兼抗型持久抗性育种新方法，协作单位育成28个主栽品种，累计推广2.2亿亩，科技成果"CIMMYT小麦引进、研究与创新利用"获2015年国家科技进步二等奖；基因克隆方面，克隆到重要的抗逆转录因子基因，培育出节水抗旱显著超受体亲本、超当地对照品种的转基因小麦新品系；遗传转化方面，建立了农杆菌转化小麦幼胚稳定、高效的遗传转化体系；新品种培育方面，育成的小麦品种中麦175成为北部冬麦区第一大品种和黄淮旱肥地主栽品种，被农业部选为全国主推小麦品种，目前累计推广近2 000万亩。

首次发现miR2032严格受光周期影响；对MADS-box基因SLMBP21参与番

茄花柄离区发育进行了深入研究；初步解析了AIP2基因及DFR等基因在小麦成熟期穗发芽中功能和作用机制；筛选出5个蚜虫致死效果较好的RNAi靶标基因；创制一批抗旱性显著提高的转基因小麦新品系；创制抗纹枯病、全蚀病转基因小麦新种质10份；选育出抗白粉病、优质、高产小麦新品系2份；育成通过天津审定的优质高产品种"中麦629"和通过国家审定的品种"中麦895""中麦816"。

团队核心成员参与的"小麦种质资源与遗传改良创新团队"获2016年国家科学技术奖创新团队奖。创新团队在育种材料创制和育种方法研究等5个方面取得重大突破，为实现我国从小麦研究大国到强国的历史性跨越做出重大贡献。

（1）全面系统开展种质资源收集保存、评价与创新利用，在我国历次小麦品种更新换代中，90%以上主栽品种都利用了该团队提供的优异育种材料及其衍生后代，为实现小麦从严重短缺、基本自给到丰年有余的历史性转变提供种质支撑，近10年引领国内外种质资源研究新方向。

（2）首创矮败小麦高效育种技术体系，解决了小麦大规模开展轮回选择的国际难题，为提高育种效率提供新方法，用这一体系育成的新品种推广1.8亿亩。

（3）创建以面条为代表的中国小麦品种品质评价体系，为促进我国品质育种取得突破提供关键技术，用这一评价体系育成的优质品种累计推广4.8亿亩，为改善民生做出突出贡献。

（4）在国际上首次完成D基因组测序，发掘的育种可用分子标记在美国等14个国家广泛应用，引领小麦遗传改良新方向。

（5）集成创新高产高效生产技术，居国际同类生态区领先地位，为一年两熟耕作制度下粮食周年丰收提供了技术保障。

（三）农业部作物有害生物综合治理重点实验室

实验室依托于中国农业科学院植物保护研究所建设，是农业部农业部作物有害生物综合治理学科群的牵头单位，该学科群由1个综合性重点实验室，17个专业性、区域性、企业类重点实验室和29个科学观测试验站组成。重点研究方向：作物病虫生物学与治理，植物检疫与入侵生物防控，植保生物技术，化学防治，生物防治，杂草、鼠害生物学与治理。

1. "学科群"建设目标

通过对本学科群的建设，进一步促进多学科的交叉与融合，全面提升农业科技自主创新能力和原创能力，显著提升我国植保科技研究水平和国际竞争力；瞄准农业产业需求，强化服务生产，确保国家粮食安全和农业可持续发展；吸引、聚集和培养一批高水平的植保科学技术人员，打造一支具有国际竞争力的植保科技创新人才队伍；统筹规划学科群条件建设，促进条件、人才、项目、学科相配套；加强学科群管理机制和创新文化建设，努力打造布局合理、协作紧密、运转高效、学风正派、和谐共融的作物有害生物综合治理学科群。

2. "学科群"科研任务

（1）植物病虫害成灾机理、监测预警与综合治理　主要包括植物病原物的生物学特性和致病机制；植物抗病遗传基础以及植物与病原物互作机制；农作物重大害虫与天敌昆虫的迁飞行为、生殖行为等生物学特性；害虫种群生态学以及作物—害虫—天敌之间的协同进化机制；植物病虫害发生为害特点以及大区域暴发流行的生态学机理；主要农作物重大病虫害的监测预警和综合治理的理论、策略与关键技术。

（2）农业有害生物检疫与入侵生物学　主要研究检疫性农业有害生物的生物学、生态学、流行学、防治学；农业外来有害生物入侵的灾变过程、成灾机理、应急控制与持续治理的基础理论，发展与创新入侵生物的预防预警、检测监测、根除扑灭和区域控制的技术与方法。

（3）植保生物功能基因组与基因安全　主要包括细菌、真菌、植物和昆虫的分子生物学、功能基因组学和生物信息学基础，植物抗病虫的分子机理、高效分子靶标和具有自主知识产权的新基因发掘，以及转基因作物环境安全性评价与控制的新理论和新技术。

（4）农药化学与应用学　主要开展绿色农药分子设计与天然产物分子利用，农药产品全分析与质量评价，农药残留分析与环境行为研究，农药毒理与生物学，农药抗性风险评估与治理，农药环境毒理与安全性评价以及农药有效利用率研究与科学高效使用等研究。

（5）植物病原生防微生物与天敌的利用　重点开展主要农作物害虫的天敌昆虫、捕食螨的应用基础和应用技术研究；开发植物病原生防微生物、防病遗传工程微生物和生物源农药等。

（6）杂草生物学与治理　主要开展杂草种群生物学与预测预报，主要杂草抗药性机制及治理、除草剂风险评价和增效作用等研究。

（7）鼠害生物学与治理　主要开展重要鼠害生物学特性、发生规律和综合防治理论与方法等研究。

3. 实验室在"学科群"的引领带动作用

实验室针对国家农业生产的重大需求，瞄准国际植保科技发展前沿，利用实验室条件团队的优势，围绕农作物重大有害生物监测与防控，"十二五"获得了各类科技成果奖励51项，其中"中国小麦条锈病菌源基地综合治理技术体系的构建与应用""主要农业入侵生物的预警与监控技术"分别获得2012年、2013年国家科学技术进步一等奖和二等奖，省部级奖特等奖1项，一等奖9项，二等奖15项，三等奖5项，其他类别奖项17项；发表科技论文1 848篇，其中SCI收录论文906篇，中文核心期刊942篇；主编和参编的著作78部；授权国家发明专利233项，实用新型专利37项，外观专利1项，软件著作权10项；新品种和新农药40个，制定国家标准100项，行业标准8项。

中国小麦条锈病原基地综合治理技术体系的构建与应用。小麦条锈病是一种高空远距离传播的毁灭性病害，严重影响小麦生产和粮食安全。病害大流行可造成小麦减产40%以上，甚至绝产，其有效防控是长期的国际难题。项目组从1991年起开展全国大协作，对中国小麦条锈病菌源基地综合治理技术体系进行了连续18年的科技攻关，取得重大创新与突破。

（1）发现中国小麦条锈病存在秋季菌源和春季菌源两大菌源基地，查清了菌源基地的精确范围与关键作用，明确了病害源头与治理重点区域，研发出病害早期定量分子诊断和以菌源基地秋季菌源数量为基础的病害大区流行异地测报技术，预测预报吻合率100%。

（2）系统揭示了基因突变、异核作用和遗传重组是条锈菌毒性变异的主要途径，病菌毒性小种的产生和发展是导致品种抗锈性"丧失"的关键，寄主抗病基因筛选是前提，生态环境胁迫是诱因。建立了品种抗锈性鉴定评价与病菌毒性变异监测的技术平台。

（3）首次提出"重点治理越夏易变区、持续控制冬季繁殖区和全面预防春季流行区"的病害分区治理策略，创建了以生物多样性利用为核心，以生态抗灾、生物控害、化学减灾为目标的小麦条锈病菌源基地综合治理技术体系。

（四）农业部园艺作物生物学与种质创制（蔬菜）重点实验室

实验室依托于中国农业科学院蔬菜花卉研究所，是农业部园艺作物生物学与种质创制（蔬菜）学科群的牵头单位，该学科群由2个综合性重点实验室、11个专业性、区域性重点实验室和20个科学观测试验站组成，重点研究方向包括蔬菜种质资源收集、优异基因挖掘与创新、重要性状基因克隆与功能验证、育种技术研究与新品种选育、栽培生理与生长发育调控研究。

1. "学科群"建设目标

围绕制约我国蔬菜产业发展的重大关键问题，以蔬菜作物生物学和种质创制研究为核心，开展应用基础与共性技术研究。将其建设成为具有国家水平的科学研究基地、高层次人才培养基地和国内外学术交流中心。营造富于激励的学术环境和科研氛围，突破体制机制障碍，打破部门、区域、单位、学科界限，实现全国性、区域性农业科技资源优化整合，建立上下贯通的科技体系，合力解决蔬菜产业发展的重大关键技术问题，增强我国蔬菜产业的国际竞争能力，实现我国蔬菜产业的跨越式发展。

2. "学科群"科研任务

（1）蔬菜种质资源收集、优异基因挖掘与创新　广泛搜集国内外蔬菜作物种质资源，尤其是野生、半野生资源，建立完善的保存及种质资源鉴定评价体系，利用传统技术与现代基因组学和功能基因组学技术挖掘具有自主知识产权的优异基因资源，创制优异性状突出或多个性状聚合的新种质。

（2）重要性状基因克隆与功能验证　针对蔬菜作物与经济效益密切相关的产量、品质和成熟期等重要性状，构建合理的杂交群体进行遗传分析，利用分离群体对目标性状基因定位，构建目标性状基因的遗传连锁图谱，开发设计重要性状或基因的特异分子标记，对重要功能基因进行同源克隆及功能分析，并进一步通过转基因技术进行功能验证，获得目标性状的转基因材料。

（3）蔬菜育种技术研究　通过细胞工程技术，生态筛选技术，抗逆、抗病鉴定技术以及分子生物学技术集成，完善主要蔬菜作物的优质、多抗、适合不同生态环境的高效选育技术体系；开展分子育种技术研究，建立全基因组分子设计育种理论与技术体系，实现分子标记辅助选择的大规模应用。创制生态适应性强、复合抗病性强、商品外观品质和风味品质优良的育种材料。

（4）栽培生理与生长发育调控研究　研究蔬菜作物对环境的响应以及激素、信号物质在其中的作用，探讨生长环境调控、化学调控和生物调控等手段进行植物生长发育的系统调控从而提高园艺植物的产量、抗性和品质。

3. 实验室在"学科群"的引领带动作用

实验室依托优势特色的平台条件，围绕蔬菜等重要园艺作物生产的提质增效，获得了甘蓝雄性不育系育种技术体系，十字花科蔬菜白菜、甘蓝染色体和基因组的结构、进化规律，黄瓜苦味、番茄口味的分子调控机制等一系列突破性成果，有效提升了我国园艺作物育种领域的自主创新能力和国际竞争力。"十二五"期间主持获得国家科技进步二等奖1项，省部级一等奖3项，国家专利45项，审定品种119个，发表论文599篇，其中SCI论文241篇，《Nature》《Science》《Plant Cell》等顶尖论文9篇，出版著作20部，制定行业标准14项。

"甘蓝雄性不育系育种技术体系的建立与新品种选育"获2014年度国家科技进步二等奖。首次发现甘蓝显性核基因雄性不育源并建立不育系育种技术体系，率先建立用自交亲和系转育获得优良CMSR3胞质雄性不育系的选育技术；创制出一批用于雄性不育系转育的优异甘蓝骨干自交系，培育出6个突破性甘蓝新品种，全国累计推广近1 000万亩，新增社会经济效益约30亿元。

以十字花科蔬菜白菜、甘蓝为主要研究对象，解析染色体和基因组的结构、进化等特征和规律，阐明了基因组通过多倍化的扩增方式进行自我进化和适应自然环境的进化历程和机制，而转座子在亚基因组水平的不均匀分布，是芸薹属蔬菜亚基因组基因表达分化的重要因素，其相关成果发表在国际学术期刊《PNAS》和《Nature Communication》。通过对黄瓜进行群体比较基因组及代谢组学研究揭示了黄瓜苦味合成、调控及驯化的分子机制，相关成果发表在国际学术期刊《Science》上。

实验室与河北、天津、山东等地多家企业合作推广黄瓜、甘蓝、加工番茄等蔬菜新品种50余个，示范、推广蔬菜早熟防寒高效高产栽培技术、设施蔬菜简易有机基质栽培技术等新技术15项，合计示范面积约380万亩，新增社会效益6.99亿元。

（五）农业部薯类作物生物学与遗传育种重点实验室

实验室依托中国农业科学院蔬菜花卉研究所建设，是农业部薯类作物生物学与遗传育种学科群的牵头单位，该学科群由1个综合性重点实验室、5个专业性重点实验室、7个科学观测试验站组成，重点研究方向包括薯类作物基因组学、薯类作物重要性状形成的分子生物学、薯类作物块茎块根发育生物学、薯类作物分子育种与快速繁育。

1. "学科群"建设目标

建设多学科交叉合作的薯类作物生物学和遗传育种学科群，整体研究达到国际先进水平；为薯类产业发展提供新技术、新方法和新材料，科技创新能力接近发达国家水平；建立和稳定年龄结构合理、分工明确、团结协作的人才创新团队；科学规划建设高水平研发平台和基地，有能力承担国家重大和综合性科研项目，研究装备水平达到国际先进；加强机制创新，建立有利于发挥学科群整体优势的管理机制；加强学风建设，创新科技文化，营造和谐科学研究环境。

2. "学科群"科研任务

（1）马铃薯功能基因组学　确定马铃薯晚疫病抗性、病毒病抗性、抗逆性和块茎形状、块茎颜色等性状基因的染色体区段位置，明确相关等位基因主要变异形式，为马铃薯种质资源利用提供理论依据。

（2）马铃薯优异种质资源发掘与利用　对种质资源抗病性、抗逆性和块茎品质等性状系统评价，建立种质资源特征特性数据库，为分子生物学研究、材料创制和品种选育提供资源基础。

（3）马铃薯重要性状生物学和基因挖掘　分析马铃薯抗病性、抗旱性、耐寒性、块茎品质和产量等性状形成机理和遗传规律；进行基因定位、分离和功能验证，为遗传育种提供基因资源。

（4）马铃薯高效育种技术　以有性杂交育种为主，结合倍性育种、分子育种技术，建立马铃薯高效育种技术体系，加快育种进程，培育优质、抗病和抗逆的马铃薯新品种。

3. 实验室在"学科群"的引领带动作用

实验室依托优势的平台、基地、团队条件，围绕薯类作物生物学和遗传育种学科新理论、新技术和新方法的突破，取得了马铃薯全基因组序列图和生物学分析、抗病性和耐冻性基因挖掘、优异品质马铃薯品种创制等一系列代表性成果，奠定了我国在马铃薯基因组及种质创新研究领域的国际领先地位。实验室"十二五"以来获得了省部级科技成果奖励4项。在《Nature》《Plant Cell》《MPMI》等国内外杂志上发表论文60余篇，修订国家行业标准8项，培育新品种12个，获授权国家发明专利4项。

克隆了世界上第三个广谱性晚疫病抗性基因RD，该基因是$R2$的同源基因，但亮氨酸拉链（LZ）缺失，全长2 184bp，属于典型的NBS-LRR类基因。克隆了马铃薯耐冻相关基因SAD和FAD2，将SAD基因转入中薯8号中进行功能验证，耐冻性鉴定结果表明该基因的导入有助于中薯8号的冷驯化能力的提高。对现有种质资源遗传多样性和配合力进行了系统评价和分析。T、D、P、A、M和W型细胞质占我国马铃薯种质资源的数量和比例分别为303和49.8%，并构建了559份材料的系统进化树。

中薯18号（国审薯2014001）：中晚熟鲜食品种，淡黄皮淡黄肉，商品薯率72.8%，干物质含量23.7%，维生素C含量17.3mg/100g鲜薯，块茎亩产比对照增产6.8%。中薯19号（国审薯20140020）：中晚熟鲜食品种，淡黄皮淡黄肉，商品薯率75.2%，干物质含量22.9%，维生素C含量20.7mg/100g鲜薯，块茎亩产比对照增产34.1%。中薯20号（国审薯2014003）：中晚熟鲜食品种，黄皮白肉，商品薯率73.3%，干物质含量21.6%，维生素C含量20.2mg/100g鲜薯，块茎亩产比对照增产28.6%。

（六）农业部农业环境重点实验室

实验室依托单位为中国农业科学院农业环境与可持续发展研究所，是农业部农业环境学科群的牵头单位，该学科群由1个综合性重点实验室，8个专业性、区域性重点实验室和23个科学观测试验站组成，重点研究方向包括：气候变化与农业，农业气象防灾减灾，农业面源污染防治，产地环境保护，生物多样性农业利用，农业环境管理。

1. "学科群"建设目标

建设完善面向国家需求和国际科技前沿的学科体系，整体研究水平达到国际先进；提高自主创新、技术储备和成果转化能力，为农业环境的发展提供新材料、新方法和新技术；建立年龄结构合理、分工明确、团结协作的战略科学家、学术领军人物和科技骨干力量组成的人才队伍和创新团队；科学规划农业环境科研观测平台和基地，积极承担国家重大和综合性科研项目，研究装备水平达到国际先进；构建"分工协作、学术民主、资源共享、人员流动、动态考核"的协同创新机制；加强学风建设，创新科技文化，营造和谐科学研究环境。

2. "学科群"科研任务

（1）气候变化对农业影响及农业适应气候变化机理　主要围绕气候变化情景下农业生物的响应过程和生长发育机理、农田土地利用与管理对土壤碳汇影响的监测、农业领域温室气体减排技术研发与潜力、农业领域适应气候变化的技术、措施以及气候变化对农业影响与适应对策研究。

（2）主要农业气象灾害发生规律、应变机理及减灾对策　主要研究气候变化背景下农业气象灾害发生的新特征，针对不同农业区域确定适应与减灾对策，研究高效实用型农业气象灾害调控技术。

（3）主要种养系统污染物迁移规律、排放负荷估算及污染防控方法　主要围绕农业面源污染物排放特征与入湖入河负荷、植物—微生物对污染农业环境的修复机理、技术模式以及高风险农田的耕作、种植制度等农艺修复与调控措施开展研究，编制我国农业清洁生产技术清单。

（4）产地污染物累积迁移规律与产地环境保护机理　主要开展产地环境分区分类管理研究、产地环境调控机理与途径研究，揭示农业污染物在土壤、作物、水体、大气及人体等系统间的迁移转化规律及生物地球化学循环，揭示农业环境演化的机制与调控机理。

（5）生物多样性农业利用　主要研究生物多样性农业利用机理与效应，揭示农业生态系统结构与功能，开展外来入侵生物环境风险与控制研究。

（6）农业环境管理理论与方法　主要研究农业的环境效益与生态服务价值，探讨农业环境保护政策机制。

3. 实验室在"学科群"的引领带动作用

实验室依托平台仪器设备和野外观测试验条件，围绕农业绿色发展、生产提质增效等关键问题，在旱作农业关键技术、农业温室气体与减排固碳、农情与灾情监测预警技术、农业面源污染防治体系等方面取得重要进展，为我国农业环境学科建设和农业产业发展提供有力的科学支撑。"十二五"以来，实验室获得省部级以上奖励16项，其中"畜禽粪便沼气处理清洁发展机制方法学和技术开发与应用""旱作农业关键技术与集成应用"分别获得2012年、2013年国家科学技术进步二等奖。SCI/EI收录论文199篇，中文核心期刊论文348篇；出版专著42部；授权国家发明专利达38项，实用新型专利24项，软件著作权39项；制定行业标准9项，地方标准8项。

实验室自主研发国际通用温室气体减排计量与认证方法学6项，评估我国农村沼气、保护性耕作等国家政策产生的温室气体减排潜力约为1亿吨CO_2当量；建立了粮食主产区农作物生产监测网，形成了监测预警平台，研发了绿色环保的农业减灾制剂与材料，研制了转移农业灾害风险的天气指数农业保险产品，可为农业防灾减灾决策提供支撑；研究形成以"源头控制"与"过程阻断"为理念的农业清洁流域"种—养—加—生"产业链一体化控制与构建方案，实现典型小流域种植、养殖、农产品加工以及农村生活污染的一体化控制，为"打好农业面源污染防治攻坚战"提供技术支撑；系统探究了施肥对作物增产的贡献率的地理分异规律，总结提炼出耕作层增厚扩容、耕层有机质提升和养分库容增效、耕性改良、高风险农田重金属有效性调控与安全利用等技术体系；针对不同入侵生物特点，从个体、种群、群落、生态系统等不同层次开展系统研究，构建了可复制、可推广、可持续的综合防控技术模式，制定了一系列行业标准，标本兼治，恢复原生生境。

（七）农业部动物营养与饲料学重点实验室

实验室依托于中国农业科学院北京畜牧兽医研究所建设，是农业部动物营养与饲料学科群重点实验室的牵头单位，该学科群由1个综合性重点实验室，11个专业性、区域性、企业类重点实验室和9个科学观测试验站组成，重点研究方向包括：动物营养代谢与调控，品质营养学，精准营养与健康低碳养殖，饲料安全，饲料养分生物学效价评定和数据库维护更新，饲料资源与新型饲料添加剂开发，草地及草业科学。

1. "学科群"建设目标

建设多学科交互融合的动物营养学科群整体研究水平达到国际领先；为养殖业发展提供新材料、新方法、新技术、新标准，科技创新能力与发达国家并跑；建立专业、年龄结构合理，分工明确，团结协作的人才创新团队；科学规划，建设高水平研发平台和基地，具备承担国家重大和综合性科研项目能力，研究装备水平达到国际先进；加强机制创新，建立有利于发挥学科群整体优势的管理机制，加强实验室建设和运行管理，明确建设目标、主要任务和分工，强化分工协作、学术交流和资源共享等核心运行机制建设，发挥学科群建设的牵头作用；加强学风建设，创新科技文化，营造和谐科学研究环境；稳定和调整实验室布局，在原有实验室和科学观测试验站的基础上，适时增设部分区域性重点实验室、企业重点实验室和科学观测试验站，形成"布局更为合理、功能更为匹配"的一体化的学科布局；通过群内一体化管理和联合协作，保障实现建设目标和任务的措施和重点工作落实，增强自主创新能力，提高核心竞争力，形成支撑和引领动物营养与饲料的重点实验室体系。

2. "学科群"科研任务

（1）动物营养代谢与营养需要　通过动物生理学、生物化学、分子生物学、组织学等方法，揭示动物体内养分的消化、吸收、分配、转化的途径、影响因素及调控机制；研究动物产品形成的分子生物学、生理学、生物化学和组织学机制及营养、代谢调控理论依据与方法；研究畜禽、水产养殖业饲料养分高效利用的手段方法。

（2）品质营养学　研究动物产品品质性状形成的机制和影响因素、动物产品安全隐患及成因；建立提高动物产品营养品质、安全质量、感观质量和商品品质的理论依据与方法；研究从微生物生态学、营养学方面调控动物健康和自身免疫能力的理论基础，为在畜禽生产中减少药物性添加剂的使用提供方法途径；研究动物性食品安全预警、预报和监测的理论与方法。

（3）精准营养与健康养殖　研究创新不同品种、不同生态区域和生产模式下畜禽、水产动物的营养参数和需要量；研究揭示动物遗传—营养—环境间的互作及其对动物健康、养分转化效率及动物产品质量的影响规律；研究畜禽水产环境生理及规模化生产动物应激成因、监测和健康养殖生产方法、工艺标准；我国不同生态和经济区域健康养殖优化生产模式。

（4）饲料质量安全　研究揭示饲料中抗营养因子和毒素的分子组成、功能结构和作用机制，抗营养因子和毒素的灭活或调控途径；研究饲料生物安全的影响因素及控制技术；研究转基因饲料安全性评价技术；研究养殖投入产品的安全使用控制技术。

（5）饲料养分生物学效价评定与饲料数据库　研究饲料成分测定和养分生物学效价评定及方法创新研究；中国饲料数据库的维护、更新和公益性开放服务。

（6）草业资源开发与高效利用　牧草种质资源保护与开发利用；牧草新品种、新品系培育；饲草、饲料的高产和高效加工利用技术开发。

3. 实验室在"学科群"的引领带动作用

"十二五"期间，实验室依托平台的资源条件和人才团队优势，获得各类科技成果奖励14项，其中"仔猪健康养殖营养饲料调控技术及应用""优质乳生产的奶牛营养调控与规范化饲养关键技术及应用""北京鸭新品种培育与养殖技术研究应用"分别获得2011年、2012年、2013年国家科学技术进步二等奖；省部级奖一等奖6项、二等奖1项、三等奖1项；中国专利优秀奖2项；其他类别奖1项。实验室共发表论文571篇，其中SCI 184篇，EI 7篇；主参编专著34

部；授权国家发明专利27项，实用新型专利38项，外观专利4项，软件著作权44项；制定行业标准6项；培育新品种4项。

长期以来我国肉鸭产业受到国外肉鸭品种的垄断，实验室通过30年持续定向培育，形成了23个特点鲜明的北京鸭化品系，培育成了极具市场竞争力的Z型北京鸭［农（10）新品种证第4号］和南口1号北京鸭［农（10）新品种证第3号］2个新品种，与国外培育的北京鸭比较，生长速度、饲料转化效率、胸肉率、肉质性状等指标具有更强的市场竞争力。研究获得了不同生理阶段肉鸭、种鸭的能量、蛋白质、钙磷、多种氨基酸与维生素等的需要量数据，制定了我国第一部科学性与实用性兼备的"肉鸭饲养标准NY/T 2122—2012"；创建了肉鸭高效网上饲养技术，节约饲料、水、耕地和人力。先后累计推广新品种肉鸭4.75亿只，节料166.7万t，创造经济效益41.1亿元。"北京鸭新品种培育与养殖技术研究应用"荣获2013年国家科技进步二等奖。

（八）农业部农产品加工重点实验室

实验室依托于中国农业科学院农产品加工研究所建设，是农业部农产品加工学科群的牵头单位，该学科群由2个综合性重点实验室和16个专业性重点实验室组成，重点研究方向包括：农产品加工过程品质控制，农产品保鲜与物流，农产品加工过程危害物控制，农产品加工装备，农产食品营养与功能。

1. "学科群"建设目标

针对我国农产品加工业发展和学科建设中存在的主要科技问题，以强化成果转化、提升自主创新能力为目标，按照"产业导向、整合共享、上下贯通、合力攻关"的建设思路，开展应用基础和共性技术研究，最终形成布局合理、任务明确、协作紧密、运转高效的农产品加工重点实验室"学科群"。从机制上保障基础、应用基础研究和应用研究有机结合，重点突破一批制约农产品加工产业发展的核心关键技术，加快科技成果转化应用，加强农产品加工科技创新合作，从根本上解决学科建设与产业发展脱节矛盾，合力解决我国农产品加工业发展中的关键科技问题。

2. "学科群"科研任务

（1）农产品加工品质与过程控制机理　开展大宗农产品（粮油、果蔬、畜产品）加工特性与品质形成机理、生化与酶反应机制、生物活性物质与风味形成机理，以及新型加工技术对品质的影响规律研究等，建立大宗农产品加工品质评价的新理论、新方法和新技术。

（2）农产品保鲜生理生化机制　开展大宗农产品（粮油、果蔬、畜产品）采后生理生化机制、非热力杀菌保鲜机理、鲜活农产品冷链物流品质变化调控机制研究。

（3）食品危害物及其防控机制　研究大宗农产品（粮油、果蔬、畜产品）在加工过程中有害物质形成、污染、迁移、累积规律以及追溯机理，采用现代食品加工技术和装备或物理、化学以及生物技术等手段，建立大宗农产品加工过程中有害物质控制技术体系，提高产品质量安全水平。

3. 实验室在"学科群"的引领带动作用

"十二五"以来，农业部农产品加工综合性重点实验室充分发挥平台条件资源优势，在粮油品质、粮油安全等方面获得了突出成就。实验室获国家技术发明二等奖1项、省部级一等奖7项、授权国家发明专利279件、制定国家标准和行业标准27项、发表SCI论文300余篇。其中"花生低温压榨制油与饼粕蛋白高值化利用关键技术及装备创制"获2014年度国家技术发明二等奖，"棉花抗黄萎病中植棉2号等系列品种的选育及应用""花生低温压榨制油及饼粕高效利用关键技术研究与示范"等成果获农业部中华农业科技奖一等奖，"骨素及其衍生化产品加工关键技术研究与装备创制""花生加工黄曲霉毒素全程绿色防控技术及应用"等成果获中国农业科学院杰出创新奖。

"花生低温压榨制油与饼粕蛋白高值化利用关键技术及装备创制"荣获2014年国家技术发明二等奖。该成果发明了花生低温压榨制油与饼粕蛋白联产技术及装备，实现了传统制油技术的革新。发明了花生伴球蛋白与浓缩蛋白制备与改性技术，填补了国内空白。发明了功能性花生短肽制备技术，大幅提高了产品附加值。该成果为提升粮油营养品质、保障国家粮油安全提供了科技支撑。

（九）农业部农业基因组学重点实验室（北京）

实验室依托于中国农业科学院生物技术研究所建设，是农业部农业基因组学学科群的牵头单位，该学科群由3个综合性重点实验室，2个专业性重点实验室组成，重点研究方向包括：功能基因组平台构建，重要基因鉴定和克隆，重要农艺性状的功能基因组研究，种质资源创新及遗传多样性研究，生物技术与育种研究，作物功能基因组学，特殊微生物资源功能基因组学研究，全基因组分子育种技术研究。

1. "学科群"建设目标

全面解析基因功能，大量分离产量、品质、抗逆、营养高效等重要性状基因和调控元件，为农业生物育种提供有用的功能基因；建立完善的基因组学研究和应用平台，推进农业基因组学理论和技术的快速应用；开展信号通路重构和全基因组育种技术研究，为我国生物技术育种提供理论基础和材料储备；实现各单位间资源整合与联合攻关，形成农业基因组学创新群体；凝聚和培养农业基因组学优秀人才与创新团队，为农业相关领域发展提供有力保障。

2. "学科群"科研任务

（1）水稻抗逆和养分利用性状功能基因组　立病原、逆境、低氮低磷等条件胁迫的基因表达谱等功能基因组研究平台，系统获得控制水稻抗病、抗旱、抗盐、氮磷养分高效等性状的突变体，分离克隆基因及调控因子；系统挖掘水稻在抗逆和养分利用方面的功能基因和调控因子，建立水稻抗逆和养分利用的分子调控网络。

（2）水稻组学、资源和生物信息平台的创建　建立水稻转录组、表观组、代谢组和蛋白组研究平台；建立全基因组选择育种技术，创建重要的育种材料。

（3）绿色超级稻新品种培育　培育抗病、抗虫、抗逆、营养高效、高产、优质等性状于一体的"绿色超级稻"新品种（组合），促进我国水稻生产中实际单产的突破，实现在水稻生产中"少打农药、少施化肥、节水抗旱、优质高产"的战略目标。

（4）南方玉米遗传改良　产量性状、抗病性、株高性状、耐渍性以及雄性不育与杂种优势的遗传机理等方面进行深入研究，探讨目标性状基因在玉米上遗传改良的应用。

（5）棉花纤维品质遗传机理　开展棉花功能基因组学研究，探讨棉花纤维形成机理，克隆相关基因并分析其功能，为棉花品质育种提供基因和技术支撑。

（6）适应农业机械化生产的作物新品种分子设计　系统挖掘各种作物相关基因资源的基础上，针对株型、穗位、籽粒硬度等表型，综合利用基因组学、表型组学、模块育种、转基因等分子设计育种的理论和方法，创新种质材料，培育作物新品种。

（7）作物产量性状形成的遗传与分子基础　人工诱变突变体、自然变异群体和重组自交系等为材料，采用基因组学、遗传学、生物信息学等技术手段系统发掘相关遗传位点和基因，解析其生物学功能和调控途径，并在此基础上与常规育种技术相结合，创造具有重要应用价值的新种质。

（8）作物营养品质形成的代谢途径及代谢网络调控　利用基因组学、遗传学、转录组学和代谢组学等理论和技术手段对作物代谢途径及其调控机理进行系统而深入地阐述，为作物营养品质的分子设计和遗传改良奠定理论和技术基础。

（9）植物用微生物抗逆信号通路结构与功能研究　极端环境（寒、旱、高温、高辐射）微生物为材料，针对微生物—植物抗逆反应信号通路保守性和差异性开展抗逆应答通路基因元件及蛋白质的功能调控和生物学基础研究，为作物抗逆生物技术育种提供丰富有效的基因源。

（10）重要农业生物的基因组图谱绘制　开展中华农业基因组行动计划，绘制重要农业生物的基因组图谱，在此基础上对重要农作物、畜禽、微生物等核心种质进行基因普查，逐步建立大型基因型和表型综合数据库，为基础研究和分子育种提供信息服务。

3. 实验室在"学科群"的引领带动作用

实验室依托平台先进的仪器设施和优势的人才团队，以农业基因组学研究为核心，以农业用动植物、微生物为研究对象，全面解析重要性状基因和调控元件，为农业生物育种提供了重要的理论和技术支撑；"十二五"期间实验室获得饲料用转植酸酶基因玉米、转抗虫基因的三系杂交棉生物育种技术体系、光对植物VC合成调控等一系列标志性成果，推动了农业基因组学和农业生物育种学科的发展。"十二五"期间，获得国家和省部级科技成果8项。发表学术论文470多篇，其中SCI论文231篇，IF5.0以上的论文39篇。获得授权专利107项，包括国外专利5项，1项专利获中国专利优秀奖。通过技术转让发明专利2项，有8项发明专利许可美国先锋公司、隆平高科等公司共同进行耐盐碱、抗旱等转基因育种培育。此外审定品种14个，获批安全生产证书70项。

2014年饲料用转植酸酶基因玉米生物安全证书续申请成功。以获得安全证书的植酸酶玉米BVLA430101为基础，通过与北京奥瑞金种业股份有限公司合作，将植酸酶性状转育到多个玉米品种的双亲自交系中。

"转抗虫基因的三系杂交棉分子育种的方法"获得国家知识产权局中国专利优秀奖。该专利成果首次在国际上创建了可应用于生产的"高产、优质三系抗虫棉生物育种技术体系"，培育出了国审"银棉2号"和"银棉8号"等高产、优质、三系抗虫棉新品种，是棉花杂交育种上的又一重大突破。截至2012年，这些新品种已累计应用527万亩，实现经济效益14.03亿元。

（十）农业部植物营养与肥料重点实验室

实验室依托于中国农业科学院农业资源与农业区划研究所建设，是农业部植物营养与肥料学科群的牵头单位，该学科群由1个综合性重点实验室，6个区域性、企业重点实验室和7个科学观测试验站组成，重点研究方向包括：植物营养生物学，养分循环，高效施肥，土壤—作物养分诊断与肥料推荐，新型肥料。

1. "学科群"建设目标

围绕制约我国植物营养与肥料学科发展的重大关键问题，通过本学科群的建设，增强本学科原始创新能力和技术集成创新能力，整体研究水平达到国际先进，科技创新能力接近发达国家水平；培育具有自主知识产权的植物营养与肥料核心与关键技术，取得一批植物营养学理论、新型肥料与高效施肥技术方面国家急需的原创性成果，为现代农业发展提供技术支撑；加强人才建设，培养一批在国际上有影响的学术带头人，建立一支年龄结构合理、分工明确、团结协作的创新人才队伍；规划条件平台建设，建设高水平的科学研究实验室和基地，承担国家重大和综合性科研项目，研究装备水平达到国际先进；加强机制创新，建立有利于发挥学科群整体优势的管理机制；重视学风建设，营造健康和谐的科技创新文化环境。

2. "学科群"科研任务

（1）植物营养生物学　综合运用植物营养学、植物生理学、生物化学、分子生物学、离子组学理论及同位素示踪、现代色—质谱、非损伤细胞微测、膜片钳、分子生物学等高新技术，着重研究植物对养分吸收、转运与利用的过程与分子基础；逆境植物营养学与养分对植物抗逆性的调控机制；植物矿质营养性状遗传规律与改良；植物营养对作物产量与品质形成的调控机理。

（2）养分循环　综合运用植物土壤化学、土壤生物化学、分子生态学、环境生态学、微生物学、微生物生态学等学科理论和基因工程、荧光示踪、分子标记等高新技术，重点研究土壤养分转化及损失途径；根土界面养分的活化与转化；施肥与面源污染及调控；肥料源污染物（重金属、硝酸盐）与农产品安全调控。

（3）高效施肥　综合运用土壤学、光谱学、地统计学、地图学等学科理论和酶学、GIS、GPS、RS、Web等高新技术，重点研究高产土壤养分供应与作物养分需求规律；土壤—作物养分诊断与肥料推荐；田间和区域尺度养分精准调控；有机肥料的养分替代和秸秆还田机理与技术。

（4）新型肥料　综合运用微生物学、分子生物学、生物化学、生物发酵、肥料制造等高新技术，重点研究肥料养分的控释机制与材料创新；废弃物肥料化原理与功能有机肥；水肥耦合与水肥一体化原理与技术；生物肥料创制与养分高效机制。

3. 实验室在"学科群"的引领带动作用

"十二五"以来，实验室依托优势特色的平台条件，在肥料研制、土壤改良等方面获得省部级以上奖励15项，其中"低成本易降解肥料用缓释材料创新与运用""主要粮食产区农田土壤有机质演变与提升综合技术及应用"及"南方地产水稻土改良与地力提升关键技术"分别获得2013年、2015年、2016年国家科学技术进步二等奖，为我国农业可持续发展提供了科技支撑。实验室共发表论文420篇，其中SCI收录论文154篇，EI13篇；主编和参编专著24部；授权国家发明专利达到27项，实用新型专利4项，软件著作权8项。2011—2015年累计向各类企业提供技术开发、技术服务、技术转让29项，其中技术转让收益达280万元，转让收益年均高于50万元。科技下乡和技术服务方面，累计培训870余人次，发放资料3 200余份，技术合作企业达10家，技术转让费500万元。

"作物专用复混肥料农艺配方系列丛书"于2014年出版。丛书根据我国不同省份的主要作物生产现状和施肥中存在的问题，从主要作物的分布与区划、区域气候和农田土壤肥力特征、营养规律与施肥技术、肥效反应等方面入手，系统研究了不同省份主要作物专用复混肥农艺配方制定的原理、方法和区划，为作物专用复混肥配方制定规范化、科学化提供依据和方法。

（十一）农业部农产品质量安全重点实验室

实验室依托中国农业科学院农业质量标准与检测技术研究所建设，是农业部农产品质量安全学科群的牵头单位，该学科群由1个综合性重点实验室，19个专业性、区域性、企业类重点实验室组成，重点研究方向包括危害物污染机理、种养殖及产后收贮运过程管理、农产品质量安全分析理论和方法、农业转基因生物评价。

1. "学科群"建设目标

建设多学科交叉合作的农产品质量安全学学科群，整体研究水平达到国内领先水平；具备承担国家重大和综合性科研项目能力，为农产品质量安全监管提供新方法、新技术和新产品；加强人才建设，建立一支年龄结构合理、分工明确、团结协作的创新人才队伍；规划条件平台建设，研究装备水平达到国际先进水平；强化制度建设，建立协同创新等长效机制；重视学风建设，营造健康和谐的科技创新文化环境。

2. "学科群"科研任务

（1）农产品质量安全检测与评价　研究新型、快速、在线且有效消除样品基质干扰的高效样品前处理技术，开发前处理及快速检测产品；研究未知污染物鉴定技术，构建快速筛选技术体系；研究溯源指标及产地溯源模型，实现特征农产品的产地溯源、品种溯源和真实性鉴别。

（2）农产品风险评估与预警　开发风险评估方法与模型等共性技术，开展农产品中关键危害因子风险监测与评估，实现快速风险预警；研发农产品质量安全标准物质，构建科学合理的标准体系。

（3）农产品质量安全过程控制　研究污染物在农产品中的污染途径、成害机制及控制措施，构建农产品绿色、安全、清洁生产理论和典型模式，建立农产品质量安全过程控制技术技术和方法。

（4）农产品质量安全管理政策支撑　开展农产品质量安全管理体系与政策法规、农产品质量安全信息分析预测、农产品技术性贸易措施研究。

3. 实验室在"学科群"的引领带动作用

"十二五"期间，重点实验室利用平台仪器设施和人才团队的优势，在快速前处理及快速检测方法、农产品中关键危害因子风险监测与评估等方面取得突出成效，共发表论文400余篇（其中SCI论文120余篇），出版著作10部，发布标准30余项，获得授权专利50项。"基于分子印迹技术的高效识别样品前处理技术及应用"获2012年度北京市科学技术三等奖；"农产品中化学性典型污染物精确识别与确证检测关键技术研究与应用"获2015年度中国农业科学院科学技术杰出科技创新奖及2016年度北京市科学技术一等奖；"饲料质量安全关键因子监控新技术研发与应用"获2015年度北京市科学技术二等奖。研制的系列高效样品前处理以及潜在/未知物筛查确证技术、产品和设备，为农产品现场监管提供了强有力的技术手段；制修订了一批保障产业健康发展和政府监管及应对应急事件的农业国家或行业标准。

（十二）农业部水稻生物学与遗传育种重点实验室

实验室依托中国水稻研究所建设，是农业部水稻生物学与遗传育种学科群的牵头单位，该学科群由1个综合性重点实验室，9个专业性、区域性、企业类重点实验室和7个科学观测试验站组成，重点研究方向包括水稻特异种质创新、水稻产量与品质形成机理、水稻环境生物学、水稻重要功能基因利用。

1. "学科群"建设目标

通过学科群建设,完善我国水稻产业的区域和学科布局,探索有利于实验室发展和壮大的管理体制和运行机制,保持和提升我国在水稻生物学与遗传育种的国际领先地位,加强我国农业科技自主创新能力,培养和造就一批高水平的水稻生命科学研究人才,建立水稻分子改良的理论和技术体系,指导水稻品种分子改良。将为我国稻作技术提供丰富的资源平台、全新的技术平台和坚实的理论平台。

2. "学科群"科研任务

(1)水稻种质资源评价与创制 高配合力、高异交率、优质、耐低肥与养分高效、抗病虫、抗高低温、耐污染、营养保健等种质创新,为杂交稻新品种选育提供实用新型亲本或中间材料;建立水稻育种材料平台。

(2)水稻功能基因组学及分子育种基础 株型、米质、抗病虫性、抗逆等相关基因克隆及功能研究;建立大规模水稻功能基因定位、克隆及研究技术体系;建立分子设计育种技术平台。

(3)水稻育种理论与分子育种应用 水稻高产生理基础,创新水稻育种理论方法;培育集高产、优质、多抗于一身的水稻新品种。

(4)水稻分子育种材料与信息平台构建 建立全国水稻育种交流与共享平台;建立我国分子育种信息库,提高育种效率。

3. 实验室在"学科群"的引领带动作用

实验室依托平台优势特色的平台设施设备和人才团队,获得水稻高产栽培技术、水稻品质调控分子机制等一系列突出成果。"十二五"期间实验室获得省部级以上各类成果奖共18项,其中第一完成单位共有11项。共发表论文356篇,其中SCI 166篇,EI 2篇,中文核心刊物136篇,其中作为第一完成单位的破解水稻粒长调控分子机制2015年发表在《Nature Genetics》;出版专著12部;获得发明专利99项,实用新型专利58项,软件著作权7项;制定行业标准10项。

同时实验室积极开展科企合作,与20多家种业企业建立了长期的合作关系,为企业提供技术支持,通过品种的转让或转化,年收益超1 000万元,其中中嘉早17年推广超过1 000万亩,为国内年推广面积第二大品种。全国兴起了配制"华占"组合的热潮，目前已审定"华占"组合18个，申请品种权48个。此外，为农技人员、种粮大户和企业举办培训班43场次，培训人数6 126人。

"超级稻高产栽培关键技术与区域化集成应用"获国家科技进步二等奖。针对超级稻品种物质生产量大、穗大粒多等诸多特性，与普通水稻品种存在很大差异，传统栽培技术与其不配套，不能充分发挥增产潜力等问题，开展超级稻品种特性、高产机理及适宜高产栽培方式研究，重点研发关键栽培技术，并结合区域生态特点开展技术集成应用，为我国超级稻大面积生产提供栽培技术支撑。成果揭示了超级稻品种高产生长特性，研明了超级稻高产形成的共性规律，提出了超级稻品种高产群体构建的实用指标，创立了超级稻高产栽培关键技术；提出了我国超级稻品种高产种植的区域布局，集成建立了我国超级稻区域化高产栽培技术体系。

（十三）农业部棉花生物学与遗传育种重点实验室

实验室依托中国农业科学院棉花研究所建设，是农业部棉花生物学与遗传育种学科群的牵头单位，该学科群由1个综合性重点实验室，6个区域性、企业重点实验室和4个科学观测试验站组成，重点研究方向包括：棉花基因组学及遗传多样性研究，棉花品质生物学及功能基因研究，棉花产量生物学及遗传改良研究，棉花逆境生物学及环境调控研究。

1. "学科群"建设目标

针对现代棉花产业发展的重大科技需求和棉花生物学与遗传育种学科的发展趋势，在原有"农业部棉花遗传改良重点开放实验室"的基础上，建成一个具有引领学科发展、组织开展应用基础和应用研究、承担棉花科研重大项目的实验室体系；统筹现有条件，依托优势单位，建设定位明确、特色鲜明、代表性强的区域重点实验室；针对不同棉花主产区的生产需求和生态特点，建立功能明确、运转高效的农业科学观测试验站。通过农业部棉花生物学与遗传育种综合实验室的合作与交流，承接学科群内综合性重点实验室的科研成果，结合区域特点，予以创新转化，形成实用的棉花新品种、新技术、新模式、新产品，合力解决我国农业生产中棉花育种、栽培和生物技术中的重大关键技术问题，创新育种材料，培育新品种，提出棉花栽培新途径，建立新品种高效种植技术体系，为我国棉花产业可持续发展提供技术支撑。力争学科群在棉花遗传多样性、核心种质创制，棉花高产优质、抗逆优异基因挖掘，棉花分子设计育种，棉花抗逆机理及其生理生态等研究方面取得较大突破。加强与国内外学术界的交流与合作，努力集聚区域内相关科研单位或高校科研资源与人才。通过在实验室建设中实施"开放、联合、流动、竞争"的运行机制，实现我国棉花研究力量间的强强联合、优势互补，使之能共同围绕和瞄准我国棉花发展的重大需求开展一系列富有特色的应用基础研究工作，形成在国内同领域中有一定影响并具有一定竞争力的学术研究基地。

2. "学科群"科研任务

（1）棉花遗传多样性研究与新基因挖掘　研究棉花种质资源的遗传多样性，构建核心种质库，拓宽棉花育种的遗传基础；开展棉花基因组结构与序列分析；创建棉花突变体库，建立棉花种质资源鉴定与优异基因发掘的理论与技术，研究种质资源优良性状的遗传和变异规律；大规模、高通量发掘棉花种质资源中蕴藏的重要农艺性状基因，明确基因间互作效应，实现种质资源优势向基因资源优势的转变，创制高产、优质、抗逆棉花新种质。

（2）棉花纤维品质性状形成机理研究　创建纤维品质分子作图与基因克隆的遗传群体和材料，构建高密度分子标记连锁图谱，发掘与纤维品质性状（长度、强度、细度）紧密连锁的分子标记及主效QTL，明确基因的互作效应；分离克隆纤维突起、伸长及次生壁加厚阶段的特异表达基因，阐明棉纤维发育的调控机理，揭示棉花纤维发育的遗传基础和品质性状形成的分子机制，提出纤维品质分子改良的新理论和新方法。

（3）棉花高产分子机理与品种设计　利用不同群体，构建高密度图谱，挖掘高产主效QTL，深入剖析棉花产量相关基因互作以及基因与环境互作效应；开展棉花雄性不育和杂种优势分子机理研究，在棉花高产发育与分子调控机理上取得突破；研究棉花高效转化的遗传基础和快速功能验证体系；精确设计和定向操作目标基因，组装目标性状，建立基于功能基因的棉花基因组品种分子设计理论、方法与技术体系。

（4）抗逆机理与环境调控研究　在分子、细胞、个体、群体等不同水平研究干旱、高盐和低温等逆境胁迫对棉花生长、发育及重要农艺性状遗传决定的影响。研究棉花高产、高光合的激素调节机理，探明根系发育与水肥调控等协同作用机制；研究棉花有害生物灾变与环境的关系，研究有害生物的监测预警和生物生态关键防治技术；研究棉花生物逆境（病虫为害）和非生物逆境（干旱、盐碱）等抗性机理。

3. 实验室在"学科群"的引领带动作用

实验室依托平台、基地、人才的优势，在棉花育种理论与方法方面取得了突出成绩。"十二五"期间，实验室发表SCI论文146篇，出版专著19部，授权发明专利59项，软件著作权55项，培育棉花新品种12个，获省部级奖7项。开展了野生棉原生地考察和国内濒危资源抢救性收集工作；创新了种质资源评价鉴定体系，建立了全国唯一的棉花种质资源共享利用平台；率先开展棉花基因组计划和重测序研究，在国际顶尖期刊《Nature》系列发表相关论文3篇；构建了全球棉花基因组数据开放共享平台，引领和推动了全球棉花基因组学研究。

优化育种策略，创建了低代大群体多逆境交叉选择等育种技术途径，丰富了我国棉花育种的理论与方法；挖掘了改良株型的PAG1基因，实现株型育种新突破；建立了三系标记辅助育种体系，实现了简化制种；育成棉花品种在我国主产棉区作为农业部主导品种发挥了重要引领作用。代表性品种中棉所49推广面积占2015年全国植棉面积的15.5%，占南疆植棉面积的67.6%，获中华农业科技奖一等奖。

"Genome sequence of the cultivated cotton Gossypium arboreum"在顶尖核心SCI期刊《Nature Genetics》上发表，这是我国继二倍体棉花雷蒙德氏棉基因组图谱绘制完成后，在棉花基因组学研究领域取得的又一项突破性成果。陆地棉两个供体种测序的完成为四倍体棉花基因组的测序组装及进化功能分析奠定了重要基础。

（十四）农业部油料作物生物学与遗传育种重点实验室

农业部油料作物生物学与遗传育种重点实验室依托油料作物研究所建设，是农业部油料作物生物学与遗传育种学科群的牵头单位，所属学科群包括1个综合性重点实验室、2个专业性重点实验室、4个区域性重点实验室。学科群针对我国油料作物学科领域的科学问题和油料产业发展的重大技术需求，确定6大学科研究方向：油料作物种质资源及基因挖掘，油料作物品质及特殊代谢物的合成调控与测试技术，油料作物基因组学，油料作物分子设计育种理论与技术，油料高产高效生理基础，油料作物逆境生物学。

1. "学科群"建设目标

坚持产业发展需求导向，瞄准国际科技前沿，精心谋划本学科群研究领域的学科布局，调整"十三五"研究方向和目标，重点针对油菜抗根肿病遗传改良和综合防治、花生和油菜高油酸改良、花生黄曲霉抗性机理、油料作物脂质剖析和利用、油料作物生长调控机理等研究方向精准发力，获得一批突破性的理论和技术成果，在优异基因发掘技术、分子设计育种技术、重要性状遗传机理解析等方面寻求技术突破，达到国际先进水平或领先水平；创新学科群管理运行机制，加强学风建设，提高学科群共享服务质量，促进协同创新；加强国际合作，加快农业科技"走出去"步伐。

2. "学科群"科研任务

（1）大数据驱动下的油料科技创新、供给侧结构性改革与产业发展战略　重点解决我国油料产业发展的方向性、全局性、关键性等重大科技难题，紧紧围绕提高质量、效益和竞争力这个中心和推进油料供给侧结构性改革这条主线，大力推动自主创新、原始创新油料产业技术体系建设，引领油料科技进步、支撑油料产业发展。

（2）油料作物种质资源（重要性状关键基因）发掘、创新及高效利用　借助油菜、芝麻、花生等油料作物基因组图谱和基因组数据库，克隆油菜抗根肿病、花生抗黄曲霉病、油菜和花生高油酸等重要目标性状调控因子和功能基因，通过聚合育种途径高效利用；解析油料作物产量、品质、含油量、抗逆性和抗病性形成的分子机理和调控网络。

（3）油料作物品质改良与测试技术创新　针对油酸、芥酸、硫苷、黄曲霉毒素等品质性状，研究其形成规律、研发配套检测技术，为品质改良提供理论依据。

（4）油料作物全程机械化生产与新品种选育理论创新　紧密结合我国油料产业现状和发展方向，利用基因组学、功能基因组学和代谢组学等先进手段，研究产量、品质、抗性等重要性状基因高效发掘、重组、聚合与稳定表达技术，创新高效聚合育种及杂种优势利用的理论与技术；集成优良品种与资源节约、环境友好型生产技术，服务于油料生产机械化、标准化，提升市场竞争力。

（5）油料作物逆境适应与规模化生产理论与技术创新　系统研究理想株型、生长发育调控、光能高效利用、水肥高效利用理论、最高产量潜力及其实现途径，解析抗病、抗虫、抗旱、耐渍、抗寒的生物学机理，为单产突破和灾害防控提供理论依据。

3. 实验室在"学科群"的引领带动作用

实验室依托优势特色的资源条件和人才团队，在高产高油油菜育种理论和方法、含油量调控基因挖掘方面取得突出成绩。"十二五"以来，实验室共发表论文430篇，其中SCI论文152篇，制定标准12项，主笔（参编）著作24部，获得专利65项，新品种保护权13个，获得国家级奖励成果4项、省部奖励成果10项。其中"油菜高含油量聚合育种技术及应用"获2014年国家技术发明二等奖。该成果首次探明油菜种子含油量主要受母体基因型调控，建立了高效多目标性状聚合育种技术，创制了含油量达64.8%的高油品系YN171，刷新了油菜含油量世界最高纪录。选育出高产高油机适型品种"中油杂19""中油杂200"、高产高抗高油杂交品种"大地199"、广适应性杂交品种"希望122"、高产抗逆极早熟品种"阳光131"、早熟品种"中油杂24"和春油菜品种"中油杂26"；创制出两个优良不育系1019A和6019A。代表性论文"油菜含油量调控重要基因发掘"在国际顶尖杂志《PNAS》发表。在国际上率先完成了芝麻高密度单倍型图谱构建和主要农艺性状大规模全基因组关联分析，发掘了一批关联位点和候选基因，"芝麻全基因组测序分析"研究成果在《自然通讯》《Nature

Communications》发表。

（十五）农业部兽用药物与诊断技术重点实验室

实验室依托中国农业科学院哈尔滨兽医研究所建设，是农业部兽用药物与兽医生物技术学科群的牵头单位，该学科群由1个综合性重点实验室，12个专业性、区域性重点实验室和8个科学观测试验站组成，重点研究方向包括：病原生态学与流行病学研究，动物重要疫病致病与免疫机理研究，兽用诊断制剂创制，兽用药物及疫苗创制，渔用制剂及配套技术研究，特种动物生物制剂创制，兽用生物制品工程技术研究，实验动物模型研究。

1. "学科群"建设目标

根据国家战略需求，瞄准国际科学发展前沿，以知识创新为本，承担动物传染病防治相关领域重大科技项目，解决重大科技问题，带动我国动物疫病防控理论和技术的发展与进步，成为在国内外有明显优势和鲜明特色、有重大影响和作用的国家动物医学知识创新基地。通过建设带动学科发展，构筑与国际标准接轨的新生物制品与新兽用药物研发技术平台，培养创新能力强、自主研发水平高的优秀创新研究群体。

2. "学科群"科研任务

（1）流行病学与病原变异　分析病原不同分离株间的遗传演化关系，确定病原微生物及其引起疾病的时空特征，为新型疫苗创制提供基础材料和理论依据。

（2）病原学及其致病机理　分析病原结构与其生物学特性以及宿主特异性等表征的相关性，解析病毒关键功能基因组及细胞受体的蛋白质空间结构，探讨病原与宿主细胞的相互作用。

（3）基础免疫生物学与感染免疫学　揭示畜禽免疫系统对动物病原的免疫应答调控、病原清除的机制，分析病原免疫致病机制和在免疫压力条件下病原的变异和演化机理。

（4）动物疫病防控技术　创制新型兽用药物和生物制品，开展动物疫病防控产品生产的关键技术研究，建立动物疫病防控技术储备。

（5）实验动物培育及质量控制技术　实验动物培育与动物实验研究，实验动物质量检测方法研究，实验动物与动物实验相关产品开发。

3. 实验室在"学科群"的引领带动作用

实验室充分发挥平台优势特色资源条件和人才团队的优势，围绕动物疫病防治、公共卫生安全，获得了动物流感快速检测技术的创建及应用、安全高效猪支原体肺炎活疫苗的创制及应用、重组新城疫病毒（A-VII株）灭活疫苗等标志性成果，在引领兽医行业进步、促进畜牧生产转型升级、提质增效方面发挥着不可或缺的作用。共获得省部级以上成果奖励17项，其中国家奖3项。共发表论文1 208篇，其中SCI收录论文530篇；获得国家发明授权专利148项，新兽药证书7个，出版专著38部，获得转基因安全证书22个，制定国家/行业/地方标准11项。

"安全高效猪支原体肺炎活疫苗的创制及应用"项目，荣获2015年国家技术发明二等奖。项目发明了国际上首个适应体外无细胞培养的猪肺炎支原体克隆致弱株，创制了猪支原体肺炎活疫苗及其应用配套技术体系。创制的活疫苗与进口灭活疫苗相比，保护率提高20%，免疫期延长3~5个月，成本降低80%，在全国28个省市应用3 544.02万头份，新增社会经济效益60.81亿元。"重组新城疫病毒（A-VII株）灭活疫苗"项目，荣获2014年国家一类新兽药注册证书。疫苗种毒具有独立自主知识产权，该疫苗不但可以用于鸡，而且被明确为国内第一个可用于鹅的ND疫苗，同时也是国内首个将减少排毒作为效检质量标准的ND疫苗。

（十六）农业部动物病原生物学重点实验室

实验室依托中国农业科学院兰州兽医研究所建设，是农业部动物疫病病原生物学学科群的牵头单位，该学科群由1个综合性重点实验室，8个专业性重点实验室和4个科学观测试验站组成，重点研究方向包括：功能基因组学与蛋白质组学，感染致病机理与免疫机理，病原生态学与流行病学，诊断与检测技术，新型疫苗与生物兽药。

1. "学科群"建设目标

建设多学科交叉合作的动物疫病病原生物学学科群,整体研究水平达到国际先进;为动物疫病防控制剂发展提供新理论、新思路和新技术,科技创新能力接近发达国家水平;建立年龄结构合理、分工明确、团结协作的人才创新团队;科学规划和建设高水平研究平台,能够承担国家重大和综合性科研项目,产出一批达到国际先进水平的科研成果;加强机制创新,建立有利于发挥学科群整体优势的管理机制;加强学风建设,创新科技文化,营造和谐科学研究环境。

2. "学科群"科研任务

(1)病原功能基因组学 构建病原基因文库,分离鉴定基因,利用生物信息学和蛋白质组学技术,解析病原分子结构与功能。

(2)感染与致病机理 研究病原感染、致病、宿主嗜性的分子基础和变异规律,阐明持续感染、混合感染和跨种间感染的分子机制。

(3)病原生态学 明确病原种群的环境生态学分布,研究病原在动物群体、个体、组织、细胞中的繁衍特性,阐明病原的遗传衍化趋势,揭示疫病发生机制和传播规律。

(4)免疫机理 明确病原的抗原谱、抗原位点和抗原表位,研究抗原分子结构与免疫原性、抗原变异与免疫逃避、免疫信号递呈与免疫耐受的关系,阐明免疫机理。

(5)疫病预警和防治技术基础 探索疫病预警技术、疫源追踪技术,解决高通量检测、鉴别诊断、新型高效分子疫苗和战略储备疫苗的技术关键,为有效预防和控制动物疫病提供技术保障。

3. 实验室在"学科群"的引领带动作用

实验室依托平台优势的研究条件,围绕口蹄疫等重要动物疫病的防控,取得了口蹄疫病毒遗传进化分析、毒株库创建、不同亚型口蹄疫疫苗研究与应用等标志性成果,并成为我国口蹄疫防控的主导产品,为我国畜牧业生产提供了强有力的科技支撑。作为第一完成单位,获得国家科技进步二等奖1项、中华农业科技一等奖1项、省部级奖励8项、国家优秀专利奖1项。实验室为第一完成单位发表论文860篇，其中SCI收录论文473篇；出版专著25部；授权国际发明专利2项，国家发明专利133项；获得新兽药8项；获软件著作权20项。转化疫苗类产品7项，转让收入3.45亿元；诊断类产品8种，销售额1.82亿元。

"口蹄疫O型缅甸98（MYA98）疫苗的研制及应用"荣获2014年甘肃省科技进步一等奖，为迅速控制疫情提供了科技手段。形成了以分子流行病学技术为基础的疫苗种毒筛选和评价技术平台，集成和优化了疫苗生产及质量控制技术，大幅度提高了我国口蹄疫免疫防控成效。该疫苗于2011年1月获得农业部临时生产批文后，随即开始大量生产用于紧急防疫。截至2013年12月，疫苗已累计销售15.914亿ml，在全国31个省市区推广应用，销售收入8.78亿元，创汇26.8万美金，纳税8 190.82万元，是目前我国O型口蹄疫防控的主导产品，经测算平均年经济效益36.72亿元。

（十七）农业部农村可再生能源开发利用重点实验室

实验室依托农业部沼气科学研究所建设，是农业部可再生能源开发利用学科群的牵头单位，该学科群由1个综合性重点实验室，4个专业性重点实验室和5个科学观测试验站组成，重点研究方向包括：农业生物质资源，能源微生物，生物质能源转化技术与装备，生物质能源转化产品及副产物高值化利用，农村可再生能源产业化技术集成与模式。

1. "学科群"建设目标

围绕农村可再生能源开发利用与农村环境等基础性、前沿性、重大科技问题和共性关键技术等开展公益性研究，建设多学科交叉合作的农村可再生能源学科群，整体研究水平达到国际先进；为农村可再生能源产业发展提供新材料、新工艺和新技术和新装备，科技创新能力接近发达国家水平；建立年龄结构合理，分工明确，团结协作的创新人才团队；科学规划建设高水平研发平台和基地，有能力承担国家重大和综合性科研项目，研究装备水平达到国际先进；加强机制创新，建立有利于发挥学科群整体优势的管理机制；加强学风建设，创新科技文化，营造和谐科学研究环境。

2. "学科群"科研任务

（1）农村可再生能源的物质资源基础研究 系统调查与分析农业生物质原料的资源数量及类别，研究生物量随品种、生态适应性、作物生育期和时空等变化规律，为生物质原料的综合利用提供基础性数据。

（2）能源微生物菌种和基因资源的收集与评估 在物种、基因和基因组水平上，系统调查和收集我国的厌氧微生物及其他能源微生物资源，对所获取资源的遗传和代谢多样性进行评估，形成我国能源微生物资源的储备，为微生物资源的利用创造条件。

（3）高效生物质能转化技术及工艺 重点通过对生物质能源产品生物加工过程中微生物菌种的选育、代谢工程改造和生物加工过程的调控、优化与放大的研究，主要包括沼气、纤维素乙醇、微生物产氢和微生物生物柴油等。

（4）农村可再生能源与农业生态环境整治综合技术研究 研究废弃物能源化利用生物过程中的高效低耗（排）关键技术及下游副产物循环利用技术；研究新农村生活污水净化处理适用技术；建立城乡生物质资源互补和循环利用技术集成和生态模式；研究高效沼液沼渣处理利用技术体系。

（5）农村可再生能源利用发展战略与政策研究 农村可再生能源利用技术规范、导则、产品标准及其检测新技术研究；各级农村可再生能源工程建设规划、设计、咨询、评价以及政策研究；开发全生命周期、碳足迹、能值分析和清洁发展机制等可再生能源清洁生产评价方法。

3. 实验室在"学科群"的引领带动作用

实验室依托平台研究条件，围绕农村可再生能源开发利用与农村环境问题，在发酵菌种的构建及应用，沼气发酵功能微生物强化技术研究，农村生产生活废弃物进行资源化、能源化和无害化开发利用等方面取得突破；为改善农民生产和生活方式，转变农业发展、行业健康发展和农业可持续发展提供科技支撑。"十二五"期间，实验室共发表论文232篇，其中SCI/EI收录论文70篇；主编和参编的专著6部；授权国家发明专利达到30项，实用新型专利50项；制定国家标准1项，行业标准18项。"沼气发酵功能微生物强化技术研究与集成示范"项目在2012年获四川省科技进步二等奖。

围绕"构建高效和高胁迫适应性的能源微生物的关键问题",以运动发酵单胞菌为研究对象,基于前期关于环境胁迫转录组学等研究基础,通过适应性进化、基因组重组、全局转录代谢调控工程、TN5转座系统等现代微生物育种技术,已获得10余株表型得到改善的运动发酵单胞菌突变菌株。部分成果已发表在《Biotechnology for Biofuels》(影响因子6.22)等。

固液分离对猪场废水浓稀分流的影响研究。浓稀分流对猪场废水厌氧—好氧处理系统的影响研究,浓稀分流比例为2∶8时好氧处理效果最好,COD、NH_3-N去除率达到了90%以上,出水浓度为COD 256mg/L,NH_3-N 6.33mg/L。采用"厌氧+好氧"的技术处理猪场粪污,最终出水浓度为COD 317.2mg/L,NH_3-N 8.3mg/L,SS 154mg/L,实现了达标排放。相关研究成果已发表在Applied Energy(2014,134:319-355;2014,114:504-511)。

(十八)农业部现代农业装备重点实验室

实验室依托农业部南京农业机械化研究所建设,是农业部现代农业装备学科群的牵头单位,该学科群由1个综合性重点实验室,14个区域性、专业性重点实验室和5个科学观测试验站组成,重点研究方向包括:耕整地与种植装备技术研究,田间管理与资源化利用装备技术研究,收获装备技术研究,农机化与智能控制技术研究,农产品加工装备技术。

1. "学科群"建设目标

服务国家全程全面发展农业机械化的战略要求,瞄准世界前沿,重点突破一批原创性的耕整地、种植、田间管理、收获、产地初加工、饲草收获与草原建设、畜牧养殖工程、智能装备等生产过程中的关键技术、核心产品和重大装备,开展化肥农药减施、耕地保育与质量提升、农业用水控量增效、精准智慧农业、废弃物资源化利用等重大科技任务,学科群整体研究水平达到国内领先,具备较强的自主创新能力。建立年龄结构合理、分工明确、团结协作的人才创新团队。科学规划建设高水平研发平台和基地,有能力承担国家重大和综合性科研项目,研究设备水平达到国际先进。加强机制创新,建立有利于发挥学科群整体优势的管理机制。加强学风和创新科技文化建设,营造和谐科学研究环境。

2. "学科群"科研任务

（1）耕整地与种植装备技术研究　开展高效机械化耕整地关键技术、免耕或少耕覆盖轻型栽培为主的保护性耕作技术、旋耕机械节能技术研究。开展高效复式直播技术、绿色生态种植技术、育苗高速移栽技术、智能化精准种植技术的基础性研究和创新性探索。

（2）田间管理与资源化利用装备技术研究　以农药减量，作业装备高效、精准、环保为目标，开展高效低污染安全的施药技术研究，研发系列化精准施药关键部件和适合于水田、高秆作物、果树专用的高效智能化施药装备。围绕促进农业废弃物利用和循环农业发展，着重在秸秆等生物质机械化收储运、农村多元有机废弃物能源化和肥料化利用装备技术等方向开展共性、关键技术研究和系列化装备开发。

（3）收获装备技术研究　开展花生、薯类等土下果实机械化生产关键技术和共性技术，开发集成智能化技术，创制并熟化一批高效先进、适用可靠的技术装备。开展穗粒类收获机械关键技术及关键部件的研究，开展浆果（枸杞等）、干果（红枣等）、梨果（苹果等）、叶类蔬菜、茶叶等果蔬茶类收获机械化生产关键技术和共性技术研究。开展棉花、麻类生产全程机械化关键技术和装备研究，重点在播种、田间管理、棉花采收、籽棉清理等共性、关键技术，开展基础性研究和创新性探索。

（4）农机化与智能控制技术研究　开展机械化农业技术体系与模式、农业机械化扶持政策、农机化信息管理与决策支持研究。开展作物养分感知技术及精准变量播种施肥控制系统和收获机械作业质量感知技术及智能化控制作业装置研发，构建基于北斗的农机作业信息化管理系统等。

（5）农产品加工装备技术　开展主要农作物种子变温循环数控干燥技术、基于机器视觉的高速种子分选技术、种子光电自动分选技术、按粒包装技术、智能化包衣技术等研究。开展壳类物料脱壳、农业颗粒类物料高效清选分级、主要粮油及果蔬作物产地干燥等技术研究。开展水果、蔬菜、食用菌等农产品机械化干制与加工关键技术和共性技术，开发集成智能化技术研究。

3. 实验室在"学科群"的引领带动作用

实验室依托平台、基地的资源条件，重点围绕"耕种装备技术、收获装备技术、田间管理装备技术、农产品加工装备技术和智能化农机控制技术"等研究方向，开展基础研究和应用基础研究。"十二五"期间，共承担国家、省部级等各类科研项目近300项，其中国家级、部委级及省级代表性项目73项。共发表论文约410余篇，其中SCI、EI、CSSCI的代表性论文58篇；出版专著4部、编著13部；获得专利授权382项，其中发明专利98项。软件著作权10项；制定行业标准9项。共获得省部级以上各类成果奖共27项，其中第一完成单位共有14项，包括国家技术发明二等奖1项，中华农业科技奖一等奖2项；中国专利奖优级秀奖6项；江苏省科技进步二等奖1项，三等奖1项；其他学会、协会奖项18项。

实验室在全秸秆覆盖免耕播种技术、四行半喂入花生联合收获技术、高产油菜高效低损失割晒技术、棉花机械化收货装备技术、麻类收获装备技术、茶叶机械化管理技术、农业航空精准施药技术、农药雾化机理等方面取得重大技术突破。"根茎类作物联合收获机"获第十六届中国专利优秀奖"高效减量精准施药技术与机具研发应用"获中华农业科技奖一等奖。

（十九）农业部动物遗传育种与繁殖（家禽）重点实验室（试运行）

实验室依托中国农业科学院北京畜牧兽医研究所建设，是农业部动物遗传育种与繁殖（家禽）学科群的牵头单位，该学科群由2个综合性重点实验室，14个专业性重点实验室和6个科学观测试验站组成，重点研究方向包括：动物重要经济性状遗传解析，动物育种理论与技术，动物遗传资源保护与利用，动物配子与胚胎发育调控，动物繁殖生物技术，遗传修饰动物育种。

1. "学科群"建设目标

凝聚和培养我国动物遗传育种与繁殖领域的优秀人才，建设一支高水平、具有国际影响力的研究队伍。发掘和整合我国动物遗传育种与繁殖研究资源，建设高质量的动物遗传育种与繁殖学科的研究平台。瞄准学科发展前沿，并紧密结合我国实际，开展基础性、应用基础性和应用研究，解决学科中重要科学问题和动物育种与繁殖实际中的技术问题，通过集成试验、示范与推广应用，全面提高我国动物育种与繁殖的技术水平和科技含量。

2. "学科群"科研任务

（1）畜禽重要经济性状遗传基础研究　构建理想遗传资源群体，结合基因组大数据开展家养动物重要经济性状遗传基础研究，阐明优异性状形成的分子基础。定位一批重要经济性状的主效基因，并通过基因功能研究进一步明确其致因突变位点和作用机制。

（2）动物遗传资源保存与基因资源发掘研究　收集整理一批国内外重要家养动物资源；分析群体的遗传结构、起源进化及遗传多样性；发掘影响家养动物种质资源表型性状的关键基因并阐明其分子机理；建立畜禽多能干细胞的分离、鉴定和保存技术体系。

（3）动物基因工程与繁殖新技术研究　开展家畜体细胞克隆重编程机制研究，创新基因修饰猪研制新技术；开展家畜胚胎工程、胚胎干细胞和诱导多能性干细胞等技术研究，建立家畜快速高效繁殖技术平台。

（4）畜禽国产化良种培育　利用国内外优质畜禽品种资源，将常规育种技术与分子育种技术相结合，培育节粮、生长速度快、繁殖力高、品质优良、具有自主知识产权的畜禽品种新品种（系）；进一步提高国产化良种的市场占有率。

3. 实验室在"学科群"的引领带动作用

"节粮优质抗病黄羽肉鸡新品种培育与应用"获得国家科技进步二等奖。针对我国黄羽肉鸡生产中存在生产效率低、肉品质下降、疾病发生率高等问题，利用现代遗传育种技术，挖掘出肉质抗病性状的关键基因和有效分子标记，创建了肌内脂肪含量、淋巴细胞比率为主选性状的选育技术；发明了矮小型鸡配套制种技术，在30%的国审黄羽肉鸡新品种中得到应用；创制节粮优质抗病专门化新品系11个，培育出通过国家审定的新品种4个，在北方、长三角和西南等推广地区的同类型产品中市场占有率达30%~36%；京星黄鸡100和京星黄鸡102在2010—2015年连续6年被农业部作为肉鸡主导品种向全国推介。成果为解决黄羽肉鸡产业中优质高产高效问题提供了关键技术支撑，引领了本领域的技术发展，经济和社会效益显著。

（二十）农业部特种经济动植物生物学与遗传育种重点实验室（试运行）

实验室依托中国农业科学院茶叶研究所建设，是农业部特种经济动植物生物学与遗传育种学科群的牵头单位，该学科群由1个综合性重点实验室，6个专业性重点实验室和18个科学观测试验站组成，重点研究方向包括：种质保护与创新利用，遗传机理与品种改良，栽培生理生态与饲养，病虫害防控，加工与多元化利用。

1. "学科群"建设目标

围绕我国茶、蚕桑、麻、烟草、蜜蜂等特种经济动植物产业需求和科技发展前沿，以提升特种经济动植物生物学与遗传育种科技自主创新能力、满足产业发展的科技需求为目标，通过统筹规划、资源整合，以综合性实验室为龙头、专业性（区域性）重点实验室为骨干、科学观测试验站为延伸，建立层次清晰、分工明确、布局合理的生物学"学科群"，逐步形成支撑和引领现代特种经济动植物产业发展的学科体系。

2. "学科群"科研任务

（1）特种经济动植物种质资源　收集保存国内外野生资源、地方品种及特异种质，开展资源表型精准鉴定和基因型鉴定研究；利用连锁和关联作图方法以及各类组学技术，解析茶树重要品质性状和抗性的遗传基础；开展种质创新技术和方法研究，创制目标性状突出的新种质。

（2）特种经济动植物遗传育种　研究茶、蚕桑、麻、烟草、蜜蜂等特种经济动植物重要性状（次生代谢、抗性等）的遗传控制机理，发掘功能基因及其调控单元。

（3）茶、蚕桑、麻、烟草等特种经济动植物营养与施肥　开展茶、蚕桑、麻、烟草等特种经济动植物养分吸收利用和品质成分代谢的生物学机制土壤肥力质量演变和主要驱动因子等研究；研发资源利用效率高、环境负荷低的化肥减施增效技术。

（4）茶、蚕桑、麻、烟草、蜜蜂等特种经济动植物加工技术与品质调控　研究茶、蚕桑、麻、烟草、蜜蜂等特种经济动植物品质化学物质基础及调控机理；开展茶、蚕桑、麻、烟草、蜜蜂等特种经济动植物功能性品质成分研究。

（5）茶、蚕桑、麻、烟草、蜜蜂等特种经济动植物深加工与多元化利用　开展茶、蚕桑、麻、烟草、蜜蜂等特种经济动植物的主要风味物质呈味机制及其在食品、饮料中的加工特性研究，研究风味品质调控新技术；开展茶、蚕桑、麻、烟草、蜜蜂等特种经济动植物主要优势功能成分高效制备、活性强化及其利用新技术研究，在日化、食品等领域创制高附加值功能茶制品。

3. 实验室在"学科群"的引领带动作用

实验室依托优势特色的资源条件，围绕茶树生物学、种质创新与资源利用等问题，取得了中黄系列和中茶系列茶树育种、特早生优质绿茶新品种中茶108育成与示范推广、γ-氨基丁酸茶加工技术研究及系列产品开发、茶叶中硫丹和氯氰菊酯等农药检测标准制定等标志性成果，增强了我国在茶叶领域的国际竞争力。"十二五"期间，实验室共计获得各类奖励12项。其中"茶叶中农药残留安全评价及应对"2015年获得神农中华农业科技奖一等奖。实验室以第一作者或通讯作者共发表论文469篇，其中发表SCI收录论文119篇，EI收录论文24篇，中文核心期刊论文326篇；出版专著33部。授权专利110项，其中发明专利55项，实用新型专利44项；获得软件著作权8项，植物新品种保护权5项，国家保健食品批号1个。制修订国际标准2项，国家标准2项，行业标准42项。

实验室选育的茶树新品种"中茶111"2014年获得国家级茶树新品种鉴定，特异品种"中黄2号"2015年通过了浙江省非主要农作物品种审定委员会的新品种审定。大力推广茶树新品种"中茶108""中茶302"等，3个茶树品种入选省级主推品种。首次在国际上提出以茶汤中农药残留水平作为制定茶叶中MRL标准，先后对硫丹、氯氰菊酯等农药在茶叶的MRL标准进行了修订，为我国挽回因农残超标造成出口损失约10亿美元。

（二十一）农业部产地环境污染防控重点实验室（试运行）

实验室依托农业部环境保护科研检测所建设，是农业部产地环境污染防控学科群的牵头单位，该学科群由1个综合性重点实验室和2个专业性重点实验室组成，重点研究方向：产地环境污染物快速检测与源识别，产地环境污染监测预警与风险评估，产地环境污染环境过程及机制，产地环境污染修复技术、产品及标准化，产地环境污染生态恢复与功能提升，产地环境污染防控政策创设。

1. "学科群"建设目标

建设完善面向国家需求和国际科技前沿的学科体系，综合性重点实验室—专业性和区域性重点实验室—野外科学观测试验站组成的三级平台网络体系，组建战略科学家、学术领军人物和科技骨干力量组成的人才队伍和创新团队，建立"分工协作、学术民主、资源共享、人员流动、动态考核"的协同创新机制，加快产地环境污染防控科技创新体系建设，不断提高自主创新、技术储备和成果转化能力，为现代农业发展提供科学的决策依据和有力的技术支撑。

2. "学科群"科研任务

以产地环境中典型重金属、农药和有机物污染、农膜等为研究目标，突出产前、产中和产后的全过程污染防控，重点开展产地环境污染防控的基础理论研究、产品和装备研发、技术集成与推广、政策决策服务，包括：产地环境污染物快速检测与源识别，产地环境污染监测预警与风险评估，产地环境污染环境化学过程及机制，产地重金属污染修复技术、产品及标准化，产地污染物生物降解技术及标准化，产地环境污染生态恢复与功能提升，产地环境污染防控政策创设。

农田土壤重金属污染钝化修复技术：研究开发出能够高效富集钝化重金属的新型环境功能材料；筛选出可用于农田土壤重金属污染钝化修复的天然黏土矿物材料及其复配材料；通过田间推广应用，创建了基于新型功能材料和天然黏土矿物材料的高效、稳定性强、价廉、环境友好的农田土壤重金属污染修复技术；通过多种先进的物理化学和土壤化学方法揭示了新型环境功能材料及天然黏土矿物材料等对农田土壤重金属污染原位钝化修复作用机制。

城郊环保型高效农业关键技术研究与应用：针对我国城郊区高度集约化农业生产引起的资源虚掷、生态恶化和环境污染等突出问题，开展了区域养分投入总量控制与分区施肥、农田氮磷养分流失综合阻控、秸秆饲肥双向转化、畜禽粪便清洁处理与安全利用等关键技术研究。

重金属污染产地叶菜类蔬菜安全生产关键技术示范与应用：针对我国主要蔬菜产区和叶菜类蔬菜种类，系统开展了不同气候条件和土壤pH值、有机质、CEC、土壤质地等土壤理化性质对主要叶菜类蔬菜吸收土壤Cd、As、Hg、Pb、Cr等重金属的影响，识别不同蔬菜品种的重金属富集系数的差别，研究建立土壤中重金属含量形态和蔬菜的剂量—效应关系和基于土壤不同性质的蔬菜中重金属含量的预测模型。

3. 实验室在"学科群"的引领带动作用

实验室依托平台、基地、人才等资源条件，围绕产地环境污染问题，获得了土壤重金属污染修复技术，农村生活废水废弃物处理技术，农区循环高效、牧区生态草业和城郊区种养平衡现代生态农业技术与模式，产地污染物快速检测方法等代表性成果，为农业面源污染治理产地环境生态恢复与功能提升提供了科技支撑。"十二五"期间，重点实验室发表论文600余篇，其中SCI论文140余篇。授权专利22项、实用新型专利22项，软件著作权20项，制定标准6项。2011—2015年，实验室共获得省部级科技进步奖17项，其中一等奖1项、二等奖8项、三等奖6项，获得农业技术推广合作奖。

（二十二）农业部农业遥感重点实验室（试运行）

实验室依托中国农业科学院农业资源与农业区划研究所建设，是农业部农业遥感学科群的牵头单位，该学科群由1个综合性重点实验室和4个专业性重点实验室组成，重点研究方向包括农业定量遥感、农情遥感、农业资源遥感、农业环境遥感、农业遥感标准规范。

1. "学科群"建设目标

建设完善面向国家重大需求和国际遥感科学前沿的学科体系，整体研究水平达到国际先进；提高自主创新、技术突破和成果转化能力，为农业遥感学科发展提供新理论、新技术、新方法；建立一支结构合理、分工明确、团队协作的具有国内外影响力的农业遥感创新团队；科学规划农业遥感学科基础设施和科研平台建设，积极承担国家重大和综合性科研项目，研究装备水平达到国际先进；构建"分工协作、学术民主、资源共享、人员流动、动态考核"的协同创新机制；加强学风建设，创新科技文化，营造和谐科学研究环境。

2. "学科群"科研任务

（1）农业定量遥感　以监测农作物长势和产量为主要目标，研究多尺度定量遥感反演农业目标特征信息的机理和技术体系，主要包括面向农业遥感监测的光谱响应与诊断技术、作物与农田参数遥感定量反演技术、农业定量遥感产品生产系统等。

（2）农情遥感　以作物面积、长势、灾害和产量监测为核心，建立高精度农情遥感监测系统，实现全国及国外重点地区主要作物生产准确监测。重点开展农业空间抽样理论与技术、作物遥感空间分布制图、作物生长诊断与产量预测模型、农业灾损遥感快速评价技术、农情遥感信息系统集成和农业遥感技术标准等研究。

（3）农业资源环境遥感　以农业土地、草地资源、农业灾害等为对象，开展全球或区域农业资源遥感调查、时空动态变化监测与空间模拟、全球环境/气候变化影响、农业生态系统演化和适应机理等方面的理论、技术方法和系统集成研究。重点突破农业土地资源遥感技术、草地资源遥感技术、农业污染遥感监测技术、农业灾害遥感监测技术和农业生态系统碳排放量遥感计量技术等。

（4）热带农业遥感　以特色热带作物生长监测、产量预报和灾害评估为核心，开展热带农业遥感基础理论研究与关键技术研发。重点是在热带作物高光谱遥感数据库研建、关键参数遥感定量反演、长势/产量监测模型、作物精细识别、农业灾害监测与快速评估等方面开展技术攻关，构建热带作物农情监测系统，探索热带智慧农业新模式。

（5）智慧农业　以快速农业空间信息采集为目标，以信息获取、管理及挖掘、信息服务、装备及平台等为核心，综合应用物联网、传感器、互联网+等技术，开展智慧农业关键硬件、软件及系统研发。重点解决天空地一体化农情信息采集技术、遥感大数据挖掘和互联网发布技术、灾害监测与农业保险服务技术、地面/农户调查及大田农情监测装备、遥感大数据管理及服务平台研发等。

3. 实验室在"学科群"的引领带动作用

实验室依托平台一流的设施设备和人才队伍，围绕农业遥感技术研发和应用，获得了主要农作物遥感监测关键技术研究及业务化应用、农业旱涝灾害遥感监测技术等代表性成果，绘制了反映我国农作物的数量、分布、结构和变化的"全国作物一张图"，在推动智慧农业研究与发展、支撑国家政府部门科学宏观决策、指导农业生产实践等方面发挥了不可替代的作用。"十二五"以来，实验室以第一完成单位获得国家科学技术进步二等奖2项。此外，还先后获省部级科技奖励6项，学会奖6项，院级奖励3项。"十二五"以来，实验室发表论文246篇，其中SCI/EI索引论文109篇；出版专著29部；取得发明专利6项、实用新型专利13项；获得软件著作登记权89项；发布国家标准2项、行业标准6项。

实验室建立了国内首个唯一稳定运行超过10年的国家农作物遥感监测系统（CHARMS），也是国际地球观测组织（GEO）向全球推广的农业遥感监测系统之一。2013年国际著名杂志《Science》对该系统进行了评述报告，认为该系统在国内外农作物遥感监测中发挥了重要作用，为合理利用农业土地资源、服务作物生产管理与决策、调控农产品进出口提供了重要技术支撑。"主要农作物遥感监测关键技术研究及业务化应用"获2012年国家科学技术进步二等奖。

"农业旱涝灾害遥感监测技术"获2014年度国家科技进步二等奖，重点突破了"旱涝灾害信息快速获取、灾情动态解析和灾损定量评估"三大技术瓶颈，创建了国内首个精度高、尺度大和周期短的国家农业旱涝灾害遥感监测系统，实现了国家和区域尺度的业务化应用和信息服务，总体技术水平达到国际先进，地表蒸散发遥感估算和洪涝水体遥感监测技术达到国际领先水平。

二、农业部专业性（区域性）重点实验室

专业性（区域性）重点实验室立足区域特色或专业特色，根据"学科群"内发展定位、创新分工和区域发展的特色科技需求，以农业应用基础研究和应用研究为主，组织开展区域共性和关键技术研究，为区域农业发展提供新品种、新技术和新产品。目前依托中国农业科学院共建设40个专业性（区域性）

重点实验室，涵盖了30个优势学科，包括水稻、麦类、棉花、园艺作物、油料作物等品种创新为主线的"纵向学科"，也包括基因组学、作物有害生物综合治理、动物疫病等共性技术创新为主线的"横向学科"；建有19个科学观测试验站，为农业科技创新提供原始资料和基础数据的支撑。

（一）农业部作物生理生态重点实验室

依托中国农业科学院作物科学研究所建立，围绕作物高产优质栽培、作物耕作与农田生态等问题，开展产量与资源利用效率层次差异及高产高效协调机制和调控技术，品质与产量层次差异及缩减机制和优质丰产协同栽培技术，种植模式创新及农田生态环境效应，农田轮耕与作物轮作关键技术，作物生长信息获取与精准管理技术，作物光合挖潜的生理及分子机制，作物化学调控机理及技术等研究。

1. 条件团队

实验室现有建筑面积2 130m^2，拥有仪器设备290多台（套），合计原值1 568.0万元。实验室建有专用温室620m^2，网室350m^2，固定的试验田262亩，试验示范基地面积1 200多亩。本实验室现有固定研究人员36名，其中，研究员11人，副研究员15人，农业部有突出贡献中青年专家1名，农业科研杰出人才1名，国家农业产业技术体系岗位专家3名。

2. 工作成绩

实验室依托优势特色的资源条件，"十二五"以来，在玉米高产理论与技术方面取得了突出成效。实验室共获省部级以上奖项10项，其中，国家科技进步二等奖3项。累计发表学术论文240余篇，其中，SCI论文74篇。实验室完成专著或编著59部；获得或申报发明专利8项，实用新型专利10项，软件著作权2项；制定地方标准3项。

3. 创新亮点

"玉米高产高效生产理论及技术体系"获得2011年度国家科技进步二等奖，该研究提出玉米产量差（潜力）模型，探明不同产量目标实现的关键限制因素和技术需求结构；明确了我国主要生态区玉米高产潜力突破和大面积高产高效生产的主要制约因素及技术创新与推广的优先序；针对不同区域玉米高产高效生产限制因素与技术优先序，研究建立了13套适应不同生态区域的玉米高产高效生产技术体系，10项技术模式被确定为农业部主推技术。

"玉米田间种植系列手册与挂图"获得2015年度国家科技进步二等奖。手册和挂图按我国玉米优势产业区划，立足各玉米产区生态、生产特点，分区域、分册编写，地域针对性强；按玉米生产管理流程，以关键环节的生产问题为核心，分模块编制。该项成果同时探索创新了农业科普传播渠道，构建了政府、企业、市场推广相结合的作品发行模式，促进了先进生产技术的传播。

（二）农业部北京大豆生物学重点实验室

依托中国农业科学院作物科学研究所建设，针对我国大豆生产技术需求，开展大豆产量、品质、抗性、生育期等重要性状的遗传规律研究，重点突破大豆生殖发育机理、基因型与光温环境互作等生物学问题；充分利用我国丰富的大豆种质资源，开展大豆基因组学和生物信息学研究，进一步明确我国大豆的遗传多样性特点，挖掘新基因，改进分子育种新技术；创制育种新材料及特异新种质，培育高产、优质、多抗、广适大豆新品种，并研究新品种配套生产技术，加快新品种、新技术的推广应用。

1. 条件团队

实验室拥有开展大豆细胞工程、基因克隆及分子标记研发、品质分析、栽培学、生理生化、种质资源筛选鉴定和新品种选育等方面研究的仪器设备共计115台（套）。目前，研究团队中共有固定研究人员44人，其中，研究员15人，副高职技术人员14人。

2. 工作成绩

实验室利用平台团队的优势，在广适高产大豆育种、野生大豆泛基因组研究方面取得了突出成效。2011—2015年，实验室在《Nature》《Biotechnology》等科技期刊发表论文200余篇（其中SCI论文100余篇），出版专著7部，审定大豆新品种28个，获得国家发明专利授权27项。以"中黄13""中黄30""中黄35"为代表的中黄系列品种，累计推广过亿亩。

3. 创新亮点

"广适高产优质大豆新品种中黄13的选育与应用"获国家科技进步一等奖。2012年,"广适高产优质大豆新品种中黄13的选育与应用"获国家科技进步一等奖,建立了中黄13育繁推一体化推广模式,实现了大面积应用。提出精确定量栽培技术指标和要点,构建高产高效的栽培技术体系,建立育繁推一体化推广模式,实现中黄13全国14个省市大面积推广应用。

实验室率先构建出一年生野生大豆的泛基因组。实验室的大豆基因资源研究创新团队,通过对国内外7份有代表性的野生大豆进行从头测序和独立组装,构建出首个野生大豆泛基因组,在全基因组水平上阐明了大豆种内/种间结构变异(如CNV、PAV)的特点,发掘出野生大豆特有的优异基因,为作物野生种质资源保护、基因发掘和育种利用研究提出了新的方法。相关研究成果于2014年9月14日在线发表在国际权威期刊《Nature Biotechnology》。

(三)农业部旱作节水农业重点实验室

依托中国农业科学院农业环境与可持续发展研究所建设,主要研究方向有降水转化机理与调控技术、旱作节水农业关键技术与产品、旱作节水农作制度和技术模式。

1. 条件团队

实验室面积2 204m^2,实验室仪器设备464台(套),总价值3 329.78万元。实验室拥有山西寿阳、北京顺义和河南新乡试验站,站内均安装有自动气象站、涡度—波纹比能量平衡系统和蒸渗仪等野外在线监测设备,还建有旱棚、渗滤池、径流场等设施,以开展通量过程观测、亏缺灌溉施肥、保护性耕作和地膜覆盖以及抗旱节水品种筛选等长期定位观测试验。实验室现有固定人员48人,其中,正高级职称17人,副高级职称17人,农业科研杰出人才1人。

2. 工作成绩

自2011年以来,实验室在优势特色的资源条件支撑下获得省部级以上科技成果奖励5项。发表论文255篇,其中SCI论文87篇,EI论文38篇,中文核心期刊122篇,其他8篇;主编专著17部,参编专著8部;授权国家发明专利18项,实用新型专利9项，软件著作权24项；制定行业标准1项，地方标准1项。实验室成员注重与企业合作，与日本昭和电工、德国巴斯夫集团开展技术合作，开展降解地膜的应用评价。5年共获得转化收益200万元；开展旱作农业相关技术培训15期，累计培训3 500余人。

3. 创新亮点

"旱作农业关键技术与集成应用"获得2013年国家科技进步奖二等奖，成果在持续提高旱作农业区降水保蓄率、利用率、水分利用效率和效益方面取得突破。首次探明了旱作区农田降水转化定量关系和作物耗水结构特征，揭示了土壤储水供水特性、作物水分适应性、水碳氮关系等对提高降水利用的作用机理，创建了以降水生产潜力开发为重点的旱作农业决策支持系统；重点突破了旱作农业"集、蓄、保、提"共性关键技术，创造性地研制出春玉米秋覆膜和秸秆还田秋施肥、冬小麦培肥聚墒丰产等"秋（夏）储冬保春用"核心技术，以及春玉米机械化集雨保墒和冬小麦高留茬少耕全程覆盖等高效轻简技术；系统集成了与降水特点相吻合的半湿润偏旱区稳粮增效循环农林牧综合、半干旱区增粮提效防蚀林粮复合、半干旱偏旱区防蚀稳产增益农牧结合、西南季节性干旱区增产增效集雨补灌等技术体系与模式。2009—2011年，关键技术和技术体系在旱作区的8个主要省（市、自治区）累计应用2.13亿亩，新增粮食99.5亿千克，新增产值200.3亿元。

（四）农业部设施农业节能与废弃物处理重点实验室

依托中国农业科学院农业环境与可持续发展研究所建设，研究方向主要有设施农业节能与减排工程，资源高效利用型植物工厂，养殖废弃物处理工程。

1. 条件团队

目前重点实验室拥有建筑面积2 319.8m^2，拥有野外试验基地600亩，实验温室、中试车间等设施20亩。实验室拥有仪器设备数量286台（套），总价值为3 730.3万元。实验室现有固定研究人员36名，高级职称以上22人，国家百千万人才2人，全国农业科技杰出人才1人。

2. 工作成绩

"十二五"期间，实验室在一流的研究条件和人才队伍的支撑下，先后发表学术论文153篇，其中SCI/EI收录论文57篇；出版专著5部；获授权专利87件；软件著作权14件；获得省部级科技成果奖3项，省部级鉴定成果2项。

3. 创新亮点

"畜禽粪便沼气处理清洁发展机制方法学和技术开发与应用"获得2012年度国家科学技术进步二等奖。成果的应用可年减排GHG约329.6万吨二氧化碳当量，根据科技成果经济效益测评结果，已获经济效益7.1亿元。本成果得出的我国户用沼气年减排4 900万吨二氧化碳当量的结果写入中国气候变化白皮书，并由温家宝总理在哥本哈根会议上向全世界宣布。为我国参与气候变化谈判提供了科学数据支撑。

"植物LED光环境精准调控及节能高效生产技术研究与应用"获得2012—2013年度中华农业科技科研成果类二等奖。率先研制出光质、光强、光周期智能可调，且耐高温高湿环境的植物LED专用光源。进行了植物高效生产与LED结合的生物学机理研究，探明了植物LED光源节能高效生产的光环境优化指标（R/B、R/B/FR等参数）及其精准调控模式；在国际上首次提出了采用LED光源对水培蔬菜实施采前短期连续光照、提高蔬菜综合品质的方法。项目成果累计推广到上海世博会、山东寿光杨凌现代农业示范区、南京汤山植物工厂、解放军总后勤部和海军基地等园区、生产企业和部队，取得了显著的社会效益和经济效益。

（五）农业部授粉昆虫生物学重点实验室

农业部授粉昆虫生物学重点实验室依托中国农业科学院蜜蜂研究所建设，遵循"开放、流动、联合、竞争"的运行机制，定位于蜂学基础性和应用基础研究，以授粉昆虫生物学为研究重点，围绕国家农业、生态环境和人类健康发展战略需求，开展"昆虫授粉与生态研究、授粉昆虫病虫害防控与生物安全研究、授粉昆虫资源与遗传育种研究、授粉昆虫饲养与生物技术研究"四个方面的研究，从蜜蜂种质资源的发掘和创新、新基因的获取入手，开展多学科交叉的基因资源发掘、创新和利用及病虫害防治等科学问题的基础研究，目的是构筑一个集蜂学理论创新、技术创新和产品创新与开发合作为一体，政府咨询、人才培养、技术培训与学术交流统筹兼顾的平台，引领我国蜂学和蜂产业的创新性发展，为我国农业可持续发展做出贡献。

1. 条件团队

实验室建有细胞生物学测试、蛋白质组学分析和功能测试、基因组分析和功能测试及高性能计算等研究平台，拥有高效液相色谱、高分辨率质谱、二代测序仪、生物信息分析用服务器、激光共聚焦显微镜操作系统等各类科研仪器290余套，总价值3 900余万元。实验室现有固定人员35人，其中研究员9人。

2. 工作成绩

截至2016年，实验室在平台优势特色资源条件的支撑下共获得省部级奖项10项，制订农业行业标准6项。出版专著3部，编著38部，参编12部。获国内发明专利18项，国际发明专利1项，实用新型专利42项，外观设计专利4项，软件著作权16项，通过家畜新品种国家审定1项。发表国内外期刊论文279篇，其中SCI论文100余篇。

3. 创新亮点

"中蜜一号"2015年通过国家畜禽遗传资源委员会审定，也是新中国成立以来我国通过审定的第一个蜜蜂新品种，具有抗螨、高产的特点，适合我国大部分饲养西方蜜蜂的地区，是能够满足现代特色蜜蜂养殖和多元化消费需求的蜂种。已在四川、山西、甘肃等省累计推广115万余群，平均每年增加经济效益近2 000万元。

授粉蜂生物学与授粉应用创新团队李继莲博士完成的关于熊蜂肠道微生物特定生态型的新发现成果在《Current Biology》（5年累计影响因子10.881）杂志上发表。该研究在传粉昆虫熊蜂上首次发现了肠道微生物特定生态型，这是继在人类和大猩猩的肠道微生物发现不同的生态型后的又一重大发现，为熊蜂肠道微生物功能的研究以及物种多样性的保护奠定了重要基础。

2016年，在我国蜜蜂遗传资源领域取得重大突破。过去普遍认为西方蜜蜂的分布范围在中亚、非洲和欧洲地区，中国没有西方蜜蜂的自然种群。而该研究首次在中国新疆地区发现了原生的西方蜜蜂种群，并通过基因组学手段将该群体确立为新的亚种（*Apis mellifera sinisxinyuan*，西域黑蜂），与欧洲黑蜂（*A. m. mellifera*）有较近的亲缘关系。西域黑蜂分布在我国新疆的新源地区，对寒冷的环境具有较强的适应性。该研究发现该群体历史上有限群体大小变化受到地球温度波动的强烈影响，在地球温度较低时群体大小达到峰值。进化分析进一步揭示了蜜蜂适应寒冷环境的遗传机理，鉴定出一系列与蜜蜂抗寒相关的基因和信号通路。该研究成果结束了我国没有西方蜜蜂自然种群的历史，为西域黑蜂遗传资源的保护提供了理论基础，同时也为缓解蜜蜂越冬死亡问题提供了线索，具有重要的理论和实践意义。相关论文于2016年发表在分子和进化生物学领域的权威期刊《Molecular Biology and Evolution》（2015 IF= 13.649；5-Year IF=13.002）上。该项研究极大提升了中国在国际蜜蜂研究领域的知名度，标志着中国农业科学院蜂蜂研究所在该领域的研究达到了国际先进水平。

（六）农业部饲料生物技术重点实验室

依托中国农业科学院饲料研究所建设，针对现代动物养殖业中饲料资源、环境可持续发展等重大问题，研发饲料生物制剂相关基因资源的高通量挖掘和有效利用技术、开展饲料生物化学物质的分子生物学基础研究和分子改良技术研究、饲料生物技术产品的高效表达平台技术研究、饲料生物制剂的发酵技术和工程化技术研究、动物胃肠道微生物的分子生态学和分子营养学研究、饲料生物技术产品的应用技术研究等。

1. 条件团队

重点实验室使用面积达3 000m²以上，相关中试及动物试验基地2 000m²以上，拥有3 000万元以上的从事生物技术研究的大型仪器设备，建有生物饲料开发国家工程研究中心、国家转基因生物饲用安全评价与检测中心和中关村开放实验室等重要科技创新平台。重点实验室有固定人员41人，其中，高级职称14人，获得国家杰出青年基金资助1人。

2. 工作成绩

"十二五"期间实验室在平台研究条件和人才团队的支撑下，获省部级以上奖励7项。累计发表论文186篇，其中SCI收录论文135篇。取得授权发明专利74项，实用新型专利2项，软件著作权2项，新兽药证书5项。

3. 创新亮点

"饲料用酶技术体系创新及重点产品创制"获得2014年度国家科学技术进步二等奖。饲料用酶是新型绿色饲料添加剂，项目创立了高效的酶及其基因资源挖掘技术体系，突破了酶的构效机理和高效表达机制研究，构建了表达水平达10~50g/L的高效表达技术体系。创制多种饲料用酶，生产水平较同类技术高3倍以上。获授权专利66项，发表SCI论文113篇，参与制定国家或行业标准9项。产品在全国31省区推广应用，占据市场80%以上，并出口20余国。节约资源6 000万t，减轻污染排放1 000万t以上。

（七）农业部农业微生物资源收集与保藏重点实验室

依托中国农科院农业资源与农业区划研究所建设，实验室主要围绕农业微生物资源收集、保藏及利用开展基础和应用基础研究，通过开展农业微生物资源收集与保藏、功能评价、信息集成、社会共享、产品开发应用等的研究，获取农业上具有重要价值的微生物资源，并建立微生物资源收集与评估、产物及功能发掘应用技术的创新研究体系。主要研究方向包括农业微生物资源收集与保藏、微生物肥料研发与应用、食用菌资源与育种以及微生物肥料和食用菌菌种质量检测技术。

1. 条件团队

实验室现有面积共计2 330m^2，温室面积300m^2，试验地面积10亩。拥有全自动菌种微生物鉴定系统、低温显微镜系统、核蛋白分析仪、液相色谱仪、气象色谱仪等先进设备65台（套），设备总价值达1 968.91万元。实验室现有固定人员35人，其中正高职称9人，副高职称11人。

2. 工作成绩

近五年，实验室充分发挥平台研究条件和人才队伍的优势，以第一完成单位和完成人获得省部级科研奖励4项。实验室2011—2015年累计发表论文169篇（其中SCI论文93篇），出版学术专著12部，获得专利49项，制订《生物有机肥》国家标准1项，《复合微生物肥料》《食用菌生产技术规范》等农业行业标准7项。"十二五"期间，实验室转让专利技术两项，共计35万元，与相关企业签订开发合同，合同经费220万元。

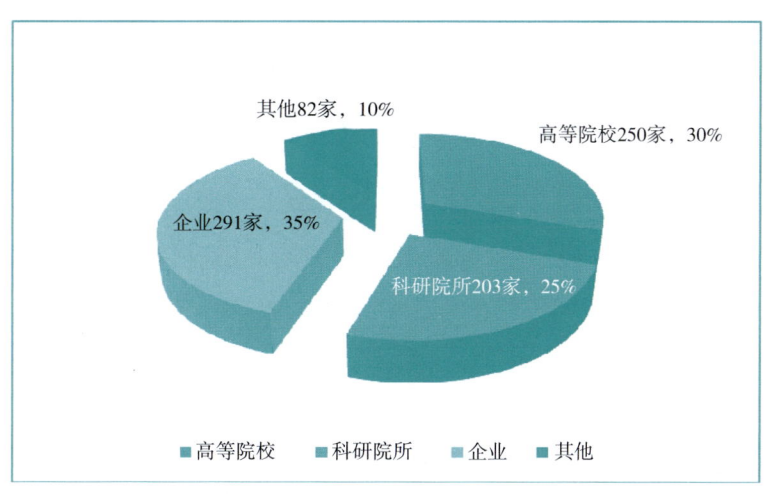

图3-2　农业部微生物资源收集与保藏重点实验室2015年服务用户情况

（八）农业部面源污染控制重点实验室

依托中国农业科学院农业资源与农业区划研究所建设，实验室一直围绕农业面源污染负荷估算与风险评估、农业面源污染发生与驱动机制、农业面源污染防治方案与技术三个方向开展基础研究工作。

1. 条件团队

实验室使用面积超过1 000m^2，仪器投入总额超过1 500万元。截至2016年年底，实验室固定人员31人，其中高级职称人员24人。

2. 工作成绩

"十二五"期间，实验室在平台研究条件和人才团队的支撑下共发表论文60余篇，其中SCI、EI收录文章20余篇；出版专著14部；获得发明专利7项；实用新型专利、软件著作权等共48项；获得省部级科技成果奖励5项。"全国农田面源污染监测技术体系的创建与应用"项目获得2015年农业部科技进步奖一等奖，"农田面源氮磷流失监测及减排技术研究与应用"项目获得2015年北京市科技成果二等奖，"农田面源污染国控监测网的构建与运行"获得2015年中国农业科学院科技成果奖，"西北沿黄灌区盐碱地改良关键技术研究与应用"获得2014年中国农业科学院科技进步一等奖，"稻田绿肥—水稻高产高效清洁生产体系集成及示范"获2013年中华农业科技奖一等奖。

（九）农业部农业信息服务技术重点实验室

依托中国农业科学院农业信息研究所建设，实验室面向国家农业信息监测预警理论探索、关键技术研发、信息服务应用等方面的重大需求，围绕农业信息感知、农业信息分析、大数据处理方法、农产品产量预测、消费量分析、市场价格预测信息服务技术等内容，系统性开展了农业信息监测预警理论研究、方法创新、模型构建、系统开发和设备研制等实验工作。

1. 条件团队

实验室目前已有设备仪器共计56台（套），主要设备仪器包括超高效液相色谱仪、地面三维激光扫描仪、电化学工作站、多气体分析仪、红外光谱仪、气相色谱仪、三维荧光成像系统、植物光合测定仪和多功能人工气候箱等，科研办公场所700m^2，其中包括现代化的办公区、实验区、研讨区、多功能人工气候室及农业监测预警研究空间。实验室现有固定人员50名，其中，"全国农业科研杰出人才2名，国务院特殊津贴专家1名。

2. 工作成绩

"十二五"期间，实验室在优势特色研究条件的支撑下，共获得省部级科技奖励5项，发明专利和实用新型专利44项，软件著作权108项，行业标准2项，出版专著20余部，发表论文612篇，其中SCI/EI论文67篇。另外，团队成功承办了"2013世界农业展望大会"、连续三年主办了"中国农业展望大会"，连续发布了《2014—2023中国农业展望报告》《2015—2024中国农业展望报告》《2016—2025中国农业展望报告》。

3. 创新亮点

实验室着力研发了一系列的智能化信息采集设备及分析处理系统，包括中国农产品监测预警系统（CAMES）。该系统是基于农产品生产供给均衡原理建立的大型智能分析预警系统，以长时段历史大数据分析生成的气象类弹性系数群、投入类弹性系数群、管理类弹性系数群为基础弹性系数，以生产、消费、价格、贸易、库存、成本类计量分析模型为核心预警方法，可以应用于预测未来中国各地区（全国、分省、分县）主要农产品的生产、消费、价格等市场情况和模拟分析政策措施对中国农产品供需市场的影响。

（十）农业部作物需水与调控重点实验室

依托中国农业科学院农田灌溉研究所建设，以作物节水高产优质为目标，围绕作物需水与农田高效用水调控中的重大科学问题和关键技术问题，重点开展作物需水耗水尺度效应与跨尺度机理模拟、农田水—碳—氮循环的关键耦合过程及调控机制、作物生理节水与耗水过程调控、作物—水分关系与非充分灌溉理论、作物水分状况监测与诊断、非充分灌溉决策与实施技术等方面的应用基础理论研究和技术开发。

1. 条件团队

目前实验室建立了由公共实验平台与相关实验场（厅）、大型试验基地组成的功能齐全、设备先进、开放度高的实验研究系统。实验室建筑总面积4 316m^2，拥有仪器设备多于200台（套），总价值1 787万元。实验室现有固定人员为34人，其中，高级职称22人。

2. 工作成绩

"十二五"期间，实验室在平台先进条件团队的支撑下，获得省部级以上成果奖6项，其中"作物需水信息采集技术与设备"获2013年河南省科技进步二等奖，"基于墒情监测的灌区高效用水技术研究"获2012年中国农业科学院科技进步二等奖。共发表论文180多篇，其中SCI 12篇，EI 21篇，中文核心刊物138篇；出版专著2部，参编4部；获得发明专利5项，实用新型专利4项，软件著作权7项；制定行业标准和地方标准各1项。

（十一）农业部生物毒素检测重点实验室

依托中国农业科学院油料作物研究所建设，主要开展农产品生物毒素（高等生物毒素、真菌毒素等）污染分布、发生、积累、代谢规律与产毒机理研究，农产品生物毒素检测新技术、新方法及标准物质研究，农产品生物毒素全程防控理论与技术研究和农产品生物毒素风险评估及其关键技术研究。

1. 条件团队

实验室总面积2 400m^2，拥有超高效液相色谱—高分辨质谱联用仪、液相色谱—三重四级杆串联质谱仪、液相色谱—离子肼质谱仪、核磁共振仪等总价值达3 000余万元的先进仪器设备。此外实验室还拥有无菌室、免疫化学实验室、精密点膜仪、动物房等硬件条件，4个田间试验基地，基地总面积为100亩，均配备了先进的灌溉、隔离、干旱等田间试验设施和辅助装备。实验室现有固定人员31人，其中高级职称21人，获国家级产业领军人才称号1人，多人次获全国农业科研杰出人才等荣誉称号。

2. 工作成绩

"十二五"以来，实验室在一流平台、基地、人才的支撑下，荣获国家技术发明二等奖1项，省部级成果奖励6项。发表研究论文268篇，其中SCI论文142篇，出版著作9部，主持制定并由农业部发布实施农业行业标准21项，获得发明专利授权45项（含美国、韩国发明专利5项），实用新型专利3项。

3. 创新亮点

实验室主持完成的农产品黄曲霉毒素高灵敏检测技术与产品在湖北省农业厅、中储粮、光明乳业等22个省农产品种收储及加工单位应用；研发的黄曲霉毒素高灵敏单克隆抗体等成果被德国慕尼黑理工大学、美国加州大学、北京大学、新加坡南洋理工大学等国内外52家科研单位用于毒素检测及预警研究等；实验室与12家企业开展了技术合作与成果转化，在京、沪、杭、深等地建成投产规模化生产线5条。

（十二）农业部麻类生物学与加工重点实验室

依托中国农业科学院麻类研究所建设，实验室围绕麻类生物学与加工，在麻类分子生物学与遗传育种、农业基因组学以及农产品加工微生物基因工程等麻类基础研究领域取得突破，给麻类生产提供优质新品种及其配套栽培技术，给传统轻纺工业和新兴生物质产业提供麻类纤维先进加工技术及其副产物高效利用新技术，从而促进麻类产业结构调整，为麻类产业持续发展做出重要贡献。

1. 条件团队

实验室已建成国家麻类作物育种中心、国家麻类作物中期库、资源圃等一批国家、部省级科技创新平台，拥有总价值超过2 600万元的仪器设备。在湖南沅江建有493亩试验基地，在长沙通过租赁建立了87亩试验基地。实验室现有博士生导师4人，农业部有突出贡献的中青年专家2人，农业科研杰出人才1人。

2. 工作成绩

"十二五"期间，实验室在平台、基地、人才的支撑下，获得省部级以上各类成果奖共8项，其中第一完成单位共有7项；共发表论文217篇，其中SCI论文35篇，EI论文2篇；出版专著2部；审定新品种30个；获得专利27项，其中发明专利11项，实用新型专利16项；获得软件著作权1项；制定行业标准3项。此外，实验室还积极开展科企合作，与10余家企业建立了长期的合作关系，通过优质品种、麻育秧膜产品的转让或转化，年均收益超200万元。此外，为农技人员、种植大户和企业举办培训班87场次，培训人数4 500余人次。

（十三）农业部园艺作物种质资源利用重点实验室

依托中国农业科学院果树研究所建设，重点开展园艺作物种质资源的收集、保存、鉴定与评价研究，园艺作物种质资源遗传多样性、核心种质构建及图谱研究，园艺作物种质资源基因挖掘，功能基因组、蛋白组学研究，园艺作物的种质创新和园艺作物栽培生理与生长发育调控研究。

1. 条件团队

实验室总面积达1 656.38m^2，拥有仪器设备830余台（套），总价值2 100余万元。实验室建有国家梨、苹果种质资源圃、农业部兴城北方落叶果树资源重点野外科学观测试验站和苹果综合试验站等一批国家科技创新平台，及苹果、梨精准表型数据库、科研试验基地等配套设施。实验室现有固定人员56人，科研人员51人，实验员5人。其中，高级职称26人，硕博学位43人。中国农业科学院科技创新团队首席专家5人，国家现代农业产业技术体系室主任2人，岗位专家4人。辽宁省"百千万人才工程"百层次1人、千层次1人。

2. 工作成绩

"十二五"以来，实验室在优势特色研究条件的支撑下，获得奖励共11项，其中第一完成单位共有9项；发表论文235篇，其中SCI 25篇；出版编著11本，参编4本；获得发明专利9项、实用新型专利19项；制定行业标准3项，审定新品种7个。

3. 创新亮点

转让"含硒、锌或钙的果品叶面肥和一种生物发酵氨基酸葡萄叶面肥"专利2项，获得专利转让费100万元。新品种和新产品试推广面积3 000余亩，推广应用技术19项，累计推广面积27.5万亩，为果农实现增收节支3.8亿元。

（十四）农业部果树育种技术重点实验室

依托中国农业科学院郑州果树研究所建设，研究方向主要有果树和西瓜甜瓜种质资源高通量精准评价体系和技术规程的建立，种质资源的精准鉴定，果树和西瓜甜瓜重要性状形成的分子遗传基础和调控机制研究，果树和西瓜甜瓜遗传育种研究，优质、高抗、早果性强的果树新品种培育。

1. 条件团队

实验室现有面积1 200m^2，试验地面积3 626.77亩。配备各类仪器设备785台（套），总计价值4 833.85万元。实验室现有固定人员50人，其中具有高级技术职务人员33人，国家有突出贡献中青年专家1人，农业部有突出贡献的中青年专家2人。

2. 工作成绩

"十二五"期间，实验室在平台条件和人才队伍的支撑下，获得16项省部级以上奖励，其中国家奖2项，省部级奖14项；建立2 000份种质资源的全基因组数据库；发表论文517篇，其中SCI收录29篇；主编《中国桃遗传资源》等专著6部；育成一批果树新种质和新品种，审定品种78个，创制出多优良性状基因聚合、遗传背景清晰的高代新种质；集成创新倍性操作、胚挽救等多位一体的细胞工程种质创制和分子标记辅助选择技术，建立多树种优质高效栽培体系；获专利授权32项，制（修）订标准12项。

（十五）农业部兽用药物创制重点实验室

依托中国农业科学院兰州畜牧与兽药研究所建设。主要研究方向有兽用化学药物、兽用天然药物原料药及制剂创制；新药设计、药物作用靶标筛选、药物筛选方法、药物制备技术及质量控制技术研究；药物作用机制、代谢转化及耐药机制研究；药物毒理学、兽药残与检测、病原微生物耐药性及安全评价技术。

1. 条件团队

实验室拥有药物研发的仪器设备500多台（套）。拥有建筑7 000m^{2}的综合实验楼、2 600m^{2}的中试生产车间以及1 200m^{2}的标准化实验动物房。现有固定人员51人，高级职称32人。

2. 工作成绩

"十二五"期间，实验室依托优势特色的平台条件，在传统中兽医药资源抢救和整理、奶牛健康养殖重要疾病防控关键技术研究、农牧区动物寄生虫病药物防控技术研究与应用等方面取得较大突破。实验室共获得省部级奖励13项；出版论著13部；发表论文330余篇，其中SCI收录论文81篇；获得国家发明专利授权51项、实用新型专利授权160项；软件著作权3项；制定国家标准1项，农业行业标准1项；获得三类新兽药证书4项；科技成果转让22项，合同经费1 026万元。

（十六）农业部动物寄生虫学重点实验室

重点实验室依托中国农业科学院上海兽医研究所建设，以危害严重的畜禽寄生虫病和人畜共患寄生虫病作为研究对象，针对寄生虫病防治中的重大科学问题和关键技术，主要研究方向：病原生物学与生态学，寄生虫病流行病学，寄生虫病免疫与致病机理，寄生虫与宿主相互作用机制等防治基础研究，寄生虫病诊断监测、治疗与综合防治等防治技术研究，寄生虫病诊断制剂、治疗药物、药物新制剂和免疫预防苗等防治新产品的研制。

1. 条件团队

重点实验室建筑面积5 120m^2，依托单位可利用的其他实验室面积10 000余平方米。实验室拥有总值5 278万元的仪器设备，包括透射电子显微镜、流式细胞仪、液质联用仪、冷冻病理切片机、多肽合成仪、共聚焦芯片扫描仪等。实验室有固定人员42人。

2. 工作成绩

2011—2015年，实验室在平台资源条件的支撑下，获得省部级成果奖3项；发表学术论文434篇，其中SCI论文134篇；出版专著8部，其中主编7部，参编1部；获得中国发明专利授权29项，实用新型专利3项；获得软件著作权2项；获得新兽药证书2项；制修订国家标准6项，地方、行业标准5项。

3. 创新亮点

2011年，林矫矫主持完成的"家畜日本血吸虫病控制技术"获得中华农业科技成果奖二等奖，该成果发现了一批与血吸虫生长发育相关的重要分子，建立了敏感、特异的家畜血吸虫病诊断新技术，研制了有效的家畜血吸虫病基因工程疫苗，探索提出了系列控制家畜传染源和结合农业产业结构调整消灭钉螺的血吸虫病防控技术措施，并在血吸虫病流行区广泛推广应用，有效地控制了牛、羊等家畜血吸虫病疫情，取得显著的经济效益和社会生态效益。

（十七）农业部牧草资源与利用重点实验室

依托中国农业科学院草原研究所建设，重点实验室主要研究方向为草种质资源与育种、牧草栽培与加工利用、牧草病虫害灾变机理与防控、草原非生物灾害防灾减灾、草原生态系统保护与恢复等方面。

1. 条件团队

重点实验室拥有各类仪器设备211台（套），总价值2 874.5万元。实验室固定人员55人，其中，高级职称34人。"十二五"期间承担了国家重点研发计划、国家科技支撑计划、国家自然科学重点基金等项目。

2. 工作成绩

实验室在平台人才队伍、设施设备、科研项目的支撑下，以依托单位为第一完成单位，共计取得省部级奖励4项；发表SCI/EI论文39篇，中文核心期刊288篇；获得新品种15项、国家发明专利24项、实用新型专利43项；获得软件著作权7项；制定标准1项。

3. 创新亮点

重点实验室积极开展基于生态学、分子生物学和生物信息学等方法的创新性交叉学科研究。一是率先启动了第一个天然草原植物——羊草全基因组测序工作，通过测序获取的海量信息，将为深入揭示草原植物适应干旱、寒冷、盐碱等逆境胁迫的适应机制，挖掘优异抗逆基因资源，阐明草原植物与家畜协同进化分子机制，优化草原放牧管理提供重要基础和支撑。二是系统开展了羊草、紫花苜蓿、扁蓿豆等重要种质资源多样性、全基因组关联分析、关键基因克隆与功能分析以及新品种选育等工作。构建苜蓿、猫尾草、燕麦和青贮玉米等重要牧草优质高效栽培和营养物质保全加工技术体系，开展了牧草产品营养保全加工调制优化技术对草产品质量的影响、牧草型TMR质量调制技术等研究。

（十八）农业部特种经济动物遗传育种与繁殖重点实验室

依托中国农业科学院特产研究所建设，实验室针对特种动物遗传育种和繁殖领域的共性和关键技术问题，重点围绕特种动物遗传资源收集、保存和评价，特种动物现代分子育种技术，特种动物快速繁育技术，特种动物新品种选育等方向开展基础、应用基础和应用研究。

1. 条件团队

实验室建有特种动物种质资源平台，重点利用收集、保存的鹿、毛皮动物和珍禽等特种动物遗传资源，实现实物与信息共享；拥有开展遗传多样性和系统进化、优异种质鉴定和功能基因、蛋白的挖掘等研究的平台，在吉林市还建有占地面积5 000m^2的特种动物遗传资源活体保种基地。目前，实验室拥有仪器设备252台（套），总值4 300万元，所有仪器设备，均面向全社会开放。实验室现有固定人员63名，其中高级职称22人，享受国务院政府特殊津贴的专家1名，中国青年科技奖获得者1名，农业部科研杰出人才1人。

2. 工作成绩

"十二五"期间，在平台、基地、人才的支撑下，重点实验室共计获得省部级以上各类成果15项；共发表论文118篇，其中SCI论文31篇，中文核心56篇；出版专著3部；培育动物新品种1个；获得国家发明专利12项，实用新型专利26项；获得软件著作权7项；制定国家标准2项，地方标准2项；年均为全国科研院校和养殖单位等相关单位提供特种动物各类资源约26 000份次。此外，实验室还积极开展科企合作，与20多家特种动物养殖企业有长期合作关系，为企业提供技术支持，组织特种动物养殖企业技术人员、养殖人员、农技人员、农民等相关培训10余次，培训人数4 320人。

（十九）农业部烟草生物学与加工重点实验室

依托中国农业科学院烟草研究所建设，实验室围绕我国烟草优质丰产、增香提质、减害降焦、生态健康等重大科学问题和产业发展实际需求，主要开展烟草功能基因组学研究、种质鉴定评价与创新利用、栽培生理、营养调控、烟草生态、调制加工技术等研究，在栽培生理、烟叶烘烤遗传等交叉学科进行了重点培育。建立优质丰产烟草生产理论，提高烟叶香气和安全性，引领和推动烟草生物学与加工学科的发展。

1. 条件团队

实验室面积2 600m^2，实验室仪器设备总价值1 825万元。截至2016年年底，实验室共有固定人员43人，其中，高级职称人员27人。

2. 工作成绩

在平台人才队伍、设施设备、科研项目的支撑下，实验室分别在2012年、2013年、2014年以第一完成单位和第一完成人获得中国烟草总公司科技进步三等奖各一项；在2015年以第一完成单位和第一完成人获得中国烟草总公司科技进步特等奖一项。实验室累计发表SCI/EI论文33篇。出版专著2部，制定烟草行业标准1项。取得发明专利22项，实用新型专利6项，软件著作权7项。

实验室还通过技术开发、技术服务、技术转让等形式与各类烟草企业开展科技合作，成果转化和技术服务方式由单一技术向集成推广的拓展，实现成果转化收入1 600余万元/年，2012—2014年连续三年为全国现代烟草农业建设现场会提供技术服务。技术培训方面，在全国17个烟草种植省份建立了核心科技示范园区，构建起覆盖全国70%烟区的技术推广和科技兴农网络，每年培训技术人员8 000人次。

（二十）农业部蚕桑遗传改良重点实验室

依托中国农业科学院蚕业研究所（江苏科技大学）建设，重点开展蚕桑种质资源创新利用与新品种培育，蚕桑现代育种技术，重要性状基因功能分析，蚕桑生物资源多元化开发应用，蚕桑病原微生物分子生物学与重大病虫害控制技术等研究。

1. 条件团队

实验室面积8 500m^2，科研基地20hm^2。拥有激光共聚焦显微镜、基因测序仪、扫描电镜等先进的仪器设备。现有固定人员61人，其中，高级职称45人。

2. 工作成绩

"十二五"期间，在平台资源条件的支撑下，实验室出版专著7部；发表学术论文265篇，其中SCI/EI收录期刊论文86篇；授权发明专利38项，实用新型专利2项。研发出蚕病防治新技术及系列配套新蚕药，2015年获教育部科技进步二等奖；"天然彩色桑蚕茧丝关键技术研究及产业化"2011年获得中国纺织协会科技进步一等奖；实验室育成的家蚕新品种丝雨二号，2015年通过国家审定；

研发的新蚕用药剂"氟苯尼考胶囊"2011年获农业部新兽药证书。实验室在国际上首创育成抗脓病系列蚕品种华康1号、华康2号和野三元等，通过省级审定。桑树规模化插育苗技术创新与应用，2015年获得云南省技术发明三等奖。

（二十一）农业部农产品质量安全生物性危害因子（植物源）控制重点实验室（试运行）

依托中国农业科学院植物保护研究所建设，主要开展生物性危害因子的识别、检测及监测，建立农产品病原微生物、跨界微生物、植物病虫害及其残余物等快速检测方法，研究其消长、迁移、转化规律等，明确关键控制点，构建监测预警技术体系，为监管提供技术支撑；生物性危害因子的污染评价与毒理，研究生物危害因子对农产品品质和功能的影响，建立多参数累积暴露评价模型；生物性危害因子的防控与消减，开展生物性危害因子及其残余物源头控制、过程阻断和末端消减技术等研究，建立农产品产后收储运全程生物性危害因子无害化控制技术体系。

1. 条件团队

实验室现有办公室及实验室2 200m^2，仪器230余台（套），价值2 860余万元。实验室由35名固定人员及若干科研辅助人员组成，固定人员中有高级职称人员28人，其中，全国农业科研杰出人才1名。

2. 工作成绩

"十二五"期间，在平台研究条件和人才团队的支撑下，实验室取得国家和省部级成果奖励7项，其中，国家科技进步二等奖2项，中华农业科技进步奖一等奖1项、二等奖1项，中国植物保护学会科学技术奖一等奖1项，甘肃和北京市科技奖二等奖2项；制定86项国家标准并颁布实施；授权发明专利18项，发表论文176篇（其中SCI收录124篇），出版专著10部。

3. 创新亮点

系统分析总结国内外农药发展历程特点，指出"高效、低毒、低残留"农药概念已不能满足现代社会发展需求，率先提出高效低风险是未来农药发展方向的理念，并创建了以有效成分、剂型设计、施用技术及风险管理为核心的农药高效低风险技术体系，将风险控制贯穿农药研发、加工、应用及管理全过程，为农药科学发展提供了新思路。获得2015年度中华农业科技奖一等奖、2016年度国家科技科技进步二等奖。

（二十二）农业部蔬菜质量安全控制重点实验室（试运行）

依托中国农业科学院蔬菜花卉研究所建设，实验室主要从事菜田重金属、硝酸盐等污染物控制技术研究，菜田及蔬菜产品农药残留控制技术及限量标准研究，致病微生物污染防控技术研发，蔬菜产品质量安全风险评估与监测关键技术研发，蔬菜品质与营养功能评价研究等5个方向的研究工作。

1. 条件团队

实验室占地面积2 400m^2，主要配备包括液相色谱串联质谱仪、气相色谱串联质谱仪、高压液相色谱仪等仪器设备60余台（套）。实验室现有固定人员32名，其中高级职称21人，国家杰出青年基金获得者1名，科技部首批"中青年科技创新领军人才"1名，"新世纪百千万人才工程"国家级人选1名。

2. 工作成绩

"十二五"以来，在平台资源条件和人才团队的支撑下，实验室获得国家科技进步二等奖1项，省部级奖励2项，获国家发明专利6项，编写学术专著9部。在国际国内核心期刊共发表研究论文511篇，其中SCI收录73篇。

（二十三）农业部农膜污染防控重点实验室（试运行）

依托中国农业科学院农业环境与可持续发展研究所建设，围绕我国农业对农膜依赖性不断加大，农膜残留污染形势日趋严峻的问题，重点开展农膜残留监测预警体系构建、农膜残留污染防控政策法规和标准规范制定、农膜残留污染危害和次生危害以及地膜覆盖适宜性评价技术和污染防控方案研究，开展农膜残留污染防控关键技术产品研发与试验示范。

1. 研究条件

实验室现有仪器设备主要有智能电子拉力试验机、测厚仪、薄膜摆锤冲击试验机、透光率仪、小型吹膜机、土壤蒸渗仪、土壤紧实度测定仪、地膜老化试验仪等。现有实验室面积约为150m^2，在新疆石河子、北京顺义、湖北恩施等地拥有生物降解地膜评价相关野外试验田。

2. 工作成绩

"十二五"以来，在平台一流研究条件的支撑下，实验室获得13项奖励，其中，国家科技进步二等奖2项，技术发明二等奖1项；省（部）级奖励10项。获得专利30件，制定标准6个（国标1件，行标2件，地标3件）。发表论文100多篇，出版专著2部。近十年来，对全国主要覆膜区域进行了大规模调研，行程近10万km，获得地膜应用和残留量调查点1 000多个，积累各类数据20多万条。

3. 创新亮点

通过与国内相关研究单位和企业的合作，在地膜残留污染防控方面取得了较好的成绩，首次探明了地膜残留污染特点及空间分异特征，揭示了其危害和机理，覆膜年限、方式和投入量、经营规模及回收措施是影响地膜残留量的主要因素，残膜阻碍土壤水肥运移及作物生长，严重污染可导致作物大幅减产。针对这一问题，实验室研发出3种不同基材的新型可降解地膜35种，增温保墒性能与国外同类产品一致，而成本降低50%以上。

（二十四）农业部休闲农业重点实验室（试运行）

依托中国农业科学院农业环境与可持续发展研究所建设，主要开展休闲农业与现代农业结合的理论与模式探索，探索适宜于中国休闲农业发展的优化模式与技术体系；研发全产业链可推广、可复制的休闲农业模式，研究休闲农业的规划设计、功能体现、产品开发、运营及维护；拓宽休闲农业功能体现形式及研发配套的装备产品，探索休闲农业形态和产业功能，并结合先进的物联网技术以及自动化技术，提升休闲农业软实力。

1. 研究条件

实验室拥有面积2 200m^2；拥有休闲农业示范基地19 980m^2，配备文洛型玻璃温室、热泵增温、湿帘风机降温、LED补光系统等装备，拥有顺义示范基地1 130亩，试验温室25 000m^2；拥有50万元以上的仪器设备20台（套）。

2. 工作成绩

"十二五"期间，实验室在平台、基地研究条件的支撑下，获各种科技奖励7项，发表论文135篇，出版著作2部，获发明专利10项。

3. 创新亮点

实验室在国内率先进行了植物LED光源的生物学机理和优化参数的研究，开发出系列化LED植物光源产品，为国内外节能光源LED农业应用以及设施园艺节能高效生产做出了重要贡献，成果获得2011年度中国农业科学院科学技术成果二等奖和2013年中华农业科技成果二等奖。实验室率先在智能植物工厂的关键技术研发上取得重要突破，使我国成为世界上少数掌握植物工厂高技术的国家，成果"智能植物工厂能效提升与营养品质调控关键技术"获得2015年度中国农业科学院科学技术成果杰出科技创新奖、2016年度北京市技术发明二等奖。实验室在国际上率先进行了都市型设施园艺领域的多项原始创新，拓展了设施农业栽培理论与技术途径，成果"设施蔬菜工厂化生产关键技术研究与示范推广"获得全国农牧渔业丰收奖。

（二十五）农业部牧草种质资源与育种重点实验室（试运行）

依托中国农业科学院北京畜牧兽医研究所建设。主要开展牧草种质资源的收集评价及优异种质的挖掘和创新，包括牧草种质资源的收集引进、系统的植物学评价鉴定，牧草资源的更新繁殖和入库保存，已有资源的维护与更新，牧草遗传基础及新品种培育。

1. 条件团队

实验室目前拥有中国农业科学院牧草遗传改良与利用重点实验室和中国农业科学院鄂托克旗牧草资源与育种野外科学观测试验站两个实验和育种平台，科研基础条件良好。现有实验室面积2 100m^2，种质资源保存库1个，拥有新型全自动生化分析仪、高效液相色谱仪、等离子体、气质联用仪、近红外扫描仪等先进仪器设备，总价值约2 200万元。鄂托克旗牧草资源与育种野外台站，占地面积1 000多亩，各类建筑约4 000m^2，具有良好的硬件基础设施，可进行野外长期定位观测与试验研究。廊坊草业科学试验基地拥有试验田100亩、温室约

400m²,可满足温室和田间试验的各类试验条件。本实验室现有在职人员24人,包括高级职称人员14人。其中,豆科牧草育种团队入选2015年农业部农业科研杰出创新团队。

2. 工作成绩

实验室长期负责全国牧草资源国外引种和华北地区收集工作,收集引进种质资源20 000余份,占全国入库和收集引进总量的30%以上,抗逆评价鉴定2 000余份。本学科成功培育出耐盐高产"中苜"系列苜蓿品种6个、苜蓿地方品种2个、"中豌"系列豌豆品种9个、沙打旺品种2个等共计28个审定牧草、草坪、饲用灌木新品种,占全国牧草品种登记总数的6%。中苜系列品种在全国9省区大面积推广种植累计面积达2 000余万亩,是推广面积最大的国产苜蓿品种。"十二五"以来,获农牧渔业丰收奖二等奖等省部级奖励4项,授权专利20项,其中发明专利7项,发表学术论文106篇,其中SCI收录32篇,出版专著6部,软件著作权16个,发布行业标准5项。牧草种质资源与遗传育种领域的研究水平居全国领先地位,部分成果达国际先进水平。

(二十六)农业部奶及奶制品质量安全控制重点实验室(试运行)

依托北京畜牧兽医研究所建设,研究方向为奶产品检测技术研究、风险评估研究和生产过程控制。研究内容主要包括奶及奶制品中风险因子检验检测与标准研究,奶及奶制品营养功能评价研究,奶及奶制品质量安全风险评估与预警研究,奶及奶制品质量安全生产过程控制研究。

1. 条件团队

现有实验室面积为3 300m²,设施设备总值2 996万元。目前实验室现有固定人员31名,其中高级职称16名。

2. 工作成绩

"十二五"期间,在平台、人才、项目的支撑下,实验室发表SCI论文44篇;获得国家发明专利5项;获得国家科技进步二等奖1项,河北省科技进步奖一等奖1项;完成行业标准5项(颁布2项),完成专著两部。研究室从2013年至今共对全国3 621家奶畜养殖场的141项因子进行系统评估,2016年年初正式出版了我国首部《中国奶产品质量安全研究报告（2015年）》。

依托中国农业科学院蜜蜂研究所建设，实验室重点开展蜂产品标准与检验检测，蜂产品危害因子污染机理，蜂产品质量安全过程控制，蜂产品营养功能评价为主要研究方向，努力解决学科发展中的难点和热点问题，重点加快发展以高效分析与评价关键技术、生产源头与过程控制技术、质量安全溯源技术等为基础的蜂产品质量安全研究体系，提高蜂业综合质量水平，增强蜂产品市场竞争力，保障我国蜂业可持续发展过程中的"食物安全"和"生态安全"。

（二十七）农业部蜂产品质量安全控制重点实验室（试运行）

1. 条件团队

实验室现有建筑面积2 020m^2，固定资产3 263余万元，配备国内外先进水平的液相色谱四级杆静电场轨道肼高分辨质谱仪、液相色谱飞行时间质谱仪、同位素质谱仪、液相色谱串联质谱联用仪、气相色谱串联质谱联用仪、气相色谱质谱联用仪、电感耦合等离子体质谱仪、液相色谱仪、气相色谱仪、离子色谱仪、原子吸收分光光度计、微波消解仪、原子荧光分光光度计、凝胶色谱仪等大型仪器设备148台（套）。实验室现有研究人员32名，其中高级职称人员15名。

2. 工作成绩

"十二五"期间，在平台研究条件和人才队伍的支撑下，实验室先后获得省部级奖4项，其中"蜂王浆优质高效生产和质量安全评价技术及其应用"获得2014—2015年度中华农业科技奖一等奖（KJ2015-D1-016-01），"融合检测技术的蜂产品质量安全控制系统研究与应用"获得北京市科学技术奖二等奖（2015农-2-004）；获得授权发明专利22项；发表论文69篇，其中SCI/EI论文48篇；发表中文专著12部。

主持和参与制定近30项国家标准和农业行业标准，其中已结题的10项包括"蜂蜜中氟胺氰菊酯残留量的测定气相色谱法""蜂蜜中氟氯苯氰菊酯残留量的测定气相色谱法""蜂蜜中双甲脒残留量的测定气相色谱—质谱法""蜂蜜中氯霉素残留量的测定气相色谱—质谱法（负化学源）""无公害食品蜂蜜""无公害食品蜂王浆与蜂王浆冻干粉""蜂蜡中石蜡的测定气相色谱—质谱法""蜂产品中葡萄糖、果糖、蔗糖和麦芽糖的测定""蜂蜜中脯氨酸的测定""蜂蜡中二十八烷醇和三十烷醇的测定"。正在执行的10项包括"蜂毒中蜂毒肽的测定液相色谱—串联质谱法""蜂产品中氯霉素、甲砜霉素，氟苯尼考和氟苯尼考胺残留量的测定液相色谱—串联质谱法""蜂产品中硝基咪唑类药物残留测定液相色谱—串联质谱法""蜂产品中磺胺类药物残留测定液相色谱—串联质谱法""蜂产品中氨基糖苷类药物残留测定液相色谱—串联质谱法""蜂产品中四环素类药物残留测定液相色谱—串联质谱法""蜂产品中蝇毒磷残留测定 气相色谱法""蜂产品中拟除虫菊酯类药物多残留的测定 气相色谱—串联质谱法""蜂产品中酞丁胺的测定 液相色谱—串联质谱法""蜂蜜中升华硫残留检测——高效液相色谱法"。承担了国内市场实施质量和安全监控的检测工作，为科研工作和行业贸易提供了大量的检测数据，并为各地检测机构和企业培养了大批检测人员。

（二十八）农业部农产品质量安全收贮运管控重点实验室（试运行）

依托中国农业科学院农产品加工研究所建设，实验室以农产品收贮运过程管控为重点，涉及收贮运危害因子消减防控机理和收贮运过程管控两个领域，涵盖收贮运危害因子识别与消减技术、收贮运过程管控技术、收贮运危害因子监测与预警和收贮运营养品质评价与保持四个研究方向。

1. 条件团队

目前实验室面积超过2 400m^2，配备先进的仪器设备173台（套）。实验室现有固定人员31名，其中科研人员29人。

2. 工作成绩

"十二五"期间，在平台先进研究条件和一流人才团队的支撑下，实验室在农产品收贮运环节真菌毒素防控、防腐保鲜添加剂管控、农产品营养品质调控与保持等方面取得了突破性研究进展。在真菌毒素防控方面，开展了主要粮油产品贮藏过程中真菌毒素形成机理及防控基础研究。在农产品收贮运防腐保鲜添加剂管控方面自2012年起牵头全国20余家单位组建了300余人的农产品收贮运风险评估队伍，构建了国家收贮运防腐保鲜添加剂数据库和筛查系统，初步摸清了农产品收贮运环节防腐保鲜添加剂风险情况，针对10余种典型防腐保鲜剂开展了专题评估，为政府标准制定和应急处置、产业生产、消费引导提供标准制修订建议、产业过程管控指南、技术专利、科普解读等成果60余项。在农产品质量安全溯源技术方面，研究了农产品收贮运环节追溯技术体系，开发了基于近红外光谱、稳定性同位素、矿物元素指纹的农产品产地鉴别技术，搭建了集农产品电子标签溯源模块、农产品产地溯源模块、污染源解析模块的食品溯源研究平台，"食品溯源关键技术研究与示范"获得中国食品科学技术学会科技进步一等奖。

在理论与技术研究突破的基础上，"十二五"以来形成了一系列重大成果，获得省部级奖励5项；发表论文200余篇，其中SCI/EI收录125篇；出版专著6篇；授权发明专利41项，转化成果40余项。有力推动了学科创新发展，为政府监管提供了强有力的支撑，为产业提质增效注入了新的动力。

（二十九）农业部农业转基因生物安全评价（分子）重点实验室（试运行）

依托中国农业科学院生物技术研究所建设，针对农业转基因生物安全管理中的关键科学问题，开展农业转基因生物风险识别与预警技术体系、农业转基因生物的安全评价与检测体系和农业转基因生物技术培训与风险交流平台建设三方面的研究。

1. 条件团队

重点实验室建有全自动高通量植物3D成像表型组学研究平台、代谢组学分析平台及高性能计算等研究平台，包括激光分子成像系统、荧光生物显微镜、激光共聚焦显微镜等仪器设备。重点实验室总面积为2 500m^2，配套温室1 100m^2，并在海南乐东建有经农业部认证的、符合国家标准的转基因试验基地。依托单位重点实验室拥有固定人员37名，其中高级职称27名。

2. 工作成绩

"十二五"期间，在平台优势特色研究条件的支撑下，实验室共发表论文

70篇，其中SCI论文29篇；发布国家标准10余项；获得授权专利21项；编写专著2部，参与编著5部；获得软件著作权1个；编写《生物样品含量分析数据收集软件》1个。

3. 创新亮点

"十二五"期间，实验室在三个方面取得了突出成效：一是综合分析了药用工业用转基因植物潜在安全性问题，依据获得的药用工业用转基因生物环境安全性的科学数据，参考国际新性状转基因植物安全评价及监管经验，提出了药用工业用转基因植物安全评价关键指标的建议；二是以G2-aroA基因为目标基因，在水稻上建立了基因拆分技术限控转基因漂流的技术体系，为培育安全转基因杂交水稻提供了新方法；三是以多年、多点、多对供受体的田间试验数据为基础，建立了水稻基因漂流普适模型，利用我国南方稻区17个省市1 270个气象台站30年的水稻开花期气象数据，绘制了南方稻区17省的水稻基因漂流最大距离图谱。

（三十）农业部草地资源监测评价与创新利用重点实验室（试运行）

依托中国农业科学院农业资源与农业区划研究所建设，主要研究方向为草地资源信息获取技术体系研究、草地资源动态监测研究与应用、草地资源定量评价研究、草地资源创新利用研究。

1. 条件团队

实验室现有科研实验楼及附属生活设施1 589m^2，拥有各类观测仪器、设备和大型农机具417台（套）；拥有永久科研用地3 200亩、50年以上租期的观测样地3 500亩。现有固定人员29名，其中，正高级职称11名，副高级职称13名。

2. 工作成绩

"十二五"以来，在平台研究条件的支撑下，实验室共发表论文369篇，其中SCI/EI论文96篇，中文核心期刊273篇；出版著作17部；获专利30项，其中发明专利10项；获得软件著作权41项；获得省部级以上奖项5项。

（三十一）农业部农业大数据重点实验室（试运行）

依托中国农业科学院农业信息研究所建设，实验室集中在农业大数据治理、农业大数据组织、农业大数据挖掘分析、农业大数据应用等4个主要技术方向开展深入研究，建立并完善农业大数据学科体系。

1. 研究条件

实验室先后建立了国家农业科学数据共享中心，承担了农业部长期性基础性监测数据总中心、农业部海外农业数据中心、农业部农业走出去公共信息服务平台、农业部农技推广云平台、国家农业科技成果转化交易服务平台、国家种业科技成果交易服务平台等建设任务。

2. 工作成绩

"十二五"期间，在平台研究条件的支撑下，实验室共获得省部级科技成果奖励5项，其中，"面向农业科技创新的信息服务关键技术与集成应用"项目获2013年中华农业科技奖三等奖和中国农业科学院科技成果二等奖，"农业科技信息智能服务关键技术创新与应用"获北京市科技进步三等奖；申请发明和实用新型专利26项，软件著作权122项，发表学术论文361篇，其中，SCI/EI论文24篇，出版专著23部。

3. 创新亮点

实验室初步构建了果园数字化管理平台，首创了国家级基层农技推广服务云平台及门户，提出了作物—环境互作系统模拟与智能控制方法，构建了面向科技创新与决策的多维知识服务体系等。

（三十二）农业部节水灌溉工程重点实验室（试运行）

农业部节水灌溉工程重点实验室依托中国农业科学院农田灌溉研究所建设，主要研究田间灌溉工程模式，开展节水灌溉工程管理与评价，为农业控水和田间灌溉工程管理提供决策支持。

1. 研究条件

实验室总面积3 663m^2，共有仪器设备1 750台（套）、总价值2 729万元。

已建成灌溉水力学实验室、节水灌溉设备研发中心，包括喷灌试验场、喷微灌实验大厅、水处理实验室等基础设施。拥有微灌自动检测系统、喷头检测系统、落锤冲击试验机、过滤反冲洗控制等设施，可从事灌溉设备和工程设施的水力学性能测试；拥有立式加工中心、数控车床、电加工设备、雕刻机、数字测绘仪、注塑机、管材生产线等设备，可进行灌溉设备模具加工、注塑、滴灌管加工与中试生产。在新乡七里营建有综合试验地面积180亩，重点进行节水灌溉工程技术源头创新的"延伸"和重大技术的"集成"，同时是中国农业科学院在黄淮海区域布局和重点建设的大型综合试验基地，密切联系产学研，服务黄淮海区"三农"发展。

2. 工作成绩

"十二五"期间，在平台研究条件的支撑下，实验室共获得国家科技进步奖、河南省科技进步奖、大禹水利科技进步奖等14项奖励，其中7项奖励为第一完成单位。获批发明专利13项、实用新型专利39项、软件著作权7项；出版专著8部，发表论文85篇。

（三十三）农业部油料加工重点实验室（试运行）

依托中国农业科学院油料作物研究所建设，主要研究方向：通过原料学分析建立油料加工品质特性和油料组分基础数据库，建立油料加工适宜性评价方法；研究油料高效预处理技术、智能化油料压榨与调控技术、油脂绿色适度精炼技术及其机械装备、加工助剂；建立先进的高通量、高精度脂质组解析技术和平台，构建脂质靶向修饰改性技术，研究脂质等功能成分发挥营养健康作用的构效、量效和组效关系，研发新型营养健康产品；开展特异微生物资源发掘和油料基高值化生物转化等研究，开发生物菌剂、酶制剂和益生产品。

1. 条件团队

目前拥有科研实验室2 500m²，油料油脂加工中试车间1 880m²；构建了可同时不同动物模型的清洁级动物房、动物实验解剖平台和生理生化分析平台。现有脂质剖析、营养与分子作用机制评价、油料特性化加工等实验仪器和小试、中试设备共200余台（套），仪器设备原值约3 705万元。实验室所在团队入选了科技部油料化学与功能脂质创新团队、农业部农业科研杰出人才及其创新团队和中华农业科技奖优秀创新团队。实验室现有固定人员38名，高级职称17名，国家级"百千万人才"1名。

2. 工作成绩

"十二五"以来，在平台优势特色研究条件的支撑下，实验室获得国家科技进步奖1项、省部级一等奖7项；授权国家专利45件。发表SCI收录论文98篇，主编或参与出版专著6部。在项目支持和平台支撑下，研究建立了油菜籽（油料）脱皮低温压榨优质油脂和饼粕制取新型技术，创制出了具有自主知识产权的油料低残油低温制油关键设备；研制了对食用植物油具有广适性的固体脱磷剂和固体脱酸剂，结合油脂酶法脱胶技术，实现了油脂低温清洁物理精炼技术；建立了甘油三酯异构体高效、高选择性分离和鉴定脂质剖析技术；采用脂质修饰改性技术开发出了植物甾醇酯、黄酮酯等新型脂质功能因子；开发出了具有显著降血脂、缓解视疲劳作用的中油牌康欣宁软胶囊和中油牌爱星软胶囊保健食品。

（三十四）农业部茶叶质量安全控制重点实验室（试运行）

依托中国农业科学院茶叶研究所，实验室重点围绕三个领域开展工作：一是在危害物污染机理领域研究农药残留行为与降解规律；二是在种养殖过程管控领域开展茶叶产品种植过程管控研究；三是在农产品质量安全分析理论和方法领域，进行新材料新技术分离分析机理研究、茶叶标志物及危害物快速识别与筛查、高通量多目标同步分析和未知物筛查与真伪识别。

1. 条件团队

实验室现有面积约2 520m^2，仪器设备200多台（套），总价值2 768万元。依托单位在浙江杭州、浙江淳安、浙江嵊州、云南德宏建有试验基地4个，总面积2 000亩，为开展茶园定点监测、田间试验和产品加工试验提供有力保障。重点实验室现有固定人员34名，其中，研究员7名，副研究员14名。

2. 工作成绩

近年来，依托平台优势特色研究条件和人才团队，实验室在农药残留、检测技术、茶叶标准制修订、风险评估等研究领域取得了丰硕的成果，处于全国领先地位。开展了60多种农药在茶园的残留试验，取得了农残的动态数据；探明了铅、氟、稀土、铝在茶叶中的累积规律，提出撤销稀土限量的建议；开展了农药风险评估，向国际组织提交了《硫丹在茶叶中的最大残留限量修订—风险评估报告》《氯氰菊酯在茶叶中的最大残留限量修订—风险评估报告》。开展了我国茶叶和饮用植物质量安全风险评估，掌握了我国茶叶质量安全数据，应对了"茶叶稀土超标"，绿色和平组织"2012年茶叶农药残留报告"等茶叶质量安全事件，为茶产业和茶叶消费提供了重要支撑。近五年来获得国家发明专利6项，制订国际标准2项、国家标准1项、行业标准24项，发表论文126篇，其中SCI/EI收录论文59篇。

（三十五）农业部兽用化学药物及制剂学重点实验室（试运行）

依托中国农业科学院上海兽医研究所建设，组织和开展兽用化学药物及制剂学的应用基础研究和应用研究，解决兽用化学药物及制剂学的共性和关键性问题，包括新兽药筛选、原料药物及制剂的制备工艺、质量标准、安全性研究、药物作用机理等研究。在高效、低毒，环境友好兽用化学药物及制剂学领域探索新理论、新产品和新制剂。

1. 条件团队

实验室现拥有实验面积800余平方米，仪器设备总值1 000多万元，包括：各类反应釜、冷阱、差示热扫描仪、化学反应器、高效液相（HPLC）、超高效液相（UPLC）、液相色谱—质谱联用仪（LC-MS）、飞行时间质谱分析仪、制备液相、氮吹仪、往复式循环溶出仪、傅里叶变换红外光谱仪等用于药学、兽医学研究的仪器设备。实验室现有研究员6名，副研究员7名。

2. 工作成绩

"十二五"期间，在平台先进研究条件的支撑下，实验室研发了抗球虫一类新兽药"沙咪株利"，抗绦虫、血吸虫高效制剂"高浓度吡喹酮注射剂"，抗感染新兽药"硫酸头孢喹肟干混悬注射剂"等新兽药5个，其中，已经获得国家二类新兽药证书2项，获国家发明专利5项，发表论文50余篇。

（三十六）农业部草地与农业生态遥感重点实验室（试运行）

依托中国农业科学院草原研究所建设，重点实验室研究任务主要有：以草原重大非生物灾害为研究目标，以长时间序列的气象和遥感数据、社会统计数据及灾害案例实地考察等综合手段进行草原雪灾、旱灾、火灾监测和灾情评估等研究，为全面提高我国非生物灾害应急管理水平提供支撑；以草原变化为研究目标，采用定位监测、路线考察、遥感监测等方法，从草原景观变迁、物种多样性变化、牧草产量变化、群落演替及水热动态等不同层面进行研究，揭示草原在自然和人为因素作用下的变化及其及驱动机制。

1. 研究条件

依托单位为实验室提供了良好的平台支撑。在温性典型草原、荒漠草原、沙地草原、高寒草甸及农牧交错区拥有完善的野外试验平台网络，拥有农业遥感应用中心呼和浩特分中心，建立了北方五大牧区（内蒙古自治区、新疆维吾尔自治区、西藏自治区、四川、青海）植被长势遥感监测系统，并先后在内蒙古中、东、西部分别建立了农作物野外监测样地，同时建立了卫星遥感地面接收站，配备了先进的遥感图像处理软硬件系统、大型彩色喷墨绘图仪、大幅面扫描仪等一系列设备、野外调查专用车辆、多台图形工作站、视屏系统、图像输入/输出等设备，并配备多套差分GPS。

2. 工作成绩

"十二五"期间，在平台优势特色研究条件的支撑下，实验室成员在国内外期刊上发表相关学术论文200余篇，出版著作30余部，获得国家级、省部级科技成果奖励10余项，提出近10项集约化技术、20项轻简化技术，制定了相关标准和规程多项，研发了草原非生物灾害监测预警系统（平台）2套。

（三十七）农业部草地生态与修复治理重点实验室（试运行）

依托中国农业科学院草原研究所建设，主要从土壤、植物、微生物等多维度研发不同生态类型区草地退化机理与诊断技术，草地生态—生产功能高效稳定维持机理及生态系统精准优化调控技术，开展天然草原关键植物种生态生产功能特性及开发利用研究以及退化草地修复治理的技术集成与模式示范。

1. 工作成绩

"十二五"以来,在农业部重点实验室研究平台的支撑下,相关研究团队获得省部级科技成果奖1项;专利40余项,其中发明专利5项;计算机软件著作权10余项;发表论文300多篇,其中SCI论文50余篇,在《PNAS》等顶尖学术期刊发表一批原创性成果;出版著作30部。

2. 创新亮点

组织了全国首次以草原生产力为对象的从基础到应用的一体化联网研究,开展了我国首个乡土草——羊草全基因组测序、覆盖欧亚草原的种质资源搜集和同质保存、分子谱系地理学、系统进化等的研究。

(三十八)农业部经济动物疫病重点实验室(试运行)

依托中国农业科学院特产研究所建设,主要研究方向为经济动物疫病病原生态学与流行病学、经济动物疫病病原感染机制和免疫机理、经济动物新型疫苗和诊断技术创制以及经济动物人畜共患病与公共安全评估等。

1. 研究条件

目前拥有实验室面积2 500m^2(其中生物安全二级实验室面积200m^2),另外拥有1 100m^{2}的实验动物中心(有200m^{2}的强毒负压区)。主要仪器设备有120余台(套),总价值3 300余万元。

2. 工作成绩

"十二五"以来,实验室获得国家、省部和中国农业科学院科技成果奖励13项,获得国家新兽药证书5项(其中二类新兽药3种,三类2种),获得授权专利8项。发表研究论文165篇,其中SCI论文47篇。

3. 创新亮点

实验室在毛皮动物生物制品研究和开发方面取得了突破。成功研制了水貂犬瘟热活疫苗和水貂绿脓杆菌出血性肺炎灭活二价疫苗,并于2012年和2016年成功获得新兽药注册证书。建立了犬瘟热病毒毛皮致病动物模型用于犬瘟热疫苗和抗病毒药物评价;研制了毛皮动物犬瘟热病毒、细小病毒和阿留申病毒的系列快速诊断技术和多种抗病毒生物制剂。

（三十九）农业部农产品质量安全环境因子控制重点实验室（试运行）

依托农业部环境保护科研监测所建设，主要开展环境因子筛查与精确定性、定量技术研究，环境危害因子对农产品质量安全危害机理及消长规律研究，环境因子危害农产品质量安全风险评估及预警技术研究，环境因子功能调控技术研究。

1. 研究条件

重点实验室现拥有农业部环境监测总站、农业部（中国农业科学院）农产品质量安全环境因子风险评估实验室（天津）等省（部）级平台3个，建有云南大理、湖南湘潭、河北藁城、沽源等试验基地。拥有农产品质量安全影响环境因子检测及农产品营养功能分析仪器设备40余台（套），价值2 200万元。拥有多款数据挖掘及环境危害因子风险评估软件。

2. 工作成绩

"十二五"以来，在平台优势特色研究条件的支撑下，实验室在农产品质量安全环境因子控制方面取得了一系列突破。

（1）环境危害因子筛查检测　研发了千余种农药、多种典型有机污染物快速甄别锁定技术。研究开发了土壤重金属非消解快速检测技术与设备。研发了重金属形态及价态提取及检测技术设备。开发成功了500余种农药标准品。研究成果申请专利20余项，国家及行业标准30余项，发表SCI论文15篇，中文核心31篇。

（2）环境因子迁转规律机制研究　研究明确了20余种高毒农药及全氟化合物的迁移规律。开发了重金属在土壤—稻米系统的混合多元回归模型，提出了8种蔬菜不同产地安全阈值。开发了土壤重金属离子态、络合态浓度及络合态解离系数计算模型。研究明确了新型材料石墨烯的环境毒理学效应。发表SCI论文48篇，中文核心51篇。

（3）环境因子危害农产品质量风险评估及预警　组织承担了全国农业环境污染普查、调查任务20余项，构建了全国农产品产地环境质量数据库及农业环境污染源数据库，形成了完善的农产品产地环境质量评估及风险预警方法体系，明确了我国南方11省稻米高风险分布区域，开发了数据采集、评估、预警等信息系统20余套及专家决策支撑平台。申请软件著作权30余项，开发平台系统5个，发表SCI论文7篇，中文核心16篇，为主管部门提供政策参考建议50余次，获得省部级三等奖2次。

（4）环境因子调控研究方法　研究开发了10余种土壤重金属钝化修复材料及工艺。承担了农药及化肥减施生态效能评估国家重大专项，研发提出了效能评估指标体系及评估方案。研究成果申请专利20余项，获得授权11项，发表SCI论文43篇、中文核心40篇。获得省部级三等奖2项。

（四十）农业部农业基因数据分析重点实验室（试运行）

依托中国农业科学院农业基因组研究所建立，研究方向主要有：农业基因大数据存储、计算和集成应用，农业生物基因组分析的基础理论和方法，全基因组设计育种；农业宏基因组学。

1. 条件团队

实验室拥有10 000m^{2}的科研用房，1 300多亩高标准科研试验田。设备总值3 000万元，建成三大平台一个基地：生物大数据云计算平台、基因测序平台、分子生物学实验平台以及综合试验基地。大数据云计算平台能进行农业生物数据存储、加工、比较、挖掘与开发。计算峰值达50万亿次，储存容量2.5PB，计算能力50TFlops，收集了主要农业生物基因组数据；基因测序平台包含Illumina的Miseq、Hiseq2500和Hiseq3000等测序仪器，测序量每周达2.5T的数据。目前，实验室固定人员有17人。包括国家杰出青年基金获得者3人、国家万人计划入选者3人。

2. 工作成绩

"十二五"期间，在平台一流资源条件的支撑下，实验室在《Cell》《Science》《Nature Genetics》等期刊累计发表论文70余篇；申请专利9项，授权专利1项；培育水稻品种或组合2个通过审定考察；鉴定两系不育系1个。

3. 创新亮点

（1）水稻基因组学　熊国胜、樊伟研究员的成果入选科技部"2014年度中国科学十大进展"。钱前研究员2015年在《Cell》上发表有关水稻感知寒冷相关机制的文章，被评为2015年十大最佳论文。黎志康团队完成了3 000份国际水稻资源的重测序，2 000份水稻导入系的SNP基因型、表型鉴定，1 500份水稻核心种质基因组的生物信息分析，为未来设计育种奠定基础。

（2）蔬菜基因组学　2014年，黄三文团队在番茄变异基因组和黄瓜基因组方面取得突破，奠定了我国蔬菜基因组学的国际地位。2016年年初，黄三文研究员在Nature Genetics上发表文章，提议基因编辑技术在作物育种中应用的管理框架。同年，黄三文研究员被中国科协授予"周光召基金基础科学奖"。

三、农业部科学观测试验站

农业部科学观测试验站围绕"学科群"的统筹安排和综合性、专业性（区域性）重点实验室创新需求开展科学观测，获取农业科学原始资料和基础数据，开展科学观测的方法与技术创新、科学数据的观测检测与开发利用；开展综合性、专业性（区域性）重点实验室研发的新品种、新产品和新技术的集成试验研究与本地化示范。目前，依托中国农业科学院共建有19个科学观测试验站（表3-2），为农业科技创新提供原始资料和基础数据的支撑。

表3-2　农业部科学观测试验站名称

序号	试验站名称	依托单位
1	农业部新乡小麦高效育种技术科学观测试验站	中国农业科学院作物科学研究所
2	农业部核辐射农业生物科学观测试验站	中国农业科学院作物科学研究所
3	农业部锡林郭勒草原有害生物科学观测试验站	中国农业科学院植物保护研究所
4	农业部桂林有害生物科学观测试验站	中国农业科学院植物保护研究所
5	农业部廊坊农作物有害生物科学观测试验站	中国农业科学院廊坊科研中试基地
6	农业部蔬菜作物基因资源与种质创制北京科学观测试验站	中国农业科学院蔬菜花卉研究所
7	农业部寿阳农业环境与作物高效用水科学观测试验站	中国农业科学院农业环境与可持续发展研究所
8	农业部兽用药物与兽医生物技术北京科学观测试验站	中国农业科学院北京畜牧兽医研究所
9	农业部华北动物遗传资源与营养科学观测试验站	中国农业科学院北京畜牧兽医研究所
10	农业部祁阳农业环境科学观测试验站	中国农业科学院农业资源与农业区划研究所
11	农业部呼伦贝尔农业环境科学观测试验站	中国农业科学院农业资源与农业区划研究所
12	农业部华北设施栽培与施肥科学观测试验站	中国农业科学院德州盐碱土改良实验室
13	农业部商丘农业环境科学观测试验站	中国农业科学院农田灌溉研究所

（续表）

序号	试验站名称	依托单位
14	农业部作物基因资源与种质创制浙江科学观测试验站	中国水稻研究所
15	农业部作物基因资源与种质创制辽宁科学观测试验站	中国农业科学院果树研究所
16	农业部作物基因资源与种质创制河南科学观测试验站	中国农业科学院郑州果树研究所
17	农业部草原畜牧业装备科学观测试验站	中国农业科学院草原研究所
18	农业部大理农业环境科学观测试验站	农业部环境保护科研监测所
19	农业部西南地区果树科学观测试验站	中国农业科学院柑桔研究所

第三节　地方重点实验室

地方重点实验室是区域性科技创新和学术交流的重要基地，旨在围绕区域内经济、科技、社会发展的迫切需求，以应用基础研究和技术创新为重点，针对学科前沿和经济社会发展的重大科技问题，获取原始创新成果和自主知识产权，培育产业技术源，聚集和培养重点学科领域学术带头人和创新团队，促进科技创新与地域产业发展密切结合。截至目前，全国23个省、5个自治区、4个直辖市均设置了地方重点实验室。

分布在全国不同省、市的院属研究所积极参与区域性科技创新活动，申请建设地方重点实验室。截至目前，中国农业科学院已在北京市、河南省、浙江省、湖北省、河南省、甘肃省、吉林省、深圳、重庆市9个省（市）建立了11个地方重点实验室，涉及的学科领域既包括作物学、园艺学、畜牧科学、兽医学等传统学科，也包括农业基因组学等新兴学科，带动了区域内相关产业的创新发展和产业转型升级。

一、蔬菜有害生物控制与优质栽培北京市重点实验室

依托中国农业科学院蔬菜花卉研究所建设，主要研究内容为蔬菜病虫害的发生致害规律与灾变机制、抗药性检测与抗药性机制、病虫害综合防控技术体系、蔬菜肥水需求规律及合理施肥与高效栽培技术基础、蔬菜抗病虫基因克隆及其功能分析。重点聚焦三个研究方向：蔬菜病虫害绿色防控，蔬菜作物栽培

和高效施肥，蔬菜作物生物技术及污染物检测。

（一）条件团队

实验室占地科研面积2 500m²，配备研究仪器设备101台，总价值1 800万元。目前有专职人员38名，其中副高级职称以上人员占61%。实验室有1人评为北京科技领军人才，1人获得国家杰出青年基金。

（二）工作成绩

"十二五"期间，在平台研究条件支撑下，实验室获得省部级一等奖2项，二等奖4项；制定农业行业标准6项；获得国家发明专利20项；在国内外刊物发表论文70篇，其中国内论文16篇、SCI论文54篇；出版5部专著。

（三）创新亮点

揭示了害虫对Bt杀虫剂抗性分子机制，集成建立了小菜蛾的综合防控技术。集成建立了保护地西花蓟马的综合防控技术，在北京市延庆县广积屯、中屯等建立了示范基地。集成建立了"甘蓝枯萎病综合防治技术体系"，入选为2013年农业部100项主推技术。

二、河南省节水农业重点实验室

依托中国农业科学院农田灌溉研究所和华北水利水电大学建设，设置灌溉理论与新技术、作物需水机理研究、农业水资源配置与高效利用、节水农业农田环境效应四个重点研究方向。

（一）条件团队

实验室有灌溉水力学、作物生理生化、农业水环境共3个实验室；喷微灌试验大厅、作物需水量、地中渗透仪、河南商丘综合试验站4个试验场；节水灌溉设备中试中心及新乡七里营综合试验基地，其中实验室面积2 633m²；试验场面积16 490m²，节水灌溉中试中心面积3 200m²，新乡七里营试验基地面积600余亩。实验室共有仪器设备219台（套）、总价值1 700余万元。实验室现有固定人员40人。

（二）工作成绩

"十二五"以来，在平台资源条件的支撑下，实验室获得奖励13项（国家级2项，省部级11项），发表论文89篇（其中SCI/EI收录26篇），出版专著8部，获得国家发明专利14项。

三、浙江省超级稻研究重点实验室

依托中国水稻研究所建设，重点开展超级稻种质资源评价与创新、育种理论及分子育种基础研究、分子育种应用研究、机械化高产栽培技术与理论等四大研究方向。

（一）条件团队

实验室在中国水稻研究所设立了公共实验平台，共购置了452万元的仪器设备。在全省水稻主产区建立超级稻产量等性状表现测试点6个（龙游、江山、乐清、永康、临安、天台），在全国三大水稻生态区设立农艺性状及抗逆性测试点15个。在全省设立较稳定的新组合示范基地6个，开展高产高效生产集成技术研究。实验室现有科研人员43人，其中副高以上技术职称35人。

（二）工作成绩

"十二五"期间，在平台研究条件和人才队伍支撑下，实验室取得了多项国家级奖励成果，其中国家科技进步特等奖1项（主参）、国家科技进步二等奖1项（主持）、浙江省科技进步一等奖2项（主持），其他省部级以上奖励2项；审定水稻品种7个（其中超级稻品种2个），推广2 600万亩，鉴定成果6项；转化科研成果6项；获得授权专利19项，其中国际专利2项；发表论文102篇，其中SCI论文34篇。

四、油料脂质化学与营养湖北省重点实验室

依托中国农业科学院油料作物研究所建设，主要进行油料脂质化学及其在加工中的变化规律研究及基础数据库构建，并开展微生物油脂化学及代谢组学研究。研究方向有油料脂质化学、脂质制备与分子修饰、脂质营养和功能评价等。

（一）平台团队

实验室目前拥有科研实验面积2 500m^2、油料油脂加工中试车间1 880m^2（其中脂质深加工中试车间1 200m^2、产地加工集成基地实验车间680m^2）；构建了可同时饲养小鼠、大鼠和兔子等不同动物模型的清洁级动物房、动物实验解剖平台和生理生化分析平台。现有脂质剖析、营养与分子作用机制评价、油料特性化加工等实验仪器和小试、中试设备共200余台（套），仪器设备原值约3 705万元。实验室现有固定人员38名，其中，高级职称17名，国家级"百千万人才"1名，农业部有突出贡献专家2名。

（二）工作成绩

"十二五"以来，在平台优势特色研究条件支撑下，实验室获得国家科技进步奖1项、省部级一等奖7项，其中"油料功能脂质高效制备关键技术与产品创制"获得国家科技进步二等奖；授权国家专利45件（其中发明专利35件）。在国内外期刊发表SCI论文98篇，出版专著6部。

五、河南省果树瓜类生物学重点实验室

依托中国农业科学院郑州果树研究所、河南农业大学建设，主要研究方向：果树瓜类种质资源收集保存及评价利用；果树瓜类遗传改良技术与品种选育，探索重要性状遗传规律，结合现代生物育种技术培育新品种；果树瓜类栽培生理与品质控制，开展品质形成与资源高效利用技术研究，建立高效生产技

术体系；果树瓜类抗病虫生物学与防控技术，研究重要病虫害发生及流行规律，构建综合防控技术体系；果树瓜类采后生理与加工技术，开展采后生理与控制技术及特色果品高值化加工技术研究。

（一）平台团队

现有实验室面积1 800m²，试验地面积4 884.77亩。拥有仪器设备847台（套），含50万以上仪器有17台（套），总价5 031.79万元，涉及仪器类型70余种。实验室现有研究人员80余名，其中入选国家"百千万人才工程"1人，农业部有突出贡献中青年专家2人。

（二）工作成绩

"十二五"以来，在平台研究条件和人才队伍支撑下，实验室取得各类科技成果100余项。其中"优质抗病西瓜新品种翠丽的选育及应用""早熟苹果新品种华硕的培育与示范推广""早熟、耐贮、全红型桃新品种春蜜、春美的培育与推广应用"等16项优秀成果获得省部级以上奖励。实验室培育并通过省级以上审定果树和西瓜甜瓜新品种60多个（含国审品种15个）。获得专利授权32项，其中发明专利9项，实用新型专利26项，软件著作权4项；制（修）订标准12项。累计发表科技论文517篇，其中SCI论文29篇，主编《中国果树志—石榴卷》等大型专著4部。

六、甘肃省动物寄生虫病重点实验室

依托中国农业科学院兰州兽医研究所建设，以人兽共患寄生虫病和放牧动物寄生虫病为主要研究对象，通过开展病原生态学与流行病学研究、病原大分子结构与功能研究、综合防治技术研究，为动物寄生虫病的可持续控制提供理论依据、技术支撑和资源平台。

（一）平台团队

目前重点实验室总面积为3 000m²，现有设备296台（套），其中"十二五"

期间新购置设备235台（套），新投资1 564.00万元。依托单位建成了以中心仪器室为核心的公共研究平台。实验室目前从事研究的科技人员约110人。

（二）工作成绩

实验室在"十二五"期间先后获得省部级奖励2项；共发表各类学术论文689篇，其中SCI论文452篇、中文核心期刊237篇；参编著作18部；授权专利46项，其中国家发明专利33项，实用新型专利13项；获得计算机软件著作权7项。

（三）创新亮点

外寄生虫病研究方面，重点进行了各种外寄生虫媒介的收集、鉴定及基因组制备，研究了一些特定蜱虫在我国的分布现状及分类特性；完成了重要蜱虫的线粒体基因组测序并进行了组装；对世界上所有硬蜱、软蜱和纳蜱的有效名进行了整理；分析了不同蜱种保守miRNA的进化特征，并对主要的miRNA及其靶基因的功能进行了研究；研究了中药杀蜱新制剂及真菌杀蜱合剂。寄生虫组学研究方面，首次解码了犬弓首蛔虫、牛带绦虫、亚洲带绦虫等10多个重要寄生虫的全基因组及转录组，进行了胰阔盘吸虫等8个寄生虫转录组学研究，完成了功能注释工作；解析了颚口线虫、片形吸虫等40多种重要寄生虫的线粒体基因组序列。

七、甘肃省新兽药工程重点实验室

依托中国农业科学院兰州畜牧与兽药研究所建设，主要研究方向为研发新产品、探究新药筛选理论技术方法以及研究药物作用机理等。

（一）平台团队

实验室拥有仪器设备300多台（套）。建设了药物研发的仪器平台，拥有开展药物筛选、药物分析、分子生物学、细胞生物学、药剂学、药理学、毒理学的设备150余台（套）。实验室现有固定人员25人，高级职称15人。

（二）工作成绩

"十二五"期间，在平台优势特色研究条件支撑下，实验室共获得各级成果奖励15项，其中，省部级奖励7项，地市级奖励7项。出版论著7部，共计发表论文180篇，其中SCI收录论文51篇。获得国家发明专利授权24项，实用新型专利授权70项。制定国家标准1项。科技成果转让11项，合同经费378万元。

（三）创新亮点

在农牧区动物寄生虫病药物防控技术研究与应用方面取得了重大突破。建立了1种氢溴酸槟榔碱的化学合成工艺和规模化生产技术路线，建立了1种阿维菌素类兽药微乳载药系统和1种青蒿琥酯微乳载药系统，解决了药物的稳定性；研制了伊维菌素、青蒿琥酯、多拉菌素和塞拉菌素等4个抗寄生虫新兽药，获得了国家三类新兽药证书2项，二类国家新兽药2项，建立了产品示范基地和中试生产线，制订了1项"人畜共患包虫病综合防控技术"。成果关键技术在省内外7家兽药企业进行转化和实施，取得直接经济效益5.12亿元。该成果2013年获甘肃省科技进步一等奖。

八、甘肃省牦牛繁育工程重点实验室

依托中国农业科学院兰州畜牧与兽药研究所建设，研究方向主要有牦牛种质资源创新利用、牦牛地方品种选育、牦牛遗传改良关键技术研究、牦牛良种繁育工程建设、牦牛健康养殖技术研发等。

（一）平台团队

实验室拥有研究用房1 500m^2，动物实验用房1 200m^2。配备蛋白质纯化系统、蛋白质组学系统、高分辨溶解曲线分析系统、数控显微操作系统染色体核型分析系统、多色荧光原位杂交仪等大型仪器设备30余台（套）。重点实验室还有青海省大通种牛场、甘肃省玛曲县阿孜畜牧科技示范园区等实验科研基地，开展牦牛选育与改良技术研究，组装集成牦牛繁育技术。重点实验室现有

17人，其中，高级职称10人。

（二）工作成绩

"十二五"期间，在平台研究条件和人才队伍支撑下，实验室获得一系列突破性进展。牦牛选育改良及提质增效关键技术研究与示范获得甘肃省科技进步二等奖，甘南牦牛选育改良及高效牧养技术集成示范获得全国农牧渔业丰收奖二等奖；颁布了2项农业行业标准；授权国家专利63项，其中发明专利8项；出版著作5部；发表论文82篇，其中SCI收录论文28篇。

（三）创新亮点

在牦牛育种方面取得了以下突破与创新：一是创建了牦牛分级繁育技术体系，包括大通牦牛四级繁育技术体系和甘南牦牛三级繁育技术体系。二是优化了牦牛高效繁殖技术体系，建立并完善了牦牛胚胎体外生产和精子体外处理技术体系；基于2-DE和iTRAQ技术揭示了牦牛季节性繁殖规律，优化了牦牛高效繁殖技术体系，实现了牦牛一年一产。三是建立了牦牛分子育种技术体系，完成了大通牦牛、甘南牦牛、无角牦牛、青海高原牦牛线粒体基因组测序工作，成功研发ACTB、GAPDH基因检测试剂盒，制订了无角牦牛育种方案。

九、吉林省中药材种植（养殖）重点实验室

吉林省中药材种植（养殖）重点实验室依托中国农业科学院特产研究所建设，以吉林省主要道地中药材为研究对象，开展应用现代育种、栽培、饲养、防病、治病、加工及生物技术，开发获得现代中药材新品种、新资源、新技术、新产品。

（一）研究条件

吉林省中药材种植（养殖）重点实验室拥有400多平方米的规范实验室，仪器、设备100多台（套）。建有药用植物种质资源中长期库、梅花鹿种质保存场等基地，保存动植物种子资源5 000余份，为新品种选育提供优质种质。实验室

作为吉林省15个药材品种、35个药材GAP基地的技术依托单位，建立了中药材种质资源圃和良种繁育示范区、中药材仿生栽培示范区、新技术新成果推广示范区，面积达450亩。

（二）工作成绩

近年来，在平台优势特色研究条件的支撑下，实验室取得科研成果20余项（其中国家科技进步二等奖1项，省部科技进步一等奖3项），获得发明专利10余项；发表论文220余篇，其中SCI论文30余篇，出版著作16部；制修订了40余个中药材标准和35个北方道地药材生产技术操作规程，制修订的标准，包括国际标准2个、国家标准6个、行业标准4个，地方标准30余个，其中制订的ISO"人参种子种苗国际标准"是中药材第一个国际标准。2011—2015年共选育药用植物新品种11个，其中包括：中农细辛1号、中农洋参1号、福星2号、吉梗1号、吉梗2号等。"中农洋参1号"是经多年引种驯化培育出适合延边地区栽培的西洋参新品种，结束了我国引种中药材无生产品种的历史，使西洋参产量增加20%，推广面积达3.5万亩。人参新品种"福星2号"的皂苷含量、产量、抗锈腐病能力均有显著提高，实现了人参品种的更新换代。

十、深圳农业基因组表型分析与利用重点实验室

依托中国农业科学院深圳农业基因组研究所建设，主要研究方向为收集农业基因数据，扩建高性能计算平台的存储容量，构建农业基因大数据存储库，为国内提供稳定便捷的大数据储存服务。同时开通不小于100M/s的专享网络，提供数据访问服务，建成国内最大的农业基因大数据存储与利用平台，在大数据的生物信息学再挖掘方面实现宏观层面的整合分析，跨物种分析抗逆、抗虫、高产中参与的基因及其网络，为主要农作物（水稻等）分子设计育种提供指导。

（一）工作成绩

重点实验室成立以来，在平台一流研究条件的支撑下，实验室发表高水平

学术论文3篇，分别为基因组编辑方面的Nature Genetics、金丝猴基因组进行全面解析的Nature Genetics和基因组结构变异检测新方法的Nature Methods。"十二五"期间共发表SCI学术论文21篇，累计影响因子为160.99。目前，实验室有在职职工37人，其中，高级职称9名，国家杰出青年科学基金获得者1人，国家"万人计划"入选者1人，全国农业科研杰出人才1人，"百千万人才工程"入选者1人，国家及农业部有突出贡献中青年专家1人。

（二）创新亮点

蔬菜基因组学的突破。黄三文研究员近年来开展了主要蔬菜变异组研究中，已经完成115份黄瓜核心种质、3 600份番茄核心种质的重测序，发掘了几百万个分子标记，绘制了黄瓜和番茄变异组图谱。

水稻种质资源基因组结构变异分析。实验室对来自全球89个国家和地区的3 000份水稻核心种质进行了基因组变异分析，鉴定出近1 890万的水稻单核甘酸多态性（SNPs），基于这些SNP数据的进化分析将栽培稻划分为5个品种群，即籼稻、爪哇稻、香稻、热带粳稻和温带粳稻。为应用生物信息学与遗传学方法大规模的发掘水稻重要性状的优异等位基因奠定基础。

十一、重庆市柑桔学重点实验室

依托中国农业科学院柑橘研究所建设，研究方向有柑橘种质资源学、分子生物学、遗传育种学、栽培学、植物保护学、贮藏加工学、质量安全与标准、柑橘产业经济学和柑橘信息学。

（一）条件团队

目前拥有实验室约5 500m^2，温网室面积达14 628m^2；仪器设备2 000多台（套）；馆藏图书资料2万余册，柑橘类植物标本5 294份，柑橘病虫标本1 100余份。目前实验室有固定人员85人，高级职称51人，拥有国家"百千万人才工程"人选1人，国家"外专千人计划"特聘专家1人，教育部新世纪优秀人才1人。创新团队建设方面，"柑橘主要病虫害持续控制基础研究创新团队"获得教育部长江学者创新团队发展计划资助。

（二）工作成绩

"十二五"以来，实验室获国家科技进步二等奖1项，省部级奖励7项；获得发明专利授权34项，实用新型专利17项；软件著作权5项；制（修）订行业标准12项；审定品种6个；发表论文451篇，其中SCI论文101篇，出版著作12部。

（三）创新亮点

近年来，实验室在理论与技术创新方面取得了重要进展。实验室在国际上率先建立微量快速柑橘病原核酸模板制备技术，国内首次系统建立全套15种病毒类和检疫类病害的分子检测技术体系，建立溃疡病预警系统，支撑我国首个柑橘非疫区建设和指导大规模疫病防控。国际首创茎尖脱毒效果早期评价技术，使无毒化进程由3年缩短为1年。创新地采用了胚根嫁接的方法快速高效获得杂种植株后代，克服了幼苗在培育过程中易感染立枯病的问题，同时该方法使柑橘创新种质的结果时间从以前的5~6年缩短到3年。在国内率先探明柑橘营养失衡机制，系统突破柑橘缺素黄化和冬季落果、枯水的世界级诊疗难题；首次建立我国柑橘全部矿质营养元素的高通量快速检测技术体系；集成创新柑橘营养诊断配方施肥技术，实现瘠薄地柑橘优质高产。首次系统研究和阐明水分代谢参与柑橘生长发育期果实油斑病发生与调控的机制，提出了一套防止油斑病严重发生的有效技术体系。

第四节　中国农业科学院重点开放实验室

为加强农业基础性工作、基础研究、应用基础研究、高技术发展和重大关键技术研究，完善重点实验室体系，培育国家级和部级科技创新平台，支撑学科建设和人才培养，提高自主创新能力与国际竞争力。2007年，中国农业科学院组织开展了重点开放实验室的评估命名工作；通过梳理重点研究方向、组织研究所申报、专家评审、命名等环节，中国农业科学院在种质资源利用与动植物新品种培育、农产品高效生产与质量安全、重大农业生物灾害预防与控制、农业资源高效利用、农业环境监测与生态修复、农业信息技术与数字农业、农业工程技术与智能化装备、农产品加工与现代物流、生物质能源与新材料等学科领域共建设了52个院级重点开放实验室（表3-3）。

表3-3　中国农业科学院重点开放实验室

编号	实验室名称	依托单位
1	中国农业科学院作物种质资源与生物技术重点开放实验室	中国农业科学院作物科学研究所
2	中国农业科学院作物遗传改良与生物技术重点开放实验室	中国农业科学院作物科学研究所
3	中国农业科学院粮棉油料作物生理与栽培重点开放实验室	中国农业科学院作物科学研究所
4	中国农业科学院植物病虫害生物学重点开放实验室	中国农业科学院植物保护研究所
5	中国农业科学院农药化学与应用技术重点开放实验室	中国农业科学院植物保护研究所
6	中国农业科学院生物入侵与生物防治重点开放实验室	中国农业科学院植物保护研究所
7	中国农业科学院杂草鼠害生物学与治理重点开放实验室	中国农业科学院植物保护研究所
8	中国农业科学院园艺作物遗传与生理重点开放实验室	中国农业科学院蔬菜花卉研究所
9	中国农业科学院农业环境与气候变化重点开放实验室	中国农业科学院农业环境与可持续发展研究所
10	中国农业科学院旱作节水农业重点开放实验室	中国农业科学院农业环境与可持续发展研究所
11	中国农业科学院动物营养学重点开放实验室	中国农业科学院北京畜牧兽医研究所
12	中国农业科学院家养动物遗传资源与种质创新重点开放实验室	中国农业科学院北京畜牧兽医研究所
13	中国农业科学院牧草遗传改良与利用重点开放实验室	中国农业科学院北京畜牧兽医研究所
14	中国农业科学院授粉昆虫生物学重点开放实验室	中国农业科学院蜜蜂研究所
15	中国农业科学院饲料生物技术重点开放实验室	中国农业科学院饲料研究所
16	中国农业科学院农产品加工与质量控制重点开放实验室	中国农业科学院农产品加工研究所
17	中国农业科学院农作物分子生物学与生物技术重点开放实验室	中国农业科学院生物技术研究所
18	中国农业科学院国家农业政策分析与决策支持系统重点开放实验室	中国农业科学院农业经济与发展研究所
19	中国农业科学院植物营养与养分循环重点开放实验室	中国农业科学院农业资源与农业区划研究所
20	中国农业科学院资源遥感与数字农业重点开放实验室	中国农业科学院农业资源与农业区划研究所
21	中国农业科学院土壤质量重点开放实验室	中国农业科学院农业资源与农业区划研究所
22	中国农业科学院智能化农业预警技术与系统重点开放实验室	中国农业科学院农业信息研究所
23	中国农业科学院农产品质量与食物安全重点开放实验室	中国农业科学院农业质量标准与检测技术研究所
24	中国农业科学院农业水资源高效安全利用重点开放实验室	中国农业科学院农田灌溉研究所
25	中国农业科学院水稻生物学重点开放实验室	中国水稻研究所
26	中国农业科学院棉花遗传改良重点开放实验室	中国农业科学院棉花研究所
27	中国农业科学院油料作物生物学重点开放实验室	中国农业科学院油料作物研究所

（续表）

编号	实验室名称	依托单位
28	中国农业科学院茎纤维生物质与工程微生物重点开放实验室	中国农业科学院麻类研究所
29	中国农业科学院麻类遗传育种与生物加工重点开放实验室	中国农业科学院麻类研究所
30	中国农业科学院果树种质资源与育种技术重点开放实验室	中国农业科学院果树研究所
31	中国农业科学院果树生长发育与品质控制重点开放实验室	中国农业科学院郑州果树研究所
32	中国农业科学院茶及饮料植物产品加工与质量控制重点开放实验室	中国农业科学院茶叶研究所
33	中国农业科学院兽医生物技术重点开放实验室	中国农业科学院哈尔滨兽医研究所
34	中国农业科学院动物流感重点开放实验室	中国农业科学院哈尔滨兽医研究所
35	中国农业科学院人兽共患病重点开放实验室	中国农业科学院哈尔滨兽医研究所、中国农业科学院兰州兽医研究所
36	中国农业科学院家畜疫病病原生物学重点开放实验室	中国农业科学院兰州兽医研究所
37	中国农业科学院草食动物疫病重点开放实验室	中国农业科学院兰州兽医研究所
38	中国农业科学院新兽药工程重点开放实验室	中国农业科学院兰州畜牧与兽药研究所
39	中国农业科学院动物寄生虫学重点开放实验室	中国农业科学院上海兽医研究所
40	中国农业科学院兽药安全评价与兽药残留研究重点开放实验室	中国农业科学院上海兽医研究所
41	中国农业科学院草地资源生态重点开放实验室	中国农业科学院草原研究所
42	中国农业科学院特种经济动物种质资源遗传改良重点开放实验室	中国农业科学院特产研究所
43	中国农业科学院农业环境与农产品安全重点开放实验室	农业部环境保护科研监测所
44	中国农业科学院能源微生物重点开放实验室	农业部沼气科学研究所
45	中国农业科学院农业机械重点开放实验室	农业部南京农业机械化研究所
46	中国农业科学院烟草遗传改良与生物技术重点开放实验室	中国农业科学院烟草研究所
47	中国农业科学院柑桔重点开放实验室	中国农业科学院柑桔研究所
48	中国农业科学院北方糖料作物资源与利用重点开放实验室	中国农业科学院甜菜研究所
49	中国农业科学院蚕桑遗传改良与生物技术重点开放实验室	中国农业科学院蚕业研究所
50	中国农业科学院草地农业系统学重点开放实验室	中国农业科学院草原生态研究所
51	中国农业科学院家禽遗传资源评价与繁育重点开放实验室	中国农业科学院草原家禽研究所
52	中国农业科学院甘薯遗传改良重点开放实验室	中国农业科学院甘薯研究所

第四章 技术集成熟化平台

技术集成熟化平台旨在提高产业自主创新能力和核心竞争力，加强科技成果向生产力转化的中心环节，缩短成果转化的周期，同时，面向企业规模生产的实际需要，提高现有科技成果的成熟性、配套性和工程化水平，加速企业生产技术改造，促进产品更新换代。技术集成熟化平台主要依托于行业、领域科技实力雄厚的重点科研机构、科技型企业或高等院校建设，是拥有国内一流工程技术研究开发、设计和试验人才队伍，具有较完备的工程技术综合配套试验条件，能够提供多种综合性服务，与相关企业紧密联系，具有自我良性循环发展机制的科研开发实体。

第一节 国家工程实验室（研究中心）

国家工程实验室（研究中心）由发改委批准建设，建设工作始于1992年。目前，已建成和启动建设的国家工程研究中心共有127个，主要涉及机械、生物医药、石油化工、信息和航空、冶金和材料、农林和资源环境等行业领域。国家工程实验室的建设始于2005年，目前，已建成和启动建设的国家工程实验室共125个，初步涵盖了农林、机械制造、生物医药、石油化工、冶金材料、电子信息、交通运输、航空航天等我国主要行业的重点领域，并在相关工程领域发挥了重要的支撑作用。

2008年、2011年，经国家发展改革委批准，中国农业科学院建设作物分子育种、作物细胞育种、棉花转基因育种、耕地培育技术、作物高效用水与抗灾减损5个国家工程实验室。2008年，国家发展改革委批复动物用生物制品、生物饲料开发两个国家工程研究中心。这些工程技术研究平台始终针对行业发展的重大需求和领域中的重大关键性和共性技术问题，持续不断地将具有重要应用前景的科研成果进行系统化、配套化和工程化研究开发，推动了农业领域工程化技术的创新和成果转化。

一、作物分子育种国家工程实验室

分子育种可实现基因的直接选择和有效聚合，大幅度提高育种效率，缩短育种年限，在提高产量、改善品质、增强抗性等方面具有巨大潜力。国家发改委于2008年11月17日批准建设作物分子育种国家工程实验室，建设单位为中国农业科学院作物科学研究所。实验室主要围绕水稻、小麦、玉米、大豆四大粮食作物生产的重大需求，瞄准国际前沿，以培育突破性新品种为目标，以构建高效作物分子育种体系为主要任务，重点突破大规模基因发掘、实用化基因型选择技术和品种设计工程三大核心技术；开发重要性状基因及其实用分子标记，研发标记检测技术，构建高效的分子育种技术体系，开展种质创新，培育高产优质抗逆高效新品种；通过与上游和下游的有机衔接，搭建分子育种与种子产业之间的桥梁，构筑产学研一体化新体系；创建国家分子育种信息库，实现全国共享，大幅度增强我国作物分子育种及产业化创新能力。

（一）条件团队

实验室配备分子育种用各类仪器设备，包括核酸提取系统、分子标记检测系统、蛋白质分离分析系统、荧光定量PCR仪、梯度PCR仪、免疫印记检测系统、温室等。实验室拥有实力雄厚的人才团队，包括中国科学院院士1人、千人计划1人、百千万人才工程1人、农业科研杰出人才4人、产业技术体系首席科学家3人。

（二）工作成绩

"十二五"以来，在优势特色的研发条件和实力雄厚的人才团队支撑下，实验室审定小麦、玉米、大豆等作物新品种56个；发表论文420篇；获得授权专利49项；获得植物新品种权8项；获得国家科技进步一等奖1项，国家科技进步二等奖1项，北京市科技进步一等奖2项，中华农业科技奖科技成果二等奖1项，中华农业科技奖优秀创新团队成果奖1项，国际诱变育种突出贡献奖1项。

（三）创新亮点

实验室育成中单909玉米品种，2011年通过国家审定，2012年通过黑龙江审定，2013年通过内蒙古认定，2016年通过甘肃省认定。2014年获得国家植物新品种权保护。该品种高产稳产、广适、根系发达、抗倒耐密、出籽率高、籽粒容重高、品质好。一般亩产600~800kg，在西北和黄淮海等多点试验中亩产超过1 000kg，经专家测产，2013年在新疆春播亩产达1 380.1kg。2012年以来连续5年被农业部推荐为国家主导品种，目前已成为我国的十大推广品种之一，至今累计推广2 000万亩以上，取得了显著的社会效益和经济效益。

二、作物细胞育种国家工程实验室

2008年国家发展和改革委员会批准中国农业科学院蔬菜花卉研究所建设农业作物细胞育种国家工程实验室。实验室主要围绕园艺产业发展需求，以蔬菜、花卉作物为研究对象，开展远缘体细胞融合、定向突变筛选、诱导异源染色体异位及其快速识别等研究，突破细胞工程育种和优异新品种选育过程中的关键技术，建立细胞工程育种技术新体系，研制优质、抗逆、抗病、高产的育种群体材料，培育农艺性状有突破性提高的新品种，加快蔬菜和花卉新种质和新品种选育速度。具体研究内容：开展与细胞工程配套的分子育种研究，进行大规模标记开发和标记辅助选择；充分利用野生和远缘遗传资源，通过远缘杂交细胞融合等技术创制各种优良的育种中间材料和品系；开展细胞融合、细胞与组织培养研究，获得有优良转基因材料；开展小孢子培养、花药培养、大孢子培养和组织培养获得纯和材料。

（一）条件团队

实验室占地面积1 214m^2，已建成四个专业细胞工程实验室：染色体工程实验室、细胞工程实验室、单倍体工程实验室和分子细胞工程实验室。配套PCR扩增仪、细胞融合仪、低密度芯片制作与基因芯片扫描分析系统等仪器设备176台，总价值923万元。实验室科研工作人员87人，其中有中国工程院院士1人，国家杰出青年基金获得者2人、国家优秀青年基金获得者1人，973计划首席科学家1人，中组部"万人计划"、科技部"中青年科技领军人才"、中组部青年拔尖人才、百千万人才工程国家级人选等国家级高端人才10余人。

（二）工作成绩

"十二五"期间，实验室在单倍体育种技术方面的研究取得新的进展，获得一批重要的DH群体，建立了用气孔保卫细胞的叶绿体数目确定橄榄、青花菜和芥蓝小孢子培养再生植株染色体倍性的鉴定技术；获得抗晚疫病、高番茄红素、抗盐、抗黄化曲叶病毒的番茄育种材料，抗黄萎病的茄子育种材料，抗疫病的甜椒材料；在完成了黄瓜、白菜、甘蓝、番茄基因测序的基础上，开发出一大批分子标记，相关研究已发表在国际顶级期刊上；获得一批优异的育种材料，培育高产、优质的蔬菜花卉新品种（组合）50个，其中通过审定品种10个，并进行生产推广。

三、棉花转基因育种国家工程实验室

棉花转基因育种国家工程实验室依托于中国农业科学院棉花研究所，于2008年7月由国家发改委批准建设。以国家重点需求为目标，重点开展棉花功能基因的挖掘、整合与优化，高效规模化转基因技术体系，转基因棉花种质材料的鉴定与利用，转基因棉花安全性评价与检测等技术创新研究。以构建高效棉花转基因育种技术体系为主要任务，培育高产优质抗逆高效新品种；通过与上游和下游的有机衔接，搭建转基因育种与种子产业之间的桥梁，构筑产学研一体化新体系。

（一）研发条件

围绕重点研究方向，实验室建立了功能基因挖掘与克隆、规模化验证、生化标记辅助选择、分子改良等技术研发平台；组建了基因挖掘研究、高效规模化转基因、分子聚合育种、转基因安全评价与监测四个专业实验室。实验室配备价值2 400余万元的仪器设备，包括荧光显微镜、DNA甲基化分析系统、珠磨细胞破碎仪、旋转蒸发仪、基因枪、快速荧光定量PCR仪、冷冻研磨机、小区播种机、台式恒温摇床、核酸蛋白分析仪、氨基酸分析仪、蛋白质纯化系统等。实验室建有600亩标准化试验田和组织培养室、棉花培养室、拟南芥培养室等，建成由实验室到田间过渡的硬件条件，为实验室科学研究提供了保障。

（二）工作成绩

"十二五"期间，在一流的研发条件支撑下，实验室获得专利109项，其中发明专利81项，实用新型专利28项。近两年，实验室继续推进与国内外的学术交流合作，对外出访15人次，邀请30人次来室讲学，承办国内外学术会议2项。

（三）创新亮点

棉花转基因育种国家工程实验室在"棉花功能基因的挖掘、整合与优化，高效规模化转基因技术体系的建立，转基因棉花种质材料的鉴定与利用，转基因棉花安全性评价与检测"等方面的研究取得了较大进展。培育出转基因中熟杂交种"中棉所63"，转基因抗虫常规中熟品种"中棉所100"，转基因夏棉品种"中棉所84"，转抗虫基因杂交春棉品种"中棉所94"。自"十二五"以来，实验室共获科研奖励15项，其中2016年主持的"多抗稳产棉花新品种中棉所49的选育技术及应用"获国家科技进步奖二等奖；2016年主持的"中棉所63等系列强优势杂交棉品种的选育与应用"获全国农牧渔业丰收奖成果奖一等奖；2015年主持的"野生棉研究创新团队"获中华农业科技奖和优秀创新团队一等奖；2013年主持的"转基因抗虫棉环境安全评价技术与标准研制及应用"获河南省科技进步二等奖；2011年单独完成的"棉花工厂化育苗和机械化移栽技术的创制与应用"获中国农业科学院科技进步一等奖。

四、耕地培育技术国家工程实验室

耕地培育技术国家工程实验室于2011年8月获得国家发展和改革委员会批准成立，依托中国农业科学院农业资源与农业区划研究所建设。实验室主要针对东北、黄淮海和长江流域等粮食主产区养分非均衡化、酸化、浅层化等土壤质量退化突出的问题，瞄准国内外先进技术水平和学科前沿，通过创新运行机制和提高自主与集成创新能力，建立土壤培肥为核心的关键技术研发平台，开展有机肥和化肥高效安全利用、酸化和次生盐碱地改良等相关共性技术的研究，在中试基地和粮食核心主产区进行技术工程化创新集成和转化应用，为粮食持续增产提高强有力的技术支撑。

（一）研发条件

耕地培育技术国家工程实验室设立5个研究室（高产土壤培肥、中低产土壤治理、土壤质量评价、新型肥料研制、肥料高效利用），2个中试车间和6个示范基地（吉林、黑龙江、河南、山东、江西、湖南）。工程实验室现有稳定同位素比例质谱仪、固体核磁共振波谱仪、自动微生物快速检测系统、激光光谱元素分析仪、离子色谱仪、全自动程序消解仪、土壤粒径分析系统、全自动纤维素分析仪、ArcGIS Engine Developer开发系统等一大批先进设备，总体水平达到甚至领先于国际同类研究机构的实验条件和水平。

（二）工作成绩

"十二五"期间，在研发平台、中试车间、示范基地的条件支撑下，实验室获得省部（院）级以上科技成果奖13项，申报国家发明专利22项，获得专利12项；获得软件著作权7项；完成了6项科技成果鉴定；在国内外核心期刊上发表学术论文237篇，其中SCI收录论文106篇，出版学术著作8部。

（三）工作成绩

实验室徐明岗团队针对集约化高强度种植及化肥持续超量施用态势下，我国不同区域农田土壤有机质提升的限制因素和技术途径不明确的问题，通过对东北、华北、西北、南方旱地和长江流域水田五大粮食产区的42个长期施肥试验和362个典型农户的长期定点监测，集成的成果"主要粮食产区农田土壤有机质演变与提升综合技术及应用"获得2015年国家科技进步二等奖；实验室杨俊诚团队针对国内外缓释材料降解难、成本高、缓释肥生产效率低的三大技术难题，集成的成果"低成本易降解肥料用缓释材料创制与应用"获得2013年国家技术发明奖二等奖。

五、作物高效用水与抗灾减损国家工程实验室

2011年8月，国家发展改革委批准了作物高效用水与抗灾减损国家工程实验室，依托中国农业科学院农业环境与可持续发展研究所建设。实验室主要围绕我国粮食主产区水稻、小麦、玉米三大作物增产的节水和抗灾减损关键技术瓶颈问题，从"增——增加作物生产可用水量，提——提高作物水分利用效率，减——减轻灾害造成的粮食损失"三个方面系统研究农田集雨、节水灌溉、抗旱抗寒抗热等共性关键技术、产品与配套机具，为新增500亿kg粮食提供工程化技术支撑。

（一）研发条件

为支撑实验室的重点研究任务，实验室在北京重点建设农田增水技术、节水灌溉技术、生物性节水技术、作物抗灾减损技术和节水抗逆材料与制剂5个研究室，改造基础设施4 864m^2，配套试验温室5 253m^2，配置必要仪器设备278台（套），包括土壤水、二氧化碳通量系统、大口径闪烁分析系统、植物导水率高压测定仪、植物茎秆液流测定系统、数字压力室、土壤水分特征曲线快速测量系统、人工降雨模拟器、波文比测定系统、激光粒度分析仪、涡轮盘高效研磨机、试验台各1台（套），便携式水分测定仪6台，农情自动监测系统4套，

补充购置涡度相关仪设备升级5套。此外实验室还建有北京顺义农业环境试验基地、山东东营黄河三角洲湿地农业环境科学观测试验站支撑开展旱作节水、农业减灾的科学观测与监测、科学试验与技术示范等研究任务。

（二）工作成绩

"十二五"以来，在完备的研发条件支撑下，实验室获得了国家科技进步二等奖1项，获得省部级科技成果二等奖8项，三等奖2项，以及其他奖5项。在《Science》等SCI源期刊上发表论文208篇；在中文核心期刊发表论文449篇。出版《中国农业气候资源图集》《中国适应气候变化战略研究报告》等专著32部。获得授权专利136项，其中发明专利63项，实用新型专利73项。

（三）创新亮点

重点在农情与灾情监测预警技术、旱作农业与农业减灾关键技术方面取得重要进展。建立了粮食主产区农作物生产监测网，实现了对干旱、低温冷害、高温热害、小麦干热风等农业气象灾害的实时监测与评估，并形成了监测预警平台，可为农业防灾减灾决策提供支撑。突破了旱作农业"集、蓄、保、提"共性关键技术，发展了环境友好型旱作农业技术，构建了主要类型区旱作农业综合发展模式与技术体系，为旱地农业可持续发展提供了典型样板系统。阐明了气候变化背景下区域农业生产农业气象灾害风险的变化规律，建立了农业气象灾害与粮食产量损失的关系模型，研发了绿色环保的农业减灾制剂与材料，研制了转移农业灾害风险的天气指数农业保险产品。

六、动物用生物制品国家工程研究中心

2008年，国家发展和改革委员会批准建设动物用生物制品国家工程研究中心，依托单位是中国农业科学院哈尔滨兽医研究所，是迄今为止动物生物制品行业内唯一的国家级研究中心。中心主要围绕国家重大动物疫病和人畜共患病防控的总体目标，突破关键共性技术、增强产业核心竞争力和发展后劲，搭建产业与科研之间的桥梁，对具有市场前景的重大科技成果进行完整的工程化

和集约化研究开发，完成动物生物制品科技成果从实验室研制、中试，到标准化、工业化生产，实现科技成果的快速转化，创新科技体系，引领行业发展，全面提升我国动物生物制品研发的自主创新能力和整体水平。

（一）研发条件

中心拥有国内领先、国际一流的动物用生物制品安全及有效性评价（GLP）的硬件条件。工程中心占地18 604m^2，建设研发实验设施8 500m^2，动物用生物制品安全及有效性检验评价设施5 000m^2，附属配套设施600m^2，培训设施6 000m^2。2012年中心通过了农业部诊断制品兽药GMP生产车间认证，是我国兽用生物制品行业内唯一专门从事诊断制品生产和销售的GMP生产车间。中心建立了动物疫苗研发技术平台、动物疫病诊断试剂研发技术平台、动物生物制剂研发技术平台、动物用生物制品产业化技术平台、动物用生物制品检验技术平台和实验动物技术服务平台共六个技术平台。技术平台拥有100万元以上大型仪器设备11台（套），50万~100万元先进仪器设备29台（套）。

（二）工作成绩

自实验室成立以来，在研发平台、生产车间等条件支撑下，获得国家发明授权专利5项，新兽药证书2个，累计创造产值5 300余万元，其中产品销售2 362万元、成果转化收入1 629万元，累计实现利润895万元。初步建成了六大研发平台和四大服务体系，获得黑龙江省科技发明一等奖1项、科技进步奖三等奖2项，发明专利3项，建设了兽药GMP生产线。累计从股东单位中国农业科学院哈尔滨兽医研究所新引进、孵化科技开发项目35项，其中引进疫苗项目16项，引进诊断试剂19项，成果转化收入创造项目转化资金8 100万元，预计新产品转化后投入市场可创造间接经济效益60亿~80亿元。为全国各疾病防控工作站提供流感病毒核酸检测试剂盒达5万余份。

七、生物饲料开发国家工程研究中心

2008年，国家发展和改革委员会批复生物饲料开发国家工程研究中心建设，依托单位是中国农业科学院饲料研究所。中心以我国畜牧水产养殖业和饲料工业健康可持续发展的战略需求为导向，紧紧围绕"饲料与粮食安全、动物性食品安全、生态环境安全"三大主题，重点解决我国生物饲料产业发展急需的关键共性技术和核心技术，将具有市场转化前景的重大科技成果进行工程化研究开发和系统集成，以具有技术优势与产品优势的技术研究为基础，并广泛吸收、消化国外的先进技术，成为国内著名、国际有影响的生物饲料研发与产业化的示范基地，为我国生物饲料产业发展提供技术支撑。

（一）研发条件

中心具备生物饲料开发和转化的硬件条件及支撑环境。占地50亩，总建筑面积14 400m^2；总投资超过1亿元。购置各种实验仪器和验证化设备共230台（套），拥有系统完整的生物饲料研发条件，设立资源评价与发掘、基因与蛋白质工程、生物提取与应用、生物化工、发酵工程、生物饲料加工工艺、生物饲料评价与应用技术等七个研究室，一个中试验证车间为研究室研究成果的中试熟化和工程化验证提供平台。

（二）工作成绩

在优势特色的研发、转化条件支撑下，中心自主研究成果申报国家发明专利13项，均获得授权。同时发表科研论文50余篇。此外，中心积极推进高校、科研院所与企业之间的技术沟通和产学研结合，成功转化"益健特素生产技术""N-酰基高丝氨酸内酯酶AiiA-AI06发酵生产技术""一种秸秆微贮饲料添加剂制备技术"三项科研成果，实现技术交易额700万元。

第二节　国家工程技术研究中心

国家工程技术研究中心由科技部批准建设，是国家科技发展计划的重要组成部分，中心主要依托于行业、领域科技实力雄厚的重点科研机构、科技型企业或高校，根据国民经济、社会发展和市场需要，针对行业、领域发展中的重大关键性、基础性和共性技术问题，持续不断地将具有重要应用前景的科研成果进行系统化、配套化和工程化研究开发，为适合企业规模生产提供成熟配套的技术工艺和技术装备，并不断地推出具有高增值效益的系列新产品，推动相关行业、领域的科技进步和新兴产业的发展。1991年，原国家科委开始在国民经济和社会发展有重要影响的行业建立国家工程技术研究中心。截至2013年年底，建设总数达332个，包含分中心在内为345个。涵盖了农业、制造业、电子与信息通信、材料、能源与交通、建设与环境保护、资源开发、生物医药等国民经济社会发展的主要行业。

目前，中国农业科学院共建设5个国家工程技术研究中心。2016年，中国农业科学院工程中心参与了科技部组织的第五次工作评估，对"十二五"期间的工作进行了系统的梳理和总结。中国农业科学院5个工程中心围绕粮油作物、经济作物、蔬菜花卉及畜禽等产业关键问题，加强关键核心技术的研发攻关，十二五"期间共计审定动物植物新品种190项，获得专利授权617项，制修订国家及行业标准142项，并注重提高相关科技成果的成熟性、配套性，加强技术推广，支撑农业增产、农业增效和农民增收成效显著，相关成果获得国家级奖励20项，省部级奖励56项。

一、国家昌平综合农业工程技术研究中心

1991年，科技部批准国家昌平综合农业工程技术研究中心组建，依托中国农业科学院建设，包括昌平马池口粮食作物、昌平南口蔬菜花卉、昌平马池口畜牧三个试验基地。中心于1995年竣工验收，并在1997年、2002年、2007年、2011年先后四次通过科技部组织的评估。

（一）工程化研发方向

一是围绕粮食作物新品种选育与产业化开发，选育高产优质多抗小麦、玉米、大豆新品种，研发其配套栽培技术，推进产业化应用，为保障我国粮食安全提供科技支撑。二是围绕花卉、蔬菜新品种选育与产业化开发，引进或选育抗病、优质、丰产蔬菜新品种，建立花卉组织培养、种苗扩繁、脱毒生产体

系，推进科研成果工程化配套开发。三是围绕畜禽新品种选育与产业化开发，引进和培育优质畜禽良种，研发组装集成畜禽饲养管理新技术，为保障畜产品有效供给和发展现代畜牧业提供工程化成果和产业化支撑。四是围绕高效安全新型饲料研制与产业化，开展技术创新和组装集成，不断提高科技成果的转化率和产业化水平。

（二）研发成果与推广应用

中心根据我国农作物、蔬菜花卉、畜禽产业发展的市场需要，采用常规育种和现代生物技术相结合的方法，建立粮食作物、蔬菜花卉、畜禽新品种研发体系，培育高产优质多抗的农作物、蔬菜花卉、畜禽新品种，完善其配套生产和繁育技术，并进行系统化、配套化和工程化开发，加强科技成果向生产力转化的中心环节，缩短成果转化的周期，为我国农业生产提供技术支撑。中心针对行业发展中的重大关键性技术问题进行研究，围绕国家需求、市场需求，为农民、农业、农村以及涉农企业提供优良新品种，以及优质高产规范栽培、养殖新技术。同时，把科技成果与工程化开发紧密结合，依托中心的科研成果优势，开展配套技术工艺和技术装备研发，充分发挥中心的"桥梁"和"纽带"作用，把具有应用前景的科研成果进行工程化、配套化和系统化，为产业化提供适应规模化生产的成熟配套新技术，实现技术扩散和技术成果的应用，促进农业产业技术升级，引领产业技术进步，取得较好的经济效益与社会效益。

针对黄淮海地区南北跨度大，生态条件复杂，品种适应范围窄、单产低、品质差等突出问题，中心培育出大豆品种中黄13。该品种适应性广，先后通过国家以及9个省市审定，是迄今国内纬度跨度最大、适应范围最广的大豆品种；产量高，在黄淮海地区创亩产312.4kg的大豆高产纪录；品质优质，多抗，抗倒伏，耐涝。广适高产优质大豆新品种的选育与应用2012年获得国家科学技术进步一等奖。

针对发达国家控制我国肉鸭的主要品种市场的问题，中心通过30年持续定向培育，形成了23个特点鲜明的北京鸭专门化品系，自主研发选育了瘦肉型、高饲料效率的Z型北京鸭，获得新品种证书，建立了配套饲养技术，推广父母代种鸭117万只，生产商品肉鸭超过2亿只，打破了国外肉鸭对国内市场的巨大垄断。北京鸭新品种培育与养殖技术研究应用，2013年获得国家科学技术进步二等奖。

中心围绕甘蓝育种的重大关键问题，首次发现甘蓝显性核基因雄性不育源，建立不育系育种技术体系；创制出一批骨干自交系；培育出6个突破性甘蓝新品种；实现雄性不育系规模化制种。该成果开创了甘蓝杂交制种新途径，丰富了蔬菜雄性不育遗传育种理论与实践。甘蓝雄性不育系育种技术体系的建立与新品种选育，2015年获得国家科学技术进步二等奖。

（三）开放交流与合作

1. 国内外关键技术引进

进入21世纪以来，我国高产、抗病、广适等优异小麦种质资源缺乏极大地限制种质创新，国内小麦生产面临严峻挑战。中心从国际玉米小麦改良中心引进、筛选出了1.8万份有一定利用价值的优异资源，交国家和地方种质库长期保存，极大地丰富了我国小麦种质资源的数量和类型。从引进品种及国内品种中筛选出兼抗白粉、条锈和叶锈病的成株抗性品种，建立了分子标记与常规育种相结合的兼抗型成株抗性育种新方法，育成农艺性状优良的兼抗型育种材料100多份，为培育兼抗型持久抗性新品种提供了遗传基础清晰的亲本、基因、分子标记的成功范例。通过引进种质创新利用，累计育成新品种260多个，其中邯6172、济麦19、绵农4号、克丰6号和宁春4号等分别成为黄淮地区、四川、黑龙江和西北春麦区的主栽品种，8个品种获得国家科技进步奖，对提高产量、抗病性和改良品质起到关键作用，为全国小麦育种和生产发展乃至国家粮食安全作出了突出贡献。

近年来，我国花卉产业获得飞跃发展，花卉生产面积及销售均已居于世界第一位。但是目前生产中应用的花卉新品种80%以上都来自国外育种公司，花卉新品种国产化道路任重道远，引进和利用国际种质资源与先进技术是推动我国花卉产业与科研发展的重要措施。通过农业部948引进项目，蔬菜花卉研究所引进了月季、菊花、百合、芍药、唐菖蒲资源累计500多份，筛选出特异花色、抗逆、抗病材料30多份；引进月季种苗长期冷藏技术、月季抗白粉病及百合抗镰刀菌分子标记、百合脱毒原种生物反应器扩繁技术、光温协同菊花花期精准调控技术等各1项，为培育优质花卉新品种提供了充足的基因资源、育种与栽培技术。通过引进种质创新利用，育成月季、菊花、百合等新品种10余个，在云南、上海、海南等地示范推广合计30亩以上，开发营养诊断与施肥技术、新型植物生长调节剂应用等新技术示范应用在月季、菊花和百合切花上都分别达到200亩以上。相关项目成果获得教育部科技进步奖一等奖，为全国花卉科研水平提升和产业发展发挥了重要作用。

2. 开放共享与技术服务

中心通过设置开放课题和仪器开放共享加强了同国内外科研单位的联系和协同创新能力，中心所有仪器设备对国内外实现了资源共享，其中20万元以上大型仪器设备共享率达到80%以上，累计为全国33家科研院所和大专院校提供各类测试服务5万余份次；"十二五"期间中心设置开放课题7项，经费720万元。此外，中心通过举办科技讲座、召开学术会议、发放宣传材料等多种方式，全方位开展科技咨询服务农业生产。粮食作物分中心开办《中国玉米》《中国作物种质信息网》《保护性农业》等公益性网站，研发专家在线咨询服务系统，为广大农户和技术人员提供实时的技术咨询服务，免费为全国农业技术人员和农户咨询43 600余人次，访问320多万人次。蔬菜花卉分中心通过科学家走基层、科技培训与技术服务等形式，共开展技术培训120余次，培训农业技术人员和农民14 000余人；畜禽分中心组织专家在新疆维吾尔自治区、西藏自治区、云南等10余个省20余个市、州、县组织参加各种培训331次，直接培训各类人员20 242人次，发放各类图书资料9 451份。

3. 产学研合作与交流

中心建立了"流动、开放、竞争、协作"的对外开放机制，与上、下游单位形成了联系紧密的产学研合作模式，大力实施农科教、产学研相结合的技术创新模式，实现研发—工程化—产业化"三位一体"、产前—产中—产后的技术集成配套，为产业提供"一条龙""一站式"服务。在中黄13推广过程中选择了育繁推一体化推广模式，通过高产示范、原种生产以及"科研单位—推广部门—种子公司—种植农户"一体化的推广，实现了全国14个省市大面积推广应用。在北京鸭的推广中，以提高配套系的生产性能、鸭肉品质，并提高市场占有率为目标，中心将有自主知识产权的高饲料效率、高胸肉率的瘦肉型北京鸭配套系分别转让给山东新希望六和集团和内蒙古塞飞亚农业科技有限公司，授权两家企业推广使用Z型北京鸭瘦肉型配套系，开展联合育种工作，两个集团共计推广北京鸭150万只父母代，2万只祖代，2 400万只商品代，新增经济效益5 000万元。此外，中心还与企业合作建立和完善良种繁育基地，使种子生产成本降低，繁育速度加快，实现了良种良法及加工技术流程配套，促进了新品种、新技术的迅速转化，为新品种的推广创造了良好条件。

二、国家饲料工程技术研究中心

中心于2000年6月获批建设，2004年11月通过验收。依托中国农业大学、中国农业科学院饲料研究所建设。中心的目标定位是提高我国饲料资源的开发利用，减少抗生素的使用量，提升饲料原料品质，降低饲料资源浪费，建立绿色健康养殖业链条式模式，保障畜产品的安全与卫生。

（一）工程化研发方向

绿色饲料添加剂的生产和应用技术，节约饲料成本、降低畜禽排泄物对环境污染的饲料原料、饲料添加剂的生产和应用技术，畜禽健康养殖技术的开发与应用，饲料中毒素、畜禽水产品药物残留及非法添加物等相关检测技术的研究。

（二）研发成果与推广运用

为减少蛋白质饲料消耗和氮排放，工程中心研制理想蛋白质配制猪氨基酸平衡日粮，选育赖氨酸、苏氨酸和色氨酸稳定高产微生物菌种，开发独特的氨基酸无离交提取清洁工艺，揭示日粮蛋白质水平与氨基酸利用的关系与机制，研究建立低氮排放日粮技术体系，缓解了我国蛋白质饲料资源紧缺和养猪业对环境的污染。该研究发表论文49篇。2013年赖氨酸产销量80万t，出口12万t，占全球总产量的35%。建立的低氮排放日粮技术体系2013年推广面达30%以上，低氮排放饲料产量超过2 500万t，减少豆粕用量120万t以上，减少氮排放7.5万t以上，每吨饲料节约成本15~20元。

为解决我国母猪繁殖障碍的问题，工程中心研发出N-氨甲酰谷氨酸产品，通过营养手段提高了动物的繁殖性能，弥补了国内外该领域的空白，于2014年获得农业部颁发的Ⅰ类饲料添加剂证书，这就为NCG在国内推广奠定了唯一合法地位。目前在全国累计召开各种N-氨甲酰谷酸技术培训会120多场，共计10 000多人次，其中养殖户达5 450人。在全国各地共建立示范户人。在全国各地共建立示范户100多个。在全国22个省市自治区开展了示范推广工作，累计推广猪用、禽水产N-氨甲酰谷酸产品320t，累计实现销售额2 320万元。

（三）开放交流与合作

1. 引进、集成国内外重大技术

中心从国外引进低碳氮排放饲料高效利用技术，进一步完善添加纤维寡糖、ASB微生物发酵产品和国内现有饲用酶制剂等的低碳氮排放的饲料生产技术研发和集成研究，并进行了相关动物验证试验研究。通过技术集成，完成猪的低氮排放的饲料高效利用技术，完成动物试验验证，初步完成鸡的低氮排放的饲料高效利用技术并完成动物试验验证，氮和碳排放量分别降低30%和20%以上，并在全国布点3家示范基地。完善了低氮排放日粮技术体系的集成，完成技术推广的地区覆盖全国华北、华南、华中、华东、西南和东北各大地区，如北京、广东、辽宁、广西壮族自治区和四川等各省（区、市），推广面积达全国的30%，低氮排放猪饲料产量估计已达3 000万t。

2. 开放共享与技术服务

中心主要通过以下几个方面进行对外开放交流：优秀科研成果孵化，成立高新技术企业；发展企业合作，提供长期技术咨询和服务；培训行业人员，传播行业新技术和新信息。

依托中心的研发团队、研究技术及研发成果，成立了多家高新技术企业，例如北京都润科技有限公司、北京中科景明饲料科技有限公司等。工程中心与长春大成实业集团、北京绿色伟农生物科技有限公司、北京大北农集团等大型企业建立了长期的合作，向企业提供企业发展、技术发展和研究开发方向、技术论证等方面的咨询；帮助中小企业进行技术改进；以合作或委托的形式为饲料添加剂企业研究开发新型饲料添加剂生产技术；为各种类型的饲料和养殖企业提供技术诊断服务。为长春大成实业体团编辑《氨基酸科技（Amino Science）》、为绿色伟农集团编辑《畜禽健康养殖（Livestock Healthy Breeding）》，目前已经分别出版26期。2011—2015年，多次组织全国饲料行业负责人、企业负责人、专家召开饲料企业原料成本控制体系建设论坛和饲料安全和标准化研讨会。为四川新希望集团等45个中小型饲料企业提供计量、计算和质量控制服务；为广东立达尔、上海三维等23个饲料添加剂企业提供专利服务。中心建立了专门的科技情报与信息服务部，为所有32个合作企业提供科技文献服务。完善"中国饲料行业信息网""国家饲料工程技术研究中心"网站，并且建立了网络搜索文献库，网站日点击率超过30 000人次，点击人的范围包括亚洲、北美和欧洲，已成为影响极大的中国饲料信息集散中心。

3. 产学研合作

工程中心采用项目合作的方式，与天津畜牧兽医研究所合作开展了改进母猪繁殖性能的饲料技术与生长育肥猪低蛋白日粮技术的研究与开发；与中农颖泰林州生物科园有限公司合作开发出饲料添加剂抗菌肽CAD的产业化生产技术；与北京都润科技有限公司合作开展了低蛋白日粮后处理工艺技术研究与开发；与北京科高大北农合作开发出乳酸菌微胶囊化技术及产品；与上海三维饲料添加剂有限公司合作开发出霉菌毒素吸附剂、饲料抗氧化剂等产品。

工程中心以技术服务和培训的方式，与四川新希望集团、湖南正虹饲料股份有限公司、湛江恒兴集团、湖南唐人神集团、江西双胞胎集团和山东六和集团合作，为以上企业提供行业发展新信息和新的饲料配方技术、饲料加工技术，帮助其进行饲料营养价值评定，为其培养与培训人才。

工程中心以技术入股和技术转移等方式开展行业技术辐射。与北京大北农集团、四川南方希望有限公司合作，进行了猪健康养殖的营养调控技术研究与示范推广的成果转化与推广；将"天蚕素抗菌肽"技术转让给北京中农颖泰生物技术有限公司，并以技术入股和产品技术再研发形式推动抗菌肽深度研发和产业化运作。

工程中心通过施行开放合作的运行机制，有效实现产学研相结合，通过与科技创新企业和优秀科研资源的有效结合，对饲料添加剂产业化过程中的关键技术如功效与安全性评估、检测技术与标准、制剂工艺的中试试验验证与动物胃肠道的互作关系等进行深入、系统的研究，突破发达国家对我国动物产品设置的技术壁垒，增加我国动物产品在国际市场的竞争力，提高我国动物营养与饲料学科在国际上的地位，全面提升我国饲料和饲料添加剂产业的国际竞争力。

三、国家油菜工程技术研究中心

2002年，由科技部批准依托中国农业科学院油料作物研究所和华中农业大学组建了国家油菜工程技术研究中心，中心集成两个依托单位的优势，形成了以中国工程院院士、发展中国家科学院院士傅廷栋教授为首的高素质的油菜科技研究团队。中心围绕油菜产业机械化发展滞后、生产效益和效率偏低、国际市场进口冲击严重等制约产业发展的关键因素，以实现油菜生产高产、高抗、高效，机械化、轻简化、规模化、集成化、产业化以及拓展油菜多功能用途为目标开展工程化研究。

（一）工程化研发方向

研究方向：油菜优异种质资源创新和新品种选育；油菜轻简化、机械化高产高效栽培技术研发；油菜籽高效加工增值关键技术研究；油菜品质检测技术的研究与标准制订；油菜产业关键技术的集成与示范。

（二）研发成果与推广应用

针对油菜品种地域性较强的问题，针对通过分子设计选育出高产、高含油量、广适应性的油菜新品种中油杂11，具有品质优良、熟期适中、抗性强等优良特性，是我国优质油菜育种的重大突破。累计推广3 240万亩以上，是国内适应范围最大、推广区域最广的油菜品种，创社会经济效益23亿元以上，向国外推广30多万亩，出口种子16.5万kg，创汇99万美元，成为我国首个走出国门出口创汇的冬油菜品种。高产、高含油量、广适应性油菜品种"中油杂11"的选育与应用于2011年获国家科技进步奖二等奖。

针对我国目前油菜生产效益不高的问题，在油菜生产关键环节集成了油菜高产增效技术体系，并进行了示范推广。建立了与播期相适应的直播油菜密度、肥料三因素高产增效配置模式，确定长江流域上、中、下游直播油菜高产高效播种、密度和氮肥用量的最优配置模式。获得了机械直播油菜一播足苗、肥料运筹、厢沟配置、高产苗情诊断及适时调控及适时机械收获等关键环节的技术和参数。该成果整体研究达到国内领先水平。建立了直播油菜生产技术体系，制订了油菜直播高产增效生产技术地方规程2套、培训农技推广人员800余人次。本技术体系累计推广面积达到120万亩，增加社会经济效益达12 000万元。

为提高油菜含油量，研发了一系列油菜高含油量聚合育种技术。首次证明油菜含油量主要是受母体基因型调控，鉴定出含油量调控的5种途径、含油量达50%以上的4个高油资源和6个有自主知识产权的新功能基因，为高油聚合育种提供了新思路、新基因和优异亲本。发掘高含油量QTLs新位点12个，其中2个对含油量的贡献值是已有报道中最大的。明确了含油量与产量构成性状间相关性不明显，鉴定了产量QTLs新位点14个、抗裂角和抗倒伏主效位点5个。创制出含油量达64.8%的特高油品系YN171，刷新了油菜含油量世界最高纪录。育成了高含油量、双低、高产、多抗、广适油菜新品种5个。油菜高含油量聚合育种技术及应用，2014年获国家技术发明二等奖。

（三）开放交流与合作

针对目前我国油菜产业面临的机械化发展滞后、生产效益低的技术难题，中心积极推进产学研合作，为提升我国油菜产业竞争力发挥了引领作用。中心培育了一批适合机械化的油菜品种，研发了与良种良机相配套的油菜栽培和轮作新模式。通过技术集成，初步建立了绿色高产高效全程机械化生产技术体系，通过开展全国性生产示范，对地方农业部门领导和试验技术人员进行培训，为大规模推广新技术奠定了重要基础。中心通过整合油菜加工产业技术优势和创新资源，建立了国家油菜加工产业技术创新战略联盟，以突破限制油菜加工产业发展的共性关键技术瓶颈，构建适合我国油菜加工的技术与装备创新体系，促进我国油菜加工产业技术的跨越式发展。通过开展"油料加工技术培训暨科企对接活动"，提高中心的行业和国际影响，通过技术发布、成果展示、投资洽谈和产业发展交流，与油料加工企业签订协议20余个，与30多家企事业单位开展技术合作、技术服务和成果转化。

四、国家茶产业工程技术研究中心

依托中国农业科学院茶叶研究所建设，围绕"优质、安全、高效、生态"茶产业发展目标，瞄准茶产业发展趋势和产业技术需求，组织承担我国茶产业工程化共性关键技术重大研发任务、科技成果的辐射与推广、国际合作与新技术引进、人才培养与信息服务。

（一）工程化研发方向

研究方向主要包括茶树种质资源利用与育种、茶树绿色高效安全生产技术、现代茶叶加工技术与装备、茶叶质量安全监控技术等。为我国茶产业急需的工程技术成熟化、工程化、配套化提供公共平台，提高我国茶业工程化技术水平，推动茶叶行业技术进步。

（二）研发成果与推广应用

2011—2015年，在一流的研发条件和人才团队的支撑下，中心取得知识产权159项，主要有发明授权67项、软件著作权8项、新品种5项和新药证书1项。主持制订各类标准45项，包括国际标准2项、国家标准3项。以第一作者或通讯作者发表论文468篇，其中SCI/EI收录论文130篇；出版著作17部。获得9项省部级以上奖，茶叶中农药残留安全评价及应对，茶树种质资源收集保存、鉴定评价体系建立与应用，名优绿茶品质提升关键加工技术、γ-氨基丁酸等12项成果。

中心首次提出以茶汤中农药残留水平为基准制订农药MRL标准的原则，

改变了茶叶中国际MRL标准的制订规则，成功制修订6项国际MRL标准；构建茶园农药安全分级评价和安全使用标准体系，建立茶叶中有害物质污染源研究模式，提出高风险农药预警和筛选替代农药，有效控制了我国茶叶中的农药残留。其中，"茶叶中农药残留安全评价及应对"获中华农业科技奖一等奖。

五、国家柑桔工程技术研究中心

依托中国农业科学院柑桔研究所、重庆三峡建设集团有限公司建设，针对我国柑橘产业发展中存在的重大关键、基础性和共性技术问题，重点研发、集成、转化和推广应用适合我国国情的优质柑橘种苗工程关键技术，柑橘标准化生产关键技术，柑橘贮藏加工工程关键技术，通过技术研发、成果转化与产业化、人才培养与合作交流、技术咨询与开放服务等。

（一）工程化研发方向

研发方向主要包括柑橘种苗工程关键技术研究与开发、柑橘标准化生产关键技术研究与开发、柑橘贮藏加工工程关键技术研究与开发。

（二）研发成果与推广应用

"十二五"期间，在完备的研发条件和一流的人才团队支撑下，中心主持的"柑橘良种无病毒三级繁育体系构建与应用"2012年获得国家科技进步二等奖，获得江西省科技进步一等奖1项，省部级二等奖6项；发表论文483篇（其中SCI收录论文121篇），出版科技著作12部；授权发明专利26项，实用新型专利11项，计算机软件著作权登记证书4项；审定柑橘新品种8个，新品种保护权2个；制订颁布国家、行业和地方标准22项。"十二五"以来，中心转让新品种区试（繁育）权6项，技术转移和成果转化9项。开发出柑橘专用肥配方、抗药性捕食螨、橙肉饮料、柑橘全果罐头、低糖柚皮蜜饯、低糖柚皮脆片、皮渣饲料、皮渣有机肥等新产品10余个。

第三节　省级工程技术研究中心

省级工程技术研究中心由各省级科学技术厅批准建设，是区域技术创新、集成、熟化的平台，主要开发区域特色优势产业发展中的共性、关键技术，持续提供成熟配套的技术、工艺、装备和产品，促进成果转化和技术辐射，带动地域相关行业的技术水平提升和市场竞争力，增强地方产业技术创新能力和市场竞争力。目前，中国农业科学院共建有14个省级工程技术研究中心，在相关产业发展方面发挥了重要的支撑作用。

一、湖北省油脂与植物蛋白工程技术研究中心

研究中心依托中国农业科学院油料作物研究所建设，成立于2014年。主要开展油脂与植物蛋白领域应用基础研究和技术成果转化及推广，着力解决油料行业面临的共性关键技术问题，为提高油料行业的技术水平提供技术支撑。基于上述目标，总结出下列4个相互交叉、相互支持的研究方向：油料化学、脂质制备与修饰、脂质营养和功能评价、植物蛋白制备与转化。

（一）研究条件

实验室目前拥有2 500m^{2}科研实验室面积和1 880m^{2}油料油脂加工中试车间（其中脂质深加工中试车间1 200m^2、产地加工集成基地实验车间680m^2）；拥有大型及精密科研仪器设备200余台（套），总价值达3 000多万元，包括高速超速离心机、X射线衍射仪、热分析仪、傅立叶红外光谱仪、超低温冰箱、紫外分光光度计、核磁共振仪、紫外扫描成像仪、毛细管测序仪、自动定氮仪、近红外分析仪、气相色谱、液相色谱、毛细管电脉仪、多功能低温测定器、黏度测定器、残碳测定器、铜片腐蚀测定器、馏程测定器等仪器设备。

（二）工作成绩

"十二五"以来，依托完备的研发条件，湖北省油脂与植物蛋白工程技术

研究中心获得国家科技进步奖1项、省部级一等奖5项、国家专利优秀奖1项；授权国家专利32件（其中发明专利23件）。在国内外期刊发表论文104篇，其中SCI收录论文47篇，主编或参与出版专著3部。

（三）创新亮点

"油料功能脂质高效制备关键技术与产品创制"获得2016年国家科技进步二等奖。该项目针对油料功能脂质稳定性差、溶出率低、结构与功能单一、产品创制滞后等制约产业发展的技术瓶颈，首创了微波调质压榨——物理精炼制备油料功能脂质技术，与现行技术相比脂质中脂类伴随物含量增加2倍以上；发明了广适高效的脂质分子修饰与物理改性技术，创制了结构稳定、功效突出的新型功能脂质；构建了功能脂质构效、量效、组效评价利用技术，创制了功能脂质系列产品，填补国内多项空白，打破了国外垄断。该项目整体技术居国际先进水平，其中功能脂质高效制备技术、高效酯化技术达国际领先水平。

二、油料油脂加工技术国家地方联合工程实验室

依托中国农业科学院油料作物研究所建设，于2016年10月正式获得国家发展和改革委员会批准。在油料油脂绿色高效加工技术与装备、营养与精深加工技术及新产品创制、综合利用以及产品质量控制技术等方面开展研究工作，突破油料安全、营养、高效低耗加工和高值化综合利用等关键技术，开发油料油脂绿色制备及高值化利用等关键装备，为优化油料油脂供给侧结构，保障供给和质量安全和提升产业创新能力等方面提供技术支撑。

（一）条件团队

工程实验室拥有科研实验面积超过2 000m^2，构建了可同时饲养小鼠、大鼠和兔子等不同动物模型的清洁级动物房、动物实验解剖平台和生理生化分析平台。现有气谱—质谱联用仪、液谱—质谱联用仪、X射线衍射仪等脂质剖析仪器，凯氏定氮仪、全自动电位滴定仪、纤维素测定仪、油脂氧化安定测定仪、高效纯化系统等品质分析与检测仪器，生化分析仪、高效毛细管电泳系统、凝

胶成像系统等营养与分子作用机制评价仪器，密闭式微波快速萃取系统、分子蒸馏小试和中试设备、压力流体（超/亚临界）萃取、低温（冷）压榨机、油料脱壳机等油料特性化加工仪器，仪器设备原值共约4 480万元。此外合作单位湖北奥星粮油工业有限公司建有3 000m^{2}的工程化中试示范基地。

（二）工作成绩

在工程实验室先进的研发条件支撑下，工程实验室研究团队在SCI杂志上发表文章160余篇；在中文核心期刊上发表文章500余篇。团队共申请并获得国家发明专利授权95项，获得国家、省部级奖励10余项。

三、湖南省麻类工程技术研究中心

依托中国农业科学院麻类研究所建设，以建设麻类行业重大和关键的工程技术的科技创新及其成果工程化转化基地为目标，建立适应市场开拓和麻类行业重大和关键的工程技术研发的系统化、配套化和工程化体系。广泛开展麻类种业和麻类生物加工（酶）关键工程技术及其种子、种苗、生物质能源、生物质地膜、麻类加工生物酶制剂和其他相关产品的工程化转化，为适合企业规模生产提供成熟配套的技术工艺和专业设备。

（一）条件团队

研究中心拥有大型仪器设备10余台。中心现有高级职称50人，中级职称48人，其中农业部有突出贡献的中青年专家1人，享受国务院特殊津贴专家15人。

（二）工作成绩

"十二五"期间，在平台研究条件和人才团队的支撑下，中心获得中国专利授权7项，美国专利授权2项。研制"6BZ-400""6BZ-350"苎麻剥麻机；"4GHM-12"型黄、红麻收割机，"KHM-35"型红麻茎秆打捆机等设备。鉴定"高效节能型龙须草生物制浆技术"、亚麻快速生物脱胶技术等成果。

四、河南省果树苗木工程技术研究中心

依托中国农业科学院郑州果树研究所建设，开展以下几方面研究：优良品种与砧木的引进和筛选，通过对砧木和栽培品种的引种、评价和砧/穗组合试验，确定进行繁殖的主要品种；建立病毒精准检测和病毒脱除体系，针对主要病毒建立检测体系；研究各树种苗木适宜的脱毒条件；建立各树种微芽嫁接及高效扩繁体系；建立规范化育苗体系，集品种引进、评价、中试、脱毒、扩繁、推广为一体；建立果树苗木繁育技术体系。

（一）研发条件

中心配有一系列仪器设备满足苗木病毒的鉴定、脱除、无病毒苗木繁育等研究工作，主要包括高效液相色谱仪、超临界萃取仪、PCR仪、人工气候箱等仪器设备27台（套），价值235.2万元。

（二）工作成绩

"十二五"以来，依托一流的研发条件，中心在葡萄、核桃和梨等多种果树的栽培技术研究方面取得了重要进展，其中"河南省换代品种筛选及优质高效关键栽培技术研究与示范"获得河南省科技进步奖二等奖；"多抗葡萄砧木新品种'抗砧3号''抗砧5号'的选育与推广应用""优质高效、短枝型核桃新品种'中核短枝''极早丰'的培育及推广应用""梨'高效高改'及配套生产关键技术创新与应用"等三个成果获得河南省科技进步奖三等奖。中心在核果类果树的砧木繁育和抗寒、抗根结线虫以及抗病毒等抗逆性方面开展了专项研究，相关内容发表于《园艺学报》《果树学报》等核心期刊。陆续获得多项国家发明专利授权和11项实用新型专利。

五、甘肃省生物检测工程技术研究中心

依托中国农业科学院兰州兽医研究所建设，进行生物检测技术研究和生

物技术产品开发。根据任务目标，解决当前动物传染病诊断技术、植物病毒诊断技术、医学临床检验和食品安全检测新技术以及人畜共患传染病检测等方面的关键技术。以国家的方针、政策为指针，推进技术创新、体制创新和机制创新，遵循市场经济规律，努力将中心建设成技术研究与开发基地、信息和技术扩散基地、人才培养和国内外技术交流基地、科研成果的孵化基地。努力建设成为国家级生物检测技术中心。

（一）条件团队

中心具有5 000余平方米工程试验用房和1 541.4m^{2}的生物安全三级实验室，另中心投资建设了建筑面积为390.93m^{2}的具有GMP净化级别的动物疫病诊断制品生产车间。常用仪器设备2 300台（件），其中万元以上大型精密仪器设备300余台（件），包括镜像、分析、分离、电泳、浓缩、过滤、培养、制备等各类技术系统设备。仪器室现设有发酵培养、蛋白纯化等公共技术平台5个。所有仪器设备均开放共享。全中心有固定人员75名。

（二）工作成绩

"十二五"期间，在平台完备的研发条件支撑下，中心获得2013年度中华农业科技奖一等奖1项，2015年度甘肃省科技进步一等奖1项；新兽药注册证书3项，临床批文2项，生产批文2件，获试生产诊断试剂盒5个；获得授权专利73项；获得医疗器械注册证书10个；共发文章272篇，其中发表SCI及英文论文130余篇，总影响因子达160.68；在中文核心期刊发表论文120余篇，其他中文期刊发表文章20篇；出版专著7部。基于上述研究成果，结合国家及行业标准制修订计划，中心为基层兽医工作者编写了动物疫病防治方面的读物，如《肉牛常见病防制技术图册》（殷宏等著）等。

六、甘肃省新兽药工程研究中心

依托中国农业科学院兰州畜牧与兽药研究所建设，研究方向包括以下几个方面：原料药及制剂的创制，兽药新制剂及工艺研究，兽药规模化生产共性关键技术研究，兽药工程化设计、验证、咨询、培训工程化设计咨询。

（一）条件团队

拥有仪器设备500多台（套），其中，200万以上仪器设备2台（套），100万~200万仪器设备2台（套），50万以上仪器设备12台（套）。建设了药物研发的仪器平台，拥有开展药物筛选、药物分析、分子生物学、细胞生物学、药剂学、药理学、毒理学的设备150余台（套）。拥有建筑7 000m^{2}的综合实验楼，2 600m^{2}的中试生产车间，以及1 200m^{2}的标准化实验动物房。现有固定人员51人，高级职称32人（研究员14人，副研究员18人），中级职称17人。

（二）工作成绩

"十二五"期间，中心共获得各项成果奖励27项，其中省部级奖励13项，地市级奖励13项。共计发表论文330余篇，其中SCI收录论文81篇，中文一级学报论文34篇，中文核心期刊论文180余篇；获得国家发明专利授权51项，实用新型专利授权160项；获得软件著作权3项；出版论著13部；制定国家标准1项，农业行业标准1项；获得三类新兽药证书4项；科技成果转让22项，合同经费1 026万元。

（三）创新亮点

中心在农牧区动物寄生虫病药物防控技术研究与应用方面取得重要突破。建立了1种氢溴酸槟榔碱的化学合成工艺和规模化生产技术路线，建立了1种阿维菌素类兽药微乳载药系统和1种青蒿琥酯微乳载药系统，解决了药物的稳定性；研制了伊维菌素、青蒿琥酯、多拉菌素和塞拉菌素等4个抗寄生虫新兽药；获得发明专利授权4项。获得了国家三类新兽药证书2项，二类国家新兽药2项，建立了产品示范基地和中试生产线，制订了1项"人畜共患包虫病综合防控技术"，出版著作3部。成果关键技术在省内外7家兽药企业进行转化和实施，共生产新产品100多吨，新产品在甘肃等10个省、区推广应用，应用规模共计150多万头（只），取得直接经济效益5.12亿元。

七、甘肃省中兽药工程技术研究中心

依托中国农业科学院兰州畜牧与兽药研究所建设，主要研究方向有：中兽药共性关键技术研究；中兽药新产品创制；中兽药生物转化技术研究；中兽药技术服务与人员培训。

（一）研发条件

中心自成立以来，研究所中兽医研究室相关实验室归为"中心"的基础研究支撑实验室，共配备仪器设备100多台（件），包括中兽药新制剂试制实验设备1套（制粒机、压片机、药筛、灌装机、封口机、旋转蒸发仪），中兽药评价设备1套（硬度测定仪、溶出度测定仪、水分检测仪、氮吹仪），中兽药质量标准研究设备（高效液相、薄层色谱仪、紫外分光光度计），中兽药临床评价设备（全自动生化分析仪、流式细胞仪、血细胞分析仪、血气分析仪、电生理分析仪等）。

（二）工作成绩

"十二五"期间，依托研发条件的支撑，中心共授权专利74项，其中发明专利12项。发表论文27篇，出版著作5部。中心在中兽药研制和产业化推广方面取得重大突破，形成"中兽药复方新药金石翁芍散的研制及产业化"技术成果。该成果在传统中兽医辨证施治理论指导下，针对我国家禽集约养殖条件下的细菌、病毒性疫病频发，病原耐药、抗生素及单体药物残留愈发显现的问题，采用主、辅、佐、使复方配伍技术，创制出甘肃省第一个防治家禽感染性疾病的国家级中兽药新产品"金石翁芍散"。

八、吉林省鹿茸工程研究中心

依托中国农业科学院特产研究所建设，研究方向有现有鹿茸中药配方和制品的筛选和功能验证、鹿茸活性成分的药理作用研究、鹿茸独特的活性成分挖掘及鹿茸制品开发、鹿茸制品质量检测体系的建立。

（一）条件团队

拥有4 000m^{2}的实验室面积，依托单位具有农业部挂牌的野生实验动物养殖基地，拥有实验用梅花鹿600多头，具有完备的鹿茸生物学研究和成果转化所需的仪器设备，如：转基因操作系统、高通量基因分析仪、流氏细胞仪、Bio Rad双向电泳分析仪、实时荧光定量PCR仪、9700PCR仪、梯度PCR仪、凝胶成像系统、CO_2培养箱、Lecai荧光倒置显微镜、显微操作仪、活体采卵仪、动物行为影像分析仪、超低温冰箱、高效液相色谱仪、微波消解仪、液相色谱/质谱联用仪、连续高速离心机、手提式基因枪、CO_2超临界萃取仪、冻干机等大型仪器设备超过30台（件），总价值超过2 000万元。中心现有固定人员57人，其中副高级职称以上人员10人。

（二）工作成绩

在完备的科学研究和成果转化条件支撑下，中心发表代表性文章3篇，专著2部，专利2项。取得一系列突破：通过鹿茸内部结构和鹿茸活性指数两个指标，建立了传统加工茸和冻干茸的分区标准；设立了鹿茸产地溯源、鹿茸生物学标记、DNA指纹、鹿茸活性指数四个指标来构建鹿茸及其产品的质量评价体系，目前已完成70%；对传统的鹿胎膏进行升级，针对阴虚和阳虚两种体质的人群研制了两款产品。

九、吉林省特种动物生物制品工程技术中心

依托中国农业科学院特产研究所建设。依靠高新技术创新，针对动物健康发展中的关键问题，从应用研究、关键技术攻关创新、实用技术开发与技术转化、技术示范与推广应用、技术工程化和产业化发展五个层次上，将相关的科研经费、科技资源和设备设施高度集中，形成跨部门、跨学科的联合攻关，不断取得重要的科技成果并迅速大规模推广应用，使吉林省畜牧养殖业形成可持续发展的良性循环。

（一）条件团队

依托单位有省部共建特种动物分子生物学国家重点实验室，同时拥有国家级实践教育基地、试验基地、综合科研实验室2 000m^{2}和各类型科研仪器100余台（套），为科研活动的开展和实施提供了有利条件和基础保障。工程中心目前包含科研人员18人。

（二）工作成绩

"十二五"以来，在研发条件和人才团队的支撑下，实验室获得国家、省部、院级成果奖励12项，其中获得国家科技进步一等奖1项，院科技成果一等奖2项，吉林省科技进步一等奖1项、省部级二等和三等奖各2项；建立了毛皮动物生物制品研究和开发技术平台，承担完成"水貂出血性肺炎灭活疫苗"，2016年获得二类新兽药证书；承担完成的"犬瘟热活疫苗"，获得3类新兽药证书。发表论文百余篇，其中SCI收录论文8篇；获得发明专利3项，承担完成的水貂阿留申病多肽ELISA检测试剂盒正在申报临床兽药证书。获得授权发明专利3项。

十、吉林省特种经济动物生物制品科技创新中心

依托中国农业科学院特产研究所建设，主要开展特种动物疫病监测及病原进化分析，特种动物免疫机制和疫病分子致病机制研究，特种动物重要传染病新型、高效疫苗的研究，特种动物重要传染病快速诊断技术研究与应用，特种动物重要传染病治疗制剂的研制，开展生产疫苗的关键技术、工艺流程改进完善、技术创新研究。

（一）条件团队

实验室拥有电子显微镜、核酸蛋白纯化提取仪等仪器设备112台（套），价值1 800余万元，创新中心实验室面积2 500m^2，实验动物房面积1 500m^2。实验室现有36名科技人员，其中研究员6名，副研究员10名。

（二）工作成绩

"十二五"以来，在研发条件和人才团队的支撑下，实验室取得科技成果24项，其中获奖科技成果10项，吉林省自然成果奖4项；获得国家发明专利8项；发表论文115篇，其中SCI收录论文38篇；出版科技著作5部；获国家新兽药注册证书2项；生产水貂犬瘟热Vero细胞活疫苗2.0亿ml，销售收入9 000万元；编著《毛皮动物疾病诊疗原色图谱》《图说毛皮动物疾病诊治》，参编《动物疫病诊断与防控彩色图谱》专著等。

十一、吉林省中特中药提取工程技术研究中心

依托中国农业科学院特产研究所建设，以北方药用植物为基源，重点开展提取和分离工艺、产品开发等方面研究。

（一）条件团队

中心按照GMP要求建成占地面积17 325m^2的特种经济作物提取加工中试车间一座（其中提取车间2 000m^2），现有中试、检测设备共计203台（套），包括生产中药材提取物所需的全套设备，以及模拟移动床（省内独家拥有）、逆流色谱仪（有高速制备型、高速分析型、液滴式三种，皆省内独家拥有）、在线型近红外光谱仪、拉曼光谱仪、中压柱层析、超高压液相色谱仪、LC-MS-MS、ICP-MS、GC-MS等先进的检测仪器20余台（套）。中心现有固定人员16人，其中研究员3人，副研究员5人。

（二）工作成绩

"十二五"期间，在研发、中试等条件支撑下，中心获得各级奖励4项，其中省部级二等奖1项；授权发明专利16项；发表论文70余篇，其中SCI论文12篇；开发产品25种；制定提取物地方标准4项、团地标准6项。

十二、天津市农田生态与环境修复技术工程中心

依托农业部环境保护科研监测所建设，中心设以下6个研究方向：农田土壤固碳减排技术；农业面源污染治理技术；农田有机废物综合利用技术；生物多样性应用与生物安全控制技术；污染农田农作物安全生产技术；农田土壤重金属污染修复技术。

（一）条件团队

中心筹建以来，投资购置了ICP-MS、流动分析仪、红外光谱仪、植物生长监测系统、气谱、液谱、原子吸收、便携式光合仪（LI-COR）、凝胶成像系统、显微镜、电泳仪及其他常规实验仪器等大中型精密仪器30多台（套），中心固定资产总值已达400万元。本中心现有的实验室用房面积2 000m^2，在所区还有约1 500m^{2}的智能温室和网室。建有"院武清农田生态系统野外科学观测试验站""院湘潭野外科学观测试验站"等长期试验基地。中心现有固定人员30人，其中高级研究人员15人。

（二）工作成绩

组建三年来，依托完备的研发条件，中心在农田废弃物利用、农田循环高效生产模式等方面取得了一系列突破。研究成果"作物秸秆高效炭化还田关键技术研究与应用"和"城郊环保型高效农业关键技术研究与应用"获得天津市科学技术进步奖二等奖；"华北集约化农田循环高效生产技术模式研究与应用"获农业部中华农业科技奖二等奖；主编著作4部；在国内外学术期刊发表论文110余篇，其中SCI/EI收录40篇；获国家授权发明专利7项，实用新型专利4项；获得软件著作权授权6项；国家和省市级及行业标准7项。

十三、天津市规模畜禽养殖场环境污染控制技术工程中心

依托农业部环境保护科研监测所建设，从事规模化畜禽场环境污染控制和

废弃物处理的研究与开发；从饲料、养殖环境控制、废弃物处理处置等方面开展规模化畜禽养殖全过程污染控制技术的研发；重点研发高效的畜禽养殖粪污深度处理与综合利用相结合的集成技术模式；突破畜禽粪污在处理循环利用工艺中成本高、模块化集成度低的技术难点；形成规模化健康养殖与清洁生产模式，并进行相关技术评价、咨询服务。

（一）条件团队

实验室面积160m^2，办公场地120m^2；拥有ICP-MS、气/质/质联用仪、液/质/质联用仪、气/质联用仪、原子吸收、便携式光合仪（LI-COR）、定量PCR仪、凝胶成像系统、紫外分光光度计、显微镜、凯氏定氮仪、变性梯度凝胶电泳系统、电泳仪、酶标仪、蛋白电泳系统、蛋白双向电泳系统、土壤总有机碳（TOC）测定仪以及其他常规实验仪器等大中型精密仪器100多台（套）。野外试验示范农田2 000亩。中心现有固定人员16人，其中具有高级职称6人。

（二）工作成绩

组建三年来，在研发条件和人才团队的支撑下，工程中心在畜禽养殖场环境污染控制方面取得了一系列突破。申请专利18项，其中授权发明专利3件、实用新型专利12件；负责起草并已颁布实施的天津市地方标准6项；出版著作5部；在国内外期刊发表学术论文35篇；举办国际学术会议1次，举办国内学术会议6次，参加10次，行业技术培训480人次。研发并示范了养殖场生产过程中粪污的收集、固体粪便制有机肥的快速发酵、废水的高效生物生态深度处理、粪污的高值综合利用等一系列关键技术。

十四、四川省沼气工程技术中心

依托农业部沼气科学研究所建设，主要从事以下几个方向研究：高浓度有机废水厌氧消化工艺及厌氧消化液后处理、城镇生活污水分散厌氧处理、沼气脱硫与废水脱氮除磷、沼气生产及热电联供系统工程技术等方面的研究；沼气生产、净化及利用装备及相关设备的研制开发；沼气工程技术标准体系和政策支撑体系的编制；废弃物处理与利用的整体方案规划设计、工程咨询、工程设计与调试服务；可行性研究报告的编制；承接工业有机废水、城镇生活污水、专业户规模养殖场废弃物的资源化利用，集约化畜禽养殖场的废弃物处理和大中型沼气工程及配套设备的设计与工程总承包；提供废弃物处理利用整体解决方案、工程咨询、工程设计与调试服务。中心现有固定人员50余人，其中研究员8人、副研究员15人。

第四节　中国农业科学院工程技术研究中心

2015年，为发挥中国农业科学院学科优势，提升农业产业技术创新、集成和熟化能力，中国农业科学院在粮食作物育种、花卉、农业环境、新型肥料、羊育种、草食动物疫病防控等领域布局建设了32个院级工程技术研究中心（表4-1）。

表4-1　中国农业科学院工程技术研究中心

序号	名称	依托单位
1	中国农业科学院粮食作物育种工程技术研究中心	中国农业科学院作物科学研究所
2	中国农业科学院生物防治工程技术研究中心	中国农业科学院植物保护研究所
3	中国农业科学院花卉工程技术研究中心	中国农业科学院蔬菜花卉研究所
4	中国农业科学院农业环境工程技术研究中心	中国农业科学院农业环境与可持续发展研究所
5	中国农业科学院家畜品种改良与繁育工程技术研究中心	中国农业科学院北京畜牧兽医研究所
6	中国农业科学院蜂产品工程技术研究中心	中国农业科学院蜜蜂研究所
7	中国农业科学院饲料安全工程技术研究中心	中国农业科学院饲料研究所
8	中国农业科学院农产品加工工程技术研究中心	中国农业科学院农产品加工研究所
9	中国农业科学院作物生物技术工程技术研究中心	中国农业科学院生物技术研究所
10	中国农业科学院新型肥料工程技术研究中心	中国农业科学院农业资源与农业区划研究所
11	中国农业科学院农业监测预警与大数据工程技术研究中心	中国农业科学院农业信息研究所
12	中国农业科学院农产品质量安全工程技术研究中心	中国农业科学院农业质量标准与检测技术研究所
13	中国农业科学院双蛋白工程技术研究中心	农业部食物与营养发展研究所
14	中国农业科学院节水灌溉工程技术研究中心	中国农业科学院农田灌溉研究所
15	中国农业科学院超级稻工程技术研究中心	中国水稻研究所

（续表）

序号	名称	依托单位
16	中国农业科学院棉花工程技术研究中心	中国农业科学院棉花研究所
17	中国农业科学院油料作物分子育种工程技术研究中心	中国农业科学院油料作物研究所
18	中国农业科学院麻类工程技术研究中心	中国农业科学院麻类研究所
19	中国农业科学院落叶果树工程技术研究中心	中国农业科学院果树研究所
20	中国农业科学院果树瓜类种苗工程技术研究中心	中国农业科学院郑州果树研究所
21	中国农业科学院茶叶加工工程技术研究中心	中国农业科学院茶叶研究所
22	中国农业科学院动物疫病诊断技术工程技术研究中心	中国农业科学院哈尔滨兽医研究所
23	中国农业科学院草食动物疫病防控工程技术研究中心	中国农业科学院兰州兽医研究所
24	中国农业科学院羊育种工程技术研究中心	中国农业科学院兰州畜牧与兽药研究所
25	中国农业科学院动物热带疫病防控技术研究中心	中国农业科学院上海兽医研究所
26	中国农业科学院草原生产力保育工程技术研究中心	中国农业科学院草原研究所
27	中国农业科学院特种动物饲养与饲料工程技术研究中心	中国农业科学院特产研究所
28	中国农业科学院农产品产地环境保护与修复工程技术研究中心	农业部环境保护科研监测所
29	中国农业科学院沼气工程技术研究中心	农业部沼气科学研究所
30	中国农业科学院农作物收获装备工程技术研究中心	农业部南京农业机械化研究所
31	中国农业科学院烟草工程技术研究中心	中国农业科学院烟草研究所
32	中国农业科学院全基因组育种设计工程技术研究中心	中国农业科学院农业基因组研究所

第五章　野外科学观测平台

国家野外科学观测研究台站体系是国家科技创新体系的重要组成部分，与国家实验室、国家重点实验室、重大科学工程共同构成了国家科学研究的试验基地。试验站以长期定位动态观测研究和野外控制实验为基本手段，开展自然与人为过程的机制研究，发现新现象，认识新规律，开发新技术并应用示范，为生态环境演变、全球变化及应对、材料腐蚀与工程安全、生物多样性维持、资源与环境保护等重大科学问题的解决提供支撑。

第一节　国家野外科学观测试验站

国家野外科学观测试验站主要根据"观测、研究、示范"的定位要求，开展生态科学、大气科学、环境科学等相关学科的野外观测实验、科学研究和科学示范。国家级野外科学观测基地建设始于1999年，截至目前，在生态系统、大气本底与特殊环境、材料腐蚀、地球物理四个领域，全国共遴选认证了各类国家野外科研基地105个。

中国农业科学院农业野外科学观测试验站始建于20世纪60年代。1960年春建立的湖南祁阳红黄壤试验站是农业系统历史最悠久的农村试验工作站。2000年国家农作物种质资源野外观测研究圃网、湖南祁阳农田生态系统和国家野外科学观测研究站等3个试验站，2005年河南商丘、内蒙古呼伦贝尔野外科学观测研究站相继被科技部正式命名为国家重点野外科学观测试验站。

一、国家农作物种质资源野外观测研究圃网

依托中国农业科学院作物科学研究所建设。以作物种质资源为基础，以资源有效保护和高效利用为核心，通过长期定位观测和数据积累，研究作物遗传稳定性及其与生态环境的变化规律，筛选作物优异种质资源，为新品种选育、科技创新和农业生产提供更为优质的种质材料和数据信息。

（一）网络构成

国家农作物种质资源野外观测研究圃网由1个总中心和32个国家农作物种质资源圃组成，总中心设在北京（中国农业科学院作物科学研究所），32个圃分布于全国21个省、市、自治区，南至海南三亚，北至黑龙江克山，东至吉林省吉林市，西至新疆轮台。南北历经寒温带、温带、暖温带、亚热带、热带5个气候带，生态系统复杂多样，保存和观测的种质资源丰富。

（二）工作成绩

已有近30年的长期观测实践和经验，形成了一个较系统的统一观测研究网络，积累了丰富的野外科学观测数据。主要观测任务有：农作物种质资源遗传稳定性长期定位观测；种质资源的生态适应性联网对比观测；资源保存安全性长期定位观测；水、土、气等生态要素长期定位观测。

二、国家农业土壤肥力效益野外研究站网络

1987年，国家计划委员会批准建立"全国土壤肥力和肥料效益长期监测点"，由中国农业科学院牵头，会同中国农业科学院农业资源与农业区划研究所（原中国农业科学院土壤肥料研究所）（褐潮土监测点、北京数据库标本室）、祁阳红壤试验站（红壤监测点）、新疆维吾尔自治区农业科学院土肥所（灰漠土监测点）、吉林省农业科学院土肥所（黑土监测点）、陕西省农业科学院土肥所（黄土监测点）、河南省农业科学院土肥所（潮土监测点）、浙江省农业科学院土肥所（水稻土监测点）、广东省农业科学院土肥所（赤红壤监

测点）、西南农业大学（紫色土监测点）开展土壤监测任务。之后于1999年以"全国农业土壤肥力效益野外研究站网络"名义加入科技部国家野外科学观测试验站试点运行，并于2006年被国家科技部命名为"国家土壤肥力与肥料效益监测站网"，正式进入国家野外台站。

（一）观测目标

国家土壤肥力与肥料效益监测站网目前牵头单位是中国农业科学院农业资源与农业区划研究所，主要以我国8个主要土壤类型的国家级大型土壤肥力和肥料效应长期定位监测试验站网络为基础，通过长期的监测和数据的积累，研究土壤肥力长期演变、肥料效益效应、产量变化，从而确定最佳施肥制度，不同水热梯度带土壤肥力和环境演变规律，土壤有机碳库演变规律及驱动因子。

（二）网络构成

该平台拥有基础设施总建筑面积379.5亩，共建有田间试验小区264个，养分渗漏池6个，田间定位试验微区池446个，田间气象观测哨6个，盆栽网室3 664m^2，试验用房7 148m^2，以及示范田块和部分其他研究设施（表5-1）。

站网共有8个站点，包括位于湖南祁阳的国家红壤肥力与肥料效益监测站、位于重庆市北碚区的国家紫色土肥力与肥料效益监测站、位于浙江省杭州市的国家水稻土肥力与肥料效益监测站、位于河南郑州市国家潮土肥力与肥料效益监测站、位于陕西杨凌的国家黄土肥力与肥料效益监测网、位于新疆乌鲁木齐的国家灰漠土土壤肥力与肥料效益监测网、位于吉林公主岭的国家黑土肥力与肥料效益监测网、位于北京昌平的国家褐潮土肥力与肥料效益监测站。

表5-1 国家土壤肥力与肥料效益监测站点地理位置、土壤类型和轮作制度

基地位置	土壤类型	主要种植制度	经纬度
吉林公主岭	黑土	春玉米/春玉米/大豆	42°40′ 44″ N，124°88′ 43″ E
新疆乌鲁木齐	灰漠土	春玉米/棉花	43°95′ 26″ N，87°46′ 45″ E
陕西杨陵	黄土	冬小麦/夏玉米	34°19′ 15″ N，108°00′ 11″ E
北京昌平	褐潮土	冬小麦/夏玉米	40°13′ 12″ N，116°15′ 23″ E
河南郑州	潮土	冬小麦/夏玉米	34°47′ 725″ N，112°40′ 041″ E
浙江杭州	水稻土	早稻/晚稻	30°26′ 04″ N，120°25′ 01″ E
湖南祁阳	红壤	冬小麦/夏玉米	26°45′ 12″ N，111°52′ 32″ E
重庆	紫色土	冬小麦/水稻	30°26′ 31″ N，106°26′ 45″ E

（三）区位任务

国家红壤肥力与肥料效益监测站位于中国农业科学院祁阳红壤试验站内红壤旱地上，具体地理位置为：东经111°52′32″，北纬26°45′12″，海拔高度为100～300m，年平均温度18℃，最高温度40℃，年≥10℃有效积温5 600℃，年降水量1 250mm，年蒸发量1 470mm，无霜期约为300d，年日照时数1 613h，可代表亚热带典型的红壤丘陵区。但该地区早春常有寒潮、降水时空分布不均，夏秋季节性干旱等问题，限制土壤生产潜力进一步发挥。长期以来监测站对土壤N、P、K、有机质、pH值、土壤微生物、土壤酶活性、土壤重金属等土壤理化性质，植株养分含量、品质指标，土壤环境气体释放特征，土壤水分周年变化规律进行了长期监测，建立了土壤养分含量数据库、作物产量数据库、植株养分含量数据库、土壤水分数据库、土壤环境气体释放数据库、气象资料数据库。18年共积累数据25 000多个。

国家紫色土肥力与肥料效益监测站位于重庆市区以北50km的重庆市北碚区西南大学试验农场，地理位置为东经106°24′33″，北纬29°48′36″，是典型的紫色土丘陵区，主要开展不同施肥和耕作制度下紫色土肥力与肥料效益演变的长期定位监测研究，水旱轮作条件下紫色土农田生态系统养分循环、转化规律及优化管理研究，肥料对环境和农产品质量的影响研究，紫色土水、土、肥流失监测及防止对策研究。站点长期监测积累了大量数据，在土壤方面监测土壤养分动态数据、施肥对土壤主要微生物类群数量、无机磷、有机磷及钾素形态变化数据；在作物方面监测了长期定位试验农作物生物量、产量及考种数据；在气象方面监测了试验站气候观测数据；在水分方面监测了降水和灌溉水数据；在土壤田间持水量方面监测了渗漏水、水稻生长期稻田田面水和径流水中NO_3-N、NH_4-N、总氮、总磷、溶解性磷、钾动态变化数据。

国家水稻土肥力与肥料效益监测站位于浙江省农业科学院农业试验场，东经120°25′01″，北纬30°26′04″，海拔3~4m。年平均气温16~17℃，年降水量1 500~1 600mm，年蒸发量1 000~1 100mm，无霜期240~250d，年日照时数1 900~2 000h。土壤归属水稻土土类，渗育水稻土亚类，黄松田土种，为长期淹水种稻的水田土壤，肥力属中上等，排水状况良好，耕层质地为粉沙性黏壤土，在中国南方江河冲积水稻土中有广泛代表性。监测站主要研究我国南方稻田土壤在不同施肥和种植制条件下土壤肥力长期演变规律；肥料利用率以及肥料的农学和生态环境效应；研究我国水田土壤肥力质量和环境质量演变规律，最佳施肥制度以及集约化种植利用的环境效应。监测站对土壤有机质和N、P、K、pH值和Mo、Cu、Mn、Zn、B、Fe以及土壤容重等土壤理化性质、植株养分含量、品质等多项指标进行了长期监测，建立了作物产量数据库、土壤养分含量数据库、植株养分含量数据库、气象资料数据库。16年来共积累数据184MB。

国家潮土肥力与肥料效益监测站位于河南郑州市河南农业科学院试验农场，地理位置为北纬34°47′02″、东经113°39′25″。代表我国黄淮海地区典型潮土，地形平坦，海拔高度为59m，地下水位雨季在50~80cm，旱季在150~200cm，成土母质为黄河冲积物。光、热、水资源丰富，适种多种作物，新中国成立以来一直是我国的粮棉油生产基地，也是优质小麦主要种植基地。监测站主要研究潮土不同构型土壤和不同施肥制度条件下土壤肥力长期演变规律、肥料利用率以及肥料的农学和生态环境效应；潮土区农田土壤肥力质量和环境质量演变规律，最佳施肥制度以及集约化养殖废弃物农业利用的环境效应。监测站对土壤N、P、K、有机质、pH值等土壤理化性质，以及植株养分含量、品质等多项指标进行了长期监测，建立了作物产量数据库、土壤养分含量数据库、植株养分含量数据库、气象资料数据库。

国家黄土肥力与肥料效益监测网位于陕西省杨凌区大寨乡，主要监测研究我国黄土区不同施肥制度的土壤肥力演变规律、肥料利用率以及肥料的农学和生态环境效应，黄土农田土壤质量和环境质量演变规律，最佳施肥制度以及集约化养殖废弃物农业利用的环境效应等。监测站对土壤N、P、K、有机质、pH值、容重、总孔隙度等土壤理化性质，以及植株养分含量、产品品质等多项指标进行了长期监测，建立了作物产量数据库、土壤养分含量数据库、植株养分含量数据库、气象资料数据库。18年共积累数据超过10 000个。

国家灰漠土土壤肥力与肥料效益监测网位于新疆乌鲁木齐市以北22km的新疆农业科学院安宁渠综合试验场内。灰漠土是发育在干旱荒漠环境中的一类地带性土壤，是新疆农业的重要耕地资源。监测站主要开展新疆干旱绿洲典型农业条件下土壤肥力变化和施肥效益监测研究，中低产土壤改良利用和土壤退化生态环境恢复重建技术研究，干旱区典型绿洲生产条件下水肥耦合效益和提高水资源利用率的管理技术研究，干旱、半干旱农业生产条件下土壤—植物—大气连续体（SPAC）物质和能量转化规律研究，氮肥效益和提高途径及氮肥损失对环境的影响和评价，减少土壤对磷固定、释放土壤有效磷的机理和途径研究，最佳施肥制度以及集约化养殖废弃物农业利用下的土壤生物演化及环境效应，不同施肥措施对灰漠土农药、重金属积累与毒性效应研究。建站19年来，积累观测和记录气象等数据约18万组，贮存有基础土样和年际土壤、植株样品，并保存新疆灰漠土完整的土壤剖面样。

国家黑土肥力与肥料效益监测网位于吉林公主岭，监测站主要研究我国东北黑土区不同施肥制度条件下土壤肥力演变规律、肥料利用率以及肥料的农学和生态环境效应，黑土农田土壤质量和环境质量演变规律，最佳施肥制度以及集约化养殖废弃物农业利用的环境效应等。监测站对土壤N、P、K、有机质、pH值、容重、三相比、总孔隙度等土壤理化性质，以及植株养分含量、产品品质等多项指标进行了长期监测，建立了作物产量数据库、土壤养分含量数据库、植株养分含量数据库、气象资料数据库。16年共积累数据6 000多个。

国家褐潮土肥力与肥料效益监测站位于北京市昌平区，地理位置为北纬40°12′34″，东经116°12′08″、海拔高度43.5m，始建于1987年，土壤母质为黄土性物质，土壤为潮土土类、褐潮土亚类的黏性两合土土种，种植制度为冬小麦—夏玉米两茬轮作制度。主要研究内容为褐潮土土壤质量演变规律、长期施肥的农学和环境效应、城市生活废弃物和集约化养殖废弃物农业利用的环境效应、新型肥料的研制及其施用效应等。监测站建立了作物产量数据库、土壤养分含量数据库、植株养分含量数据库和气象资料数据库，18年共积累数据20 000多个。

三、南方红黄壤地区农业生态环境监测试验站

依托于中国农业科学院农业资源与农业区划研究所建设，主要研究方向包括以下四个方面：红壤丘陵区农业生态环境要素长期变化规律与发展趋势；红

壤生态系统结构和功能演变过程及其对环境响应；红壤农田生态系统酸化机理与恢复技术；红壤丘陵区综合高效利用技术与可持续发展模式。

（一）站点区位

试验站位于中南部红壤丘岗地区的腹地，中亚热带湿润丘陵常绿阔叶林—农业生态丘陵区，集南方红壤地形特点，山、河、塘、低丘互为依托联通一体的区域生态系统。海拔高度120m左右，年平均温度18.0℃，年均降雨1 296mm，年蒸发量1 470mm，无霜期292d。祁阳站所在区域区位优势明显，自然资源丰富，生产潜力巨大。

（二）观测条件

祁阳站现有土地面积共681亩，建筑面积约7 000m^2。野外设有综合观测场、辅助观测场、气象观测场、水田长期实验区、旱地长期实验区、生态恢复实验区、水土保持实验区、丘陵植被恢复观测区等，共设置采样地40个。现有仪器设备78台（套），价值783万元。其中室内仪器主要包括原子吸收分光光度计、紫外分光光度计、火焰光度计、连续流动自动分析仪、中子水分仪、凯氏定氮仪、电子天平等，野外配有自动气象站、大型蒸渗仪、自动径流测定装置、水碳涡度相关测定系统、土壤呼吸测定仪、植物冠层测定仪、BaPS土壤氮循环监测系统、土壤水分及水势自动监测系统等。站内建有样品库占地80m^2，保存采用标准化样品架、磨口玻璃瓶保存土壤和植株样品。

（三）定位试验

自20世纪70年代以来，祁阳红壤生态试验站相继建立了多个土壤肥力和生态环境长期定位试验，20年以上的长期监测试验有6个，5年以上的有4个：①红壤旱地土壤肥力和肥料效益长期监测试验（始于1990年）；②红壤旱坡地生态恢复长期试验（始于1983年）；③不同母质红壤的耕作熟化与演变（始于1982年）；④红壤水田长期施用阴离子的生态环境效应试验（始于1975年）；⑤红壤水田轮作制度长期试验（始于1982年）；⑥红壤水田不同施肥方式对土壤肥力和作物产量影响长期试验（始于1982年）；⑦红壤农田养分管理长期定位试验（始于2008年）；⑧有机肥料和化学肥料不同配合比例长期定位试验（始于2008年）；⑨绿肥替代化肥效果定位试验（始于2008年）；⑩绿肥、稻草还田效果定位试验（始于2012年）。

（四）工作成绩

截至2014年年底，祁阳站保存有历史土壤样品5 873个，植株样品4 110个，长期试验基础土壤样品（原始土壤）28个，土壤剖面样品6个。站点在南方红壤肥力定位试验、培肥技术推广、红壤酸化改良等方面取得了突破性进展。

南方丘陵区红壤肥力特性及综合培肥技术及推广应用。以祁阳站红壤旱地和水稻田肥力长期定位试验为基础，结合短期田间试验，探讨土壤肥力和土壤生产力演变规律及培肥指标，构建土壤培肥技术体系，形成南方红壤旱地和水稻土培肥技术体系。具体内容包括：①完善长期定位试验土壤肥力指标体系；②研究南方红壤和水稻土肥力及生产力演变特征：以红壤旱地和水稻土肥力长期试验为基础，开展红壤和水稻土肥力演变特征、驱动因素及其与生产力耦合关系研究，阐明土壤有机质快速提升的技术途径，为改善红壤和水稻土的土壤化学和生物肥力、改良土壤结构、防治土壤酸化的农业技术措施提供理论依据；③构建南方丘陵区红壤旱地培肥指标与综合培肥技术：在分析南方丘陵区旱地红壤肥力等级及其限制因素的基础上，结合长期定位试验的土壤肥力演变规律，构建以提高土壤综合肥力为核心的旱地红壤肥力提升关键技术与配套技术模式，确定不同肥力红壤的培肥指标，实现红壤高效利用，并在周边地域开展培肥技术模式的推广示范；④构建南方水稻田培肥指标与综合培肥技术：在分析祁阳水稻田生产力提高的关键肥力限制因子基础上，利用长期定位试验的土壤肥力演变研究成果，结合中、短期大田培肥调控实验，构建以资源高效利用为核心的湘南稻田肥力提升关键技术与配套技术模式，确定不同肥力稻田的培肥目标，集成适宜于南方水稻田的培肥技术模式，并在周边地域对该培肥技术模式的推广示范。该技术提高作物产量10%，减少农资投入，实现亩均产值增加60~100元；项目实施期推广和辐射面积5万亩，可节本增效300万~500万元。

我国南方红壤酸化改良与综合防治技术推广与示范。为了更好地了解不合理的施肥、耕作等人为因素对红壤酸化的影响，采用土壤酸化学和土壤肥力相互作用原理，主要研究了江西、福建、广西和湖南等省长期不同施肥和耕作种植模式下红壤酸化的特征、机理、酸缓冲性能和酸化速率等，研究了红壤酸化中土壤pH值、铝离子浓度对作物生长毒害阈值和毒害机理，探明红壤酸化对土壤肥力的影响等原理。针对红壤酸化特征，提出了红壤酸化的综合防治技术，探明红壤酸化对土壤肥力的影响等原理与技术途径。红壤酸化综合防治技术已在湖南、广西、江西、福建等省及其周边地区累计示范和推广面积6 327万亩，累计新增产值70.11亿元，累计新增纯收入46.75亿元。

四、内蒙古呼伦贝尔草原生态系统国家野外科学观测研究站

依托中国农业科学院农业资源与农业区划研究所建设，研究方向包括草原生态系统前沿科学基础理论研究、区域生态环境遥感监测与评估技术研究、区域草地及畜牧业可持续发展技术的应用研究。

（一）观测条件

试验站占地面积200亩，建有1 500m²的实验办公楼及辅助用房。设置了贝加尔针茅、羊草、线叶菊优势类型和退化改良等观测样地群，包括4个长期观测实验样地和3个辅助观测样地，占地面积约150hm²；另建有1个大型放牧试验平台，占地面积90hm²；人工草地试验平台，占地约20hm²。试验站配备先进的野外监测仪器和实验室分析设备，包括涡度相关观测系统、自动气象站、能量平衡系统、植物光合仪、植物光谱仪、冠层分析仪、化学流动分析仪和凯氏定氮仪等；其他设施包括气象观测场、地表径流场等。

（二）工作成绩

呼伦贝尔站立足草地生态系统监测、模拟与数字化管理，填补了我国草甸草原生态系统观测研究的空白；开展了草地生态系统立体监测评估关键技术攻关，解决了草地立体监测评估的技术瓶颈，将计算机技术最新进展与草地专业模型进行集成，开发了适于我国草地生态系统综合监测评估的软硬件技术产

品，处于国内领先地位；开展了草业科学与信息科学交叉学科新方法、新技术创新研究，通过草地生态系统监测评估软硬件技术产品应用示范，有效提高区域草地生态系统空间信息获取的精度与时效，显著降低监测成本，加速我国草地生态系统监测管理、评估的现代化进程；开展了草地恢复与地力提升关键技术攻关，制定了草原退化及恢复标准，实现草地退化和恢复的快速诊断，研制了土壤理化改良技术配套方法，实现草地退化土壤的"两松一补"。

五、河南商丘农田生态系统国家野外科学观测研究站

依托中国农业科学院农田灌溉研究所建设，研究方向包括以下三个方面：资源与环境相关要素（包括水、土、气、生）的长期定位观测、基础数据积累和区域资源生态环境演化趋势的分析和预测；农田生态系统和亚系统（水、土、气、生）的结构、功能与生产力及其之间的物质循环过程与能量转换规律及其相关调控理论的研究；水肥高效利用的农业新技术体系开发和人工生态系统优化模式的构建与试验示范。

（一）观测条件

商丘站具有较为完善的观测场地和基础设施条件，野外科学观测研究基地初具规模。建有农田生态系统综合观测场8 000m^2、2个辅助观测场、1个气象观测场和2个流动地表水监测点。拥有科学试验用地45 000m^2、防雨式水分测坑2组48个、普通测坑3组38个，涝渍控制试验测桶1组50个，联栋式日光温室1座670m^2、步入式人工气候室20m^2。

商丘站自有试验用地30 669m^2，长期租用土地20 000m^2，试验田具备完善的灌溉排水系统和田间道路工程，配套机井2眼和泵房1座；更新改建土壤物理实验室、植物生理实验室、农化分析实验室1 000m^2；另有中小型农机具及晒场、库房、冷库、样品保藏室等基础设施。

商丘国家站仪器设备较为齐全，配置观测与分析仪器设备30余台（套）、价值300多万元。观测仪器主要有自动气象站、光合作用测定系统、土壤剖面

水分测定仪和多参数水质监测仪等；分析仪器有连续流动化学分析仪、自动凯氏定氮仪、原子吸收光谱仪、火焰光度计、酶标分析仪、紫外可见分光光度计等、大型农田水分蒸渗仪等。

（二）工作成绩

"十二五"以来，在站点观测条件支撑下，获得各项科研成果奖励共4项，其中获河南省科技进步二等奖2项；共发表论文120篇，其中SCI论文4篇，EI论文10篇；编写论著5部；获得专利授权20项、软件著作权授权3项，其中国家发明专利5项、实用新型15项。商丘国家站网络平台数据资源在2015年1月至2017年2月期间平台共享数据下载量为2.42G。

第二节　农业部野外科学观测试验站

为加快农业科学技术创新，获取长期、稳定、直接、综合的农业科研和生产原始资料和基础数据，2005年，农业部开始在全国开展农业野外科学观测试验站评估命名工作。截至目前，共命名了68个农业部野外科学观测试验站。主要开展长期、定点、系统地监测全国主要类型农区的农业土壤、自然资源、生态环境因子、农作物种质资源等演变、变化状况，并进行农业灾害（病虫、低温霜冻、旱涝等）、农作物产量的监测预报。其中中国农业科学院共建成24个农业部野外科学观测试验站，在支撑科学研究、技术推广和人才培养等方面发挥了重要作用。

一、农业部新乡矮败小麦重点野外科学观测试验站

依托中国农业科学院作物科学研究所建设，利用矮败小麦技术建立高效育种技术平台，为国内小麦育种提供技术平台，也为我国小麦品种改良提供创新材料。

（一）观测条件

目前农业部新乡小麦高效育种技术科学观测试验站拥有固定人员13人，该平台现有仪器设备102台，农业试验机械10余套（台）。

（二）工作成绩

1. 矮败小麦育种亲本创制

持续不断地把优良品种、苗头品系、骨干亲本、主要抗源及时转育成矮败小麦育种亲本，提供给育种单位利用，是本试验站的一项长期基础性工作。如，周麦16是目前黄淮冬麦区南片的骨干亲本，本试验站利用周麦16与矮败小麦杂交和回交，培育出矮败周麦16。利用矮败周麦16作亲本，根据育种目标，配制杂交组合，构建育种群体，培育优良品种。

2. 春化基因等位变异研究

春化特性是影响小麦品种适应性的重要性状。本试验站对春性品种和半冬性品种VRN-D1基因的两个调控区域第一内含子和启动子以及翻译区进行克隆，通过序列比对发现，春性品种的启动子序列与隐性vrn-D1等位基因的启动子序列相同，而半冬性品种的启动子序列与隐性vrn-D1等位基因相比，在翻译起始位点ATG上游161bp处，出现了一个单核苷酸的突变。本试验站基于VRN-D1基因启动子区域单核苷酸多态性（SNP）开发的分子标记可用于育种中半冬性品种的辅助选择。

3. 小麦育种技术研究

开展的小麦育种技术研究还包括小麦抗寒性、抗倒伏性分子标记辅助选择技术和黄淮麦区抗赤霉病育种技术。小麦抗赤霉病育种分子标记辅助选择技术研究，重点明确抗赤霉病主效QTL/基因FHb1在黄淮冬麦区小麦抗赤霉病育种中的应用价值。目前已经获得了具有目标基因的回交2代材料。

4. 小麦新品种培育

"十二五"期间，本试验站审定小麦新品种2个，其中轮选99通过国家黄淮南片小麦新品种审定；5个品系分别参加国家和省级生产试验，3个品系分别进入国家和省级第二年区域试验，4个品系进入省级第一年区域试验。申请新品种保护6项。

二、农业部廊坊有害生物防治重点野外科学观测试验站

依托中国农业科学院植物保护研究所建设，主要开展农作物重大病虫害监测、数字化预警、智能化防治决策和网络化的信息搜集与传播、病虫抗药性系统监测；开展农林外来入侵物种的早期诊断与检测、传播扩散途径研究；建立外来入侵物种扩散、流行与危害的跟踪监测技术与体系；突破转基因植物、转基因微生物环境安全监测中的重大科学问题和技术创新问题；开展主要作物抗病虫性鉴定及选育；进行土壤质量评价，以及土壤中农药污染状况的野外观测和调查。

（一）观测条件

试验站现有科研试验用房9 900m^2，各类温室近15 000m^2。试验站拥有农机具25台（套），各类仪器设备120台（套），人工气候站2台（套）。试验生活场所水、电、暖、网络铺设到位，基本能满足当前使用需求。

（二）工作成绩

2011—2015年，该站点的观测试验支撑了大批成果的产出，累计发表SCI论文41篇，主编著作2部，授权发明专利5项，软件著作权3项。其中陆宴辉研究员2012年在《Nature》上发表的"Wide spread adoption of Bt cotton and insecticide decrease promotes biocontrol services"文章获2012年度中国科学十大进展。试验站学科带头人万方浩研究员团队主持的"主要农业入侵生物的预警与监控技术"2013年获得国家科学技术进步奖二等奖。试验站内所属企业北京中保绿农科技集团有限公司生产的以"阿泰灵"为代表的生物农药，开启了我国植物免疫诱抗剂蛋白质农药的先河，自登记上市以来，获得国内外市场客户一致好评。

三、农业部锡林浩特草原有害生物防治重点野外科学观测试验站

依托中国农业科学院植物保护研究所建设，试验站长期定位于开展草原生物灾害监测与防控研究工作，具体研究方向：抗旱、抗寒牧草品种的选育；草原害虫可持续防控技术研究与应用，害虫生物学和生态学研究，高效生防菌株筛选与制剂研制，生物防治为主的草原蝗虫综合防控技术；野生动、植物资源的发掘与利用，害虫天敌的筛选与利用，天然牧草资源的筛选与杂交选育，抗虫（病）牧草资源的筛选与利用；苜蓿病害的防控，天然草场牧草病害的调查，苜蓿根腐病防控等；鼠害研究，害鼠调查与防控技术示范推广，毒害草的防控，毒害草的防除与综合利用技术研究。

（一）观测条件

农业部锡林浩特草原有害生物防治重点野外科学观测试验站位于内蒙古锡林浩特市西郊，占地600亩，建有综合实验室240m^2、农机库等142m^2、科研和生活辅助用房300m^2。有常规试验设备50余台（套）、自动气象监测站1台（套）、农机具15台（套）、培训设备8台（套）。

（二）工作成绩

长期以来，站点的观测试验支撑了相关科学研究，获得一系列突破性成果。2011年获大北农科技奖一等奖1项，2013年获中国农业科学院科技成果奖二等奖1项，2015年获中华农业科技奖二等奖1项。参与获得国家科技进步奖二等奖1项、内蒙古自治区科技进步奖一等奖1项。2011年以来，共发表研究论文106篇，会议论文9篇，其中SCI论文29篇，中文核心期刊77篇；出版专著8部，申请专利20项，获得专利7项；获得新农药登记3项。

（三）创新亮点

草原蝗虫可持续防控技术研究与示范阐明了我国草原优势种蝗虫发生规律，构建了宜生指数模型，划分了宜生区，制定了国家标准"草原蝗虫宜生区划分与监测技术导则"和行业标准"草原蝗虫调查规范"。通过研究植物与蝗

虫生态位关系、草原蝗虫取食模式和草原蝗虫危害损失，构建了生态位距离模型、取食选择性指数模型和经济生态阈值模型。创新了草原蝗虫预测方法，建立了种群动态监测预警系统。创建了绿僵菌菌种资源库及改良平台，改良了油剂、可湿性粉剂、颗粒剂生产关键技术，优化了发酵工艺，完成4个新药登记。构建了以绿僵菌为主的内蒙古草原、新疆山地草原、青藏高原草原等区域蝗虫可持续防控技术体系，在全国草原省区大规模推广应用。

四、农业部寿阳旱地农业重点野外科学观测试验站

依托中国农业科学院农业环境与可持续发展研究所建设，是旱作农业研究基础创新、生态环境保护的科学观测试验基地和农业环境学科群观测、研究、示范平台；重点开展农业气象、农业温室气体、农田水土流失、旱地农田土壤墒情等观（监）测；开展农业温室气体排放及固碳减排机理、农业面源污染发生与控制机理、生物多样性农业利用和降水高效转化利用等研究；实施低碳农业和生物多样性农业利用技术示范，建立开放的旱地农田生态系统科学研究平台和数据采集、信息共享平台。

（一）观测条件

试验站现有可利用实验室1 000 m^2，包括前处理室、药品室、天平室、精密仪器室、管理室等；风干室500 m^2、仓库、机库300 m^2。试验站还建设有核心试验用地120亩，包括核心试验观测场、综合试验示范基地和基础设施等。试验站建设有气象观测场、波文比—能量平衡与涡度相关系统观测场、土壤水分动态观测场、土壤养分动态观测场、大型径流观测场、施肥和秸秆还田培肥地力长期定位观测场以及旱地农作物生长动态观测场等。试验站拥有自动气象站、能量平衡系统涡度相关仪、大型蒸渗仪、流动注射仪、时域反射仪、茎流计、高效液相色谱、土壤剖面水分动态测定系统、非饱和导水率测定仪等仪器设备20余台（套）。

（二）工作成绩

"十二五"以来，在试验站观测条件的支撑下，公开发表学术论文200多篇，其中SCI论文50余篇；出版著作10部；获得专利15项（发明专利6项、实用新型9项），软件著作权5项。

五、农业部昌平畜禽资源重点野外科学观测试验站

依托中国农业科学院北京畜牧兽医研究所建设，主要开展畜禽遗传资源调查、遗传多样性研究和北京油鸡和北京鸭的保种和新品种培育，饲料资源营养价值评定、动物营养需要量研究，畜禽饲养、代谢、畜产品质量安全研究。

试验面积27 000m^2，配套用房面积4 000m^2，仪器设备总价值1 900万元。"十二五"期间，试验站共支撑4项省部级以上成果奖励的产出，其中国家科学技术进步奖二等奖1项，省部级奖3项。"南阳牛种质创新与夏南牛新品种培育及其产业化"获得2013年国家科学技术进步奖二等奖；"黄羽肉鸡节粮、优质和抗病新品系选育关键技术及应用"和"主要肉品品质光学无损实时检测关键技术研发与应用"分别获得2015年中华农业技术奖一等奖，"奶牛高效安全养殖技术示范与推广"获得2014年北京市农业技术推广奖二等奖。发表SCI论文17篇、中文核心期刊论文76篇；制订行业标准2项；主编或参编著作5部；获得发明专利5项、实用新型专利2项。

六、农业部迁西燕山生态环境重点野外科学观测试验站

依托中国农业科学院农业资源与农业区划研究所建设，试验站立足于华北典型农林复合地区，通过长期定位科学试验与监测、典型地带推广与应用，以基础性数据积累、合理性试验观测和科学性定点示范为主要工作内容，以揭示科学问题、服务于"三农"为己任。建站以来，主要形成了以农林特色资源开发与高效利用、地带性山区生态系统结构功能及其演替规律、土壤肥力演变规

律与培育体系、北方农林生态系统旱作节水技术与示范、水资源长期监测与综合调控技术、农林生态系统碳氮循环六大基本研究方向。

（一）观测条件

试验站坐落于大黑汀水库西岸，现有永久使用权土地面积172.14亩，包括58亩山场、75亩基本农田、18亩水域和32亩科研生活区。以"板栗高技术产业化示范工程"项目为契机，已经完成占地20亩建筑面积10 000m^{2}的综合大楼建设，全面改善试验站的试验、办公和生活设施，对试验站的试验网络进行扩充和细化，购置必要的试验设备。逐步完善"三站两场一网络"的野外试验格局，其中"三站"包括燕山山区水土流失观测站、林草生态观测站和气候观测站，"两场"包括农田生态观测场、设施农业试验场，"一网络"主要是指试验站的网站建设和内部数据库网络建设。

（二）工作成绩

站点观测试验支撑了大批科学研究，"十二五"期间，累计发表了相关学术论文70多篇，其中SCI（EI）文章10余篇，获得省（部）级奖励10余项。直接依托试验站取得了11项科研奖励，其中河北省科技进步奖二等奖2项、河北省山区奖三等奖2项。先后参与制订中华人民共和国林业行业标准"燕山浅山丘陵生态经济兼用林造林规程"、河北省地方标准"围山转工程建设技术规范"、唐山市地方标准"迁西板栗"。总结出了燕山坡耕地地表径流系数一套、燕山浅表丘陵区氮磷化肥投入阈值一套、燕山地区花生地膜污染残留系数一套。累计培训农民2 000余人。研究成果在燕山地区农业资源开发和生态环境保护过程中发挥了重要的作用。

七、农业部洛阳旱地农业重点野外科学观测试验站

依托中国农业科学院农业资源与农业区划研究所建设。试验站主要研究旱地农田生态系统水分生态过程与节水技术及土壤养分循环转化过程研究，为农田水肥优化管理技术模式提供依据。

（一）观测条件

试验站具有完善的试验设施条件，拥有永久使用权土地30亩，综合实验办公楼2 000余平方米和先进野外观测设施，可满足科研人员实验办公和生活需要。建有自动干旱棚，田间径流观测场。配备有自动气象站、TDR，径流记录仪、张力计等监测设备，实验室配备凯氏定氮仪、分光光度计、流动分析、火焰光度计、烘箱等实验仪器，可以开展农田土壤水分养分运移、转化等过程研究。

（二）工作成绩

洛阳试验站围绕旱作节水领域开展新技术和新产品研发活动，提出高留茬深松覆盖技术，研究和发展少免耕覆盖等保护性耕作技术，组装集成适宜我国北方旱区推广和应用的节水丰产高效技术体系。几年来相继建立了保护性耕作等各类示范基地20余个；通过技术培训、田间示范小区建设、技术观摩交流会、科技下乡明白纸等形式，加大技术成果的示范和推广工作。

八、农业部呼伦贝尔草甸草原生态环境重点野外科学观测试验站

依托中国农业科学院农业资源与农业区划研究所建设，开展草地环境监测、生态学基础理论与草业技术应用研究。研究方向包括：草原生态系统前沿科学基础理论研究；区域生态环境遥感监测与评估技术研究；区域草地及畜牧业可持续发展技术的应用研究。

"十二五"以来，试验站观测研究支撑发表论文369篇，其中SCI/EI论文96篇，中文核心期刊273篇；出版著作17部；获专利30项，其中发明专利10项；软件著作权41项；获得省部级以上奖项5项。

九、农业部祁阳红壤生态环境重点野外科学观测试验站

依托中国农业科学院农业资源与农业区划研究所建设，以气候变化与农业

气象防灾减灾、生物多样性农业利用、农业面源污染防控、产地环境为重点发展方向，开展农业气象、典型农田水碳通量、农田水土流失、氮沉降与农区自然植被恢复等观测工作，开展农业固碳与温室气体减排、重金属污染修复、生态农业与循环农业技术以及间套作生态优化模式等试验研究。建立野外环境监测、公共试验、定位试验、技术服务等四大平台，开展农业环境监测。

（一）观测条件

现有仪器设备78台（套），价值783万元，现有土地面积共681亩，建筑面积约7 000m^2。野外设有综合观测场、辅助观测场、气象观测场、水田长期试验区、旱地长期试验区、生态恢复试验区、水土保持试验区、丘陵植被恢复观测区等20个，共设置采样地40个。

（二）工作成绩

"十二五"期间，试验站在施肥与改良剂修复Pb、Cd污染土壤技术研究与产品应用方面取得了突出科研进展。提出了重金属污染农田边修复边利用的新理念。通过施用肥料和改良剂降低污染土壤重金属的生物有效性，确保粮食安全。阐明了Pb、Cd等典型重金属在土壤中的老化机制及其影响因素；明确了其在土壤中的老化过程符合二级动力学方程；发现pH值是影响其老化的关键因子。研究了不同氮肥、磷肥、钾肥、有机肥和改良剂及其组合对Pb、Cd污染土壤的修复效果及其机理。研制出钝化土壤重金属活性的专用肥料和改良剂产品，研发了重金属复合污染农田土壤的联合修复技术。

十、农业部昌平潮褐土生态环境重点野外科学观测试验站

依托中国农业科学院农业资源与农业区划研究所建设，以农业固体废弃物资源化利用和施肥的环境与肥料效应研究为主。

现基地占地面积30亩。"十二五"期间，试验站团队研究成果"全国农田面源污染监测技术体系的创建与应用"获2015年度中华农业科技奖一等奖，"农田面源氮磷流失监测及减排技术研究与应用"获得2015年度北京市科技进

步二等奖；发表文章19篇；获批专利4项。

十一、农业部德州农业资源与生态环境重点野外科学观测试验站

依托中国农业科学院农业资源与农业区划研究所建设，以"土壤培肥与改良""新型肥料与科学施肥"和"作物丰产栽培"为重点研究学科方向，为研究所相关创新团队研究提供科技创新条件平台。

（一）观测条件

目前该试验站现有国家在编正式职工24人，拥有300余亩国有试验土地，拥有科研办公试验楼3 000m^2，建有800m^{2}分析测试中心，2 000m^{2}长期样品贮藏库；在山东省德州市禹城和陵县建有2个试验基地，拥有300余亩国有试验土地，配备有作物光合作用测定系统、温室气体测定系统、大气干湿沉降监测系统、温室气体通量在线监测系统、土壤水热、溶质耦合运移观测系统、农田气象与生态要素自动监测系统等大型野外试验监测设施；陵县试验基地设有大型土壤溶质运移渗漏池48组，建有绿肥资源圃与绿肥种质资源库，有机肥与化肥结合不同施肥制度长期定位试验，有机肥与化肥不同用量长期定位试验等系列定位试验平台；禹城试验基地建有集国内外主流肥料生产工艺于一体的"耕地培育国家工程实验室新型肥料中试车间"，开展持续运行30年的有机无机肥料不同施肥制度长期定位试验，以及保护性耕作与不同秸秆还田方式系列长期定位试验、作物高产优化栽培长期定位试验、新型肥料定位试验等系列长期定位试验平台。

（二）工作成绩

"十二五"以来，站点长期定位试验支撑了相关科学研究，并产出一批创新成果。该试验站发表学术论文116篇，其中SCI论文10篇，EI论文1篇，中文核心期刊论文44篇；出版专著22部；获得中国国家发明专利授权33项，实用新型专利7项，获得美国发明专利授权1项，一种腐植酸复合缓释肥料及其生产方法（ZL200810239733.5）获得第十八届中国专利优秀奖等。

十二、农业部商丘农业资源与生态环境重点野外科学观测试验站

依托中国农业科学院农田灌溉研究所建设，重点研究方向：小麦—玉米轮作农田生产和农业温室气体排放对全球气候变化的响应与反馈作用；农业生产综合防御涝渍盐碱灾害技术模式和农业减损技术体系建立；粮食核心区有机废弃物无害化、资源化处理及利用技术、氮磷污染防控技术研发及农业清洁生产技术集成；灌溉水质影响农田生态系统和作物产量品质的机理与灌溉水质评价；作物互作效应对作物需水需肥过程的调控与生物节水技术。

（一）观测条件

商丘试验站科研用房面积1 100m^2，分设样品预处理实验室、样品保藏室、生化分析实验室等，配置观测与分析仪器设备20余台（套），价值300多万元。主要有：DAVIS自动气象站、根系生态监测系统、多参数水质监测仪、连续流动化学分析仪、原子吸收光谱仪、酶标分析仪、紫外可见分光光度计等。商丘试验站野外科学观测研究基地初具规模，设有1个综合观测场和2个辅助观测场，5个站区调查点。

（二）工作成绩

"十二五"期间，试验站完成了我国华北、西北和东北地区主要作物节水生产布局规划与区划，编制了区域降水量与作物需水量GIS信息图，自主开发的《主要作物节水生产区划与干旱预警及应变防控系统》软件在商丘地区推广试用。结合试验站30年来的气象和作物生长数据，计算区域小麦玉米一年两熟农业生产系统作物耗水规律，同时整合台站相关实时监控信息资源，预测旬干旱信息，指导商丘地区600万亩小麦、玉米生产，特别在小麦"返青—拔节期"和玉米"拔节—抽雄期"为地方农业生产管理部门提供干旱预警与对策，拓展灌水时序，消减用水峰值，实现了"缺水年不减产"的目标。

十三、农业部武昌花生资源重点野外科学观测试验站

依托中国农业科学院油料作物研究所建设，长期在野外条件下观测各种生态环境因素、病虫害的动态变化、土壤营养成分的动态变化、非生物逆境因子的动态变化和各种自然灾害对花生资源生长发育、遗传完整性和稳定性的影响，建立长期的、稳定的野外观测数据库，积累数据资料，为花生资源的安全保护提供决策性信息。

试验站占地20 000m^2，包括野生花生培养池、隔离区、观察池、杂交台、挂藏室及晒场，可保存800份种质资源，同时可开展800份材料的观察鉴定并开展远缘杂交。本站拥有小型全自动气候站，可对光照、气温、雨量、风速、大气湿度、温度、土壤温度、湿度等气候和环境因子进行动态检测。且拥有光照培养间、组培室、人工气候箱，及高效液相色谱仪、气相色谱仪、核磁共振仪、近红外探测仪、PCR仪、电泳仪等多种规格和用途的仪器，能够确保所有研究项目的顺利实施。"十二五"期间，试验站获2015年湖北省科技进步一等奖，发表论文15篇。

十四、农业部沅江麻类资源重点野外科学观测试验站

依托中国农业科学院麻类研究所建设，通过对麻类资源野外科学观测、评价与鉴定，完成部分麻类资源形态及生理特征监测；建立麻类资源病虫害数据库、育种亲本材料数据库、栽培数据库以及土壤和气候因子数据库。为麻类种质资源、育种、栽培、病虫害防的研究工作提供依据。

（一）观测条件

目前试验站拥有实验仪器设备45台（件），包括植物生长环境数据采集系统（Auto-22）、快速土壤水分测定仪（TSZ-Ⅱ），快速土壤养分测定仪、全自动植物茎流系统（AZ-DD）、水势测定仪（PsyPro）和叶面积仪（YMJ-B）等。农机具8台（件），包括潜水式无堵塞水泵、黄海金马804拖拉机、起垄

机、230旋耕机和动力喷雾机等。

（二）工作成绩

"十二五"以来，试验站长期观测研究支撑了突破性成果的产出，发表论文4篇，获得专利授权2项"苎麻与肉鹅种养结合研究和应用"获2015年中国农业科学院青年科技创新奖。

十五、农业部兴城北方落叶果树资源重点野外科学观测试验站

依托中国农业科学院果树研究所建设，试验站主要研究方向是开展区域性主要农作物基因资源的收集、保存、评价和利用研究；对辽宁主要落叶果树资源的农艺性状和抗性进行观测，利用表型鉴定和分子标记技术，对苹果和梨的遗传多样性进行分析，开展果树原位保护区的长期定位观测；建立观测试验站的监测物联网，采集野外观测站的自然数据，结合试验数据链，建立种质资源数据信息共享平台，为保护地区生物资源的多样性、农业的持续高效发展提供科技支撑。

（一）观测条件

试验站占地约3 147亩，其中观测试验用地90亩，土地性质为科学试验用地。配备各类实验仪器49台（套），仪器包括土壤养分测定仪、土壤水分测定仪、露点水势仪、DNA倍体分析仪、MINIMET自动气象站、vantage Pro2自动气象站、监测控制仪、CO_2检测仪、凝胶成像系统、高压电泳仪、聚丙烯酰胺凝胶电泳系统、琼脂糖凝胶电泳系统、小型离心机等。

（二）工作成绩

该试验站观测试验支撑了一批成果产出。"十二五"期间获得省部级奖3项，市级等其他奖项7项；制定标准4项；获批发明专利8项，实用新型专利20项，著作权登记证书1项；发表论文130余篇。

十六、农业部杭州茶树资源重点野外科学观测试验站

依托中国农业科学院茶叶研究所建设,重点开展了以下几个方面的研究工作:茶树种质资源收集、保存、保护、整理和鉴定评价;茶树起源演化和遗传多样性研究;茶树遗传作图和重要经济、品质性状的QTL定位研究;基于功能基因组学的茶树优异基因资源的发掘和利用研究;茶树特异资源发掘和种质创新利用研究。

(一)观测条件

观测站目前有试验场70多亩、自动控制温室600m^2、玻璃温室3 000多平方米、植物组织培养室100多平方米、大棚7 000多平方米,并拥有完备的茶叶加工厂和茶叶深加工试验车间,以及液相色谱仪、荧光定量PCR仪、蛋白分离纯化系统、真空离心浓缩系统、多功能电穿孔仪等各类科研仪器设备200多台(套),总价近500万元。利用上述设备,可针对茶树资源开展从表型到基因型的技术鉴定,研究茶树起源演化的路线、遗传多样性的时空分布规律等科学问题,为茶树分子育种提供技术支撑。近几年,为提升监测水平,观测站持续加强硬件条件建设,增添了一批先进的仪器设备,如MiSeq二代测序系统、毛细管电泳系统、微量核酸蛋白检测仪等,不断提高育种材料的表型和基因型鉴定水平;同时配置一批便携式仪器设备,如叶片光合测定系统、土壤水分测定系统等,提高野外观测的工作效率。另外,为进一步加强国家种质杭州茶树圃保存能力,整修了资源圃的道路与围栏,改造修缮了温室、大棚;并添置了小型气象站、农用运输车辆等现代化设备,不断加强资源的信息管理水平。

(二)工作成绩

通过多年的系统工作,目前本观测站已入圃保存资源共计2 000多份,涵盖了山茶属茶组植物所有的种与变种,资源的多样性和丰富度居国际领先水平,取得了近15万个茶树形态学特征和生物学特性、品质特性和抗逆性的鉴定评价数据,并以此建立了"茶树种质资源鉴定评价数据库",各科研机构和茶叶企业均可通过"茶树种质资源子平台"向本观测站查询相关数据,并在此基础上

开展新的研究工作。

"十二五"期间,本观测站在茶树种质资源收集保存和利用方面,新收集各类茶树资源267份、精细鉴定茶树资源256份(图5-1),为863计划、国家科技攻关计划等近百个国家级或省部级科研项目提供了一批重要的研究材料。同时向全国近百家科研、教学、推广及生产部门提供共享资源1 000余份次。通过多年的系统鉴定,已发掘出优质资源30多份、特异资源20多份,并通过种质创新获得了一批遗传材料;利用这些优异资源和遗传材料,目前已育成了7个国家审定、3个省级审定茶树新品种。在优异基因发掘方面,通过构建首张茶树高密度遗传图谱,发掘出儿茶素和咖啡碱含量、物候期性状主效QTL各1个;构建了茶树类黄酮、咖啡碱和茶氨酸合成代谢基因的表达调控网络;发表论文38篇,其中SCI收录16篇、获授权专利8项、出版茶树种质资源研究专著2部、制定UPOV国际标准1项、国家标准1项、行业标准4项。

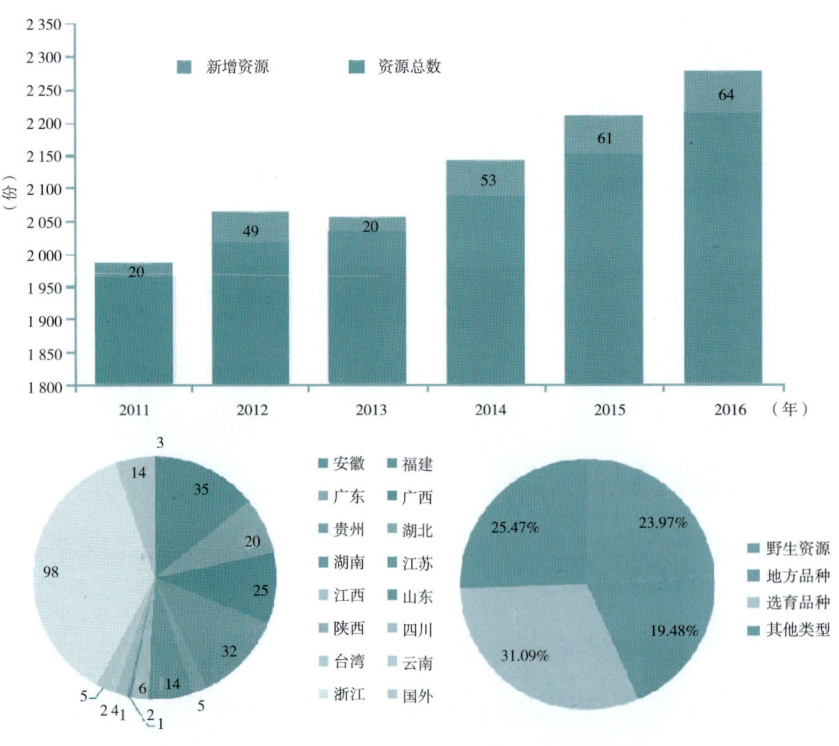

图5-1 "十二五"期间茶树种质资源收集情况

十七、农业部兰州黄土高原生态环境重点野外科学观测试验站

依托中国农业科学院兰州畜牧与兽药研究所建设，观测试验站主要开展黄土高原农业资源与生态要素长期监测和演变规律研究，在已有气象、土壤、水分、牧草观测数据的基础上，研究黄土高原农业资源和生态环境现状、变化及发展规律，为黄土高原农业资源合理利用、农业高产高效、区域协调发展和环境监测研究提供技术支撑。

（一）观测条件

试验站拥有各类仪器设备50余台（套），其中，气候观测设备、种子培养箱、显微镜、电子天平等观测、分析仪器、实验仪器12台（套）；播种机、拖拉机、推土机、联合收割机、旋耕机、割草机、打捆机等农用机械31台（套）；小型气候与土壤观测仪器设备1套。

（二）工作成绩

该试验站长期观测研究支撑大批创新成果的产出。"十二五"以来，观测站发表论文26篇，授权国家专利46项，出版著作5部，获得各级科技奖励4项。

十八、农业部鄂尔多斯沙地草原生态环境重点野外科学观测试验站

依托中国农业科学院草原研究所建设，开展以下几方面研究工作：鄂尔多斯沙地草原生态系统主要生态因子及其结构特征的监测研究；沙质草地植被恢复与退化生态重建的机理、技术及其模式的观测与研究；休牧、禁牧等沙质草地的合理利用，人工草地建植、饲草料加工调制及其舍饲、半舍饲等生产技术及其模式的示范研究；高产人工草地建设和苜蓿产品产业化。

（一）观测条件

试验站拥有土地5 000亩，其中，永久性土地500亩（有产权），实验室、科研人员宿舍及专家公寓1 300m²；试验基地建有牧草筛选标准化试验小区20

亩，优质人工草地400亩，有保持完好的连续观测近10年的天然草地样地120亩。拥有总价值650万元的可开展野外生态、生理仪器设备54台（套），可以开展土壤—植被—大气间的碳氮循环、水循环及植物叶片、个体、群落/生态系统尺度的生态学研究。

（二）工作成绩

"十二五"期间，试验站的长期科学观测支撑了一批创新成果的产出。获得部级科学技术进步三等奖1项，全国农牧渔业丰收二等奖2项，在国内核心刊物上发表论文48篇，出版著作10余部，获国家专利授权10余项。

十九、农业部沙尔沁牧草资源重点野外科学观测试验站

依托中国农业科学院草原研究所建设，主要开展野生、珍稀、濒危及农作物近缘植物的收集，牧草种质资源异地保存及无性繁殖牧草的保存技术研究；牧草种质资源鉴定与评价研究；牧草种质资源实物与信息共享研究。

（一）观测条件

该试验站位于呼和浩特市西南约30km的土默特左旗沙尔沁乡，地理坐标为东经111°45′、北纬40°36′，是建立牧草种质资源观测试验站的理想场地，可辐射代表内蒙古自治区、甘肃、宁夏回族自治区等我国中西部广大的典型草原区。试验站建有：生理实验室、抗逆性评价实验室、抗病虫鉴定实验室、生物技术实验室、品质评价实验室、农艺性状鉴定实验室等实验室448m^2；温室、旱棚、网室600m^2；农机具库200m^2；种子储藏库200m^2；晒场500m^2。

（二）工作成绩

"十二五"期间，试验站的定位观测试验支撑发表论文30余篇，出版专著7部，编著1部。出版了《农业部沙尔沁牧草资源重点野外科学观测试验站野生植物资源图谱》《中国北方禾本科重要牧草彩色图谱》。

二十、农业部玉树高寒草原资源与生态环境重点野外科学观测试验站

依托中国农业科学院草原研究所建设，以高寒草原生态系统评价、草原管理利用模式以及退化草原植被恢复研究为主要研究方向，重点开展草原生态健康评价、气候与草原生态、人类活动与草原生态、草畜平衡与合理利用、退化草原演替与恢复、草原灾害预警预报及持续控制技术等研究，为促进草业科学进步、生态建设、草原畜牧业发展和边疆社会稳定提供服务。

（一）观测条件

试验站拥有试验地200hm^2，其中试验小区100hm^2，永久样地50hm^2，气象观测场1个。具有一定的科研仪器条件基础，现有实验室和野外用科研仪器46台（套）。

（二）工作成绩

"十二五"期间，试验站长期定位观测试验支撑发表科研论文20余篇，其中SCI 2篇，出版著作《青海省草地常见植物图谱》1部，为青藏高原三江源区积累了水、土、气等连续观测数据，评价了三江源区高寒草甸健康状况，对三江源区草地承载力与当地特有家畜的合理配置作出了分析。

二十一、农业部长白山野生生物资源重点野外科学观测试验站

依托中国农业科学院特产研究所建设，长期、系统地开展土壤、气象、特种动植物种质资源等基础数据监测；对珍贵、稀有特种动植物资源开展性状评价研究；开展栽培技术、品种选育及相关成果的示范推广。

（一）观测条件

目前试验站建有试验地面积150亩，拥有全自动温室，药材、种子通风干燥库、低温种子种苗贮藏室，田间灌溉设施田间设施。目前各项设备设施维护运

转良好，使用效率高，拥有试验场地面积112.5亩，建有玻璃智能温室、联栋避雨大棚、塑料日光温室、玻璃日光温室、田间操作间等基础设施。现场有植物生长室、长期自动气象站等仪器设备及田间机械操作等相关设施；现有办公和实验室房屋4 471m^2，鹿圈舍11 600m^2，毛皮动物场地9 600m^2，水貂笼舍5 000套，狐貉笼舍1 000套，饲料用地600亩。现场具有天平、烘箱、离心机、绞肉机、搅拌机、投食机、青贮机、铡草机、运料车等试验和生产设备，可完成样品的初级处理工作。

（二）工作成绩

台站长期定位试验支撑了相关科学研究，并获得大批创新性成果，包括省部级以上奖励17项；发表SCI论文418篇；出版著作23部；获得专利授权15项；制定标准20项。台站推广应用了8项毛皮动物生物制品相关科技成果，特别是水貂犬瘟热活疫苗、水貂细小病毒性肠炎和狐狸传染性脑炎等3项新兽药证书依托试验站完成了前期的示范推广，进而在全国进行了大范围的推广应用，减少相关养殖单位经济损失约125亿元，有效地控制了疫病的流行，保障了我国毛皮动物产业发展。

二十二、农业部大理农业生态环境重点野外科学观测试验站

依托农业部环境保护科研监测所建设，长期致力农业面源污染防治和高原湖泊水质保护研究。主要研究方向包括农业生态环境要素定位监测、农业面源污染防控技术研发、高效农业生产技术研发与应用、相关成果的示范推广等内容。

（一）观测条件

试验站建有试验办公室面积1 500m^2，拥有流动注射分析仪、在线水质总氮总磷分析仪、水质铵氮硝氮分析仪、原子吸收分光光度计、凯氏定氮仪、便携式水质分析实验室等仪器设备20余台（套），可以实现基本的土壤、水体和植物样品指标测试。此外，完备的田间试验小区8组，配套的自动气象监测站，以

及开展试验用的规模化奶牛场和多级塘试验区。目前试验站科研和管理人员共22人。

（二）工作成绩

"十二五"以来，试验站长期定位监测和技术示范支撑了一批创新性成果产出，获得农业部丰收奖一等奖、云南省科技进步三等奖、天津市科技进步三等奖、中国农业科学院科技成果二等奖共4项。累计发表学术论文51篇，其中SCI/EI收录18篇。出版专著12部。授权专利29项，授权发明专利11项，授权实用新型专利18项。试验站同时获得农业部"国家农业科技创新与集成示范基地"、国家外专局"农业面源污染监测及防控技术"引智基地等命名。

二十三、农业部镇江桑树资源重点野外科学观测试验站

依托中国农业科学院蚕业研究所建设。目前开展的主要工作：桑树种质资源的考察、收集、保存、鉴定、评价、创新与利用；桑种质资源数据化、标准化整理及信息系统建设；桑树分子生物学及生物技术研究；桑树新品种选育；桑树资源综合开发利用研究；桑树种质资源形态特征、生物学特性、品质特性、抗逆性、抗病虫性等主要性状遗传稳定性长期定位观测；桑树种质资源遗传多样性、资源保存安全性及试验站水、土、气等生态要素监测。

（一）观测条件

该站采用田间栽植的方式保存桑种质，拥有围墙、水泥道路、普通灌溉及喷灌等基础设施，还有与种质研究配套的抗病鉴定圃、资源繁殖圃、种茧育与丝茧育叶质鉴定蚕室，拥有PCR扩增仪、人工气候箱、显微镜等各类仪器设备共55台（套）。

（二）工作成绩

该站共保存收集于我国28个省（区、市）及日本、泰国、印度、加拿大、韩国、意大利等10多个国家的桑树地方品种、选育品种、品系、特殊遗传材

料、野生资源等2 000余份，分属13个桑种3个变种，保存种质类型及数量均居世界首位。编写出版了《桑树种质资源目录》和《中国桑树品种志》，制定出版了《桑树种质资源描述规范和数据标准》《农作物种质资源鉴定技术规程桑树》《农作物优异种质资源评价规范桑树》。开展了形式多样的国内外学术交流与科学普及活动，接待了法国、意大利、埃塞俄比亚、韩国、印度、泰国、美国、日本、缅甸、孟加拉国、柬埔寨等国外专家学者来访，加强了与国外的合作和学术交流，扩大了试验站的影响；完成了1名中组部"西部之光"访问学者培训；作为镇江市科普教育基地，为中小学生开展蚕桑及种质资源科普教育；作为大学生的课外实习基地，通过开展现场实习、讲授种质资源知识、提供实验材料等方式，普及种质资源知识。

二十四、农业部徐州甘薯资源重点野外科学观测试验站

农业部徐州甘薯资源重点野外科学观测试验站是2005年10月农业部首批命名的重点野外科学观测试验站。该站位于华北平原的东南部、江苏省北部的徐州市，海拔42m，地理坐标为北纬34°17′、东经117°09′，土壤类型为黄潮土，质地沙壤。

试验站长期定位试验从1980年开始，至今已开展了30年（60季）。已被列为全国化肥网定点试验项目。1981—2002年为小麦—玉米轮作，2002年后改为"小麦—甘薯轮作"。通过黄潮土肥料三要素长期定位试验，完整保存了土壤养分含量、植株养分含量、作物产量的多年试验数据，并取得了相关研究结果：①长期施用有机肥或有机无机肥配合施用，有利于土壤有机质和全氮的积累，长期不施肥或单施化肥不利于土壤有机质品质的改善，有机肥配合化肥施用可以降低有机质氧化稳定系数，提高HA/FA比，使土壤对养分的供贮、调控能力增强，从而提高土壤肥力水平；②长期施用有机肥或有机无机结合，有利于土壤全磷的积累，可以明显提高土壤速效磷含量；③沙壤质潮土含钾量较丰富，但土壤速效钾的有效性很低，增施钾肥有明显和稳定的增产效果，并能提高作物的抗逆性；④长期单施氮肥，由于养分供应不均衡，造成土壤大量的

氮素盈余，既造成了氮素的损失，又增加了环境污染的潜在危险，对土壤物理性状也有不利影响；⑤长期施用氮肥对小麦籽粒蛋白质含量的提高作用较为稳定，而磷肥的作用则因籽粒产量的提高产生的"稀释效应"，使蛋白质含量有所下降。施磷可提高甘薯块根干物质含量；不同处理对小麦产量影响表现：MNPK > NPK > NP > N > NK > CK，对甘薯产量的影响：MNPK > NPK > NK、NP > N > CK。

第三节　中国农业科学院野外科学观测试验站

2009年，为获取农业野外科学原始资料和基础数据，中国农业科学院开展综合科学研究，进行区域生态试验、生产示范和服务农业生产，提高野外科学观测、研究、试验、示范的能力和水平，在土壤肥料、农业水资源、农业气象、农业生物资源、草地资源生态、农业环境等学科领域建成了60个院级野外科学观测试验站（表5-2）。

表5-2　中国农业科学院野外科学观测试验站

编号	名称	依托单位
1	中国农业科学院祁阳红壤生态环境野外科学观测试验站	中国农业科学院农业资源与农业区划研究所
2	中国农业科学院呼伦贝尔草甸草原生态环境野外科学观测试验站	中国农业科学院农业资源与农业区划研究所
3	中国农业科学院洛阳旱地农业野外科学观测试验站	中国农业科学院农业资源与农业区划研究所
4	中国农业科学院迁西燕山生态环境野外科学观测试验站	中国农业科学院农业资源与农业区划研究所
5	中国农业科学院昌平潮褐土生态环境野外科学观测试验站	中国农业科学院农业资源与农业区划研究所
6	中国农业科学院德州农业资源与生态环境野外科学观测试验站	中国农业科学院农业资源与农业区划研究所
7	中国农业科学院长白山野生生物资源野外科学观测试验站	中国农业科学院特产研究所
8	中国农业科学院杭州茶树资源野外科学观测试验站	中国农业科学院茶叶研究所
9	中国农业科学院寿阳旱地农业野外科学观测试验站	中国农业科学院农业环境与可持续发展研究所
10	中国农业科学院鄂尔多斯沙地草原生态环境野外科学观测试验站	中国农业科学院草原研究所
11	中国农业科学院沙尔沁牧草资源野外科学观测试验站	中国农业科学院草原研究所
12	中国农业科学院玉树高寒草原资源与生态环境野外科学观测试验站	中国农业科学院草原研究所

（续表）

编号	名称	依托单位
13	中国农业科学院沅江麻类资源野外科学观测试验站	中国农业科学院麻类研究所
14	中国农业科学院廊坊有害生物防治野外科学观测试验站	中国农业科学院植物保护研究所
15	中国农业科学院锡林浩特草原有害生物防治野外科学观测试验站	中国农业科学院植物保护研究所
16	中国农业科学院兴城北方落叶果树资源野外科学观测试验站	中国农业科学院果树研究所
17	中国农业科学院武昌花生资源野外科学观测试验站	中国农业科学院油料作物研究所
18	中国农业科学院商丘农业资源与生态环境野外科学观测试验站	中国农业科学院农田灌溉研究所
19	中国农业科学院兰州黄土高原生态环境野外科学观测试验站	中国农业科学院兰州畜牧与兽药研究所
20	中国农业科学院昌平畜禽资源野外科学观测试验站	中国农业科学院北京畜牧兽医研究所
21	中国农业科学院新乡矮败小麦野外科学观测试验站	中国农业科学院作物科学研究所
22	中国农业科学院大理农业生态环境野外科学观测试验站	农业部环境保护科研监测所
23	中国农业科学院镇江桑树资源野外科学观测试验站	中国农业科学院蚕业研究所
24	中国农业科学院徐州甘薯资源野外科学观测试验站	中国农业科学院甘薯研究所
25	中国农业科学院新乡有害生物防治野外科学观测试验站	中国农业科学院植物保护研究所
26	中国农业科学院天水有害生物防治野外科学观测试验站	中国农业科学院植物保护研究所
27	中国农业科学院桂林有害生物防治野外科学观测试验站	中国农业科学院植物保护研究所
28	中国农业科学院廊坊数字水肥野外科学观测试验站	中国农业科学院农业资源与农业区划研究所
29	中国农业科学院密云生态农业野外科学观测试验站	中国农业科学院农业资源与农业区划研究所
30	中国农业科学院鄂托克旗牧草资源与育种野外科学观测试验站	中国农业科学院北京畜牧兽医研究所
31	中国农业科学院杭州水稻种质资源野外科学观测试验站	中国水稻研究所
32	中国农业科学院长江中下游棉花野外科学观测试验站	中国农业科学院棉花研究所
33	中国农业科学院平安油菜育种野外科学观测试验站	中国农业科学院油料作物研究所
34	中国农业科学院进贤红壤地区油料作物野外科学观测试验站	中国农业科学院油料作物研究所
35	中国农业科学院汉川转基因油料作物环境安全野外科学观测试验站	中国农业科学院油料作物研究所
36	中国农业科学院武清转基因生物农田生态系统影响野外科学观测试验站	农业部环境保护科研监测所
37	中国农业科学院藁城农业生态环境野外科学观测试验站	农业部环境保护科研监测所
38	中国农业科学院彭州农产品产地环境野外科学观测试验站	农业部环境保护科研监测所
39	中国农业科学院南京农业机械野外科学观测试验站	农业部南京农业机械化研究所
40	中国农业科学院郑州果树瓜类野外科学观测试验站	中国农业科学院郑州果树研究所
41	中国农业科学院阿克苏果树瓜类野外科学观测试验站	中国农业科学院郑州果树研究所
42	中国农业科学院青岛烟草资源与环境野外科学观测试验站	中国农业科学院烟草研究所
43	中国农业科学院张掖牧草及生态农业野外科学观测试验站	中国农业科学院兰州畜牧与兽药研究所
44	中国农业科学院苏尼特温带荒漠草原资源与生态环境野外科学观测试验站	中国农业科学院草原研究所

（续表）

编号	名称	依托单位
45	中国农业科学院太仆寺旗草地资源生态监测与评价野外科学观测试验站	中国农业科学院草原研究所
46	中国农业科学院葫芦岛落叶果树生理生态及有害生物野外科学观测试验站	中国农业科学院果树研究所
47	中国农业科学院新乡农业水土环境野外科学观测试验站	中国农业科学院农田灌溉研究所
48	中国农业科学院廊坊蔬菜资源野外科学观测试验站	中国农业科学院蔬菜花卉研究所
49	中国农业科学院信息农业野外科学观测试验站	中国农业科学院农业信息研究所
50	中国农业科学院数字化文献信息服务系统野外科学观测试验站	中国农业科学院农业信息研究所
51	中国农业科学院岳阳农业环境野外科学观测试验站	中国农业科学院农业环境与可持续发展研究所
52	中国农业科学院那曲高寒草原生态与气候变化野外科学观测试验站	中国农业科学院农业环境与可持续发展研究所
53	中国农业科学院密云农业环境野外科学观测试验站	中国农业科学院农业环境与可持续发展研究所
54	中国农业科学院共和农业环境野外科学观测试验站	中国农业科学院农业环境与可持续发展研究所
55	中国农业科学院兰州农业环境野外科学观测试验站	中国农业科学院农业环境与可持续发展研究所、中国农业科学院兰州畜牧与兽药研究所
56	中国农业科学院永宁农业环境野外科学观测试验站	中国农业科学院农业环境与可持续发展研究所
57	中国农业科学院大荔农业环境野外科学观测试验站	中国农业科学院农业环境与可持续发展研究所
58	中国农业科学院崇明农业环境野外科学观测试验站	中国农业科学院农业环境与可持续发展研究所
59	中国农业科学院东营农业环境野外科学观测试验站	中国农业科学院农业环境与可持续发展研究所
60	中国农业科学院西昌烟草资源与环境野外科学观测试验站	中国农业科学院烟草研究所

第六章 产业安全支撑平台

第一节 国家质量监督检验中心

从20世纪80年代中期开始,按照国家关于加快建立健全农产品质量安全检验检测体系的有关要求,中国农业科学院相关研究所利用已有的专业技术人员和实验条件,通过授权认可和国家计量认证的方式,共建成了饲料、化肥、植保机械等3个国家级质检中心。

一、国家化肥质量监督检验中心(北京)

由中国农业科学院农业资源与农业区划研究所承建,承检肥料和土壤调理剂等产品40项,参数150多项。中心自2000年以来,中心依托于国家质检中心和农业部肥料登记管理平台,积极开展标准体系建设,制修订了一系列肥料和土壤调理剂相关的产品、检测方法、效果评价和限量要求农业行业标准近50项。

二、国家饲料质量监督检验中心（北京）

中国农业科学院农业质量标准与检测技术研究所承建，承检产品涵盖饲料和饲料添加剂、畜禽水产品和生物材料等3个领域、225种产品和694个技术参数，年检测能力达50 000项次，是我国饲料检测技术研究、饲料标准制（修）订，饲料质量监督检验、质量安全评价以及饲料中违禁物质、兽药、重金属、天然污染物等有毒有害物质和二噁英等持久性污染物检测的权威机构。

"十二五"以来，获得中国农业科学院科技成果一等奖1项，北京市科技进步二等奖1项；制定或修订国家或农业行业标准10余项；发表SCI论文30余篇，获得授权国家发明专利10项，实用新型专利9项；研制饲料质量安全速测装备，包括拉曼光谱仪、上转换发光速测仪等4种，向农业部等政府主管部门上报风险排查和预警监测报告等20余份。

三、国家植保机械质量监督检验中心

农业部南京农业机械化研究所承建，中心共可承检产品及参数66项，其中手动喷雾器、背负式电动喷雾器、背负式喷雾喷粉机、背负式动力喷雾机、风送式喷雾机、高压清洗机、便携式脉冲烟雾机、割灌机、草坪割草机等植保机械产品15项，旋耕机、秸秆粉碎还田机、微型耕耘机、铧式犁、耕整机、旋耕深松灭茬起垄机、驱动型耙浆平地机等耕作机械产品12项，旋耕施肥播种机、谷物播种机、单粒（精密）播种机、铺膜播种机、免耕施肥播种机等播种机械6项，机动喷雾机喷射部件、喷雾机用三缸柱、活塞泵、农业喷雾用橡胶软管、风机（植保机械用）、旋耕机械弯刀等零部件8项，农林拖拉机和机械、草坪和园艺动力机械 安全标志和危险图形总则、农林拖拉机和机械 安全技术要求第1部分总则、第5部分驱动式耕作机械、第6部分植物保护机械、第9部分播种、栽种和施肥机械、第10部分手扶（微型）耕耘机、第13部分后操纵式和手持式动力草坪修整机和草坪修边机和植保机械通用试验方法等产品安全技术要求及通用试验方法8项。

国家植保质量监督检验中心自"十二五"以来，制定了《喷雾器》《直流电动喷雾机（器）》等行业标准，适用于农业、林业和卫生防疫用的喷雾器、直流电动喷雾机（器）等；研制了大型轴流风机试验台、雾量分布智能扫描测试系统、雾滴荷质比测试系统等专用试验设备，为我国精准施药技术装备领域的科研、产品开发和作业效应评估提供了高水平的试验研究平台；研发了用于旱作大田的强力风送远程喷雾机，用于果园的风送定向喷雾机，以及用于设施大棚的可控雾滴喷雾机、超低量静电喷雾机等多种技术水平国内或国际领先、分别适用于不同靶标作物及生长期的高效、低污染施药技术装备，该类施药技术装备的研制开发与应用推广，大幅提高了我国对农业病虫害的防控能力和机械化防治水平。

第二节　农业部产品质量监督检验测试中心

围绕加强国家农产品质量安全监管、提升农产品市场竞争力的需求，中国农业科学院在农业环境、农业投入品和农业产出品领域共建立了谷物、蔬菜、稻米等25个部级农产品质量监督检验测试中心和6个部级转基因生物安全监督检验测试中心，为农产品质量安全评价、农业行政执法、农村市场监管和农产品贸易提供了重要的技术支撑。

一、农业部谷物品质监督检验测试中心

由中国农业科学院作物科学研究所承建，中心主要承担谷物及其加工产品、农作物品种及种子理化分析和农产品质量安全检验工作，农产品质检机构授权检验产品91种（包括小麦、稻谷、玉米、大豆、荞麦、燕麦、食用豆、谷子、高粱、芝麻等）、检验参数320项（包括甲胺磷等90个农药残留、镉等18项金属和重金属、呕吐毒素等11个生物毒素、粗蛋白质等156个品质指标、山梨酸等27个添加剂等）。食品检验机构授权检验产品35种、检验参数275项。

"十二五"以来，共编写完成了6份《小麦质量年报》，对我国北部和黄淮冬麦区域试验品种品质变化进行分析。连续六年，承担了农业部下达的稻谷、小麦、玉米、马铃薯、谷子等农产品质量安全普查和专项监测任务，编写了7份农产品质量安全预警和总结报告。近六年，承担了国家小麦、玉米、大豆新品种区域试验品质鉴定任务，同时以社会委托形式承担了小麦、玉米、大豆主产省（区）和育繁推大型种子企业的区域试验新品种的品质鉴定。

二、农业部农药应用评价监督检验测试中心（北京）

由中国农业科学院植物保护研究所承建，承检阿维菌素、毒死蜱、腈菌唑、啶虫脒、百菌清原药及制剂10个农药产品。水分、pH值、丙酮不溶物、熔点、乳液稳定性、润湿性、悬浮率、细度、农药热贮稳定性、农药低温稳定性10个农药质量检测参数；食品中六六六、滴滴涕残留，蔬菜和水果中有机磷、有机氯、拟除虫菊酯和氨基甲酸酯类农药残留等26个农药残留检测参数，鸟类毒性、蜜蜂急性毒性、鱼类急性毒性、蚯蚓急性毒性、土壤降解、水解、土壤淋溶7个农药环境检测参数，病原真菌菌丝生长抑制活性、瓜类白粉病防治活性、黄瓜霜霉病防治活性、鳞翅目害虫防治活性、家栖鼠防治活性、杂草防治联合作用活性、杂草防治活性、根结线虫防治活性、胞囊线虫防治活性9个农药药效检测参数。

三、农业部转基因环境安全及植物抗性监督检验测试中心（北京）

由中国农业科学院植物保护研究所承建。承检项目类别/参数：玉米、大豆、水稻、油菜、棉花等及其产品的调控元件、标记基因、目的基因、构建特异性、转化事件特异性，外源蛋白等外源基因及其表达产物；转基因玉米、转基因大豆及其产品的目标性状、生存竞争能力、基因漂移、对生物多样性的影响等环境安全评价指标；小麦、玉米、水稻、棉花、烟草、黄瓜、番茄、辣椒等植物的抗病性、抗虫性检测等30类产品147个参数。

"十二五"以来，中心获得省级二等奖1项（排名第二），主持制订国家转基因检测标准7项，发表论文3篇（中心署名），授权转基因检测方面发明专利7项。

四、农业部蔬菜品质监督检验测试中心（北京）

由中国农业科学院蔬菜花卉研究所承建，承检产品包括新鲜蔬菜、新鲜水果和新鲜食用菌及绿色食品、无公害农产品。承检参数：理化指标，包括水分、蛋白质、维生素C、淀粉、糖、有机酸、番茄红素、胡萝卜素、矿质元素、氨基酸等；农药残留，包括有机磷、有机氯、氨基甲酸酯、拟除虫菊酯类等杀虫剂、杀菌剂、植物生长调节剂；污染物，包括重金属、亚硝酸盐、亚硫酸盐、塑化剂等。

"十二五"期间，承担农业部农产品质量安全例行监测项目，五年共分析汇总数据400万个，向农业部提交报告50余份。"十二五"期间，制修订标准7项，为全国蔬菜产业标准化工作提供技术支撑。

五、农业部畜牧环境设施设备质量监督检验测试中心（北京）

由中国农业科学院农业环境与可持续发展研究所承建，承检《规模化猪场环境参数及环境管理》（GB/T 17824.4—2008）、《畜禽场环境质量标准》（NY/T 388—1999）、《畜禽养殖业污染物排放标准》（GB 18596—2001）、《有机肥料》（NY 525—2012）、《无公害食品 畜禽饮用水水质》（NY 5027—2008）、《畜禽粪便无害化处理技术规范》（NY/T 1168—2006）、《食用农产品产地环境质量评价标准》（HJ/T 332—2006）和《绿色食品 产地环境质量》（NY/T 391—2013）等畜牧环境产品8项。

承检参数40项：温度、湿度、光照、风速、噪声、二氧化碳、氨气、硫化氢、甲烷、总悬浮颗粒物（TSP）、可吸入颗粒物（PM10）和细菌等气体环境参数12项；化学需氧量（COD_{Cr}）、悬浮物（SS）、五日生化需氧量

（BOD$_5$）、氨氮、凯氏氮、总氮、总钾、总磷、pH值、锌、铜、铅、镉、粪大肠菌群数、蛔虫卵和溶解氧等液体环境参数16项；含水率、pH值、全氮、有机质、全磷、全钾、铜、锌、铅、镉、粪大肠菌群数和蛔虫卵等固体环境参数12项。

"十二五"以来，中心主持完成标准制定项目7项、参加完成标准研究项目1项；正在制订标准7项，包括国家标准4项、农业行业标准3项。

六、农业部奶及奶制品质量监督检验测试中心（北京）

由中国农业科学院北京畜牧兽医研究所承建，经认证授权的有2大类11个产品311项检测参数，覆盖所有奶类产品的检测。

"十二五"以来，中心承担国家和行业标准修订工作15项，发布4项，获得省部级以上成果奖励3项，其中国家科学技术进步二等奖1项，省部级奖1项，优秀发明专利奖1项。发表论文211篇，其中SCI收录76篇；制订国家标准4项，行业标准4项；主编或参编著作3部；获得发明专利3项；软件著作权8项。中心依托农业部生鲜乳质量安全监测工作，组建全国协作网络，现在已有43家质检机构具备生鲜乳检测资质和能力，技术水平取得突破。牵头全国40余家任务单位开展生鲜乳质量安全监测工作，形成130余份报告，为政府决策和奶业发展提供了有力支撑。

七、农业部蜂产品质量监督检验测试中心（北京）

由中国农业科学院蜜蜂研究所承建，承检的产品包括蜂产品、畜产品、蔬菜和蜜饯果脯等19个产品参数，方法参数达到328项。具体检测项目：蜂产品质量监督检验工作；蜂产品和畜产品质量安全例行监测、残留监控、专项监测、投入品监管等政府监管工作；蜂产品绿色食品、无公害农产品、地理标志农产品认证和市场准入检测；蜂产品收购、市场贸易、名优评比、新产品定型等委托检验工作；开展检测技术研究。承担国家、行业和地方标准制订、修订及验证工作；开展国内外农产品质量安全技术交流、培训、指导、服务及咨询。

2011—2015年，实验室先后获得省部级奖4项；获得授权发明专利22项；发表论文69篇，其中SCI/EI论文48篇。发表中文专著12部；其中"蜂王浆优质高效生产和质量安全评价技术及其应用"获得2014—2015年度中华农业科技奖一等奖（KJ2015-D1-016-01），"融合检测技术的蜂产品质量安全控制系统研究与应用"获得北京市科学技术奖二等奖（2015农-2-004）。主持和参与制订近30项国家标准和农业行业标准。

八、农业部农产加工品质量监督检验测试中心（北京）

依托中国农业科学院农产品加工研究所建设，中心具备实验室资质认定、食品检验实验室资质认定、农业部农产品质量安全检测机构考核和农业部审查认可资质，具备承担蔬菜、瓜果、粮食、肉及肉制品、蛋及蛋制品、乳及乳制品等30种农产品和农产加工品及640余项参数的检测能力，包括农药残留、兽药残留、重金属、致病菌微生物、真菌毒素、防腐剂、保鲜剂、添加剂、非法添加污染物、辐照产品、感官评价、常规理化营养指标等参数的检测，检测范围覆盖农产品及加工品的各个领域，检测技术和水平处于国内领先。可面向社会出具具有法律效力的检验报告。

先后开发了农兽药多残留检测方法，金属离子/抗生素荧光检测探针，快速检测试纸条、试剂盒等产品，申请国家级发明技术专利及实用新型专利30余项，在国内外知名期刊发表学术论文100余篇，出版专著5部，制修订国家标准及农业行业标准30余项。在农业部、中国农业科学院官方网站以及国内主流媒体发表农产品质量安全科普解读文章20余篇，接受中央电视台、人民日报等主流媒体采访多次。2015年，中心获批北京市青少年科普教育课程基地，累计培训2 000余名学生。

九、农业部转基因植物用微生物环境安全监督检验测试中心（北京）

由中国农业科学院生物技术研究所承建，目前具有开展转基因环境安全、转基因成分检测、植物品种DNA指纹三大类和18类产品共94个参数的检测资质。可承检的项目类别/参数：大豆、水稻、油菜、棉花、玉米、烟草、马铃薯、番茄、小麦、鱼及其产品的调控元件、标记基因、目的基因、构建特异性、转化事件特异性、外源蛋白等外源基因及其表达产物；转基因大豆、转基因水稻、转基因油菜、转基因棉花、转基因玉米和转基因植物用微生物的环境安全评价指标分子特征、目标性状、遗传稳定性、生存竞争能力、基因漂移、生物多样性影响和对目标植物的影响等；玉米和水稻品种DNA指纹鉴定。

"十二五"以来，中心主持/参与转基因生物新品种培育重大专项4项、农产品质量安全管理专项1项，参与制定14个国家标准，其中主持完成的国家标准有7个，获得的国家发明专利有16项。

十、农业部微生物肥料和食用菌菌种质量监督检验测试中心

由中国农业科学院农业资源与农业区划研究所承建，中心目前认证的承检产品及参数有微生物肥料、食用菌菌种及产品等三大类31个产品50个参数。

微生物肥料产品包括农用微生物菌剂、生物有机肥和复合微生物肥料，分别执行GB 20287—2006、NY 884—2012和NY/T 798—2015，其中农用微生物菌剂又包含有机物料腐熟剂、光合细菌菌剂、根瘤菌菌剂、土壤修复菌剂等功能菌剂。食用菌菌种及产品包括平菇、木耳、香菇、草菇、竹荪等24个。承检参数由微生物、营养成分、农药残留、重金属等4类组成，累计参数50个。其中，微生物菌种鉴定、菌株鉴别、菌株功能评价、杂菌检测及安全性评价等是本中心的特色，得到农业微生物和食用菌等领域的广泛认可。

建成了由基础标准、产品标准、菌种安全标准、方法标准和技术规程5个层面30个标准组成的微生物肥料标准体系，在国际上首次建立微生物肥料标准体系。中心依照要求开展微生物样品的检测和菌种的安全评价，为社会各界提

供了准确可靠的检测结果和检验报告累计9 000余份。累计发表论文54篇，其中SCI论文21篇，主编专著5部；获准国家发明专利7项。

十一、水利部节水灌溉设备质量检测中心

由中国农业科学院农田灌溉研究所承建，中心可按相关标准对喷头、轻小型喷灌机组、电动大型喷灌机、滴头或滴灌管（带）、微喷头、微喷带、过滤器、聚氯乙烯管材、聚乙烯管材、聚丙乙管材、波纹管材、涂塑软管、金属薄壁管及管件、塑料管件等14种产品的71个参数进行检测。

十二、农业部稻米及制品质量监督检验测试中心

由中国水稻研究所承建，承检无公害食品37项，绿色食品76项，稻米产品10项，其他食品类17项；承检常规品质参数69项，农药残留参数422项，添加剂参数19项，微生物参数8项，有害物质参数7项，真菌毒素参数7项，元素28项。

近5年来，实验室共发表论文102篇，其中SCI收录38篇；授权专利50项，其中发明专利11项；软件著作权1项，颁布标准12项，以中心员工为第一主编的出版专著2篇。

十三、农业部转基因植物环境安全监督检验测试中心（杭州）

由中国水稻研究所承建，承检水稻类产品1项和转基因类产品7项，承检转基因类产品包括转基因水稻、转基因玉米、转基因大豆、转基因油菜、转基因棉花、转基因番茄、转基因小麦。承检参数：转基因作物调控元件、标记基因、目标基因等转基因成分检测参数42个，转基因水稻目标形状、生存竞争能力、外源基因漂移等转基因环境评价参数7个，DNA指纹鉴定、DUS鉴定水稻品种参数2个。

十四、农业部棉花品质监督检验测试中心

由中国农业科学院棉花研究所承建,四个产品38个参数,承检产品有棉花种子、棉花纤维和纱线。棉花种子的承检参数:净度、水分、发芽率、真实性和品种纯度(田间和分子标记)、健籽率、生活力、种子健康、重量测定及硫酸脱绒与包衣棉花种子检测的各项指标。棉花纤维的承检参数:长度、整齐度、断裂比强度、断裂伸长率、马克隆值、细度、成熟度、颜色级、反射率、黄度、纺纱均匀性指数、回潮率、含杂率、棉结、短纤维含量、轧工质量、危害性杂物、籽棉公定衣分率、纤维含糖程度。棉花纱线的承检参数:纱线的线密度、单纱强力变异系数、百米重量变异系数、百米重量偏差、单纱断裂强度、条干均匀度。

中心在棉花科研方面也取得了较好的成绩。"十二五"期间,主持和参加了3项国家科技支撑项目及其他业务项目获得国家科技进步二等奖、中华农业科技成果二等奖、海南省科技进步一等奖等奖励7项。发表论文100余篇,其中SCI论文10篇;主编或参编著作8部,申请国家发明专利20余项,已有9项获得授权,主持或参与制修订国家、行业、地方标准10项。

十五、农业部转基因植物环境安全监督检验测试中心(安阳)

由中国农业科学院棉花研究所承建,承检产品及参数:棉花、水稻、玉米、大豆、油菜、小麦、马铃薯、番茄、烟草、木瓜、食用菌、青椒及其产品转基因成分检测和DNA身份鉴定,主要参数包括调控元件、标记基因、目的基因、基因构建、转化事件、外源蛋白、DNA身份鉴定;禾谷类、豆类、油料类、瓜果蔬菜类作物种子或品种转基因成分筛查、DNA身份鉴定;转基因棉花、玉米、大豆、油菜、水稻环境安全检测,主要参数包括目标性状、生存竞争能力、生物多样性影响、基因漂移。

中心每年承担农业部委托的抗虫棉安全评价检测任务100余项,主要农作物转基因成分检测任务400余项,每年出具转基因成分检测、外源杀虫蛋白表达量

检测、抗虫棉对靶标害虫抗虫性检测报告共计1 500余份。发表论文160余篇，其中SCI论文30余篇；主编著作6部；申请国家发明专利60余项，获得专利授权20余项。

十六、农业部油料及制品质量监督检验测试中心

由中国农业科学院油料作物研究所承建，农业部油料及制品质量监督检验测试中心可对油料、油脂、油料饼粕及油料制品八大类177个产品的质量检测和卫生检测提供服务。

主持制定国家及农业行业标准60余项，获国家技术发明二等奖1项，国家科技进步二等奖2项，国际成果奖励3项，省部级成果奖励3项，获授权国内外发明专利授权40余项，发表论著260余篇（部）。

十七、农业部转基因植物环境安全监督检验测试中心（武汉）

由中国农业科学院油料作物研究所承建，承检范围含转基因的23类产品114项参数，包括水稻、玉米、小麦、大豆、油菜、棉花、马铃薯、番茄、木瓜、甜菜、青椒、苜蓿、亚麻籽、烟草、食用菌等植物及其产品（包括食用植物油、蜂蜜、调味品）转基因的调控元件、标记基因、目的基因、构建特异性序列、转化事件特异性序列、外源蛋白等的成分检测；转基因水稻、转基因油菜、转基因玉米、转基因大豆、转基因棉花的目标性状、生存竞争能力、基因漂移、对生物多样性的影响等环境安全检测；水稻、玉米、油菜、小麦、大豆、棉花、马铃薯、番茄、食用菌的品种真实性鉴定和水稻、玉米、大豆和马铃薯的纯度鉴定。

"十二五"以来，本中心负责制定的9项标准已经作为国家标准发布并实施，近四年来授权专利3项。

十八、农业部麻类产品质量监督检验测试中心

由中国农业科学院麻类研究所承建，中心主要对麻类产品、麻类种子两大类苎麻、苎麻精干麻、熟黄麻、熟红麻、亚麻打成麻、黄麻种子、红麻种子及亚麻种子等8个麻类产品和脂蜡、水溶物、果胶、半纤维素、木质素、纤维素、灰分、含胶率、线密度、束纤维强力、单纤维强力、苎麻纤维细度、纱线断裂强力、纱线断裂伸长、纱线线密度、纱线捻度等16个参数进行检测。

近五年来，中心获得国家授权专利9项，其中发明专利3项、实用新型专利6项，软件著作权1项，出版专著1部。主持制定发布标准6项。

十九、农业部果品及苗木质量监督检验测试中心（兴城）

由中国农业科学院果树研究所承建，可承检苹果、梨、葡萄、桃、杏等24种果品，以及苹果苗木、梨苗木、猕猴桃苗木、苹果无病毒苗木、苹果无病毒母本树、葡萄苗木、葡萄无病毒苗木、葡萄无病毒母本树、桃苗木等9种苗木产品。承检参数1 186余项，主要包括：理化指标（35项，如可溶性固形物、可溶性糖、可滴定酸、维生素等），农药残留（104种，如有机磷农药、有机氯农药、拟除虫菊酯类农药、氨基甲酸酯类农药等），矿质元素和重金属（33种，如氮、磷、钾、铅、镉、汞等），果树病毒（10种，如苹果花叶病毒、苹果茎痘病毒、草莓皱缩病毒等），其他参数（4种，包括pH值、水溶性盐总量、有机质、SOD）。

"十二五"以来，取得省部级以上获奖成果2项；发表核心期刊以上论文60余篇，其中一级学报论文和SCI/EI收录论文30余篇。申请国家发明专利5项，取得实用新型专利1项，获得计算机软件著作权1项，出版著作6部。主持制定农业行业标准14项，参与制定农业行业标准6项。

二十、农业部果品及苗木质量监督检验测试中心（郑州）

由中国农业科学院郑州果树研究所承建。中心承检产品包括果品、蔬菜、种子苗木等6类136个，果品类：鲜苹果、鲜梨、鲜桃、鲜李、鲜杏、草莓、无核白葡萄、西瓜、山楂、板栗、干制红枣、绿色食品果品类、地理标志果品类等68个产品。蔬菜类：绿色食品类蔬菜、番茄、大白菜、茄子等24个产品。粮食类：绿色食品粮食类9个产品。苗木种子类：苹果苗木、梨苗木、葡萄苗木、桃苗木、猕猴桃苗木、瓜菜作物种子等13个产品。茶叶类：绿色食品、富硒茶、苦丁茶等4个产品。产地环境类：绿色食品产地环境技术条件、无公害食品林果类产品产地环境条件、无公害食品蔬菜产地环境条件等18个产品。

承检参数包括农药残留、重金属及元素、理化指标和其他类四类279项。农药残留类：甲胺磷、毒死蜱、氯氰菊酯、多菌灵、苯醚甲环唑、2，4-D、灭蝇胺等223个；元素与重金属类：无机砷、砷、汞、铅、镉、铁、铜、锌、硒、钙、镁等22个；理化类：总糖、可滴定酸、维生素C、可溶性固形物、粗纤维、单宁、淀粉、蛋白质脂肪等共46个；其他参数：氯化钠、二氧化硫、亚硝酸盐、黄曲霉毒素等25个。

"十二五"期间，制定了农业行业标准3项，发表论文17篇，提交全国水果质量普查、河南省主要果品质量安全专项监测等报告11份。

二十一、农业部茶叶质量监督检验测试中心

由中国农业科学院茶叶研究所承建，中心获准检测茶叶、代用茶、茶树种苗等茶叶产品和参数，也获准检测蔬菜、水果、食用菌农产品的产品和参数。检测产品共计121种，主要分为十大类：茶叶（50种）、茶树种苗（2种）、含茶制品及代用茶（21种）、饮料（5种）、茶叶辅助类（7种）、无公害食品（1种）、绿色食品（31种）、相关食品（2种）、食用菌（1种）和有机食品（1种）。检测参数共有517项，主要分为四大类：农药残留（425项）、元素（25项）、理化（59项）和微生物（8项）。

从2011年起中心公开发表论文45篇，其中发表SCI论文20余篇，中文核心期刊24篇。中心参与编写并出版著作6部。制定标准6项，获得4项发明专利。

二十二、农业部实验动物质量监督检验测试中心（哈尔滨）

由中国农业科学院哈尔滨兽医研究所承建。中心主要从事实验动物：清洁级大鼠，清洁级小鼠，SPF级大鼠、小鼠，普通级豚鼠，普通级兔、马、牛、羊、猪、猫，SPF鸡，SPF鸭的微生物学、寄生虫学、遗传学、饲料营养、病理学及实验动物环境设施等方面的检测工作，可以检测149个检测参数。

中心获得3项省、市级奖励，发表SCI论文10多篇，发表国家核心期刊论文40余篇，出版专著5部，获得专利授权6项。

二十三、农业部动物毛皮及制品质量监督检验测试中心（兰州）

由中国农业科学院兰州畜牧与兽药研究所承建。承检四大类产品和14个参数：动物纤维（绵羊毛、马海毛、兔毛、西宁毛、牦牛绒、骆驼绒、山羊绒、洗净绵羊毛、国产细羊毛及改良毛洗净毛、洗净马海毛、自梳外毛条、国产细羊毛及改良毛毛条），毛皮（小湖羊皮、三北羔皮、滩二毛皮、滩羔皮、生旱獭皮、蓝狐皮、生猞子皮、生水貂皮、生黄鼠狼皮、生貉皮、山羊板皮、羊毛皮、兔毛皮、羊剪绒毛皮、狐狸毛皮、毛皮围巾、披肩、毛皮领子、獭兔皮），皮革（牛皮、服装用皮革、鞋面用皮革），参数（毛纤维直径、兔毛单纤维断裂强力及伸长率、兔毛白度、兔毛乙醚萃取物、兔毛卷曲性能、特种动物纤维与绵羊毛混合物含量、动物纤维直径、粗蛋白、粗脂肪、粗纤维、水分、钙、磷、灰分）。

"十二五"以来，中心制定了6项国家和行业标准，其中已颁布实施的有4项，编写著作《动物毛皮质量鉴定技术》等4部。取得国家专利证书52项，申请发明专利3项，取得软件著作权3项。

二十四、农业部特种经济动植物及产品质量监督检验测试中心

依托中国农业科学院特产研究所建设，农业部特种经济动植物及产品质量监督检验测试中心面向全国承担农业系统特种经济动植物及产品质量监督检验工作；承担国家和各地、各部门下达的特种经济动植物及产品质量安全例行监测、监督抽查、质量普查及产品质量认证和市场准入等检验工作；承担特种经济动植物及产品质量安全重大事故、纠纷的调查、鉴定和评价，承担委托、仲裁等检验工作；开展检测技术、质量安全及风险评估等研究，承担国家、行业和地方标准制定、修订及验证工作。

二十五、农业部环境质量监督检验测试中心（天津）

由农业部环境保护科研监测所承建，承检环境和农产品两大类产品/类别中的579个项目/参数。其中环境涵盖土壤、水、空气、无公害种植业环境、绿色食品种养殖业环境等；农产品包括无公害农产品、绿色食品以及其他农产品；参数涉及金属元素、农药残留、无机化合物、有机化合物等。

"十二五"以来，中心研发了千余种农药、多种典型有机污染物快速甄别技术，开发了土壤重金属非消解快速检测技术与设备，研发了重金属形态及价态提取及检测技术设备，研制了160余种农药标准品。申请专利20余项，国家及行业标准30余项，发表SCI论文34篇。申请软件著作权30余项，为主管部门提供政策参考建议50余次，获得省部级奖励2项。

二十六、农业部转基因生物生态环境安全监督检验测试中心（天津）

由农业部环境保护科研监测所承建，检测范围包括以下14个承检产品/类别和74个检测项目/参数。承检产品/类别：转基因玉米、油菜、大豆、水稻、棉花、马铃薯、烟草、小麦、番茄及其产品的转基因成分检测，以及转基因玉

米、油菜、大豆、水稻、棉花的环境安全检测。检测项目/参数：转基因玉米、油菜、大豆、水稻、棉花、马铃薯、烟草、小麦、番茄及其产品的调控元件、标记基因、目的基因、构建序列、转化事件和外源蛋白等转基因成分检测；转基因玉米、油菜、大豆、水稻、棉花的目标性状、生存竞争能力、基因漂移、对生物多样性影响等环境安全检测。

"十二五"期间中心起草国家标准15个，发表国内外学术论文50篇，主编专著2部，参编2部，获得省部级奖励2项。

二十七、农业部沼气产品及设备质量监督检验测试中心

由农业部沼气科学研究所承建，专业从事沼气、太阳能、生物质能等农村可再生能源产品及设备质量检验和检测技术研究，法人授权形式的第三方检验机构。开展国家、行业和地方标准制（修）订、沼气产品及设备检测技术、质量安全及风险评估等研究工作；承检沼气、生物质能、太阳能产品27种，沼气工程、沼气、水质参数16个。

"十二五"期间，中心主持制定、修订了《家用沼气灶》等12个国家、行业标准，参与制定了《非自走式沼液沼渣抽排设备技术条件》等10个行业标准。获发明专利授权1项；实用新型专利授权29项；以第一作者或通讯作者发表论文28篇，其中SCI收录论文4篇；中心主持制定的国家标准和行业标准共计16个，修订的标准13个；参编专著2部。

二十八、农业部烟草产业产品质量监督检验测试中心

由中国农业科学院烟草研究所承建，中心现认证范围包括6种产品及224个参数，其中产品包括烟叶类3个和肥料类3个，参数包括烟草及制品参数指标176个（烟草化学成分及感官质量评价指标42个、农残指标134个）、肥料参数指标24个、水质参数指标6个、土壤参数指标18个。其中，3个烟叶类产品包括烤烟、白肋烟、香料烟；3个肥料类产品包括复混肥料、农用硫酸钾、农用硝酸

钾；烟草及制品化学成分参数指标35个、烟草及制品物理参数指标2个、烟草及制品重金属参数指标4个、烟草及制品感官质量评价参数指标1个、烟草及制品农药残留参数指标134个；肥料成分参数指标10个、肥料元素参数指标14个；土壤养分参数指标8个、土壤金属元素参数指标8个、土壤农残参数指标2个；水质金属元素参数指标4个、其他参数指标2个。

"十二五"期间，获国家发明专利授权6项、实用新型专利授权8项、软件著作权1项、主编出版著作14部。发表论文共计79篇，其中SCI收录论文10篇。

二十九、农业部柑桔及苗木质量监督检验测试中心

由中国农业科学院柑桔研究所承建。获批承检柑橘苗木、鲜果、蔬菜三大类62个产品及425个参数的检测能力，其参数包括柑橘苗木质量指标7项，鲜果和蔬菜农药残留指标328项，鲜果和蔬菜元素指标21项，鲜果和蔬菜其他理化指标46项，鲜果和蔬菜添加剂指标15项，鲜果和蔬菜其他指标8项。

"十二五"期间，发表论文64篇（其中SCI收录论文21篇），参加获得重庆市科技进步奖2项，主持和参加制修订农业行业标准10项，参加制定国家标准1项。

三十、农业部甜菜品质监督检验测试中心

由中国农业科学院甜菜研究所承建，检测农作物种子、甜菜及制品、农药、食用菌、肥料、蔬菜及无公害食品七大类98个产品和120个参数的检测能力。

"十二五"期间，获得黑龙江省科技进步三等奖，参与修订国家标准《糖用甜菜种子》1项，制定行业标准7项。发表论文50余篇，其中SCI论文5篇。

三十一、农业部蚕桑产业产品质量监督检验测试中心（镇江）

由中国农业科学院蚕业研究所承建。中心目前授权承检四类产品（桑蚕种、桑树种子和苗木、蚕桑茧，桑叶农药残留）共计83个参数。

中心自1999年以来，连续18年对全国蚕种进行质量监督抽查，每年4月向农业部提交抽查报告。"十二五"期间，在国内外相关学术期刊上发表或参与发表论文20余篇（其中SCI收录论文6篇），获国家发明专利授权2项，主持和参加制修订行业标准8项。

第三节　国家农产品质量安全风险评估机构

随着人民生活水平提高，人民群众的消费观念已由"吃得饱"向"吃得好、吃得安全"转变，国家把农产品质量安全工作摆到了更加突出的位置。我国农产品质量安全风险评估学科也应运而生，旨在探测农产品质量安全方面的未知危害因子种类，评价已知危害因子的危害程度，探究各种危害因子在动植物体内的转化代谢规律，评定各种特色农产品的营养功能和特质性品质与活性物质，为农产品质量安全监管、农业生产、国际贸易提供科学数据和技术依据。

为建设农产品质量安全风险评估学科，农业部从2011年开始全面规划和建立全国农产品质量安全风险评估体系。中国农业科学院农业质量标准与检测技术研究所作为国家级质量安全研究机构，承担国家农产品质量安全风险评估机构的建设，协助农产品质量安全监管局，开展风险评估实验室的申报评审、考核评价和技术指导等工作，并牵头组织各专项风险评估计划制订与实施。此外，机构积极开展风险评估研究，主要研究方向包括：农产品质量安全风险监测理论方法及监测标准物质研制、风险评估技术及模型研发，农产品危害因子监测评估和混合污染评价技术及联合效应规律等方面研究，以及推进我国农产品质量安全风险交流与公众认知等工作。

一、研究条件

机构自成立以来，努力强化条件能力保障，装备有三重四级杆液质联用仪、四级杆—飞行时间杂交质谱仪、电感耦合等离子体质谱仪、核磁共振仪器、同位素质谱仪、高内涵筛选系统、成像流式细胞仪等开展相关风险筛查识别与安全性研究的高精尖仪器，价值近3 000万元。同时，正在建设农产品质量安全综合性试验示范基地，规划建有试验区（试验地和温室）、实验动物房和实验楼等功能区，以满足开展农产品质量安全风险评估与预警、毒理学实验等研究需要。

二、工作成绩

"十二五"以来，在国内领先的研究条件和人才团队支撑下，该机构发表论文80余篇（SCI论文40余篇），制定国家或行业标准9项；研制标准物质12个；主编并出版《农产品质量安全风险评估建模》等专著4部；获授权软件著作权30余项；专利16项；获省科学技术二等奖2项；牵头组织完成农产品质量安全风险评估报告100余份，科普材料230余份，科普小视频5套，发布《农产品质量安全舆情快报》1 000余份，刊发《农产品质量安全风险简讯》50余份等。

第四节　农业部农产品质量安全风险评估实验室

按照国务院办公厅印发的《国家食品安全监管体系"十二五"规划》和农业部印发的《农产品质量安全发展"十二五"规划》，农业部对全国农产品质量安全风险评估体系进行了规划与建设。截至目前，我国已建成以1家国家农产品质量安全风险评估机构为龙头，100家风险评估实验室为主体，145家主产区农产品质量安全风险评估试验站为基础的农产品质量安全风险评估体系。其中，国家农产品质量安全风险评估机构主要承担农产品质量安全评估技术体系的建设与运行，牵头各专项风险评估计划制订与实施。农业部风险评估实验室主要对授权专业或评估因子领域相关产品的全品种、全环节、全过程、全要素进行风险评估和风险监测，摸清和掌握全国整个行业、产业、产品的质量安全状况和风险隐患。农业部农产品质量安全风险评估试验站主要服务于农产品特别是"菜篮子"产品主产区的质量安全风险隐患摸底排查和动态跟踪评估。

中国农业科学院除承担国家农产品质量安全风险评估机构建设外，还建有农业部风险评估实验室25家，涉及谷物产品、蔬菜产品、奶产品、环境因子等领域，在农产品质量安全风险隐患摸底排查、专项评估、生产指导、消费引导、应急处置等工作中发挥重要的技术支撑作用。

一、农业部谷物产品质量安全风险评估实验室（北京）

2011年12月29日，农业部批准成立农业部谷物产品质量安全风险评估实验室（北京），建设单位为中国农业科学院作物科学研究所。实验室聚集了本所农业部谷物品质监督检验测试中心、农业部作物生理生态与栽培重点实验室、抗病虫鉴定实验室、国家杂粮加工技术研发分中心（北京）等部门的高层次专家队伍，紧紧围绕谷物产品危害识别、风险描述、毒理学评价、暴露评估技术、公共模型软件设计等风险评估共性技术，开展主要粮食作物生产、收获、运输和贮藏等环节中危害因子风险评估研究，探索粮食生产的重要节点与质量安全水平的相关性。制（修）订当前急需的产地环境、产品、检测方法、危险因子限量等技术标准；组织风险交流活动，提出推进全国主要粮食作物产品质量安全监管的政策措施建议及相关问题跟踪研究。

（一）研究条件

现有办公室及实验室面积1 100m^2，仪器设备220台（件），固定资产达3 000万元，主要仪器设备包括超高效液相色谱—四极杆串联飞行时间质谱（Q-TOF）、超高效液相色谱—三重四极杆串联质谱仪（UPLC-MS/MS）、气相色谱串联质谱（二级）仪（GC-MS/MS）、液相色谱—电感耦合等离子体质谱仪（ICP-MS）、凝胶渗透在线气相色谱质谱仪（GPC-GC/MS）、电感耦合等离子仪（ICP）、原子吸收吸收、原子荧光仪、电感耦合等离子体样品全自动消解及前处理系统、全自动凯氏定氮仪、粉质仪、拉伸仪、面包烘焙系统、紫外分光光度计、旋光仪、台式离心机等。

（二）工作成绩

"十二五"期间，在平台优势特色研究条件的支撑下，实验室共发表论文30余篇，提交农产品普查、专项监测、风险预警报告共计15项，获得授权专利1项。

（三）创新亮点

发现了呕吐毒素（DON）及其乙酰化衍生物3-ADON、15-ADON在馒头加工过程中的含量变化及转化规律。建立了玉米、小麦、稻米中恩镰孢菌素及白僵菌素的测定方法。提出了近年间中国小麦质量年度变化趋势，提出应通过选育和推广高产优质专用小麦品种、合理增加现有各类型优质小麦品种面积和加大政策扶持力度等途径，优化品种结构，提高小麦质量。

二、农业部农产品质量安全生物性危害因子风险评估实验室（北京）

农业部农产品质量安全生物性危害因子风险评估实验室（北京）是2011年12月农业部首批批复的专业性农产品质量安全风险评估实验室，依托单位为中国农业科学院植物保护研究所。实验室主要开展农产品生物性危害因子鉴定、监测预警技术和消长规律研究；开展农产品病原微生物、跨界微生物、植物病虫害及其残余物、农药等的摸底调查；研发农产品中单一或多种生物性危害因子的鉴定及确证技术、定性检测技术和定量分析技术，建立其快速检测方法；开展生物性危害因子及其残余物的消长规律研究，明确关键控制点，为监管提供技术支撑。

（一）研究条件

实验室具备开展农产品质量安全风险评估工作的良好硬件条件。实验室面积在2 000m^{2}以上，具有专业化仪器设备，其中液相色谱—质谱联用仪2台、气相色谱—质谱联用仪2台、气相色谱仪3台、高效液相色谱仪3台、离子色谱仪1台、GPC凝胶渗透前处理系统带自动浓缩设备1台，核酸蛋白分析仪、全自动固相萃取、离心机、高效基因转移仪、氮吹仪等大型仪器设备，并具有标准样品冷库（−20℃），标准的蜂、鸟、鱼、蚕、蚯蚓、大型溞、植物藻等模式生物培养室和染毒实验操作室。同时，依托河北廊坊、内蒙古锡林格勒、河南新乡、甘肃天水、广西桂林、吉林公主岭、山东长岛和新疆库尔勒8个野外科学观测试验站（基地），构建涉及中国东北、西北、华南、华中、华东等地区风险评估试验采集点。

（二）工作成绩

近五年来，在平台良好的资源条件支撑下，实验室获省部级及以上科技进步奖成果5项，发表研究论文200多篇，并多次主办食品安全国际学术交流会议，在国内外本领域具有较高的影响力。其中，国家科技进步二等奖2项，中华农业科技进步奖一等奖1项、二等奖1项，新疆科技奖一等奖1项；完成了100多种农药在20余种农作物和环境中的安全评价研究，制定了86项"食品中农药最大残留限量"，以国家标准并颁布实施（GB2763—2014）；授权发明专利5项，发表论文200余篇，出版专著8部。

（三）创新亮点

实验室系统分析总结国内外农药发展历程特点，指出"高效、低毒、低残留"农药概念已不能满足现代社会发展需求，率先提出高效低风险是未来农药发展方向的理念，并创建了以有效成分、剂型设计、施用技术及风险管理为核心的农药高效低风险技术体系，将风险控制贯穿农药研发、加工、应用及管理全过程，为农药科学发展提供了新思路。获得2015年度中华农业科技奖一等奖、2016年度国家科技科技进步二等奖。应用高通量测序技术从苹果中发现一种具有核酶活性的疑似类病毒的环状RNA分子，从葡萄中鉴定出一种新的类病毒。结果发表在病原学顶尖期刊PLoS Pathogens上。

三、农业部蔬菜产品质量安全风险评估实验室（北京）

农业部蔬菜产品质量安全风险评估实验室（北京）批准建设时间为2011年12月，建设依托单位是中国农业科学院蔬菜花卉研究所。主要开展农药多残留快速定性和定量的检测技术研究，制定相关标准。对蔬菜产地土壤中重金属含量进行调查，明确其在蔬菜产品中迁移和转化规律，明确土壤本底和蔬菜产品中重金属含量的关系。开展未知风险因子确认、次生代谢产物评价等研究，建立未知风险因子的检测方法。开展主要蔬菜作物营养与功能成分检测技术平台建立、含量分布及功能评价；开展蔬菜特征性产品的指纹图谱研究，建立特色蔬菜的产地溯源技术。

（一）研究条件

实验室占地面积1 300m^2，主要配备包括液相色谱串联质谱仪、气相色谱串联质谱仪、高压液相色谱仪、离子色谱仪、气相色谱仪、等离子发射光谱仪、等离子发射质谱仪等仪器设备40余台（套）。

（二）工作成绩

实验室作为农业部蔬菜产品质量安全风险评估重大专项的牵头单位，带领相关团队开展了不同蔬菜产品未知危害因子识别与已知危害因子安全性评估，基本摸清蔬菜禁限用农药使用与农药多残留情况，以及部分小品种蔬菜已登记和未在该作物登记的农药使用情况，探索农药残留高敏蔬菜筛查与关键控制点评估，研究不同生产模式、不同生育期和不同消费方式蔬菜农药残留消解代谢变化规律。实验室被农业部农产品质量标准研究中心评为"2015年度国家农产品质量安全风险评估工作优秀集体""2016年度国家农产品质量安全风险评估工作优秀集体"。

四、农业部动物产品质量安全环境因子风险评估实验室（北京）

农业部动物产品质量安全环境因子风险评估实验室（北京）于2014年3月批准建设，建设依托单位为中国农业科学院农业环境与可持续发展研究所。实验室主要研究水、土、气等生态环境对动物健康的影响，探讨动物产品的生态环境风险评估方法；对不同生产系统和养殖环境条件下的动物健康及其动物产品质量进行风险分析；开展畜禽养殖废弃物中重金属、兽药残留等环境风险因子在处理过程中的演变规律及其对水体和土壤的累积危害效应研究；开展动物生产过程温室气体排放和生命周期环境评价，预测履行国际公约对我国动物产品的潜在风险；动物产品环境风险交流与标准研制。

（一）研究条件

实验室现有面积1 850m^2，其中恒温恒湿面积150m^2，拥有同位素质谱仪、元素分析仪、气质联用仪、高效液相色谱仪、原子吸收分光光度计、原子荧光分光光度计、近红外光谱仪、定氮仪等先进仪器设备150台（套），其中10万元以上仪器50台（套），固定资产5 000多万元。

（二）工作成绩

实验室积极开展动物产品质量安全环境因子风险评估，在平台优势特色资源条件支撑下，建立了四环素类、磺胺类和喹诺酮类兽药残留测定方法，并在此基础上对上海市、江西省、河南省、四川省和宁夏回族自治区5个代表性规模养殖场畜禽废弃物中兽药残留进行调查分析，检出四环素类兽药残留4种、磺胺类兽药残留16种和喹诺酮类兽药残留12种，获取了各种兽药残留本底值，并发现部分畜禽饮用水中含有4种四环素类、6种磺胺类和4种喹诺酮类抗生素，为我国畜禽废弃物中兽药残留和饮用水污染现状以及动物产品质量安全环境因子风险评估提供了科学依据。

五、农业部奶产品质量安全风险评估实验室（北京）

实验室建设依托部门为中国农业科学院北京畜牧兽医研究所，批准建设时间为2011年12月。开展三个方向的研究：风险因子评估与预警，通过过对风险因子的筛查、评价、预警等明确风险因子危害程度，对高风险因子预警预报，防止安全事件发生；健康养殖与过程控制，以提高奶产品的品质和安全为目标，通过过程控制实现从源头控制风险因子的水平；营养功能评价与挖掘，通过对营养功能因子的筛查与评价，对奶产品进行分级，确定优质奶产品的标准，充分挖掘奶产品的营养健康功能。

（一）研究条件

实验室拥有面积3 000m^{2}的专用科研用房，配备液相色谱四级杆高分辨质谱仪、液相色谱三重四级杆串联质谱仪、液质联用仪、超高效液相色谱仪、气相色谱仪、气质联用仪、电感耦合等离子体质谱等各类仪器设备183台（套），建有P2级微生物培养室、细胞培养室、分子生物学实验室。

（二）工作成绩

实验室依托一流研究条件和人才团队，围绕着奶产品质量安全，取得一系列突破性进展。"十二五"期间，获得国家科学技术进步二等奖1项，河北省科技进步一等奖1项。发表科技论文171篇，其中SCI收录论文67篇。出版专著2部，其中2016年出版我国首部《中国奶产品质量安全研究报告（2015年）》。获得发明专利3项，软件著作权8项，完成农业行业标准6项，其中4项已发布，4项技术规范列入2017年农业部生鲜乳质量安全监测工作指定方法。

六、农业部蜂产品质量安全风险评估实验室（北京）

农业部蜂产品质量安全风险评估实验室（北京）批准建设时间为2011年12月，依托单位为中国农业科学院蜜蜂研究所。围绕我国蜂产品质量安全监管对风险评估工作的需求,重点开辟了4个主要研究方向:蜂产品质量安全筛查和风险监测技术;蜂产品质量安全危害因子发生规律、动态跟踪与评价、风险预警与防控技术研究;蜂产品质量安全风险评估技术和风险交流研究;蜂产品活性物质营养功能评价和标准研制。

(一)研究条件

实验室总面积1 404m^2,共有仪器设备148台(套),价值5 351万元,包括液相色谱四级杆静电场轨道阱高分辨质谱仪、液相色谱飞行时间质谱仪、同位素质谱仪、液相色谱串联质谱联用仪、气相色谱串联质谱联用仪、气相色谱质谱联用仪、电感耦合等离子体质谱仪、液相色谱仪、气相色谱仪、离子色谱仪、原子吸收分光光度计、微波消解仪、原子荧光分光光度计、凝胶色谱仪等大型仪器设备140多台(套),建有独立使用的蜂场和实验室。除此之外,分别在江苏、四川、湖北建立农业部蜂产品质量安全风险评估实验室(北京)风险评估观测点三个,可满足风险评估工作以及相关科学研究需要。

(二)工作成绩

2011—2015年,依托平台一流的研究条件,实验室先后获得省部级奖4项;获得授权发明专利22项;发表论文69篇,其中SCI/EI论文48篇。发表中文专著12部;其中"蜂王浆优质高效生产和质量安全评价技术及其应用"获得2014—2015年度中华农业科技奖一等奖(KJ2015-D1-016-01),"融合检测技术的蜂产品质量安全控制系统研究与应用"获得北京市科学技术奖二等奖(2015农-2-004)。主持和参与制定近30项国家标准和农业行业标准。

七、农业部农产品加工质量安全风险评估实验室(北京)

农业部农产品加工质量安全风险评估实验室(北京)于2011年获得农业部批复成立,依托中国农业科学院农产品加工研究所建设。实验室主要开展农产品产后收购、贮藏、运输、加工环节风险因子筛查、识别、评价与控制技术研究工作。基于风险评估专项的研究基础,纵深开展贮运、加工环节化学危害物的形成机理、代谢调控手段等方面研究，与风险评估专项相互衔接，为农产品产后危害因子的系统评估工作提供支撑。

（一）研究条件

实验室占地面积1 250m^2，拥有超高效液相色谱串联质谱仪（LC-MS/MS）、气相色谱串联质谱仪（GC-MS/MS）、四级杆飞行质谱（Q-TOF）等仪器设备40余台（套）。实验室与国际知名Waters公司、Agilent公司共建了"农产品中危害物筛查与代谢组学""农产品中防腐剂、保鲜剂安全性评价与控制"等国际联合技术平台。

（二）工作成绩

"十二五"以来，依托平台一流的资源条件，实验室取得一系列科研进展：①构建典型农产品贮运环节危害因子识别方法，完成了白菜、生姜、豆芽、黄瓜等15种农产品中共计24种风险因子的筛查与识别。②建立农产品产后贮运及加工环节三剂安全性评价新模式。实验室以柑橘中多菌灵、莲藕中柠檬酸为试点，初步建立了以残留量分布规律—代谢产物分析—关键点控制为主线的农产品产后环节三剂安全性评价体系。③形成三剂类危害物控制系列技术成果。项目组采用模拟实验与HACCP理论相结合模式，形成热点农产品（干果、豆芽、鲜切净菜）加工工艺及品质控制管控指南4份，相关标准制修订建议10余项。④面向社会进行广泛的风险交流与科普宣传。两年来项目组累计在主流媒体（中央电视台、人民日报、地方科技日报等）进行科普宣传10余次，撰写科普图书2本。

八、农业部微生物产品质量安全风险评估实验室（北京）

农业部微生物产品质量安全风险评估实验室（北京）于2013年获得农业部批复成立，依托中国农业科学院农业资源与农业区划研究所建设，设置5个研究方向：一是微生物菌种的安全性评价；二是微生物产品特质功效与活性物质；三是不同来源载体的安全性评价；四是微生物产品的环境安全性及微生态学；

五是微生物产品质量安全风险交流与标准制修订。

（一）条件团队

实验室现有面积近1 300m²，拥有多功能显微镜、BIOLOG微生物鉴定系统、原子吸收光度计、原子分光光度计、高压液相色谱仪、气相色谱仪等仪器设备80余台（套）。目前，实验室有固定人员24人，其中，研究员4名，副研6名。

（二）工作成绩

"十二五"以来，依托平台一流的研究条件，实验室在风险评估研究方面取得一系列突破，相关成果在国内外专业期刊发表学术论文20余篇；制修订农业行业标准4项，参编专著2部，申报专利1项；在《农民日报》《科技日报》"党建网"等媒体发表微生物产品风险评估科普解读20余篇，举办全国性的学术会议1次，开展国际交流与合作2次。

（三）创新亮点

近三年期间，实验室取得了以下三个方面的科研成果：一是开展了微生物产品（微生物肥料）中150多种功能微生物（菌种）及其主要代谢产物对人、动植物及施用地生态环境的安全风险研究，以及产品中所用基质、原料和辅料所含的重金属、病原微生物、抗生素等有毒有害因子风险评估；二是组织全国7家部级风险评估实验室，开展了全国11个典型省市的有机肥料和生物有机肥产品中污染物对农产品质量安全影响调查及产品安全性验证评估研究；三是利用现有技术和方法针对目前存在较大问题的螺旋藻、纳豆等微生物产品进行了质量安全调查和验证工作。

九、农业部农产品质量与营养功能风险评估实验室（北京）

农业部农产品质量与营养功能风险评估实验室（北京）于2014年获得农业部批复成立，依托农业部食物与营养发展研究所建设，面向我国国土资源，通过三维定位，科学布局全国性农产品营养品质监测网络，重点针对大宗农产品和特色农产品，持续定位开展农产品营养功能因子的分析与监测，建立面向全域、布局合理、数据翔实、持续滚动的食物营养品质与功能因子数据库，探寻农产品的营养品质差异、变化与影响因素；针对双蛋白营养食物、马铃薯主食产品及功能食品、杂粮食品等特色食物，开展营养功能评价研究。

（一）研究条件

实验室目前拥有各类仪器设备51台（套），总价值1 500余万元。包括超高效液相色谱仪、液相色谱—质谱—质谱联用仪、电喷雾电离—飞行时间液质联用仪等精密理化分析仪器，膳食纤维测定仪、脂肪测定仪、氨基酸分析仪、生物分子互作仪等营养成分检测分析设备，蛋白纯化系统、超高速离心机等前处理设备，快速显微拉曼成像系统、傅立叶变换红外光谱仪、光学成像系统等营养成分快速检测研究平台。依托在廊坊建设的200亩大田试验基地，可开展不同品种、不同生产方式下农产品营养品质对比实验。

（二）工作成绩

近年来，实验室依托一流的研究条件，在食物营养监测分析、营养功能评价、营养食物开发等方面取得了初步的成效。参与研究起草的《国民营养计划（2016—2030）》已正式颁布实施。"我国猪肉营养及感官品质数据库构建与移动化应用"获第九届大北农科技奖创意奖（社会力量奖）。在《Nutrition Research》《International Journal of Food and Nutritional Science》《中国食物与营养》等学术期刊上发表论文30余篇，其中SCI收录5篇，出版学术专著7部，申请发明专利1项，授权外观设计专利1项，获得计算机软件著作权登记3项。

（三）创新亮点

在双蛋白营养食物重点产品研发方面取得较大突破，组织起草的"中国特色双蛋白工程建议书"获得国务院领导批示肯定。针对我国学生群体生长发育的特殊营养需求，开发出双蛋白复合营养粉（学生型）系列产品，以及针对成年人亚健康和慢性肌肉丢失现象开发的双蛋白营养食物（粉），并与国内大型企业就上述成果签订转化协议。

十、农业部稻米产品质量安全风险评估实验室（杭州）

农业部稻米产品质量安全风险评估实验室（杭州）于2011年获得农业部批复，依托中国水稻研究所建设，实验室坚持建设我国稻米"评估预警中心、技术服务中心、应急应对中心、国际交流中心"的发展目标，重点围绕稻米及相关种植业产品的重金属、农药残留等质量安全因子和品质营养因子开展风险评估，科学分析归纳总结数据，为各级农业行政主管部门提供科学的参考依据。

（一）条件团队

实验室拥有仪器设备177台（套），建立了以质谱检测为基础的高精度、国际先进的检测技术平台，并具备未知物鉴定的能力。实验室现有员工29名，其中，高级职称14名，中级职称12名。

（二）工作成绩

实验室依据历年稻米热点，立足产业问题，依托一流的研究条件和人才团队，重点围绕稻米农药残留及重金属毒素等风险因子评估、稻米镉污染及治理效果评估、稻米产品功能营养因子筛查评估、水稻品种品质早衰研究等主要危害因子复合评估研究。近五年来，共计发表论文102篇，其中SCI收录38篇；授权专利50项，其中发明专利11项，软件著作权1项；颁布标准12项，出版专著2篇。同时，开展了一系列稻米科普宣传，完成了8篇科普文章。

十一、农业部棉花产品质量安全风险评估实验室（安阳）

农业部棉花产品质量安全风险评估实验室（安阳）于2013年获得农业部批复，依托中国农业科学院棉花研究所建设，开展棉籽功能性成分鉴定、棉花次生代谢产物的筛选鉴定、农药残留及重金属污染水平分析工作。

（一）条件团队

实验室自建立以来迅速形成了高水平的硬件条件平台和研究能力较强的人才队伍。使用房间面积2 600m^2，其中恒温恒湿面积229m^2。拥有气—质联用仪、高效液相色谱仪、原子吸收光谱仪、原子荧光分光光度计等先进仪器设备150余台（套）。现有科研人员30人，其中，研究员15人，副研究员8人。

（二）工作成绩

自2013年授牌成立以来，实验室依托一流的研究条件和人才团队，共发表中文核心期刊十余篇，国际SCI论文12篇，其中影响因子大于5的论文2篇。申请国家发明专利7项，授权专利3项，申请软件著作权2项，参加国家与地方标准修订5项。2015年被农业部农产品质量标准研究中心授予"国家农产品质量安全风险评估工作优秀集体"称号。

十二、农业部油料产品质量安全风险评估实验室（武汉）

农业部油料产品质量安全风险评估实验室（武汉）于2011年获得农业部批复，依托中国农业科学院油料作物研究所建设，团队主要围绕我国油料产业发展、油料产品安全生产等重大需求，开展油料产品质量安全风险监测、风险隐患动态跟踪评价、风险评估技术研究与黄曲霉毒素等主要危害因子的风险评估、风险预警、关键控制点识别及减控技术研究、风险交流与标准研制和建议等，以及油料产品特质性营养功能评价，为我国油料产品质量安全科学监管、指导生产与引导消费提供理论指导与支撑，为保障我国油料产品安全消费、促进我国油料产业发展提供技术支撑。

（一）研究条件

实验室具备完善的开展农产品质量安全风险评估的硬件条件，拥有进口高分辨质谱（Orbitrap）、全自动脂肪抽提仪、核磁共振仪、近红外仪等先进大型仪器设备100台（套）。具有湖北阳逻、汉川、青海平安、江西进贤等4个田间试验基地，配备先进的灌溉、隔离、干旱等田间试验设施和辅助装备。

（二）工作成绩

团队重点围绕产业发展、公众健康和进出口贸易，依托实验室优势特色的资源条件，全力推进我国油料作物产品质量安全风险监测、风险评估等项目的实施，取得了一些突破性成果。基本摸清我国油料作物产品质量安全风险隐患，以及危害因子种类、来源、污染水平、分布范围、消长代谢规律等。绘制了水稻、小麦、玉米、花生等粮油作物产品中生物毒素、重金属镉分布地图，为锁定粮油风险评估重点、实现精准科学监管、科学指导生产、合理消费、破除产业发展障碍等提供了强有力的技术支持。

基于研究结果，发表研究论文107篇（其中SCI收录53篇，累计影响因子157.06，单篇最高7.476），获国家发明专利33项，研制标准16项，主/参编著作5部，专著1部。发现了农产品黄曲霉毒素免疫活性位点及靶向诱导效应，创建了高灵敏检测技术，提升了真菌毒素快检试剂产业的技术水平。检测技术成果被用于粮油、饲料及牛奶等质量安全普查、风险评估等政府监管及国家、省部及地市农产品检测机构，为保障农产品及食品安全提供了技术手段，获2015年度国家技术发明二等奖。

十三、农业部植物纤维产品质量安全风险评估实验室（长沙）

农业部植物纤维产品质量安全风险评估实验室于2014年获得农业部批复，依托中国农业科学院麻类研究所建设。实验室以植物纤维产品及相关特色农产品为评估研究对象，开展营养品质评价研究与质量安全风险评估，共设立三个研究方向：生产过程与产区环境质量安全风险评估研究；加工过程与副产物资源化利用质量安全风险评估研究；活性成分与营养品质评价研究。

（一）研究条件

实验室拥有开展植物纤维产品及相关特色农产品风险评估的硬件设施。实验室总面积1 500余平方米，其中恒温恒湿面积100m^2左右，实验室将拥有高效液相色谱仪、原子吸收光谱仪、原子吸收、紫外可见分光光度计、近红外光谱仪、自动定氮仪、纤维全自动分析仪、脂肪测定仪、OFDA纤维直径分析仪、大容量纤维测试系统、全自动发芽箱、微波消解仪等先进仪器设备135台（套），其中10万元以上仪器设备50多台（套），固定资产达1 500万元。另外，本单位建有国家麻类作物种质资源中期库、农业部茎纤维生物质与工程微生物重点开放实验室、农业部麻类资源观测试验站等科研技术平台，这些平台配备有超净工作间、显微系统、冷冻干燥系统、发酵设备、超低温冰箱、PCR仪、电泳系统等大型精密设备。

（二）工作成绩

近五年来，在优势特色的研究条件支撑下，实验室获得国家授权专利9项，软件著作权1项，出版专著1部。主持制定发布标准6项。开发了以纯天然原料火麻仁制备的提取液为主料研制的火麻仁护肤品及不易变黑发臭、保质期较长、效果良好的纤维软化液两个新产品，同时研究开发了植物纤维试样自动布样技术与设备、纤维植物产品自动快速提取技术与设备、麻类有机化学成分微波快速提取检测技术与设备、麻类纤维细度自动快速检测技术与设备等四类技术与设备。

十四、农业部果品质量安全风险评估实验室（兴城）

农业部果品质量安全风险评估实验室（兴城）于2011年获得农业部批复，依托中国农业科学院果树研究所建设，主要围绕我国果业发展、果品安全生产和果品安全消费中对果品质量安全风险评估的重大需求，开展果品质量安全风险监测、风险隐患动态跟踪评价、危害因子筛查、风险评估与预警、风险控制、风险交流、标准研制等研究，为我国果品质量安全依法监管、指导生产和引导消费提供理论和技术支撑。

（一）研究条件

实验室具备开展果品质量安全风险评估的优良仪器设施，仪器设备110余台（套）（总值1 600余万元），主要仪器设备有液相色谱—质谱—质谱联用仪、高效液相色谱、气相色谱—质谱—质谱联用仪、在线凝胶渗透色谱—气相色谱—质谱联用仪（GPC-GC/MS）、气相色谱—质谱联用仪、气相色谱仪、离子色谱仪、脂肪测定仪、膳食纤维测定仪、电感耦合等离子体发射光谱仪、原子吸收分光光度计、原子荧光光度计、自动电位滴定仪、微生物鉴定系统、冷冻研磨机、微波消解仪等。

（二）工作成绩

"十二五"以来，依托优良的研究条件，实验室取得省部级以上获奖成果2项，发表核心期刊以上论文60余篇，其中，一级学报论文和SCI/EI收录论文30余篇。申请国家发明专利5项，取得实用新型专利1项，获得计算机软件著作权1项，主编出版著作6部，副主编和参编著作3部。主持制定农业行业标准14项，参与制定农业行业标准6项。

十五、农业部果品质量安全风险评估实验室（郑州）

农业部果品质量安全风险评估实验室（郑州）于2011年获得农业部批复，依托中国农业科学院郑州果树研究所建设。实验室共有三个研究方向：①果品中常用农药等化学污染物危险性评估；②主要对目前生产中使用较多但缺少监管的农药进行暴露评估和危险性分析，对消费者关注热点问题跟踪评价，对于生产中使用较多的植物生长调节剂、保鲜剂等进行风险监测和评估；③果品生产中安全隐患的摸排和风险评估，主要对果品生产中催熟剂、保鲜剂、除草剂、生物毒素、致病菌、寄生虫、农药的代谢物等影响果品质量的安全因子进行危害鉴定、风险监测和安全性分析。

（一）研究条件

实验室自建立以来，建立了功能完善的开展果品质量安全风险研究的硬件条件，并取得了丰硕的成果。实验室现有固定资产2 000万元，实验室面积2 000m^2，其中恒温恒湿面积100m^2，拥有气相色谱仪、液相色谱仪、原子吸收分光光度仪、原子荧光光度仪、气相—质谱—质谱仪、液相—质谱—质谱仪、电感耦合等离子体质谱仪等国内外高端精密仪器及其他检测仪器140多台（套）。

（二）工作成绩

2012年受农业部委托，主持苹果所谓的"毒果袋"事件应急评估工作，评估结果通过中央电视台《东方时空》栏目播出后，为当地果农挽回了上亿元的经济损失。

依托果品优势研究与评估平台，实验室开展了7项果品质量安全风险评估重大专项的评估工作。"十二五"以来，实验室撰写提交果品风险评估研究报告7份，制订桃等3份生产管控技术指南，发表论文或科普文章25篇，主持或参与制定农业行业标准4项，申请国家专利5项，已取得实用新型专利2项，申报软件著作权4项。

十六、农业部茶叶产品质量安全风险评估实验室（杭州）

农业部茶叶产品质量安全风险评估实验室（杭州）于2011年获得农业部批复，依托中国农业科学院茶叶研究所建设，实验室研究方向为茶叶质量标准与检测技术和茶叶质量安全风险评估。其中茶叶质量标准主要开展国内外茶叶安全标准的比较和分析，制修订茶叶相关标准；茶叶质量安全风险评估主要研究茶叶中农药残留、重金属元素、有害微生物、添加剂、污染物等的评价和分析，开展茶叶中农药残留行为的研究，茶叶重金属毒性的研究，过量元素与人体健康安全的风险研究，以及绿色分析技术和快速检测技术的研究。

（一）研究条件

实验室总面积2 300m²，拥有样品室、前处理实验室、仪器分析室、天平室、微生物室、标准溶液配制室、药品库、审评室、档案室，各实验室设置齐全，全面实现了控温控湿，满足开展科学研究和检测需求，能够开展相应的研究工作。拥有各种高精度检测设备，其中高效液相色谱串联质谱3台，气相色谱串联质谱4台，气相色谱11台、液相色谱台5台、电感耦合等离子体质谱仪1台，原子荧光分析仪1台，原子吸收分析仪2台，离子色谱仪1台，10 000级微生物实验室1个，各种前处理设备104台，总价值超3 000多万元。

（二）工作成绩

"十二五"以来，以陈宗懋院士领衔的科研团队依托重点实验室的研究平台，积极开展茶叶质量标准与检测技术、风险评估等研究，不断取得新的突破。本实验室共发表论文90多篇，其中SCI收录论文30篇，在手性农药研究、茶汤中茶叶浸出率开创性地进行了茶叶加工过程中农药残留降解规律的研究，在农药残留特性和摄入量研究方面属于行业领跑者。近几年在标准研究方面亦取得突破，除参加外国标准评议外，还参与了国际标准的制订，欧盟和CCPR接受了实验室关于我国茶产业推广使用的茚虫威的风险评估报告，制定出相关产业限量。实验室对中国茶叶标准现状进行分析后，提出尽快制订禁限用农药的残留限量的决策建议，该建议得到采纳并逐步开始实施。获得茶叶农药残留检测方法相关国家发明专利5项。编写以及参加编写的著作5部。

十七、农业部畜产品质量安全风险评估实验室（兰州）

农业部畜产品质量安全风险评估实验室（兰州）2013年获得农业部批复，依托中国农业科学院兰州畜牧与兽药研究所建设。实验室设立了3个研究方向：牛羊产品质量安全风险评估；牛羊产品风险因子检测新技术研究；牦牛、藏羊肉中功能性物质与产品营养功能研究。

（一）研究条件

实验室配备开展畜产品质量安全风险评估实验所需的仪器设施，包括高效液相色谱—质谱联用仪、气相色谱仪、Foss FT-120型乳成分析仪、体细胞仪、微生物快速分析仪、紫外分光光度计、原子荧光光度计、JSM-6501A高真空扫描电子显微镜、氨基酸分析仪、肉类成分快速分析仪、全自动凯氏定氮仪、荧光定量PCR仪、凝胶成像系统、激光细度仪、纤维电子强力仪、束纤维强力仪、白度仪等40余台（套）。

（二）工作成绩

自2013年以来，依托一流的平台研究条件，实验室发表论文28篇，其中SCI收录8篇；出版专著5部；获得国家专利证书140项，其中发明专利5项。近三年来，对甘肃、内蒙古自治区和山东三省80家牛羊养殖场户的调研及50多个市场的牛羊产品进行了取样验证分析。分析发现牛羊养殖过程存在的主要安全风险源是饲料及其添加剂、环境因素及兽药不规范使用，主要由于饲料发霉变质、饮水中可能重金属、兽药未严格执行休药期导致。连续三年对牛羊产品中的"瘦肉精"进行跟踪取样验证，发现并确定了β-受体激动剂进入牛羊产品的途径主要是以粉剂形式添加在牛羊浓缩料或预混料中，为农产品质量精准化监督提供了技术支持。

十八、农业部动物产品质量安全生物性危害因子风险评估实验室（上海）

农业部动物产品质量安全生物性危害因子风险评估实验室（上海）于2014年获得农业部批复，依托中国农业科学院上海兽医研究所建设。实验室研究对象以食源性寄生虫为主，兼顾食源性致病菌和病毒等生物性危害因子，以动物产品产业链为中心，开展其生物学特性、污染和传播机制、动态变化规律、检测技术、风险监测、评估和管理研究；建立动物产品中生物性危害因子基础数据库、追溯和质量安全控制技术体系；建立动物产品生物性危害因子风险评估方法、安全应急和预警体系。

（一）条件团队

实验室自建立以来迅速形成了高水平的硬件条件平台和研究能力较强的人才队伍。实验室拥有3 000m²的实验面积，以及500m²的实验动物房，拥有基因分析仪、实时荧光定量PCR仪、流式细胞仪、低温冷冻超速离心机等各类原值10万元以上的仪器62台（件）。实验室现有固定人员18人，其中，高级职称10人，副高级职称4人。

（二）工作成绩

在研究条件和人才队伍的支撑下，实验室在动物产品质量安全生物性危害因子风险评估方面取得了一系列成果。2014—2015年，实验室共发表科研论文108篇，其中SCI论文43篇，国内核心期刊65篇；出版专著5部；获得专利6项。

十九、农业部特种动植物产品质量风险评估实验室（长春）

农业部特种动植物产品质量风险评估实验室于2014年获得农业部批复，依托中国农业科学院特产研究所建设，主要研究工作：开展特种动植物产品质量安全检测与评价技术、产品质量安全风险评估与预警技术、产品质量安全过程控制技术、兽药和农药投入品质量安全检测与评价等研究工作；建立特种经济动植物产品中危害因素风险评估方法体系、特种经济动植物产品中危害因子限量标准体系、特种经济动植物产品安全应急和风险预警体系、产品质量安全控制技术体系和质量追溯体系。

（一）研究条件

实验室使用面积1 027m²，拥有液—质—质联用仪、超高效液相色谱仪、气—质—质联用仪、气—质联用仪、高效液相色谱仪、气相色谱仪、电感耦合等离子体质谱仪、原子吸收分光光度计、原子荧光光度计、紫外可见光分光光度计、近红外分析仪、离子色谱仪、快速溶剂萃取仪、多样品平行蒸发仪、全自动固相萃取仪、微波消解仪、全自动汞分析仪、黄曲霉毒素分析系统、多基因表达遗传分析系统、全自动细菌鉴定及药敏分析仪、杜马氏定氮仪、凯氏定氮仪、全自动氨基酸分析仪、荧光定量PCR仪、全自动电泳系统、多功能酶标仪、生物显微镜、激光细度仪等仪器设备157台（件）。

（二）工作成绩

在一流的研究条件支撑下，"十二五"期间实验室获得省部级奖励2项，发表论文42篇，出版著作10部。

二十、农业部农产品质量安全环境因子风险评估实验室（天津）

农业部农产品质量安全环境因子风险评估实验室于2011年获得农业部批复，依托农业部环境保护科研监测所建设，其主要的职能定位：侧重于农产品质量安全检测技术和标准研发、风险分析评估以及为政府风险监测预警和决策提供技术支持。开展全国产地环境质量安全危害分析和风险评估研究；开展农畜产品及产地环境已知污染物监测、应急检测及长期监控研究工作；开展专业领域内的检测技术标准研究和推广；开展农畜产地及产品质量安全风险评估国际交流与合作，开展农产品质量安全风险评估人才培训工作，提升我国农产品及产地风险评估国际合作研究能力等。

（一）研究条件

实验室具备完善的开展农产品质量安全环境因子风险评估的硬件条件。实验室现有实验面积2 600m^2，拥有液相色谱—四级杆串联飞行时间质谱仪、气相色谱—四级杆飞行时间质谱联用仪、电感耦合等离子体质谱仪、X射线能谱仪、大型绘图仪、图形工作站等大中型仪器设备50余台（套），拥有Arcgis，DPS，Isatis，Decision tools等GIS及数据挖掘软件，仪器及软件设备总值4 000万元以上。实验室设有风险评估数据分析室、无机实验室、有机实验室、综合业务室共4个处室。拥有湖南湘潭、云南大理、河北藁城及沽源等试验基地。

（二）工作成绩

"十二五"以来，实验室依托一流的研究条件，围绕职能定位取得以下成果。

1. 重金属污染危害风险筛查与评估技术研究

建立了覆盖全国的农产品产地、农产品、污染源、投入品等四大数据库。研发了产地重金全量快速检测，形态及价态分析技术及相关设备。开发了重金属源解析模型，重金属形态解析模型及重金属土壤—农作物迁移风险评估模型。明确了我国稻米镉污染的确切分布区，确证了30余种蔬菜对Cd的富集能力差别。申请专项15项，发表论文80余篇。形成国家及行业标准10余项。

2. 有机污染危害因子快速筛查与评估技术研究

研发了千余种农药、多种典型有机污染物快速甄别技术。开发了10余种长残留农药在土壤中的迁移转化模型，分析了畜禽粪便及有机肥施用引入农田抗生素污染情况，研究明确了3种抗生素危害消控关键控制点，研究明确了新型材料石墨烯的环境毒理学效应。发表SCI论文17篇，中文核心9篇，申请专项2项。

3. 投入品施用影响农产品质量安全风险评估研究

构建了我国典型水体中有机污染物的成分谱，分析了畜禽粪便及有机肥施用引入农田抗生素污染情况，研究明确了3种抗生素危害消控关键控制点，研究了塑化剂在水体、土壤及植物体中的迁转规律，建立了典型塑化剂在土壤—小白菜中的迁移模型。发表SCI论文5篇，中文核心18篇，为主管部门提供政策参考建议10余次，获得省部级三等奖1项。

二十一、农业部烟草质量安全风险评估实验室（青岛）

农业部烟草质量安全风险评估实验室（青岛）于2013年获得农业部批复，依托中国农业科学院烟草研究所建设，主要研究方向：外源物质与环境，主要是研究外源物质与环境对烟草及特种作物质量及安全影响，以及相关检测方法及标准研究；化学物质基础，主要研究烟草及特种作物内在化学成分变化及代谢转化规律，以及有关标准物质研制工作；质量安全评价及调控，烟草及特种作物质量特色定位、安全性评价，研究提高和彰显质量及特色、控制风险的技术措施，并进行示范应用。

（一）研究条件

实验室现拥有实验与办公场所面积1 750m^2，配备有全二维气相色谱飞行时间质谱仪、气质联用仪、液质联用仪、电感耦合等离子质谱仪等仪器设备100余台（套），总价值2 400余万元。实验室在中国农业科学院烟草研究所青岛试验基地建立了1个田间试验基地，并配备有先进的灌溉、隔离、干旱等田间试验设施和辅助装备，可满足烟草风险评估工作中潜在风险隐患现场调查、取样验证、动态跟踪以及生产过程中的代谢、降解规律研究。

（二）工作成绩

2014年以来，依托实验室优势特色的研究条件，实验室共发表论文49篇，其中，以第一作者或通讯作者发表SCI/EI论文10篇，中文核心论文35篇，会议论文4篇；申请国家发明专利8项，获发明专利授权3项，申请实用新型专利7项，获实用新型专利授权5项；团队成员作为主要完成人获得省部级特等奖1项，省部级科技进步二等奖2项，地市级科技进步一等奖1项、二等奖2项，获计算机软件著作权1项。

二十二、农业部柑桔产品质量安全风险评估实验室（重庆）

农业部柑桔产品质量安全风险评估实验室（重庆）2011年获得农业部批复，依托中国农业科学院柑桔研究所建设。研究方向包括柑橘产品风险监测技术研究、柑橘产品安全性评价与风险评估技术研究、柑橘溯源控制技术与标准研制、果品营养功能评价与保持技术研究、柑橘产品风险交流与预警研究。

实验室自建立以来，依托风险评估实验室研究条件和国家农产品质量安全风险评估项目的支持，取得了一系列突破，连续向农业部提交柑橘果品质量安全风险评估报告，2014—2016年连续提交柑橘果品营养功能成分评价报告。发表论文40余篇，在农民日报、中国果业信息上撰写柑橘质量安全科普文章5篇或有关电视节目上宣传食用柑橘常识，引导消费。发表学术论文40余篇（SCI收录13篇），主持制定部颁标准10项。

二十三、农业部糖料产品质量安全风险评估实验室（哈尔滨）

农业部糖料产品质量安全风险评估实验室（哈尔滨）于2013年获得农业部批复，依托中国农业科学院甜菜研究所（黑龙江大学）建设，承担国家糖料及产品质量安全风险评估、风险隐患动态跟踪评价和风险交流糖料作物重金属污染情况风险评估、农药残留污染情况风险评估、营养功能评价。

（一）研究条件

实验室拥有高标准实验室近5 000m^2，装备一流水平的科研仪器设备（价值约2 000万元）。"十二五"期间主要科研项目有国家甜菜现代产业技术体系建设项目、农业部农产品质量安全监管风险评估项目以及制修订甜菜农业行业标准项目。

（二）工作成绩

"十二五"期间，依托风险评估实验室研究条件和国家农产品质量安全风险评估项目的支持，实验室共发表论文13篇，专著2部，申报国家行业标准11项，其中在研标准项目5项。

二十四、农业部蚕桑产品及食用昆虫质量安全风险评估实验室（镇江）

农业部蚕桑产品及食用昆虫质量安全风险评估实验室（镇江）于2013年获得农业部批复，依托中国农业科学院蚕业研究所建设，设置4个研究方向：家蚕蛹中蚕药残留的跟踪评估，不同产区、不同品种桑产品中营养因子的差异性分析，桑树对重金属污染治理效果的跟踪评估，柞蚕蚕蛹中重金属残留风险评估及重金属来源分析。

（一）研究条件

实验室拥有高效液相色谱仪、气相色谱仪、气相色谱质谱联用仪、液相色谱—质谱联用仪、电感耦合等离子体质谱仪（ICP-MS）、显微操作系统、微波消解仪、微波马弗炉、固相萃取仪、冻干机、超速离心机、原子荧光光谱仪、原子吸收光谱仪、离子色谱、全自动氨基酸分析仪、PCR基因扩增仪、多功能电泳仪、紫外分光光度计、激光剥蚀仪、红外光谱仪、生物发酵罐、菌落计数仪、人工气候箱、生物安全操作台、无尘超洁净加工车间等，仪器固定资产约2 000万元。

（二）工作成绩

"十二五"期间，依托风险评估实验室研究条件和国家农产品质量安全风险评估项目的支持，实验室共发表文章6篇，获得专利授权3项，出版著作2部。

二十五、农业部禽类产品质量安全风险评估实验室（扬州）

农业部禽类产品质量安全风险评估实验室（扬州）于2013年获得农业部批复，依托江苏省家禽科学研究所/中国农业科学院家禽研究所建设，围绕风险评估实验室的基本职能开展研究工作。在评价已知探索未知方面开展禽产品中未知危害因子摸底排查与产品安全性评估，现阶段主要研究禽产品中非法定药物和抗菌药物的残留规律，探索禽产品药物残留关键控制点，建立管控措施。在营养功能评价方面开展禽蛋、禽肉加工新方法及营养功能评估研究。

（一）研究条件

实验室拥有固定资产3 200万元。建有家禽试验场10幢计6 000m²。现代化实验室2 600m²，各类配套仪器220多台（套），主要有液—质—质联用仪、气质联用仪、液相色谱仪、氨基酸分析仪、离子色谱仪、原子吸收光谱仪、原子荧光光谱仪、电感耦合等离子质谱仪、紫外可见分光光度计、全自动酸碱滴定仪、全自动定氮仪、脂肪测定仪、纤维素测定仪、物性分析仪、蛋品多功能测定仪、蛋壳强度测定仪、超声波无损蛋壳厚度测定仪、荧光定量PCR仪、数字凝胶成像分析系统、荧光倒置显微镜、自动微生物鉴定系统、全自动固相萃取装置、凝胶净化浓缩系统等，同时配备了一些辅助设备。

（二）工作成绩

"十二五"期间，依托平台一流的研究条件，实验室共承担科研项目21项。连续5年承担部例行监测、部种禽监督抽查、省风险监测等检测任务20余项。获得中华农业科技奖一等奖1项，江苏省科学技术奖二等奖、三等奖各1项，制定并已颁布国家、行业标准6项，地方标准5项；获得授权专利4项；发表论文126篇，其中SCI论文4篇；参与编辑、撰写并出版专著4部。

第五节 中国农业科学院农产品质量安全风险评估研究中心

为加强中国农业科学院农产品质量安全风险评估学科建设，实现与农业部农产品质量安全风险评估体系建设工作的对接，2012年起，启动了中国农业科学院农产品质量安全风险评估研究中心的建设。截至目前，共建立了谷物产品等22个院级农产品质量安全风险评估研究中心（表6-1），为国家农产品质量安全宏观决策和市场监管提供了有力的技术支撑。

表6-1 中国农业科学院农产品质量安全风险评估研究中心

编号	实验室名称	依托单位
1	中国农业科学院谷物产品质量安全风险评估研究中心	中国农业科学院作物科学研究所
2	中国农业科学院农产品农药残留与生物危害风险评估研究中心	中国农业科学院植物保护研究所
3	中国农业科学院蔬菜产品质量安全风险评估研究中心	中国农业科学院蔬菜花卉研究所
4	中国农业科学院奶产品质量安全风险评估研究中心	中国农业科学院北京畜牧兽医研究所
5	中国农业科学院蜂产品质量安全风险评估研究中心	中国农业科学院蜜蜂研究所
6	中国农业科学院农产品加工质量安全风险评估研究中心	中国农业科学院农产品加工研究所
7	中国农业科学院食用菌质量安全风险评估研究中心	中国农业科学院农业资源与农业区划研究所

（续表）

编号	实验室名称	依托单位
8	中国农业科学院稻米产品质量安全风险评估研究中心	中国水稻研究所
9	中国农业科学院棉花质量安全风险评估研究中心	中国农业科学院棉花研究所
10	中国农业科学院油料产品质量安全风险评估研究中心	中国农业科学院油料作物研究所
11	中国农业科学院麻类产品质量安全风险评估研究中心	中国农业科学院麻类研究所
12	中国农业科学院兴城果品质量安全风险评估研究中心	中国农业科学院果树研究所
13	中国农业科学院郑州果品质量安全风险评估研究中心	中国农业科学院郑州果树研究所
14	中国农业科学院茶叶质量安全风险评估研究中心	中国农业科学院茶叶研究所
15	中国农业科学院兰州畜产品质量安全风险评估研究中心	中国农业科学院兰州畜牧与兽药研究所
16	中国农业科学院特种经济动植物产品质量安全风险评估研究中心	中国农业科学院特产研究所
17	中国农业科学院农产品产地环境风险评估研究中心	农业部环境保护科研监测所
18	中国农业科学院烟草产品质量安全风险评估研究中心	中国农业科学院烟草研究所
19	中国农业科学院柑橘质量安全风险评估研究中心	中国农业科学院柑桔研究所
20	中国农业科学院蚕业产品质量安全风险评估研究中心	中国农业科学院蚕业研究所

第六节　国家参考实验室

国家参考实验室是承担特定动物疫病最终诊断、标准品制备、疫苗毒株推荐、防治技术研究、防控政策咨询、防控效果评估、防控技术指导、对外交流合作等工作的实验室。设立兽医参考实验室是国际通行做法，是做好动物防疫工作的重要基础。2002年，农业部开始建设第一批国家兽医参考实验室，在禽流感、新城疫、猪瘟、口蹄疫、牛海绵状脑病、牛瘟、牛传染性胸膜肺炎、外来动物疫病等重大动物疫病设立了9个国家参考实验室。截至目前，中国农业科学院共建成国家参考实验室3个，在禽流感、口蹄疫等重要动物疫病防治，重大和关键性技术难题破解等方面发挥了巨大作用。

一、国家牛传染性胸膜肺炎参考实验室

依托中国农业科学院哈尔滨兽医研究所建设，开展的研究：动物支原体天然免疫机制研究，动物支原体致病和致弱机制研究，动物支原体诊断技术与流

行病学监测，动物支原体免疫制剂的应用。作为国家牛肺疫参考实验室，为我国牛肺疫根除计划实施提供了重要技术支撑。2011年，OIE在巴黎宣布我国成为世界上第七个消灭牛肺疫的国家。目前，实验室在比尔盖茨基金会项目的支持下，在非洲开展技术援助，防控牛肺疫。

实验室每年对13 000头牛进行血清学和部分牛进行病原学监测，严格监控我国牛传染性胸膜肺炎的流行状况，监测结果发现我国保持了良好的无牛传染性胸膜肺炎状态。我们建立的牛传染性胸膜肺炎综合诊断技术已经完全与国际接轨，在国内处于领先水平，可以对CBPP疑似病例进行最终诊断，为兽医行政主管部门的科学决策提供技术支撑。

在国际合作方面，本实验室也取得了重要的成功。2013年开始，在比尔和梅琳达盖茨基金会的赞助下，我们与7个国际兽医组织合作开展了中国的牛传染性胸膜肺炎弱毒疫苗在非洲应用的安全性与免疫保护性评价的研究。先后完成了中国的牛传染性胸膜肺炎弱毒疫苗菌种的OIE认可，菌种在非洲的复苏和培养，弱毒疫苗在非洲的生产，弱毒疫苗的安全性评价，以及即将完成的弱毒疫苗的免疫效力评测。

二、国家禽流感参考实验室

依托中国农业科学院哈尔滨兽医研究所建设，系统开展禽流感病毒的病原学监测和疫情诊断，对分离的病毒进行系统的进化和变异分析；开展禽流感灭活疫苗、DNA疫苗和重组病毒载体疫苗研制和疫苗种毒更新，结合诊断技术研制，为我国动物流感防控提供技术支持和储备；开展禽流感病毒感染性、致病力、传播能力及抗原性等表型差异的相关分子遗传机制，为我国禽流感防控提供科学建议。

在人才队伍方面，实验室拥有OIE生物标准委员会副主席1人，OIE禽流感专家1人，"世界杰出女科学家成就奖"获得者1人。在硬件和研究平台方面，本实验室拥有我国第一个建立的用于人畜共患和动物传染病研究的动物生物安全三级实验室（P3+），规模和管理均处于国内领先水平，是农业部批准的可长期从事高致病性禽流感研究的专门实验室，同时还拥有国内目前最为先进的SPF鸡培育保种设施以及P3级别的人工感染隔离设施，可以为家禽的相关动物实验以及病毒的培养提供良好的鸡胚、SPF鸡群供应以及良好的鸡群试验基地，为动物流感的家禽感染提供了坚强的保证。同时还拥有基因序列测定仪、核酸提取仪、血凝工作站等大型仪器，为实验室开展病原学、分子生物学等研究提供充足条件。

"十二五"以来，本实验室认真履行参考实验室职能，完成各项研究工作，全面了解我国禽流感流行和进化特点，准确诊断疫情，及时储备和更新防控疫苗和诊断试剂，为我国禽流感防控提供科技支撑。2011—2016年，发表SCI论文71篇，其中在《Science》《PLoS pathogen》《PNAS》《JVI》等国际一流学术杂志上发表SCI论文19篇，出版禽流感专著1部，获得国家发明专利18项，获得新兽药证书4项，通过疫苗规程、质量标准13项。在H5N1禽流感病毒进化变异、致病力和传播分子机制方面研究取得一系列原创性发现，部分研究成果获2013年"国家自然科学二等奖"；"H7N9和H5N1禽流感病毒研究"获得中国农业科学院杰出科技创新奖。

三、国家口蹄疫参考实验室

依托中国农业科学院兰州兽医研究所建设，承担国家动物疫病防治基础研究与应用研究，以口蹄疫为研究对象，开展口蹄疫和猪水泡病的诊断检疫、流行病学监测、免疫预防和病原生物学研究以及技术产品的开发推广工作。通过系统开展口蹄疫病原生态学与流行病学研究，揭示病毒遗传进化的分子机制及疫病流行成因、发生和发展规律；通过筛选和构建抗原匹配性高、抗原谱广、生物安全性高的标记疫苗株，创制口蹄疫高效疫苗；建立抗原制备技术平台，突破传统疫苗抗原制备方式，开展复合表位蛋白疫苗和病毒样颗粒等新型疫苗；开展定型、高通量、敏感和特异的新型口蹄疫诊断方法的研究。

国家口蹄疫参考实验室拥有口蹄疫实验楼、动物生物安全三级实验室、ABSL-3级实验动物舍、普通实验动物舍、诊断检测中心等功能实验室（区），总建筑面积约10 000m^2。实验室有电镜、激光共聚焦显微镜、分子成像系统、超高效液相色谱、质谱系统、基因测序仪、超速离心机等大型仪器设备20多台（套），价值2 000万元以上。现有工作人员68人，其中"千人计划"学者1人，科技部"中青年科技创新领军人才"1名。

口蹄疫参考实验室在口蹄疫疫苗创制技术方面属国际领先水平，"针对新传入我国口蹄疫流行毒株的高效疫苗的研制和应用"2016年获国家科技进步二等奖。此外，近五年，实验室获中华农业科技奖一等奖1项，省科技进步一等奖1项，省科技进步二等奖1项。获新兽药注册证书3项，国家发明专利20项，共发表SCI论文89篇。

第七章 品种保藏改良平台

第一节 国家农作物改良中心

国家农作物改良中心、分中心是国家种子工程的重要组成部分，定位于促进优良新品种及其配套良法的研发和推广应用。1998年以来，农业部先后在全国建设了100多个农作物改良中心（育种中心）/分中心，主要覆盖水稻、小麦、玉米、油料、大豆等主要农作物，为我国粮食持续丰收、农业和农村经济发展做出了重大贡献。目前，中国农业科学院共建设小麦、大豆、水稻、油料、棉花、蔬菜、糖料、柑橘、麻类、苹果、蚕桑、茶叶、烟草、桃、葡萄、牧草、食用菌、瓜果、花卉、马铃薯等20个国家农作物改良中心、分中心和禽类实验动物等国家动物改良中心。

一、国家小麦改良中心

国家小麦改良中心成立于1998年，依托中国农业科学院作物科学研究所建设，主要根据全国小麦产业和育种发展的需要，以亲本创新和育种理论与方法研究为主，兼顾高产优质广适应性品种的选育，开展小麦育种理论与方法研究：包括重要性状基因定位与标记发掘等，优异亲本材料创制，北部和黄淮冬麦区高产优质抗病广适新品种培育与推广。建立与分中心的交流与联系，成为全国小麦育种的技术创新、人才培养、国际交流和信息中心，达到服务全国小麦育种和产业发展的目的。推动国际合作与国外资源引进利用，逐步实现与国际接轨，为小麦产业发展提供强有力的技术支持。

（一）研发条件

国家小麦改良中心具备开展小麦育种和推广的硬件条件。设置生物技术实验室、细胞遗传实验室、组织培养实验室、植物生理实验室、品质研究实验室、信息网络室6个研究室，拥有完善的品质分析、分子标记设备。建有昌平、顺义、安阳等三个试验站，拥有试验地约500亩。

（二）创新亮点

中心完成的"CIMMYT小麦引进、研究与创新利用"获2015年度国家科技进步二等奖。针对制约我国小麦育种可用亲本资源短缺和品种对白粉病与条锈病的抗性频繁丧失的问题，从1990年起，何中虎研究员带领科研团队系统开展了CIMMYT（国际玉米小麦改良中心）小麦引进、研究与创新利用，历经15载，引进筛选出1.8多万份有一定利用价值的优异资源；创立了分子标记与常规育种相结合的兼抗型成株抗性育种新方法，为解决品种抗病性频繁丧失提供了新思路和新方法。根据9个省区种子管理站统计，1990—2014年28个品种累计推广2.242 69亿亩（近3年推广1 800万亩），增加社会效益133.21亿元。

二、国家大豆改良北京分中心

由农业部于2000年12月19日批准建设，依托中国农业科学院作物科学研究所建设，立足于创制育种新材料及特异种质、中间材料；开展育种新技术与新方法的创新研究，建立现代生物技术与常规技术结合的育种技术体系；开展群体改良、高产栽培、抗性遗传和生理、发育生理和遗传、光温生态、生化品质等应用基础研究；为黄淮海地区乃至全国大豆生产提供大豆新品种及配套栽培技术。

（一）研发条件

中心建设总投资968万元，购置了148台（套）仪器设备用于开展作物抗性遗传和生理等应用基础研究。另外，分中心在北京昌平、北京顺义、河北廊坊、内蒙古漠河、河南新乡和海南三亚等地区建立大豆育种基地用于培育新品种及研究配套栽培技术。

（二）工作成绩

"十二五"以来，北京国家大豆改良分中心共审定大豆新品种33个，其中国审11个，获植物新品种权17项，其中"广适高产优质大豆新品种中黄13的选育与应用"荣获2012年度国家科技进步一等奖。分中心在大豆高产栽培方面亦取得显著成绩。2015年采用麦茬免耕覆秸栽培技术种植的大豆新品系"中作XA12938"实现亩产336.28kg的全国大豆主产区（含东北、黄淮海和南方）大豆实收单产新纪录。共发表研究论文210篇，其中在《Nature Biotechnology》《Molcular Plant》等SCI收录杂志发表108篇，出版论著12部，获发明专利23项。

三、国家蔬菜改良中心

中心由农业部批准建立，于2000年3月31日依托中国农业科学院蔬菜花卉研究所启动建设。中心致力于研究并创新的蔬菜育种理论和技术方法主要有以下几方面：配套栽培技术、病害鉴定及综合防治方法等；引进、鉴评、创新蔬菜种质资源，选育出可满足市场和生产需求的蔬菜新品种，进行示范推广；向分中心及国家有关科研单位提供具有优良性状的种质材料。

（一）条件团队

中心配备硬件设施保障新品种选育、栽培及植保技术研发等科研任务的开展，在所区、南口、廊坊和顺义分别建有4个固定综合性试验基地，4个基地总面积970亩，共计拥有现代化连栋玻璃温室约7 000m^2、日光温室97栋、塑料大棚142栋、露地试验田近300亩。中心科研队伍实力雄厚，包括中国工程院院士1

人，国家杰青2人、国家优青1人，973计划首席科学家1人，以及中组部"万人计划"、科技部"中青年科技领军人才"、中组部青年拔尖人才、百千万人才工程国家级人选等国家级高端人才10余人。

（二）工作成绩

"十二五"期间，在研究条件和人才团队的支撑下，中心主持获得各类奖励成果11项，其中"黄瓜优质多抗分子标记聚合技术及系列新品种选育"成果获2015年中华农业科技奖一等奖。发表论文501篇，其中院选顶尖SCI论文8篇（IF>10），院选SCI核心期刊或其他SCI期刊195篇，出版著作8部，制定行业标准17项，获得软件著作权4个，获得国家发明专利50余项。育成80多个蔬菜新品种通过国家或省级审定或登记，获得植物新品种权10个。

（三）创新亮点

中心科研团队和深圳农业基因组研究所联合历经5年开展的合作研究发现了黄瓜苦味合成、调控及驯化的分子机制。这项研究揭示了黄瓜变苦的秘密，为将来培育无苦味黄瓜新品种和开发合成抗癌药物——苦味物质葫芦素迈出了关键一步。国际顶级学术期刊《Science》杂志以长篇幅论文的形式发表了这一研究成果。

四、国家花卉改良中心

国家花卉改良中心依托中国农业科学院蔬菜花卉研究所建设，建设地点位于北京市昌平区中国农业科学院南口中试基地。中心以创建花卉新种质、新品种为目标，重点开展育种理论和方法研究，提高我国花卉新品种培育能力，并服务于全国，使我国花卉育种工作达到世界先进水平。中心的建设任务包括花卉种质保存共享平台、花卉育种技术研究平台、种质创新及新品种选育平台和新品种新技术的示范与推广等。

中心重点致力于收集、保存国内外优良种质资源，尤其加强我国特异野生资源的挖掘和利用，建立主要花卉种类的种质资源圃和保存中心，完善全国种质资源保存体系，实现优良资源共享；建立并完善符合我国国情的花卉育种技术体系；培育花色新颖、花型独特、抗性强、适合我国土壤和气候条件的优良花卉新品种，并进行新品种保护和相关专利技术的申请。

五、国家马铃薯改良中心华北分中心

国家马铃薯改良中心华北分中心依托中国农业科学院蔬菜花卉研究所建设，主要开展马铃薯种质资源的收集保存，马铃薯分子育种、品质改良、抗病抗逆遗传育种研究，为提高华北甚至全国马铃薯遗传改良研究与应用水平，保障马铃薯产业的可持续发展和农民增收提供强有力的科技支撑。

中央拨付资金810万元支持中心建设。建有马铃薯遗传育种及生物学实验室、组织培养室、种薯储藏库、日光温室、抗旱鉴定棚等；购置仪器设备17台（套）。

六、国家畜禽改良研究中心

国家畜禽改良研究中心依托中国农业科学院北京畜牧兽医研究所建设，2012年6月完成项目设计。中心主要承担国家动物种质资源的收集保存评价与多样性监测、动物种质特性的遗传机理研究与优质基因挖掘、生物信息数据库构建与品种分子设计、动物分子育种研究、转基因动物育种与安全评价、试验动物模型构建与利用研究、畜禽新品种选育与产业化等多项任务。

（一）研发条件

中心总建筑面积29 778m^2，总投资2.38亿元。建设实验室373m^2、猪舍970m^2、鸡舍1 125m^2，购置猪舍工艺设备207台（套）、鸡舍工艺设备193台（套）。中心具有先进的科研仪器设备和现代化的畜禽分子遗传育种开放实验室，为畜禽品种遗传改良上游科学研究和技术平台，为基层育种单位提供分子育种材料和育种技术支撑。

（二）工作成绩

在先进的研发条件支撑下，中心每年可研发基因诊断试剂盒2~3个，开发新型实用分子标记5~10个，标记重要经济性状基因3~5个，繁殖良种猪1 000头、父母代鸡雏15万套，培训分子育种技术人员100人次。

七、国家牛奶质量改良中心

国家牛奶质量改良中心依托中国农业科学院北京畜牧兽医研究所建设，验收时间是2009年6月，中心的主要任务是改进奶产品质量安全，开发优质功能牛奶产品，促进消费者膳食结构的改善和居民健康水平的提高。

中心建设经费投入为500万元，改造实验室592.7m^2，购置仪器设备29台（套）。中心是国内最主要的奶牛营养和牛奶质量改良研究基地之一。拥有国内规模最大的18头安装有瘤胃、十二指肠、回肠三位点瘘管的奶牛群，建立了瘤胃环境试验监控和精准灌注系统，为开展奶牛营养代谢研究提供了便利的条件。目前承担国家科技支撑计划课题2项、973计划项目1项、国家自然科学基金项目3项，总经费约1 000余万元。组织召开了3届"奶牛营养与牛奶质量"国际研讨会，并于2013年9月获得科技部关于"奶业国际科技联合研究中心"的认证。

八、国家食用菌改良中心

依托中国农业科学院农业资源与农业区划研究所建设，主要开展食用菌种质资源搜集和保藏，深度评价种质资源，挖掘优异性状和潜力；开展食用菌遗传育种理论和技术研究，创制新材料。

（一）研发条件

中心占地面积41.12亩，设施农业用地23亩。已建设菌棒标准化示范车

十、国家棉花改良中心

国家棉花改良中心于1998年8月经农业部批准立项建设，2001年建成。中心主要宗旨和职责任务：根据我国棉花生产的需要，主要开展棉花种质资源评价与利用，棉花种子、纤维品质评价方法，棉花功能基因组研究，转基因棉花安全性监测与评价，棉花分子育种方法研究、育种亲本创新、高产优质多抗新品种的培育。

中心现有固定人员55人，其中，研究员9人，副研以上人员21人。中心各实验室拥有配套齐全的科研仪器设备，设备总值2 614万元，其中，10万元以上的仪器设备58台（套）。中心在2002—2007年新购进仪器设备453台（套），其中，万元以上152台（套）。

十一、国家油料改良中心

国家油料改良中心于1998年经农业部批准依托于中国农业科学院油料作物研究所建设，主要担负着全国油料品种资源的收集、遗传多样性研究、特异种质的挖掘利用、高产优质抗病油料新品种的培育理论、方法和技术创新研究，还承担着全国油料产区11个油料作物改良分中心的协调指导。其主要研究方向：油料作物遗传改良研究，油料作物功能基因组学与生物技术研究，转基因生物安全性评价，油料作物种质资源评价、创新和利用，油料作物品质检测的方法与标准，新品种区试及其配套栽培，病虫防治，施肥技术的研究、示范与推广。

（一）研发条件

中心拥有与油料作物改良配套的支撑环境和科研仪器设备。占有土地1 600亩，其中科研、技术开发用地800亩，并在湖北武汉武昌、新洲阳逻、汉川、江西进贤、青海平安建有田间试验基地2 000多亩。拥有万元以上的设备500余件，总价值1.2亿元。拥有科研实验室面积3 776m^2，温、网室1 730m^2，挂藏室

620m^2，晒场5 200m^2。

（二）工作成绩

"十二五"期间，中心组织全国科研单位收集国内外油菜资源8 000余份，构成了我国油菜基础收集品，建立了中国油菜核心收集品。在油菜资源遗传多样性研究、评价鉴定、优异种质发掘与创新利用方面取得了突破性进展。主编出版了《中国油菜品种资源目录》《中国油菜品种志》《油菜种质资源描叙规范和数据标准》。

（三）创新亮点

中心在发掘和创制具有各种优异性状的油菜优异种质方面获得突出成效。利用大粒、高含油、抗菌核病等种质选成油菜新品种80余个。创建了"油菜基因资源超市"，免费向全国提供优异种质资源。"中国农作物种质资源收集保存评价与利用"（集体奖）获国家科技进步一等奖，"中国农作物种质资源本底多样性和技术指标体系及应用"获国家科技进步二等奖。主持完成的"高产、高含油量、广适应性油菜中油杂11的选育与应用"于2011年获国家科技进步二等奖，"油菜高含油量聚合育种技术及应用"于2014年获国家技术发明二等奖。

十二、国家麻类作物育种中心

依托中国农业科学院麻类研究所建设，从事麻类种质资源的收集、鉴定、保存和利用工作，加强优良种质的创制和新品种培育，开展麻类新品种育种方法的研究，广泛开展国际合作与交流，培训麻类科研和推广的人才，建立为麻类科研和生产服务的信息网络系统。

（一）研发条件

国家麻类作物育种中心以育种方法和种质材料创新为中心，重点建设麻类遗传育种和生物技术平台，配套建设新品种推广和良种贮存的条件设施。购置实验仪器设备67台（件），配套用房1 550m²。总投资1 497.3万元。

（二）工作成绩

在功能完备的研发条件支撑下，中心在品种资源方面取得获奖成果5项，其中国家级奖1项；共搜集、整理、保存国内外麻类种质资源5 000余份；建成了我国最大的"国家种质沅江苎麻圃"。在品种选育方面取得获奖成果15项，其中国家级奖2项，育成了红、黄、苎麻新品种、新组合共23个；在配套技术方面取得获奖成果20余项，其中国家级奖4项。实验室研发丘陵山区发展苎麻技术、黄淮海地区麦茬红麻高产栽培技术及其规律、红麻全秆造纸原料系列化生产技术、造纸用红麻高产优质高效模式化栽培技术、北方红麻短光照制种技术、红麻化学杀雄制种技术和苎麻系列快速繁殖技术等，在我国黄、红、苎麻产区广泛推广应用，使科学种麻水平得到新的提高。

十三、国家苹果育种中心

中心依托中国农业科学院果树研究所建设，主要围绕苹果资源保存、评价与利用，苹果新品种选育以及优质配套栽培技术研究等苹果产业关键问题开展研究，加大资源收集保存工作力度，完善资源鉴定和评价体系，筛选特异和优异种质资源材料；通过常规育种方法与分子辅助育种技术相结合，建立高效的苹果种质创新技术体系，提高育种效率；开展苹果新品种配套技术研究，加强新品种的开发利用。

（一）研发条件

中心创新条件扎实、设备较完善，建有种质资源品质鉴定室和分子生物学鉴定室、分子育种实验室，面积1 019.01m²。建有资源圃、杂种圃、优选圃、新品种展示示范园共计530亩；拥有日光温室4 000m²，智能温室1 500m²，网室1 800m²。中心硬件设施为苹果资源收集、保存、鉴定、评价、共享利用和育种新技术研究、新品种选育、良种推广、配套技术研究奠定了坚实的基础。

（二）工作成绩

"十二五"以来，在平台创新条件支撑下，中心共发表论文50余篇，其中SCI收录论文8篇；出版专著3部，分别为《当代苹果》《中国苹果品种》和《主要果树新品种（新品系）及新技术》；授权国家发明专利2项，分别为"寒富苹果花药培养植株的方法"（ZL 200710158913.6）；"一种提取苹果属植物树皮组织全蛋白的方法"（ZL 201310088899.2）；先后选育"华月""华苹""华脆"苹果新品种3个，其中"华月"已列入科技部农业科技成果转化项目，示范推广面积累计达2万亩。

十四、国家桃、葡萄改良中心

中心依托中国农业科学院郑州果树研究所建设，开展桃和葡萄种质资源的收集保存评价利用；桃和葡萄重要农艺性状遗传规律和功能基因挖掘利用研究；桃和葡萄高效育种技术体系建设；桃和葡萄优异新种质和前育种材料创制；培育桃和葡萄新品种等研究。

（一）研发条件

该中心拥有仪器设备151台（套），包括荧光显微镜、荧光定量PCR仪、流式细胞仪、冷冻干燥系统、梯度PCR仪、小型冷冻离心机、高压灭菌器等；建成相关实验室1 200m^2、智能温室272.32m^2、冷库129.92m^2、仓库788.58m^2。

（二）工作成绩

长期以来，国家桃、葡萄改良中心以桃和葡萄种质资源研究为基础，以提升育种效率为核心，以品种培育为目标，在平台研究条件支撑下，不断开展科技创新。建立了国内规模最大、种类丰富的桃、葡萄种质资源共享平台，筛选出一批优异种质。针对桃、葡萄品质、抗性等重要性状开展基因挖掘和形成机理研究，有效提升育种效率。在品种培育方面，桃以优质高效和满足消费者多样性需求为目标，推动了我国桃和葡萄品种的更新换代，培育出了中油桃12

号、中农金辉、中桃4号、黄金蜜桃3号、银春和满天红等油桃、普通桃、观赏桃系列新品种21个，形成类型丰富、熟期（花期）配套品种系列；葡萄以早熟和无核为育种目标，培育出郑艳无核、郑美、水晶红、神州红等系列新品种10个。通过育成品种示范和推广，桃自育品种种植面积占全国桃总面积近20%。葡萄品种也在生产中形成一定影响，取得了显著的社会效益和经济效益。

十五、国家瓜果改良中心

依托中国农业科学院郑州果树研究所建设，开展的研究：果树瓜类种质资源的收集保存和评价利用，果树瓜类重要农艺性状遗传规律和功能基因挖掘利用研究，果树瓜类高效育种技术体系建设，优异新种质和前育种材料创制，果树瓜类新品种培育。

（一）研发条件

该中心拥有科研仪器设备200余台，主要包括液—串联质谱联用仪、气相串联质谱联用仪、电感耦合等离子体质谱仪、离子色谱仪、高效液相色谱仪、生物大分子相互作用仪、DNA遗传分析系统、芯片生物技术分析仪。中心还建有低温种子贮藏库、玻璃温室、低温冷库、日光温室、塑料大棚、种子晾晒场等配套设施。

（二）工作成绩

国家瓜果改良中心经过"十二五"的发展，为我国果树瓜类学科建设和产业发展提供了强有力的平台支撑。在平台建设方面，建成了国内规模最大、种类丰富的果树瓜类种质资源共享平台，保存种质资源9 000份，厘清了种质的遗传多样性本底，筛选出一批优异种质；建立了高效优异基因发掘和分子育种技术平台，率先利用全基组关联分析进行了果树多性状、复杂位点、高精度的基因发掘，开发了苹果、桃、葡萄等树种重要性状的育种适用型基因芯片。在品种培育方面，"十二五"期间培育并审定新品种65个，育成的桃、梨品种分别占我国栽培面积的20%和15%，育成的苹果品种占国内自主培育品种种植面积的

25%，葡萄、猕猴桃、樱桃、石榴等育种特色优势明显，整体育种水平位居国内领先地位。在栽培技术方面，中心是我国果树新技术、新产品的创新中心，栽培生理与技术的突破，有力推动了我国樱桃栽培向中西部地区扩展1 500km，实现了我国桃设施栽培从经验式到理论指导式的跨越，促进了我国果树由传统栽培模式向现代栽培模式的变革。

十六、国家茶树改良中心

国家茶树改良中心于2003年经农业部批复，依托中国农业科学院茶叶研究所建设。中心主要开展种质资源的收集、保存和茶树新品种的选育。研究方向：茶树种质资源收集保存和鉴定评价；茶树种质创新与优异基因发掘；茶树抗寒遗传机理与抗寒育种，茶树耐贫瘠机理与耐贫瘠育种；茶树育种材料、育种方法创新研究；茶树育性机理和育种技术研究。

（一）研发条件

中心现有各类仪器设备147台（套），涵盖生理生化、分子生物学等领域，其中10万元以上仪器设备23台（套），还建有人工气候室、杂交温室、繁育温室等田间设施，可以满足常规的生理生化检测、基因克隆与表达分析、测序、转基因及蛋白组检测以及育种、繁育实验研究等。中心在茶叶研究所本部有试验田25亩，另外，在嵊州综合试验基地建有试验田70余亩，可以满足全国区试、品系比较、杂交、选种等育种需要。

（二）工作成绩

"十二五"期间，中心围绕茶树种质资源的收集保存和新品种的选育开展研究，在平台功能完备的研发条件支撑下，取得了一系列成果。获得安徽省科学技术奖二等奖1项、中国农业科学院科技成果二等奖2项；发表各类论文126篇，其中SCI/EI论文34篇，中文核心期刊论文92篇；获得授权专利12件，其中国家发明专利3件；出版专著2部，分别为《中国无性系茶树品种志》《Global tea breeding：Achievements，Challenges and Perspectives》；育成国家级茶树新品种"中茶111",育成省级茶树新品种"中黄1号"和"中黄2号";"中茶125""中茶251"等获得植物新品种权。

十七、国家禽类实验动物种子中心

国家禽类实验动物种子中心是2010年经科技部批准成立的,我国8个国家实验动物种子中心之一,依托中国农业科学院哈尔滨兽医研究所建设。中心的主要任务有三方面:一是积极开展国内外优质禽类实验动物种子资源的引进、收集和整理工作;二是积极开展新品系的培育研究工作,主要是根据畜牧兽医学科及生命科学等有关科研需要,采用自主培育、引进或资源交换等多种形式开展实验动物新品种、品系的培育研究;三是建立实验动物质量控制标准及质量检测技术。

(一)研发条件

种子中心前身早在1992年即利用澳大利亚援助项目和世界银行贷款项目开展SPF鸡研究,利用高效正压隔离器开始SPF鸡培育。中心建立后为保障科研任务开展,建成了国内领先的隔离、屏障环境,建筑面积9 000m^2,总投资5 800余万元。

(二)工作成绩

种子中心于2004年培育成功国家首个SPF鸡种群,荣获黑龙江省科技进步二等奖。禽类中心拥有国内一流的禽类实验动物保种及研究团队,尤以禽类实验动物的保种、繁育、实验、质检及研究见长,在国内处于领进水平。近年取得的部分成绩如下。哈尔滨市科技进步二等奖(2012):SPF鸡遗传检测方法的建立;中国实验动物学会科学技术二等奖(2014):SPF鸭培育与应用;黑龙江省科学技术二等奖(2015):高能射线梯度法综合利用的基础与应用研究。2014年度发表SCI论文3篇,2015年度发表SCI论文4篇,2016年度发表SCI论文4篇,核心期刊论文14篇。共发表专著7部,获专利7项。

十八、国家牧草改良中心

国家牧草改良中心自2012年年底建成并投入使用，2014年7月通过农业部、中国农业科学院组织的建设项目验收，取得验收证书，依托单位是中国农业科学院草原研究所。中心主要开展牧草改良技术研究、试验和创新技术服务，开发牧草产业发展中的共性、关键技术，持续研究创新牧草新品种、育种材料及育种方法，并提供种子信息服务，促进牧草育种成果转化和技术辐射，带动相关产业的技术提升和科技进步，增强产业技术创新能力和市场竞争力。

（一）研发条件

目前中心室内与野外试验条件完备。中心拥有包括"全自动凝胶成像分析系统"、测序和遗传数据分析系统、多功能电转移电融合仪、染色体分析系统、万能生物显微镜等进口先进仪器设备26台（套），梯度PCR仪等国产先进仪器设备6台（套），低温保存设备11个。中心依托中国农业科学院草原研究所"农牧交错区试验示范基地"为主要建设实施地点，建有2 000m^{2}的中心实验楼，内设专业及常规实验室20余个；建有4栋1 600m^{2}的日光温室、300m^{2}的网室，500亩品种选育和扩繁野外试验田，可为项目提供水电便利的野外试验条件。

（二）工作成绩

自成立以来，在功能完备的条件支撑下，国家牧草改良中心共发表SCI论文12篇。取得国家发明专利授权3项，国家实用新型专利授权8项。育成"中草三号"苜蓿新品种等国家、地方审定品种6个。

十九、国家烟草改良中心

国家烟草改良中心成立于2004年，依托中国农业科学院烟草研究所建设，以培育突破性优良品种为主体目标，以烟草重要目标性状遗传及鉴定筛选技术研究、烟草种质创新研究、新品种（系）的鉴定评价及推广利用研究为重点，在已有烟草种质资源及丰富的优良育种中间材料的基础上，不断加强本方向应用基础研究深度，在重要经济性状基因功能与表达调控，现代育种方法应用方面有所突破。

（一）研发条件

国家烟草改良中心现已形成由烟草种质资源、分子生物学、功能基因组学、生物信息学等学科组成的专业研究中心。中心配置了PCR仪器、水平电泳仪、各类型常温、冷冻离心机、恒温培养箱、凝胶成像仪、紫外可见分光光度计等仪器设备，建设了一所三地、南北布局的烟草育种试验基地，还建设了11间功能独立的人工气候室，对青岛即墨试验基地旧大棚进行翻新，对所区种质资源楼楼顶温室进行了统一规划和改建，增添水培设施等，进一步完善了烟草主要病害抗性鉴定、烟苗培养条件，满足多种实验需求。

（二）工作成绩

"十二五"期间，在优势特色研发条件支撑下，中心累计发表研究论文87篇，出版著作8部，申请国家发明专利17项，已授权13项；"十二五"以来，烤烟新品种CF225、中烟206通过全国农业评审。中烟205、鲁烟1号、鲁烟2号、CT141、10-5008通过山东省省级审定。通过定向改良育成的新抗病毒病K326（Y48）通过了田间鉴评。

二十、国家柑桔品种改良中心

国家柑橘品种改良中心2002年由农业部批准立项建设。依托单位是中国农业科学院柑桔研究所，主要开展杂交育种、集合杂交育种、杂种胚离体挽救和分子标记辅助选择等育种技术；开展国内外引进柑橘优良品种和地方特色品种优选和提纯复壮；开展柑橘重要功能基因发掘与利用，创制新型育种材料和新品种；开展新选育品种及其配套栽培技术示范推广。

（一）研发条件

中心建有1 000多平方米的现代化实验室，具备基因工程育种、分子标记辅助育种、基于逆境、病害侵染前后表达谱及转录组学分析所需的主要分子生物学实验仪器设备，拥有6通道ABI7500（2.0）实时荧光定量PCR仪，MD Spectra Max M2/M2e微孔板检测系统（多功能酶标仪）、OLYMPUS BX51荧光显微镜、Agilent Technologics1260液相色谱仪、BIOMARKER计算机工作站等大中型仪器设备500余台（套）。"中心"还建有9 000多平方米的现代化温网室和180亩高标准育种圃可供柑橘育种材料重要性状评价。

（二）工作成绩

在平台优势特色的研发条件支撑下，中心在品种选育、育种技术、品种推广示范等方面取得了突破。

1. 品种选育

"十二五"期间中心审定柑橘新品种5个，"中心"配制杂交组合40多个，获得杂种材料10 000余份，筛选到一批优异材料进行区试布点，"大雅"等一些优异的杂交品种通过新品种审定。选育了"眉红脐橙""晚锦橙"和"长叶香橙"等优良的特色品种；完成了"牛肉红""米柑"等贵州地方特色品种的提纯复壮；通过国外引进品种的观察评价，"沃柑"等品种通过重庆市新品种审定，并在全国大面积示范推广。

2. 育种技术

"十二五"期间，中心克隆筛选到一批柑橘特异表达启动子、抗病相关功能基因和重要性状相关SNP等分子标记；建立了基于CRISPR/Cas9系统的柑橘基因组定点编辑技术、基于Cre-LoxP重组酶系统的外源基因删除技术等柑橘安全、高效、可控表达转基因技术体系；在此基础上，创制了大量具有抗病、抗逆等优良性状的柑橘新材料，其中完成4类17个转基因柑橘品系进入田间中间试验。

3. 品种推广示范

"十二五"期间中心通过与产区及相关企业合作，累计示范推广"沃柑""大雅"和"眉红脐橙"等优新柑橘品种20余万亩。通过现场技术指导、

第二节 国家种质资源库

农作物种质资源是农业科技原始创新、现代种业发展的物质基础，是保障粮食安全、建设生态文明、支撑农业可持续发展的战略性资源。为加强对我国农作物种质资源的保护与鉴定评价、优异资源和基因的发掘，国家建立了农作物种质资源长期库、中期库、种质圃构成的农作物种质资源库（圃）体系，其中，长期种质库负责全国农作物种质资源的长期保存；中期种质库负责种质的中期保存、特性鉴定、繁殖和分发。迄今为止，我国共建立长期库2个、中期库10座，保存农作物种质资源48万余份，其中国家长期库保存350多种农作物的种质资源44万份，位居世界第二。目前，中国农业科学院共建设11个国家级农作物种质库和12个国家级农作物种质圃。

一、国家作物种质长期库

1986年，中国农业科学院建成国家农作物种质资源长期库，依托中国农业科学院作物科学研究所建设，是全国作物种质资源长期保存与研究中心，承担全国作物种质资源的长期保存并向中期库提供繁种种源，农业植物新品种权和审定品种标准样品的接收与保存。1988年，以长期库库存种质信息为源泉，开通中国作物种质资源信息系统（http：//www.cgris.net/），开展对外服务。此外，长期库自建立以来还致力于研究发展低温种质库、试管苗库和超低温库种质保存技术与理论，实现更多物种资源的入库保存，丰富国家库保存资源的多样性；研究制定作物种质资源入库保存操作处理规范与管理标准，定期监测库存种质生活力和遗传完整性，及时繁殖更新低活力种质，确保库存资源的长久安全保存。

（一）平台条件

长期库总建筑面积3 200m^2，贮藏面积300m^2。截至2016年年底，国家农作物种质资源库已保存各类农作物种质资源48万份（图7-1），保存量位居世界第二位。

（二）工作成绩

目前，长期库累计向全国3 922个科研院所、大专院校、企业、政府部门和生产部门等提供农作物种质资源实物共享14万份次，信息共享50万人次，服务用户11 577人次。为优质、高产、多抗作物，新品种培育提供了重要支撑，保证了我国农作物新品种的及时更新换代。为国家千亿斤粮食工程、种子工程、"渤海粮仓"、转基因重大专项等30多个重大工程和重大专项，800多个各级各类科技计划（项目/课题），500多家国内企业提供了资源和技术支撑。

图7-1 长期库保存资源情况

二、国家农作物种质保存中心

依托中国农业科学院作物科学研究所建设，主要研究方向如下：牵头组织实施并开展全国作物种质资源收集引进、保护共享、鉴定评价与创新利用等工作；开展作物种质资源精准鉴定与深度发掘，解析优异种质资源与作物驯化性状的分子遗传学基础；开展作物种质资源创新，建立规模化种质创新技术体系；构建作物种质资源基础数据库，实现共享利用；全国粮食作物种质资源考察收集、鉴定评价、繁种编目、中期保存、国际交换与分发共享。保存作物主要包括水稻（北方）、小麦、玉米、大豆、食用豆、大麦、高粱、谷子、黍稷、燕麦、荞麦，以及野生大豆、野生稻、小麦近缘植物等。

（一）平台条件

保存中心总建筑面积5 377m²，保藏区贮藏面积1 733m²，包括长期贮藏冷库、中期库、临时库。长期库的贮藏温度（-18±2）℃，相对湿度≤50%，保存容量为20万份以上，用于长期保存全国农业植物种质资源。中期库贮藏温度（-4±2）℃，相对湿度≤50%，保存容量为40万份以上，中期库保存种质材料可随时供种分发给国内外科研单位。3间临时存放冷库（+4℃）供种子临时存放使用。前处理加工区主要包括种子接纳室、发芽室、干燥室、"双十五"干燥室、称重室、包装室。保存中心2011年以来先后主持我国农作物种质资源领域科研项目300余个，总经费2亿余元。

（二）工作成绩

"十二五"期间，保存中心在资源保存、种质创新、应用推广、共享服务等方面取得了突出成效。

1. 广泛收集，丰富了战略资源储备

"十二五"期间，开展了第三次全国农作物种质资源普查与收集，新收集71 043份，其中经农艺性状的鉴定评价、编目和繁殖，入国家库（圃）保存52 945份，新增资源物种数385个。目前，我国长期保存资源总量为350种（类）作物的种质资源47万份，位居世界第二。

2. 深入评价、积极创新，解决农业生产重大问题

从收集的作物种质资源中筛选优异种质，发现优异基因，创制新种质，提供高产、优质、抗病、抗虫、抗逆的种质供育种利用，通过对大量水稻种质资源的鉴定评价，筛选出了抗黑条矮缩病资源，再经分子育种培育出抗黑条矮缩病新品种，解决了造成大面积减产、绝收的水稻"癌症"病害。

3. 充分利用，推进种植业结构调整

利用优异杂粮种质资源耐旱、耐盐碱、耐瘠薄、营养价值高等特点，筛选、培育杂粮新品种，作为种植业调结构、转方式的重要替代作物，促进了老少边穷地区的扶贫开发和农民收益提高。"十二五"支撑杂粮种植6亿多亩，实现增收189亿元。

4. 强化共享，服务"三农"成效显著

"十二五"以来，保存中心累计向全国约1 600多个单位免费提供种质资源30余万份次，提供信息共享350万人次以上，开展种质资源现场观摩80多次，培训农技人员和农户1.2万人次，发放技术资料1.5万份次，支撑或服务于各类科技计划项目（课题）2 380余个，国家科技进步奖9项，省部级科技进步奖34项，新品种480多个，重要论文243篇，重要著作38部（图7-2）。

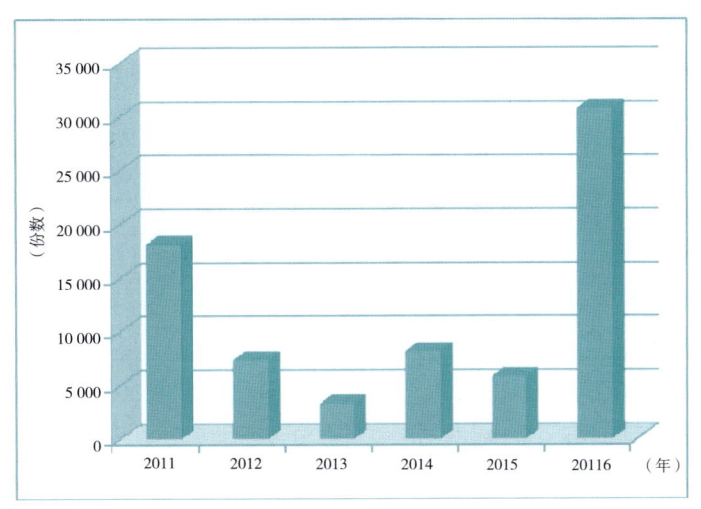

图7-2 国家农作物种质保存中心分发共享资源数量

5. 埋头苦干，默默奉献，硕果累累

2011年以来，获国家科学技术进步创新团队奖1项，国家科学技术进步二等奖2项，省部级科学技术进步奖5项；审定（认定）新品种49个，其中国审5个；获植物新品种权4项、授权发明专利25项；制定国家和行业标准4个；以第一或通讯作者发表《Nature Genetics》《Nature Biotechnology》《PNAS》等SCI和EI论文266篇，出版著作20部。

三、国家蔬菜种质资源中期库

国家蔬菜种质资源中期库成立于2001年，依托中国农业科学院蔬菜花卉研究所建设。中期库主要开展工作：蔬菜种质资源的收集、整理、登记、繁殖、活力检测、干燥、包装、入库保存、鉴定、评价、更新；种质资源的信息采集

和管理、数据库建设和编目以及信息的发布工作；通过优异种质的分发利用为全国蔬菜育种、生产和其他科研需要服务；加强资源研究的自主创新，开展种质资源的高通量种质资源的表型和基因型精准评价。

（一）平台条件

中期库及其配套设施总建筑面积594m^2，中期库配备专属的相关仪器设备如便携式叶面积仪、色差仪、荧光正置显微镜、双层空气恒温振荡器、冷冻干燥机、种子鼓风式净度仪、简易温度湿度数据采集器等。

（二）工作成绩

自成立以来，在平台功能完备的研发条件支撑下，中心共发表学术论文140多篇，其中，SCI论文22篇，ISTP收录6篇。"十二五"期间，发表论文近40篇。审定黄瓜品种3个，大蒜品种2个。

（三）创新亮点

瓠瓜优异种质利用。浙江农业科学院蔬菜研究所从国家蔬菜种质北京中期库引种1份瓠瓜资源"三江口葫子"，统一编号为V05I0138，该种质表现早熟，结瓜部位低，肉质致密等特征特性。经多代自交、分离、纯化，获得一份高代纯合自交系。利用该自交系作为亲本配制杂交组合，选育出1份瓠瓜新品种——"浙蒲2号"，并在生产中推广应用。目前，该新品种已成为长江流域设施瓠瓜的主栽品种之一。据粗略统计，利用这一新品种已累计增产1 000万kg。

四、国家水稻种质资源中期库

依托中国水稻研究所建设，承担全国水稻种质资源的保护、交流和利用等国家自然科技资源基础性工作。水稻中期库的任务：全国水稻种质资源的收集、整理、中期保存、特性鉴定、繁殖更新、交流和分发利用等各项工作；保证水稻中期库安全运转和各项任务的完成，为我国水稻生产和科学研究提供优良种质材料。

（一）平台条件

水稻中期库总建筑面积1 439.5m^2，其中一层面积863.4m^2，包括短期库、中期库Ⅰ和中期库Ⅱ，种子收发作业室、清选室、熏蒸室、发芽室、干燥包装室、配电室、空调机房、会议接待室、管理人员室等；二层面积576.1m^2，包括实验室、档案室、电脑室、陈列室、办公室等，配套有发芽、干燥、装罐等配套设备。

（二）工作成绩

"十二五"期间，在功能完备的研发条件支撑下，中期库作为第一单位发表SCI论文9篇，获授权国家发明专利1件，"水稻种质资源评价与利用"获2013年度浙江省科学技术奖一等奖。该项目建立了系统化的水稻种质资源遗传多样性保护技术和标准化的水稻种质资源测试技术；发掘了一些重要的新基因、新资源；构建国家级资源共享平台，向全国水稻研究单位免费提供标准化的资源评价数据和针对性的种质实物35 463份次，社会效益显著。

五、国家棉花种质资源中期库

中期库依托中国农业科学院棉花研究所建设，开展棉花种质资源的收集、保存、鉴定、评价与创新利用。

（一）平台条件

目前所用种质库为2001年重建，库温为（0±5）℃，相对湿度50%±7%，库房面积50m^2，库容1万份，种子可安全保存15年。2011年6月又建成一座集干燥、冷藏于一体的现代化种质库，库房面积300m^2，库容5万份。截至2015年12月，国家棉花种质中期库共保存来自世界53个产棉国棉花种质资源10 116份，其中陆地棉8 620份、海岛棉918份、亚洲棉561份、草棉19份。

（二）工作成绩

2011—2015年期间，国家棉花种质资源平台以种质发放、数据查询、接待来访等服务形式，通过田间展示、网络及期刊宣传、会议报告等方式，向全国123家科研、企业、大学等单位494人次提供了服务，发放种质11 191份次，为棉花抗逆、抗病、彩色棉、低酚、优质等研究提供了服务。发放的种质对国家自然科学基金、973、863、国家产业技术体系、支撑计划、转基因重大专项、各省部级项目等127项重要项目进行了支撑。平台支撑下发表SCI论文61篇、核心期刊论文111篇、获得专利5项、获得省部级奖1项、制定标准2项、培育品种11个。

六、国家油料种质资源中期库

国家油料作物种质中期库依托中国农业科学院油料作物研究所建设，主要开展油料种质资源包括油菜、花生、芝麻和特种油料作物苏子、红花、向日葵等的收集、引进、鉴定、评价和共享服务等工作。国家油料作物种质中期库向从事油料种质资源研究与利用的科研院所、高校、企业、政府部门和个人等提供种质、种子、枝条、花粉、DNA等实物资源、基因信息、分子标记、鉴定评价技术等服务，主要的服务方式有田间观摩推介、提供技术培训、科普宣传、主动分发和用户索取、种质表型信息和基因信息共享、二维码信息共享等，实现了服务内容和形式的多样化。

（一）平台条件

中期库配套种子准备室间、实验室间、资源鉴定试验田40亩，有工作间380m^2、晒场1 500m^2、旱棚400m^2、杂交后代鉴定池400个、冷库40m^2、实验田地及灌溉系统、气象观测站、挂藏室等，基础设施完善，是具有安全保存、繁殖更新、鉴定评价和提供利用能力的综合性农业研究试验基地。

（二）工作成绩

截至2015年，共整合入中期库7种油料作物种质资源32 217份，其中国外引进资源7 668份；物种（含亚种）共30个，其中国外引进20个。"十二五"期间，收集引进以上种质资源共2 232份，鉴定资源1 830份，挖掘优异资源42份，繁殖更新4 092份。"十二五"期间，中期库向106家科研院所、32家高等院校、1个政府部门、8个种子公司、19个人、其他单位3家，累计提供种质资源8 044份次，其中油菜资源2 426份次，花生资源2 488份次，芝麻资源1 262份次，特种油料资源1 868份次。通过芝麻种质资源数据库和基因信息数据库向国内科研单位和高校提供了大量的资源信息和基因信息，其中基因组数据库2015年被访问3 000多次。中期库提供各类培训服务693人次，包括为约200人次通过"第三次全国农作物种质资源普查与收集行动"提供农作物种质资源鉴定评价和编目入库技术培训，为50人次提供"第三次全国农作物种质资源普查与收集行动——湖南区培训"油料种质资源鉴定评价和育种利用培训等。

（三）创新亮点

依托平台研发条件的支撑，中心在油菜种质资源收集鉴定方面取得了突出成效。对全球488份甘蓝型油菜种质在武汉进行两年的鉴定与评价，获得了12个产量与农艺性状、10个品质性状的表型数据并分析了其遗传变异。共发掘出3份高产、3份大粒、2份多角、2份多粒、3份高油、5份高蛋白、4份高油酸、1份高亚油酸、2份高亚麻酸、2份高花生烯酸、2份高芥酸、2份低棕榈酸、2份低硬脂酸、28份双低（低硫苷与低芥酸）的优异基因资源，同时鉴定出2份小粒、3份少角、3份少粒、2份高秆、3份矮秆的特异遗传材料。利用Illumina公司开发的60K芸薹苔属SNP芯片对472份材料进行全基因组扫描。在分析了群体结构、亲缘关系和连锁不平衡水平的基础上，基于24 256个SNP的基因型数据和上述的表型数据，进行了全基因组关联检测。共有7个农艺性状（分枝高度、收获指数、主轴有效角果数、一次分枝数、小区产量、全株角果数、千粒重）检测到关联SNP位点共计19个，共有8个品质性状（硫苷含量、棕榈酸含量、硬脂酸含量、油酸含量、亚油酸含量、亚麻酸含量、花生烯酸含量、芥酸含量）检测到关联SNP位点共计113个。

七、国家麻类种质资源中期库

依托中国农业科学院麻类研究所建设，负责我国麻类等南方经济作物种质资源研究工作。主要研究方向：麻类种质资源遗传多样性拓展与利用；麻类核心种质研究与利用；麻类种质创新和重要功能新基因发掘与利用；南方特色经济作物种质资源收集鉴定与利用；种质资源安全保存理论与技术研究。

（一）平台条件

中期库配备有人工气候箱、叶面积测试仪、红外线水分计、系统显微镜、凝胶成像系统、生物信息学服务器等仪器设备50台（套）；建成可控温温室、植物组织培养室、生理生化实验室、生物信息数据室、种子整理室、活力检测室、种子干燥室、种子接纳室和种子晒场等硬件基础设施；搭建了种质资源筛选平台、功能基因组平台、分子育种平台、转基因平台和生物信息学平台。中期库拥有各类试验基地120亩，用于种植资源保存与繁殖。

（二）工作成绩

中期库保存46种（含亚种）麻类种质资源，共有11 307份，其中从国外引进3 733份。"十二五"期间，在平台研发条件支撑下，中期库作为第一单位发表代表性论著6项，获得授权专利1项，发布标准1项，认定登记新品种15个（表7-1）。黄/红麻种质创新与光钝感强优势杂交红麻选育及多用途研究和应用，获2014年度福建省科学技术进步二等奖；俄罗斯亚麻抗病资源引进、创新及利用，获2013年度哈尔滨市科学技术三等奖、获2014年度黑龙江省农业科学技术二等奖。

表7-1 国家麻类种质资源中期库保存资源概况

作物名称	份数（份）	国外引进份数（份）	物种数（个）（含亚种）
红麻	2 011	853	15
黄麻	2 159	689	12
亚麻（含胡麻）	6 023	2 137	10
大麻	450	47	2
青麻	285	2	2
黄秋葵	218	5	3
莲	161	0	2
小计	11 307	3 733	46

八、国家西瓜甜瓜中期库

依托中国农业科学院郑州果树研究所建设，全方位收集国内外的抗性、优质和野生近缘等种质，丰富我国西瓜甜瓜种质资源；采用低温干燥保存技术，实现种质资源的中期安全保存；采用人工自花授粉方式，对低于保存安全标准的进行繁殖更新，确保种质资源的遗传完整性；通过表型数据和DNA遗传信息的综合分析，对种质资源进行鉴定和评价；建立快速、高效的种质资源分发利用机制，最大程度地实现种质资源的社会公益性共享。

（一）平台条件

中期库建筑面积370m^2，设有种质资源种子临时处理、整理与检测、分子鉴定、数据处理等实验室。有种子低温保存库60m^2，设计温度为（0±5）℃，空气相对湿度为40%以下，主要用于种质资源的中期保存。种子经塑料瓶密封后置于密集种子柜中存放，可保存种质10 000份以上。有玻璃日光温室700m^2，用于资源的抗性鉴定和疑难更新等。配备有高速冷冻离心机、PCR仪、电泳仪等分子生物学实验仪器，以及高速精确数粒仪、鼓风净度仪、种子精选机、种子干燥箱、人工气候箱、自动记录气象仪等种子处理仪器设备27台（套）。

（二）工作成绩

中期库现收集保存西瓜甜瓜种质资源4 000余份，包括濒危的地方品种、常规品种品系、野生品种和全部西瓜属植物的4个近缘种、大部分甜瓜属植物的15个近缘种，每年向国内提供种质分发利用200份次以上（图7-3）。"十二五"以来，中期库工作取得明显进展，新收集国外资源500份以上，重测序和简化测序资源2 000余份，构建高密度遗传图谱2个，精细定位主要性状7个，申报国家技术发明专利5项，制定标准规范2个，发表SCI等研究论文28篇，鉴定成果1项，获省级二等奖成果1项。

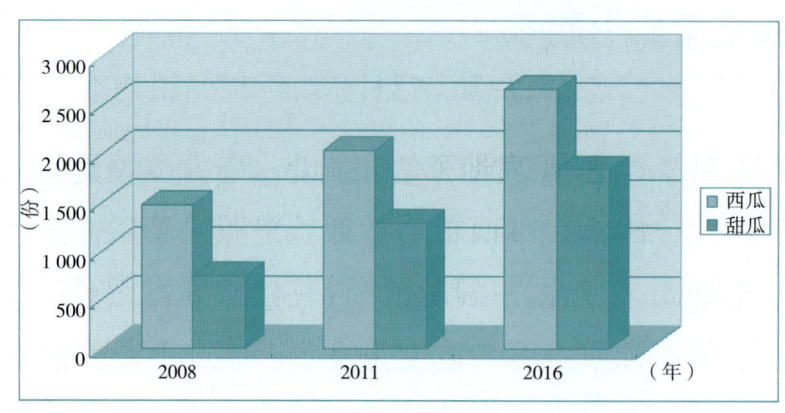

图7-3　国家西瓜甜瓜中期库种质资源存量

九、国家牧草种质资源中期库

依托中国农业科学院草原研究所建设，以"广泛收集、安全保存、系统评价、积极创新、永续利用"为指导方针，开展牧草种质资源收集、保存、评价和利用研究，对我国北方温带重点优良野生牧草种质资源，珍稀、濒危种和特有种，优良栽培牧草野生近缘种及农作物近缘植物进行重点收集并安全保存，引进国外优异资源，开展保存技术研究，开展牧草种质资源系统评价和基因挖掘研究，筛选优异牧草种质资源，规范牧草种质资源共享服务程序，实现高效永续利用。

（一）平台条件

中期库总面积634m^2，冷库体积57m^3，保存温度0~4℃，保存容器密封，不控制湿度，可保存2万份种质，保存期20~25年。另外，有种子清选室、种子检测室、种子干燥室、消毒室、组织培养室和实验室等研究平台，仪器设备总值为153万元，总台数为39（套）。

（二）工作成绩

牧草种质中期库保存的种质资源分布类型多样，生态环境复杂。有中温带、暖温带、亚热带、热带和高寒地带的优良草种，有抗逆性强的野生牧草以及优良牧草的野生近缘种及珍稀濒危资源。截至2016年年底，共保存种质15 996份，隶属38科、269属、898种。中期库每年向国内外相关科研单位及教学单位提供利用牧草种质资源300余份。"十二五"期间，在平台研发条件的支撑下，中期库获得国家和省部级奖5项，制定农业行业标准3项，出版著作8部，编著《牧草种质资源技术规范丛书》20册；发表论文53篇；培育登记牧草新品种5个。

十、国家烟草种质资源中期库

依托中国农业科学院烟草研究所建设，现已形成由烟草种质资源收集编目、保存监测、繁殖更新、鉴定评价、种质创新与分发利用等六大系统构成的完善的研究体系。

（一）平台条件

国家烟草种质资源库建有1 047m^{2}的资源楼，拥有中期库房、临时库房、温室、信息室、物理实验室、生化实验室、分子实验室、标本室等，可保存2万余份烟草种质资源（图7-4）。此外，资源库拥有温室大棚2座，野外台站试验田20亩。

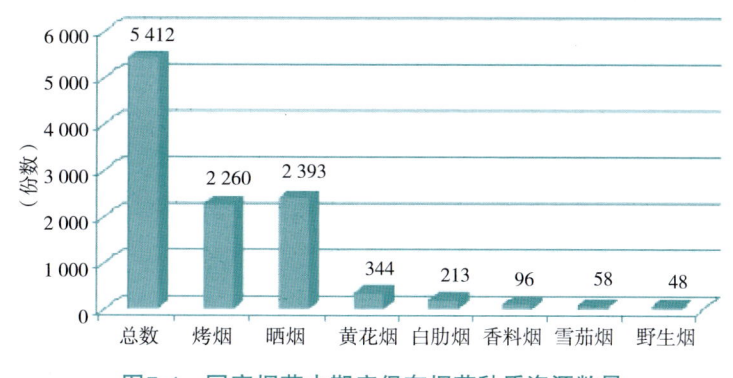

图7-4　国家烟草中期库保存烟草种质资源数量

（二）工作成绩

截至"十二五"末，我国保存烟草种质资源5 412份。中期库为全国30多个育种和教学单位提供各类烟草种质5 275份次（图7-5）。中期库共享种质资源助推了烟草育种和基因组学研究，相关单位以中期库共享种质资源作为亲本共选育出新品种35个，中期库保存林烟草（*N. sylvestris*）、绒毛状烟草（*N. tomentosiformis*）和红花大金元3个烟草品种，由中国烟草总公司青州中国农业科学院烟草研究所完成了精细图谱的绘制。

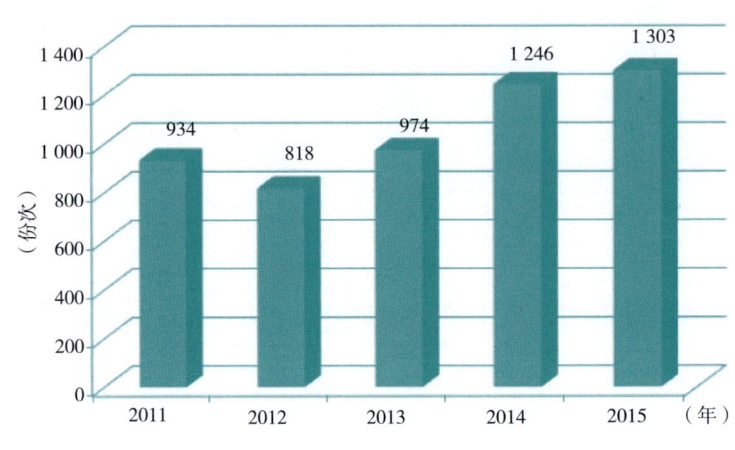

图7-5　国家烟草中期库资源分发共享数量

（三）创新亮点

"十二五"期间，依托平台优势特色的支撑环境，中期库获得国家烟草专卖局科技进步三等奖1项，出版著作3部，发表论文100余篇。"十二五"期间，烟草中期库在前期研究的基础上出版了专著《中国烟草核心种质图谱》。该书在大量研究基础上，提炼出446份烟草核心种质，最大程度地代表了整个烟草种质资源的遗传多样性。该书以图文并茂的形式全面系统地介绍了其植物学性状、经济性状、外观质量、化学成分、病虫害抗性等重要特征特性，内容丰富，资料翔实，数据可靠。中期库结合近年来不断发展的SSR分子标记技术建立了烟草核心种质的指纹图谱，使我国烟草资源从表型鉴定上升到分子鉴定的水平。

十一、国家甜菜种质资源中期库

依托中国农业科学院甜菜研究所建设，以"广泛收集、安全保存、系统评价、积极创新、永续利用"为指导方针，开展糖料作物的种质资源收集、保存、评价和利用研究，尤其对珍稀、濒危种以及特有种进行重点收集并安全保存；开展保存技术研究，开展糖料作物种质资源系统评价和基因挖掘研究，开展糖料作物的种质资源共享服务。

中期库建有现代化的试验温室612m^2，母根贮藏窖587m^2，共保存甜菜种质资源1 300份。中期库配备满足种质资源系统评价和基因挖掘研究用的仪器设备和基础设施，包括：种子加工设备、盐碱圃、病圃、检疫圃、现代化实验农场等基础设施；全自动检糖仪、基因扩增仪、电泳仪、电泳成像系统、DNA杂交炉、酶标工作站及输出系统、显微操作系统、研究型生物显微镜、冷冻切片机、超速冷冻离心机、气象色谱仪、液相色谱仪、土壤水势仪、定氮仪、原子吸收仪等仪器设备100多台（套）。

第三节 国家种质资源圃

国家种质资源圃是农作物种质资源库（圃）体系的主要组成部分，主要负责无性繁殖作物及多年生作物种质的保存、特性鉴定、繁殖和分发。迄今为止，我国共建立种质圃60个，其中，中国农业科学院共建设12个国家级农作物种质圃。多年来，国家种植资源圃在支撑现代种业发展、保障粮食安全方面发挥了重要作用。

一、国家种质北京多年生小麦野生近缘植物圃

依托中国农业科学院作物科学研究所建设，平台主要开展多年生小麦野生近缘植物资源的收集、整理、鉴定、保存、编目与分发利用，收集与保存方法研究，保护与利用的生物学基础研究我国小麦近缘植物资源的遗传特性。

（一）平台条件

拥有仪器设备97台（件），合计价值300万元。拥有低温光照培养箱，生

化培养箱，开展小麦野生近缘植物种子催芽、春化处理和幼苗培养；拥有人工气候室、叶绿素含量测定仪、红外冠层温度测定仪、叶面积仪，开展小麦野生近缘植物抗病性、抗逆性等表型鉴定评价；拥有全自动工作站、光照培养箱、人工气候室、低温光照培养箱、超低温冰箱、恒温恒湿培养箱、PCR仪、冻干机、超纯水系统、超低温冰箱、凝胶成像仪、离心机、电泳仪、全自动灭菌器，用于小麦野生近缘植物的基因组构成、染色体变异鉴定；远缘杂交衍生后代中外源染色质或优异功能基因鉴定。

（二）工作成绩

"十二五"期间，种质资源圃收集资源3 042份，其中包括引进国外资源644份。入圃保存种质2 246份（居群），包括1科17属220种（亚种）。筛选出对小麦条锈病免疫材料96份，对小麦叶锈病免疫材料92份，对小麦秆锈病免疫材料45份，抗小麦白粉病种质48份，抗小麦黄矮病种质37份。利用远缘杂交和现代生物技术方法，育成并审定小麦品种2个。此外，种质资源圃还建立了《小麦野生近缘植物种质资源描述规范和数据标准》，标准化整理整合资源圃保存种质的基本信息和鉴定数据，录入国家作物种质资源数据库，便于利用者查询和索取，实现资源的社会共享。

二、国家种质海南野生棉圃

依托中国农业科学院棉花研究所建设，开展的研究：野生棉、半野生棉、棉花特异材料、棉花突变体材料以及棉花近缘植物等种质资源的考察、收集、鉴定、保存、繁殖、更新；棉花野生及特异种质资源的宿生保存；棉花远缘杂种及其群体材料的挖掘；棉花突变体及细胞学材料的挖掘；以野生棉等棉花种质资源为素材进行新材料的创新与利用等。

（一）平台条件

目前，野生棉圃按照功能分为核心圃、扩展圃，占地面积68亩。建有原始材料圃、检疫圃、杂种材料圃、半野生棉圃以及温室、组培室、暗室等及配套实验室200m²，有显微镜、发电机、轧花机、旋耕机、超低温冰箱的仪器设备20余台（套），有设施完善的播种、田间管理、收花、晾晒、打包等设施和场地。

（二）工作成绩

种质圃常年保存野生棉资源材料800余份，涵盖棉属38个棉种（亚种），包括4个栽培种的野生类型或多年生类型。"十二五"以来，在种质圃种质资源和研发平台的支撑下，野生棉圃先后发表论文70余篇，其中SCI论文27篇；出版《棉花南繁》论著一部，获得国家发明专利13项、实用新型专利3项、软件著作权2项。2011年主持的"棉花育种南繁和品种纯度南繁鉴定技术研究"获得中华农业科技奖二等奖，2015年中棉所野生棉研究团队获得中华农业科技奖优秀创新团队。2016年主持的"棉属染色体与基因组分析及四倍体棉种演化"获得河南省科技进步一等奖。

三、国家种质武昌野生花生圃

花生圃依托中国农业科学院油料作物研究所建设，是我国唯一的以野生花生资源收集、保存、鉴定、评价利用为主要研究方向的综合性农业研究试验平台。主要工作内容为收集、引进野生花生资源并安全保存、鉴定评价野生花生的植物学性状、品质性状、抗病及抗逆性并向全国企事业单位及个人提供利用。主要研究方向：开展野生花生资源材料生态适应性研究，建立野生花生保存及评价技术，探索野生花生利用价值和利用技术，为花生的遗传育种改良提供物质基础和理论指导。

（一）平台条件

野生花生圃占地20 000m²，可保存800份种质资源，开展远缘杂交，同时可开展800份材料的观察鉴定。此外，野生花生圃拥有低温冷库、挂藏室、青枯病鉴定圃、超低温冰箱、高效液相色谱仪、气相色谱仪、核磁共振仪、近红外探测仪、人工气候箱、PCR仪、电泳仪等仪器。

（二）工作成绩

"十二五"期间，野生花生圃先后向山东花生研究所、河北农业科学院等多家单位展示了优质抗病的野生花生，并向国内15家育种或科研单位提供野生花生种质资源、遗传物质及信息281份（次）。这些资源及信息被广泛用于育种和基础理论研究方面，发表代表性论文9篇，为我国花生育种及科研做出了重要贡献。种质圃主持的花生野生种优异种质发掘研究与新品种培育，获得2011年国家科技进步二等奖；高产、优质、多抗桂花系列花生新品种的创制与应用，获2011年广西科学技术进步奖二等奖。野生花生圃提供资源支持了广东省农业科学院与山东省农业科学院及山东圣丰种业科技有限公司合作，完成了A.duranensis的全基因组测序，该成果于2016年发表在PNAS上，标志着我国花生基因组研究走在了世界的前列。

四、国家种质沅江苎麻圃

依托中国农业科学院麻类研究所建设，采用常规及分子生物学手段研究苎麻等多年生麻类作物及其近缘野生种的收集、保存、鉴定评价与共享利用，包括苎麻及其野生近缘种的分布与物种进化关系、种质资源安全有效保存技术及鉴定评价技术手段的完善与更新、种质资源的创新与高效利用等。

（一）平台条件

苎麻种质资源圃占地面积180亩，可保存7 000份种质资源，包含种质保存区（栽培苎麻种质保存区，野生苎麻种质保存区以及剑麻、蕉麻、罗布麻种质保存区）、资源观察鉴定区、品种比较与展示区、种质更新与扩繁区、种质创新利用区等。圃内设施包括建筑面积为600m^2的日光温室1栋，12 288m^2连栋塑料大棚1座，6 256m^2的苎麻保存遮阴系统1套以及面积达2 000m^2的晒场1块。

（二）工作成绩

苎麻种质国家圃通过"十一五"及"十二五"的建设，种质资源的数量从

1 000多份扩容到现在的2 053份（图7-6），鉴定评价出一批优异特异的种质资源；建立苎麻种质资源核心库。"十二五"以来，为全国科研、教学、生产单位及个人免费提供苎麻资源实物与信息服务，年服务量由2011年的100余份次增加到2016年的500余份次。

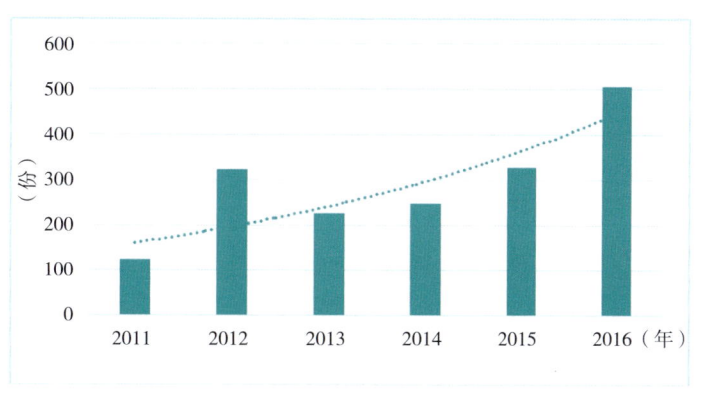

图7-6　苎麻种质资源共享利用情况

五、国家果树种质兴城梨、苹果圃

依托中国农业科学院果树研究所建设，是我国梨、苹果种质资源保存中心及共享中心、主要研究基地以及国际合作与交流平台。广泛开展国内外苹果、梨种质资源调查、收集与保存；对资源进行标准化整理、整合，完善种质资源数据库；深入开展种质资源的鉴定评价工作，筛选优异资源；开展苹果、梨种质资源保存技术、核心种质构建、种质创新及其他应用基础研究；开展苹果、梨资源共享工作。

（一）平台条件

国家果树种质兴城梨、苹果圃共占地面积390亩，建有灌溉系统、围栏等。拥有实验室400m²，工作用房200m²，配置实时定量PCR仪、流式细胞仪、高通量组织研磨仪、质构仪、梯度PCR仪、便携式色差计、土壤养分速测仪等实仪器设备及农机具371台（套），价值800余万元。

（二）工作成绩

"十二五"以来，广泛开展了苹果、梨种质资源国内外收集、保存工作。截至2015年年底，资源圃保存苹果资源1 097份，梨资源1 073份，分别比"十一五"末增加了19.24%和12.51%。平台向全国140家单位及个人提供了4万余份次的梨、苹果种质资源，服务于平台参建单位以外的用户占总服务用户的60%。

六、国家种质郑州桃、葡萄圃

依托中国农业科学院郑州果树研究所建设，对葡萄、桃种质资源有计划地收集、整理（包括对非本圃鉴定材料的整理）、鉴定、登记、保存、交流、利用和创新。种质圃主要任务包括种质材料获得、隔离检疫、试种观察、编目与繁殖、入圃保存、管理与监测、更新复壮、扩繁、分发、信息资料处理等。

（一）平台条件

桃种质圃建设引种观察圃20亩、保存鉴定圃40亩、遗传评价圃45亩。圃地建有网室200m^2，日光温室700m^2。葡萄圃面积30亩。购置旋耕机、风送式弥雾机等农具开展田间劳作。种质圃配有超低温冰箱、紫外分光光度计、高速冷冻离心机、光合作用测定仪、显微镜、电导仪、电子分析天平、PCR仪等试验设备总台数35台（套）开展分子生物学实验。

（二）工作成绩

截至"十二五"，资源圃收集、保存集国内外葡萄种质资源1 400份、桃1 130份；建立了葡萄、桃种质资源描述规范，构建了较为系统的表型、细胞、生理及分子等性状和图像数据库，基本厘清了我国种质资源的遗传多样性本底。其间获得各级科技成果奖励4项，完成专利授权5项，优异种质作为亲本培育新品种近50多个，完成省级以上审定12个，获软件著作权1项，发表相关论文100余篇，出版了大型专著《中国葡萄志》和《中国桃遗传资源》，筛选出优异种质100多份，向全国50多个科研、生产单位提供利用5 000份次。

七、国家种质杭州茶树圃

依托中国农业科学院茶叶研究所建设，主要任务是在对现有资源安全保存的基础上，有计划地开展国内外茶树种质资源的收集保存、鉴定评价以及优质资源的发掘利用工作，同时为国内外的茶树育种、生产、科学研究等提供基础性服务。

（一）平台条件

资源圃目前有试验场70多亩、自动控制温室600m^2、玻璃温室3 000多平方米、植物组织培养室100多平方米、大棚7 000多平方米，并拥有完备的茶叶加工厂和茶叶深加工试验车间，以及液相色谱仪、Veriti PCR仪、ABI 7500荧光定量PCR仪、Beckman高速大容量冷冻离心机、FORMA-86℃深低温冰箱、SHIMADZU UV-2550紫外分光光度计、PDS–1000/He台式基因枪、KATA prime plus蛋白分离纯化系统、BIO-RAD各种规格的水平/垂直和2-D电泳仪、BIO-RAD核酸/蛋白图像分析系统、Hybaid杂交炉、生物芯片扫描仪、真空离心浓缩系统、ECM830多功能电穿孔仪等各类科研仪器设备200多台（套），总价近500万元。

（二）工作成绩

国家种质杭州茶树圃是全球资源保存量最大、多样性最高的茶树种质资源平台。目前收集保存了我国20个省及印度、日本、肯尼亚、韩国等9个国家的野生资源、地方品种、选育品种（系）、遗传材料和近缘植物等茶树资源共计2 214份，包含了山茶属茶组植物所有的种与变种，即大厂茶（*Camellia tachangensis*）、厚轴茶（*C.crassicolumna*）、大理茶（*C.taliensis*）、秃房茶（*C.gymnogyna*）和茶（*C.sinensis*）5个种及白毛茶（*C.sinensis* var. *pubilimba*）、阿萨姆茶（*C.sinensis* var. *assamica*）2个变种。"十二五"期间，国家种质杭州茶树圃收集保存来自浙江、福建、广东、贵州、江苏、台湾、江西等地的各类茶树种质资源共计203份，其中野生资源18份、地方品种41份、选育品种（系）80份、遗传材料及突变体等其他类型资源64份。

为了满足茶产业日益多样化的产品需求，国家种质杭州茶树圃从20世纪90年代开始，组织多家茶叶企业和茶树育种单位以多个特色优异育种材料为亲本设计杂交组合，并在此基础上通过20多年的系统选种，先后选育出了"中茶108""中茶111""中茶125""中茶126""中茶127"等多个高产优质的茶树新品种，其中"中茶108"和"中茶111"已通过了全国农技中心组织的茶树新品种鉴定，成为了国家级茶树良种；"中茶125""中茶126""中茶127"也分别获得了植物新品种权。这些良种具有春茶萌发早、产量高、适制名优绿茶等特点，现已成为长江中下游地区的主要推广品种。目前，这些新品种已在全国建立了20个示范基地，示范面积3 000多亩，平均亩产值8 000元，直接经济效益3 000万元，社会效益近亿元。

八、国家种质多年生牧草圃

依托中国农业科学院草原研究所建设，承担着牧草种质资源的异地保存任务，主要开展优异异花授粉牧草种质，有性繁殖困难、无性繁殖能力强的牧草种质，种子难以长期贮藏的牧草种质，寿命短的牧草种质，特有、珍贵、稀有及濒危的牧草种质以及多年生优良牧草的野生种及野生近缘种的保存。

（一）平台条件

2015年经改扩建，牧草圃总面积达4.27hm^2，其中保存区面积2.27hm^2，繁殖更新区面积2.00hm^2。牧草保存区可保存3 000余份种质资源，由禾本科牧草资源保存区、豆科牧草资源保存区和珍稀濒危种质资源保存区构成。国家种质多年生牧草圃实验室拥有包括梯度PCR仪、紫外分光光度计、超低温冰箱、人工气候箱、标本柜、超纯水仪、全自动冷冻离心机、凝胶成像系统等在内的先进设备。

（二）工作成绩

"十二五"以来，选育优异种质材料育成5个牧草和青贮玉米的品种。出版专著7部，编著1部。取得国家发明专利1项、实用新型专利1项，发表相关学术论文20余篇（其中SCI论文2篇）。

九、国家种质左家山葡萄圃

依托中国农业科学院特产研究所建设，主要任务：按照国家要求，对山葡萄种质资源有计划地收集、整理、鉴定、登记、保存、交流、利用和创新；保证资源圃保存资源的安全和各项任务的完成；为全国葡萄育种、生产和其他科研需求提供服务；开展山葡萄等北方特色浆果种质资源精细评价及高效利用研究。

（一）平台条件

目前入圃保存山葡萄野生资源、选育品种等种质资源402份，是当前世界上保存山葡萄种质资源份数最多的资源圃。资源圃占地面积5hm^2，建设有玻璃智能温室280m^2、节能日光温室1 000m^2、连栋塑料大棚4 040m^2，以及田间工作室、硬化道路系统、防护围栏、供水和排灌系统等，基础设施完善、功能齐备。此外，资源圃还拥有便携式光合荧光测定系统、调制叶绿素荧光成像系统、植物生理及环境监测系统、蛋白质分析工作站等各类实验仪器、设备50多台（套）。

（二）工作成绩

"十二五"以来，承担省部级项目20余项，鉴定成果9项。其中"寒地果树优异资源收集保护及创新利用"项目于2014年获得吉林省科学技术一等奖（第三完成单位）；"酿造冰红葡萄酒山葡萄新品种北冰红及定向栽培技术应用与推广"项目于2014年获吉林市科学技术进步一等奖。发表论文40篇，其中SCI收录论文6篇；出版书籍4部；审定山葡萄新品种3个，获得国家发明专利2项。

十、国家种质重庆柑桔圃

依托中国农业科学院柑桔研究所建设，主要开展柑橘种质资源的调查收集和资源的长期安全保存；对柑橘重要园艺性状、抗病性、抗逆性等进行精准表型和基因型鉴定评价；发掘优异、特异种质资源用于生产、科研和育种；解析重要农艺性状调控的关键基因；开展种质创新技术研究，通过常规杂交育种、分子标记辅助育种、基因编辑等新技术创新种质，加大对优异种质的深入发掘和利用。

（一）平台条件

田间资源圃保存圃占地150亩，并建有5 000m²温网室。实验室配有高效液相色谱、流式细胞仪、二代测序仪、高速低温冷冻离心机、紫外分光光度仪、倒置荧光显微镜、凝胶成像系统、实时荧光定量PCR仪、光照培养箱等大型精密仪器设备25台（套）。

（二）工作成绩

柑橘圃共保存有24个种14个变种的各类柑橘种质资源1 592份。"十二五"以来，国家柑橘种质资源圃制定农业行业标准3部。出版专著《中国柑桔志》。发表论文12篇，申请发明专利3个、软件著作权2个，审定柑橘新品种8个，植物新品种保护权1个。2013年参与的"柑橘结构调整关键技术创新与应用"获得了全国农牧渔业丰收奖二等奖。

十一、国家种质镇江桑树圃

依托中国农业科学院蚕业研究所建设，开展的研究：桑树种质资源的考察收集、安全保存、鉴定评价、创新利用；桑树种质资源数据化、标准化整理及信息系统建设；桑树重要性状的分子基础研究及生物技术研究；桑树资源药食用途、生态治理、畜禽饲料等新用途开发研究。

（一）平台条件

桑树圃有资源保存与研究用圃地面积6hm²，种茧育与丝茧育叶质鉴定蚕室600m²，实验、保种温室404m²，资源圃管理、仓储用房400m²。资源圃道路、排灌、围护系统完善，有小型全自动气象站、GPS全球定位系统、土壤养分测试仪等各类仪器设备40多台（套）。

（二）工作成绩

"十二五"以来，种质圃为53家各类用户提供116次种质提供服务，共提供各类种质481份1 182份次，选育出的高产优质品种金10、育71-1、中桑9 703得到高频次的利用。发表各类论文25篇，制定行业标准1项，获得授权专利2项。

十二、国家种质徐州甘薯试管苗库

库圃位于徐州东郊东贺村，依托中国农业科学院甘薯研究所建设，主要开展的工作：甘薯种质资源的考察收集、安全保存、鉴定评价、创新利用；甘薯重要性状的分子基础研究及生物技术研究；甘薯种质资源数据化、标准化整理及信息系统建设。

1996年由国家种质库转入该中心实行专业化管理，总面积118.7m^2，采用低温、低光、高渗的缓慢生长保存技术，有组培室、低温贮存室等设施，已保存国内外甘薯资源2个种1 003份（表7-2），是目前国内数量、种类最丰富的甘薯资源试管苗库。库圃的甘薯脱毒培养与利用研究达到了世界先进水平，现推广面积900万亩，创社会效益10亿元，获直接经济效益100万元。

表7-2　国家种质徐州甘薯试管苗库保存甘薯种质数量及来源

种名	数量（份数）	来源
甘薯（*I. batatas* Lam）	340	国内农家种
	236	国内育成种
	70	国外引进种
	350	国内、外新征资源
三浅裂野牵牛（*I. trifida*）	7	美国
合计样本数（份）	1 003	

第八章 技术转化示范平台

转化示范平台主要依托试验基地建设，包括科研试验基地和集成展示基地，是培育农业科技成果的重要摇篮、集成展示科技成果的重要场所，是涉农科教推单位和国家农业科技创新体系的重要组成部分，在策源科技创新、培养锻炼人才、助推成果转化、服务地方发展等方面具有重要的不可替代作用。

第一节 建设历程与现状

中国农业科学院最早的试验基地伴随着建院而诞生，中国农业科学院植物保护研究所于1957年开始在新乡建设的科研基地是中国农业科学院最早的试验基地，该基地积累了国内最为完整、系统的抗病虫材料和数据，培育出了"中植棉"系列抗性品种，取得了多项国家奖励成果，包括1项国家发明二等奖、2项国家科技进步二等奖。中国农业科学院棉花研究所1976年起在海南崖城开始开展科研试验，其后中国农业科学院作物科学研究所、中国农业科学院生物技术研究所、中国水稻研究所等相继在南繁开展育种和试验工作，南繁综合试验基地不断扩大完善。随后，中国农业科学院大多数研究所相继在所在地周边及典型生态区建立试验基地。

从1960年开始，中国农业科学院通过派遣大批科技人员到农村基层从事农业科研和技术推广活动，以科学理论指导生产，将成果直接应用于生产，先后推广了一批动植物新品种以及土壤改良、施肥、病虫害防治、饲养管理等新技术，促进了新中国农业的发展。1960年，中国农业科学院在湖南开展了冬干鸭屎泥、白夹泥、黄夹泥水稻"坐秋"研究，提出了改良利用冬干水稻"坐秋"田的一套措施。1963年湖南省在400万亩冬干"坐秋"田上推广上述技术措施，据295万亩田的统计数据，约增产1.8亿kg稻谷。在南方其他水稻地区推广，也有显著增产效果。施用磷肥，种植绿肥，扩种双季稻已成为我国南方改良土壤、提高水稻产量、发展农业生产的重要途径。与此同期，中国农业科学院在河南省豫北地区，总结研究群众改碱经验和土壤水盐运动规律，开展了棉、麦保苗的科研工作，系统地提出一整套棉麦保苗增产技术措施并大面积推广，有力促进了黄淮地区农业的发展。

截至2016年年底，全院科研试验基地总数达到110个，基地面积共计10.2万亩，其中有产权面积4.5万亩。经过多年项目实施和院地科技合作，建成相对固定的集成展示基地59个，面积15万亩。全院科研试验基地已覆盖27个省（直辖市、自治区），共有30个院属研究所建有科研试验基地；集成展示基地覆盖17个省（直辖市、自治区）、50多个地区。建院六十年来，中国农业科学院坚持面向国家重大科技需求、面向农业农村主战场，鼓励和支持广大科技人员深入农业生产和农村发展一线，不断探求农业科技成果转化的方式方法和有效途径，加速科技成果的推广、转化与应用。"十一五"以来，全院平均每年组织科技下乡7万人天，培训基层技术人员和农民106万人次，示范推广新品种218个、新产品130个、新技术290项，示范推广面积5.5亿亩，示范推广畜禽2.1亿头（羽），为我国农业发展、农村繁荣和农民增收提供了强有力的科技支撑。

第二节　建设成效与作用

经过几十年的统筹谋划、规划建设、汇聚资源、创新机制、强化管理，在全院基本建设投资、修缮购置专项资金、科技创新工程经费、基本科研业务费专项、各类科研项目经费等资金的大力支持下，在基地所在地方政府及有关单位的通力合作下，全院试验基地工作取得明显成效。

一、结构功能不断优化

在科研试验基地中，建成综合试验基地（简称综合基地，下同）3个，即北京南口中试基地、河北廊坊园区和河南新乡综合试验基地；多个研究所专业试验基地（简称专业基地，下同）具备建设综合基地基础。6个研究所基地纳入全国重点建设的100个国家农业科技创新与集成示范基地序列。在集成展示基地中，大力推动服务单一产业、单一产品、单一生产周期的基地发展。同时，正筹划启动服务全产业链周年生产乃至区域农业可持续发展的基地建设工作。

二、基地条件设施明显改善

围绕精准科学试验、长期定位观测等工作，一批科研试验基地基础设施、实验室仪器设备性能不断提高，部分基地科研设施、分析仪器设备达到了国内同类机构先进水平，实现了精准化、规模化、机械化和信息化。在地方政府及院外合作单位的重视和支持下，集成展示基地基础设施不断完善，工作条件明显改善。

三、基地体系逐步完善

初步形成了科研与集成互补、功能突出、各具特色的试验基地体系。在科研试验基地中，初步形成了试验示范、观测监测、中试转化三大基地体系，服务科研创新的试验示范基地体系和观测监测基地体系占据主体地位，服务科研中试的中试转化基地体系也取得较好发展（表8-1）。

表8-1　2016年年底全院三大科研试验基地体系情况*

体系类别	个数		总面积		产权面积	
	数量（个）	占比（%）	数量（亩）	占比（%）	数量（亩）	占比（%）
1.综合基地	3	2.7	7 017	6.9	1 212	2.7

（续表）

体系类别	个数		总面积		产权面积	
	数量（个）	占比（%）	数量（亩）	占比（%）	数量（亩）	占比（%）
2.专业基地	107	97.3	94 800	93.1	44 058	97.3
2.1试验示范	66	60.0	53 251	52.3	36 999	81.7
2.2观测监测	35	31.8	40 087	39.4	6 706	14.8
2.3中试转化	6	5.5	1 462	1.4	353	0.8
3.合计	110	100	101 817	100	45 270	100

注：*试验示范、观测监测、中试转化三大基地体系既包括共有的综合基地，又包括相应横栏内的专业基地。相应体系名称横栏内的数字仅为本体系专业基地情况

四、运行管理持续提高

在建有科研试验基地的30个院属研究所中，6个所设立了专职管理部门，17个基地实现了独立核算或设置了管理实体，5个基地取得了运行费项目支持。集成展示基地运管水平不断提升，不少基地设立了地方政府和中国农业科学院共同领导的工作机构，配备了人员和经费。

五、支撑保障作用更为有力

2013—2015年全院在科研试验基地年均实施科研项目1 215项；以基地获取的数据为重要支撑，全院年均共获得省部级以上科技奖励成果58项、发表高水平论文2 126篇、审定新品种104个、取得授权专利274项。以集成展示基地为依托，近年实施9个产业绿色增产增效技术集成生产模式研究与示范项目，实现了产业从粮油向粮棉油畜、周期从单季到全年、目标从增产增效到绿色可持续发展的转变，集成全产业链技术136项、构建模式25套（表8-2）。

表8-2　2013—2015年全院科研试验基地科研产出情况

年份	科研项目（项）	省部级以上奖励成果（项）	论文（篇）	审定新品种（个）	取得授权专利（项）
2013	1 289	63	1 842	90	179

（续表）

年份	科研项目（项）	省部级以上奖励成果（项）	论文（篇）	审定新品种（个）	取得授权专利（项）
2014	1 240	45	2 500	89	302
2015	1 115	67	2 037	132	341
年均	1 215	58	2 126	104	274

第三节 发展趋势与展望

"十三五"时期，全球新一轮科技革命和产业变革蓄势待发，新技术、新产品、新业态不断涌现。全球科技创新进入集聚爆发期，国内经济社会发展进入新常态，迫切需要依靠科技创新突破资源环境瓶颈制约和依靠科技创新推动农业供给侧结构性改革。当前，大力加强科技创新，深入实施创新驱动发展战略蔚然成风。所有这些，不仅为转化示范平台建设带来了广阔空间和强劲动力，也对基地发展提出了更新、更高、更紧迫的要求。

面向国家重大产业需求，面向"三农"主战场，把握科技创新、产业变化、产区变动的现实需求和长远趋势，围绕初步建成世界一流农业科研院所的总目标，以"创新、协调、绿色、开放、共享"的新发展理念为统领，以支撑服务科技创新工程和国家农业科技创新联盟为主线，按照全院一盘棋"重视认识好、规划建设好、统筹使用好、运行管理好、运转保障好"试验基地的思路和要求，转化示范平台建设应坚持目标导向与问题导向相结合、科技平台与试验基地相支撑、基地布局规划与项目建设相衔接，做好布局设计、资源统筹，进一步突出发展重点，进一步加快试验示范、观测监测、中试转化、集成展示四大基地体系建设步伐，大幅增强试验基地支撑和服务全院乃至全国农业科技创新和"三农"发展的能力和水平。

一、转化示范平台建设基本原则

（一）整合资源、统一规划

紧扣科研发展和产业需求，立足现有基地资源深度挖潜，新旧结合、综专并举、填平补齐，做好顶层设计、统筹谋划，做好布局规划、明确功能定位和主要服务产业产区。主要通过挖掘研究所现有基地潜力，按照每个大区布局1~2个，在农业主产区和典型农业生态生产区布局选址、规划建设一批综合基地。同时，鼓励和支持有需求的研究所在重要农产品生产保护区、特殊功能区和老少边穷地区，重点扩建一批、超前选址新建一批专业基地。通过基地统一规划，适应农业科研的综合性、区域性、长期性规律，提升基地支撑、服务科技创新和产业发展能力。

（二）着眼长远、突出重点

科研试验基地统筹采用提质、扩建、改建、新建等多种方式，重点突破、整体推进布局规划内的基地建设。以区域代表性强、拥有土地产权、规模大、交通便利、建设基础好的现有基地特别是位于主产区的综合基地为重点，加强建设和管理。同时，充分考虑中国农业科学院科技及区域产业的中长期需求和基地建设的长期性，超前谋划新建一批综合基地和专业基地。集成展示基地统筹采用院地、院校、院企等多主体多形式的合作共建方式，统一布局、重点突破，统筹推进布局规划内的基地建设，并以区域代表性强、辐射带动效果好、地方支持力度大的基地为重点，加强协调，加强使用。

（三）强化统筹、注重实效

科研试验基地特别是重点建设的基地要紧扣其功能定位，高起点规划设计、高标准建设、高水平运行、高效率使用。调配整合好基本建设投资、修缮购置专项资金、自筹资金等建设经费，做好基地建设项目与基地规划设计衔接，着重强化现代化的设施设备配置，让建设步伐跟上科技创新和运行管理工作的实际需求。集成展示基地要注重发挥合作单位的资源统筹能力，中国农业科学院积极配合做好技术支持和协同组织等工作。

（四）落实责任、加强管理

试验基地实行分类建设和分级管理。科研试验基地落实院所的建设和管理主体责任。综合基地由院统筹并落实基地所依托单位的牵头责任，院、所按照分工负责具体建设和管理；专业基地由所依托单位负责建设和管理。集成展示基地落实合作单位的建设和管理主体责任，合作单位负责牵头组织和组织实施，中国农业科学院牵头研究所负有技术支撑牵头和协同组织责任。院有关部门做好各类基地的综合管理、协调服务和资源统筹等工作。

（五）创新机制、提升效能

采取加强论证、搭建平台、创设制度等方式，鼓励院所、所所、院地之间共建共享，促进农科教、产学研融合，提升试验基地满足科研需求、推动成果转化、服务地方发展的水平和能力，加快形成特色鲜明、功能完备、健全开放的全院基地网络，提升基地整体效能。

二、转化示范平台建设发展目标

（一）总体目标

根据国内外农业科技和国内农业产业的发展现状与趋势，结合中国农业科学院事业发展需要，"十三五"期间全院试验基地发展的总体目标：到2020年，试验基地条件显著改善，管理水平明显提高，开放共享程度和资源使用效率大幅提升；通过提质一批、改建一批、扩建一批和新建一批，科研试验基地总数发展到130个左右、规模达到12万亩，通过合作共建一批，集成展示基地数量大幅增加、规模明显扩大，基本形成两类、三型、四体系的"234"试验基地发展格局，基本建成结构合理、功能明确、条件先进、运转高效、开放共享的全院试验基地网络，为显著增强全院科技创新能力、持续提高引领支撑现代农业发展能力提供坚实的野外条件支撑，为实现初步建成世界一流农业科研院所、全国农业现代化取得明显进展的奋斗目标提供坚实的物质技术基础。

（二）具体目标

1. 综合试验基地

综合试验基地达到10个左右，基本覆盖全国主要农业产区和典型农业生态生产区，科学观测、中间试验、技术示范等功能明显增强，对试验示范、观测监测、中试转化和集成展示四大基地体系中的龙头牵引和骨干支撑作用明显提升（表8-3）。

表8-3 "十三五"全院科研试验基地发展目标情况*

项目	基地数量（个）			基地面积（万亩）		
	2015年	2020年	新增	2015年	2020年	新增
1. 综合基地**	3	13	10	0.71	3.50	2.79
2. 专业基地***	103	117	14	9.09	8.50	−0.59
2.1 试验示范***	64	73	9	5.02	4.60	−0.42
2.2 观测监测***	35	35	0	4.01	3.37	−0.64
2.3 中试转化***	4	9	5	0.06	0.53	0.47
3. 合计	106	130	24	9.80	12.00	2.20

注：*试验示范、观测监测、中试转化三大基地体系既包括共有的综合基地，又包括相应横栏内的专业基地；**现有北京南口中试基地、河北廊坊园区2个综合基地在本规划中与北京通州综合试验基地一起规划整合为1个综合基地，即北京综合试验基地（通州、南口、廊坊）；***相应体系名称横栏内的数字仅为本体系专业基地情况。试验示范、观测监测基地体系因多个规模较大、条件较好的专业基地改建为综合基地，虽又新建多个专业基地，专业基地总数增加或持平但总面积减少

2. 专业试验基地

通过以科学试验、科学观测、中间试验为主体功能的专业基地分类建设和管理，对相应基地体系的主体作用明显提升。其中，以科学试验为主体功能的专业基地总数达到70个左右，布局更科学（覆盖更多优势产区、重要生态区及学科领域）、结构更合理；基地田间试验条件、机械化作业水平、智能化精准化数据采集能力和安全保障水平显著提升，对全院协同创新、集成创新的支撑能力和水平大幅提升，为农业基础与前沿技术探索、核心关键技术研发、区域共性技术突破以及智慧农业、生态农业等的农业现代化建设提供坚实的科研条件保障。

以科学观测为主体功能的专业基地总数达到40个左右，初步覆盖重要主产区、典型农业生态生产区和特殊功能区，大幅提升定位研究条件、提升观测装备的标准化、自动化水平以及观测数据的标准化程度，初步形成与试验示范基地体系互补发展的格局，共同满足农业科研和农业决策对环境、生态、资源、生产、消费等的监测观测需要，为学科和产业发展等的创新研究和决策咨询提供基础支撑。

以中间试验为主体功能的专业基地总数达到10个左右，大幅提升中试车间、中试装备、工程设施及配套条件的建设水平，满足肥料农药饲料等农业投入品创制、农业设施研发、农业机械/灌溉排水及装备样机中试、农产品加工等领域的科技创新需要，为提升现代农业装备水平、拉伸农业产业链条、增加农业产值提供坚实的科研条件支撑。

3. 集成展示基地

总数量大幅增加，基本满足水稻、小麦、玉米、大豆、油菜、马铃薯、蔬菜、棉花、奶牛和羊等主要产品先进适用技术的集成、示范和推广需要，为攻克制约区域农业发展的技术瓶颈问题、支撑区域农业发展方式转变和供给侧结构性改革提供坚实的科技条件保障。

三、转化示范平台建设重点任务

"十三五"期间，以重点建设综合基地5个左右、专业基地30个左右为突破口（表8-4），引领和带动试验示范、观测监测、中试转化、集成展示四大基地体系发展，加快形成布局更合理、结构更优化、条件更先进、体系更完善、运行更开放的全院试验基地网络，为更好地满足未来5~10年全院乃至全国农业科技创新和成果转化工作需求提供全面支持。

表8-4 "十三五"全院科研试验基地建设重点情况*

	扩建（个）	新建（个）	改建（个）	小计（个）
1.综合基地	1	1	4	6

（续表）

	扩建（个）	新建（个）	改建（个）	小计（个）
2. 专业基地	22	6	0	28
2.1 试验示范	12	4		16
2.2 观测监测	7	1		8
2.3 中试转化	3	1		4
3. 合计	23	7	4	34

注：*试验示范、观测监测、中试转化三大基地体系既包括共有的综合基地，又包括相应横栏内的专业基地。相应体系名称横栏内的数字仅为本体系专业基地情况

（一）综合试验基地

该类基地的主体功能是同时具备科学试验、科学观测、中间试验、技术示范等两个或以上功能，综合支撑作物、园艺、畜牧、兽医、资源环境、工程与机械、加工与质量安全等多个学科集群的科技创新。其主要任务是根据产业和学科发展需求，统筹农业主产区和典型农业生态生产区的区域布局，为重大科研任务提供高质量、布局科学的田间试验场所，以及高水平、长期固定的观测监测装置和中试装备，为科技成果集成展示提供显示度高、支撑条件好的实施场所和设施条件，为开展多单位多学科多领域的科技创新、科技与产业深度融合提供支撑与保障，进而为保障国家粮食安全和推动现代农业发展提供支撑与保障。

1. 现有基础

基地3个，基地面积7 017亩，其中产权面积1 212万亩，分别占全院基地的2.8%、7.2%和2.7%。该类基地数量严重不足，不能满足支撑和保障大型综合性复杂科研任务实施的需要，不能满足支撑全国主产区和典型生态生产区农业发展的需要；设施条件不健全，长期定位观测监测、科研中试、示范推广培训等设施条件普遍缺乏，科学观测、中间试验和技术示范等功能十分薄弱，不利于发挥综合基地的应有作用。

2. 发展任务

通过扩建、改建、新建等方式，加快完成基本覆盖全国主要农产区和典型生态生产区的综合基地布局；进一步汇聚资源、加大投入，加强运行管理和统筹使用，提升基地整体功效。一是全面提质现有基地，重点完善长期定位观

测监测、大型集成中试设施、技术示范条件手段，提高基地安全保障水平。二是大力将具备条件的专业基地改建为综合基地，重点加强水电路等公共基础设施、温室网室实验室等科研设施以及相应设备装备等条件建设。三是根据科技创新和产业发展的现实需求和长远需要，加强论证，选址新建一批综合基地。

3. 区域布局

以《全国农业综合区划》中的10个一级农业区为基础，根据产区产业发展和农业科技创新需要，在东北、黄淮海、长江中游、长江下游等农业主产区，在黄土高原、西南、华南、甘新、青藏等典型农业生态生产区共布局、建设和形成13个综合基地（表8-5），基本满足面向农业一线开展重大原始创新、集成创新和协同创新的需要。

表8-5 "十三五"全院综合试验基地布局情况

农业区域	基地名称	功能定位	依托单位	参加单位
（一）东北区	1.吉林左家综合试验基地（GJ）	水稻等粮经饲作物和特种经济动植物试验为主，大动物饲养、转基因动植物释放为辅，服务东北现代农业发展	中国农业科学院特产研究所	中国农业科学院蜜蜂研究所等
	2.内蒙古呼伦贝尔综合试验基地（GJ）	草原生态观测、草地生产技术研究为主，超早熟大豆等作物育种为辅，服务北方草原畜牧业以及集约农业发展	中国农业科学院农业资源与农业区划研究所	中国农业科学院作物科学研究所等
（二）京津都市区	3.北京综合试验基地（通州、南口、廊坊）（KJ）	通州：作物、资环试验为主；南口：农产品加工（含饲料、蜂产品）、质量安全、设施农业等试验、中试为主；廊坊：作物、资环、特产试验为主，服务京区及京津走廊农业发展	院本级	通州：生物、营养、蔬菜、资划4所；南口：蜜蜂、加工、饲料、质标、环发、蔬菜、作科、牧医8所；廊坊：作科、蔬菜、生物、资划、草原、饲料、牧医、特产、营养9所
（三）黄淮海区（京津都市区除外）	4.河南新乡综合试验基地（KJ）	粮食果树瓜类等植物品种选育、种植技术研发、农业资源利用与灾害防控研发，服务黄淮海区农业发展	院本级	作科、植保、环发、灌溉、郑果、中国农业科学院农产品加工研究所
（四）黄土高原区	5.黄土高原综合试验基地（选址待定）（XJ）	苹果等经济林果以及旱作农业等的品种选育和技术研发，服务黄土高原特色农业发展	待定	待定

（续表）

农业区域	基地名称	功能定位	依托单位	参加单位
（五）长江中游区	6.湖北阳逻综合试验基地（GJ）	油料以及华中区主要作物种质利用、品种选育为主，种植技术等研发为辅，服务长江中游农业发展	中国农业科学院油料作物研究所	中国农业科学院蜜蜂研究所等
（六）长江下游区	7.浙江富阳综合试验基地（GJ）	水稻等作物种质创新、育种和功能基因组研究、病虫草害防控、高效技术研发，服务水稻等全产业链发展以及长江下游农业发展	中国水稻研究所	其他所（待定）
（七）西南区	8.四川成都或绵阳综合试验基地（XJ）	长江上游水稻、玉米、小麦、油料、蔬菜田间试验，新品种选育与展示，生产技术试验示范，服务长江上游农业发展	沼气所或中国农业科学院油料作物研究所	其他所（待定）
（八）华南区	9.广东深圳综合试验基地（GJ）	基因组学为核心的新型生物育种研发为主，水稻、蔬菜、海洋生物研发为辅，服务华南亚热带农业发展	中国农业科学院农业基因组研究所	中国农业科学院农产品加工研究所等
	10.海南南繁综合试验基地（GJ）	玉米、水稻、大豆、谷子、花生、芝麻、番茄、黄瓜、西瓜、甜瓜、棉花、麻类、烟草等作物南繁加代为主，开展种质鉴定、品种培育、热区成果转化等工作，服务全国种业科技创新和海南热带农业发展	院本级	作科、棉花、水稻、生物、郑果、烟草、油料、蔬菜、麻类、中国农业科学院农产品加工研究所
（九）甘新区	11.新疆昌吉综合试验基地（XJ）	面向西部开展农业研究的公共平台、"丝路经济带"集成展示转化成果的集散地、与中亚开展国际合作的桥头堡，服务北疆、南疆绿洲农业发展	院本级	棉花、灌溉、环保、蔬菜、沼气、作科、中国农业科学院农产品加工研究所
	12.甘肃张掖综合试验基地（GJ）	旱生牧草品种选育、草食动物饲养为主，玉米、大豆、蔬菜、花卉品种选育、灌溉为辅，服务河西走廊以及内蒙古西部灌溉农业和草食畜牧业发展	中国农业科学院兰州畜牧与兽药研究所	蔬菜、作科、农业部环境保护科研监测所
（十）青藏区	13.青海平安综合试验基地（GJ）	油菜以及十字花科蔬菜等作物新材料的异地加代、品种生态适应性鉴定，以及高寒作物新品种研发等，服务青藏区特色农业发展	中国农业科学院油料作物研究所	其他所（待定）

注：*农业区域参考《全国农业综合区划》的10个一级农业区，并稍作调整。XJ为新建，GJ为改建；KJ为扩建

其中，东北区布局综合基地2个，即吉林左家综合试验基地，主要服务东北区种植业、畜牧业等现代农业发展；内蒙古呼伦贝尔综合试验基地，主要服务北方草原畜牧业及集约农业发展。京津都市区布局综合基地1个，即北京综合试验基地，分通州、南口、廊坊三个片区。黄土高原区布局综合基地1个，选址及依托单位待定，主要服务黄土高原苹果优势产区及特色农业发展。华南区布局综合基地2个，即广东深圳综合试验基地，主要服务华南亚热带农业发展；海

南南繁综合试验基地，以中国农业科学院棉花研究所荔枝沟基地为主要公共平台，分为多个片区规划建设，主要服务种业加代繁育和热带农业发展。甘新区布局综合基地2个，即新疆昌吉综合试验基地，主要服务西部农业研究与新疆绿洲农业发展；甘肃张掖综合试验基地，主要服务河西走廊及内蒙古西部灌溉农业及草食畜牧业发展。

4. 建设重点

在全面提质现有综合基地的基础上，统筹考虑现有建设基础、入驻现状与需求、服务产业产区的代表性与重要性以及交通便利性等因素，按照区分轻重缓急、量力而行、循序渐进、培育一批、建设一批、使用一批的思路和原则，确定"十三五"期间重点建设6个综合基地。其中，扩建现有综合基地1个，即北京综合试验基地（重点建设南口片区、通州片区，院本级牵头，有关研究所参加）；由研究所基地逐步改建为综合基地4个，即甘肃张掖综合试验基地（中国农业科学院兰州畜牧与兽药研究所牵头，中国农业科学院蔬菜花卉研究所、中国农业科学院作物科学研究所、农业部环境保护科研监测所参加）、吉林左家综合试验基地（中国农业科学院特产研究所牵头，中国农业科学院蜜蜂研究所等参加）、海南南繁综合试验基地（院本级、中国农业科学院作物科学研究所、中国农业科学院棉花研究所、中国水稻研究所、中国农业科学院生物技术研究所、中国农业科学院郑州果树研究所、中国农业科学院烟草研究所、中国农业科学院油料作物研究所、中国农业科学院蔬菜花卉研究所、中国农业科学院麻类研究所、中国农业科学院农产品加工研究所）、内蒙古呼伦贝尔综合试验基地（中国农业科学院农业资源与农业区划研究所牵头，中国农业科学院作物科学研究所等参加）；新建综合基地1个，即新疆昌吉综合试验基地（院本级、中国农业科学院棉花研究所、中国农业科学院蔬菜花卉研究所、中国农业科学院农田灌溉研究所、农业部环境保护科研监测所、农业部沼气科学研究所）。

（二）专业试验基地

该类基地主体功能明显，可按照科学试验、科学观测、中间试验三大功能分类布局建设和使用管理。在综合基地的龙头牵引和骨干作用支撑下，发挥专业基地的主体功能，加快形成更加完善的试验示范基地体系、与之互补的观测监测基地体系、与之配套的中试转化基地体系，推动形成布局科学、结构合理、健全完善、开放共享的全院科研试验基地网络，整体提升科研试验基地支撑和保障全院基础与应用基础研究、核心关键技术与区域共性技术研发、农业装备与工程研发、决策咨询智库建设的能力和水平，显著提升科技支撑和引领农业现代化发展的能力与水平，确保到2020年全国农业科技创新能力总体上达到发展中国家领先水平、农业现代化取得明显进展。

1. 以科学试验为主体功能的专业基地

重点支撑作物、园艺、畜牧、兽医等学科集群的科技创新工作。主要任务是根据产业和学科发展的需要，加强粮食生产功能区、重要农产品生产保护区和特色农产品优势区以及重要农业生态生产区的区域布局，加强优势学科、新兴学科的学科布局，为科研任务实施提供田间试验场所，同时着力加强长期性基础性科技工作、完善观测功能，以及开展必要的成果展示和示范推广工作，为推动基础与前沿科学理论探索、核心与共性关键技术研发、进而为保障区域农业发展提供支撑与保障。

（1）现有基础　基地64个，基地面积5.02万亩，其中产权面积3.70万亩，分别占全院基地的60.4%、51.3%和81.7%。该类基地数量多、分布广、发展较为完善，但也存在布局不适应产业变化、产区变动和学科发展需要、田间试验条件特别是土质不能满足科研需求、基地机械化水平不高、安全保障水平不强等问题。

（2）发展任务　通过提质、扩建、新建等方式，加快专业基地的布局和建设；通过加强运行管理和统筹使用，提升基地功效。一是全面提质现有基地，重点改善田间试验条件，提高基地安全保障水平，同时着重加强管理和协调服务，更好满足科研试验需求。二是着力扩建重要专业基地，提高田间数据自动化获取能力，扩大规模，完善基地功能。三是根据科技创新和产业发展的现实需求和长远需要，加强论证，选址新建一批试验基地。

（3）区域布局　在东北平原区、黄淮海平原区、长江流域等粮油优势产区，新疆内陆棉等主产区，河套灌区、汾渭平原等粮食生产功能区，北方农牧交错区、南方多熟地区等耕地轮作休耕制度试点区等重要农产品生产保护区、特色农产品优势区和典型农业生态生产区，结合学科发展需要，在全国形成73个专业基地。

（4）建设重点　在全面提质现有基地的基础上，统筹考虑基地现有建设基础、入驻现状与需求、服务产业产区的代表性与重要性，以及交通便利性等因素，按照区分轻重缓急、量力而行、循序渐进、培育一批、建设一批和使用一批的思路和原则，确定重点建设16个专业基地。其中，扩建现有基地12个，即黑龙江哈尔滨南山动物试验场（中国农业科学院哈尔滨兽医研究所所）、内蒙古呼和浩特农牧交错区试验基地（中国农业科学院草原研究所）、湖南沅江麻类作物试验基地（中国农业科学院麻类研究所）、辽宁砬山北方落叶果树试验基地（中国农业科学院果树研究所）、四川西昌烟草基地（中国农业科学院烟草研究所）、河南安阳棉花试验基地（中国农业科学院棉花研究所）、浙江嵊州茶叶基地（中国农业科学院茶叶研究所）、上海松江动物试验基地（中国农业科学院上海兽医研究所所）、河南荥阳果树瓜类试验基地（中国农业科学院郑州果树研究所）、河北廊坊农业有害生物监测与防治试验基地（中国农业科学院植物保护研究所）、北京昌平马池口作物试验基地（中国农业科学院作物科学研究所）、北京昌平马池口畜牧试验基地（中国农业科学院北京畜牧兽医研究所）；新建基地4个，即山东庆云生态农业试验基地（农业部环境保护科研监测所）、山东兰陵蔬菜花卉试验基地（中国农业科学院蔬菜花卉研究所）、西藏林芝高原瓜果试验基地（中国农业科学院郑州果树研究所）、湖南长沙南方经济作物试验基地（中国农业科学院麻类研究所）。

2. 以科学观测为主体功能的专业基地

重点支撑资源、环境以及作物等学科集群的科技创新。主要任务是根据产业和学科发展的需要，加强重要产品主要产区、典型农业生态生产区和特殊功能区的区域布局，开展天然条件下的农业自然资源环境和农业生产农村生活方面的长期定位观测，开展人工条件下的长期定位试验研究，与试验示范基地体系逐步开展起来的长期性基础性科技工作一起，共同长期系统地积累农业生物资源、生态环境、农业灾害、生产要素、食物消费等方面的科研数据和科研样品，同时开展必要的科技服务，为农业资源、环境、生态方面的重大原创性科技创新提供支撑与保障，为农业持续发展、农产品质量安全、居民膳食营养健康等方面的宏观决策咨询提供支撑与保障。

（1）现有基础　现有基地35个，基地面积4.01万亩，其中产权面积6 706亩，分别占全院基地的33.0%、40.9%和14.8%。该类基地建设起步早、发展快，但也存在观测监测设施规模小、条件简陋、自动化监测设备不足、高效数据处理和共享能力不强等问题。

（2）发展任务　通过提质、扩建、新建等方式，加快基地布局和建设。一是全面提质现有基地。重点改造长期定位试验条件、完善长期定位观测装备、提升基地自动化信息化和安全保障水平。同时加强管理服务和统筹使用，更好满足科学观测需求。二是着力扩建重要专业基地。扩大规模、完善功能，增强基地功效。三是根据学科及产业需要，加强论证，选址新建一批试验基地。

（3）区域布局　在黄土高原、青藏高原、云贵高原等典型生态区，典型草原、草甸草原、荒漠草原、沙地草原等北方草原牧区，东北、黄淮海、长江流域、华南等传统农区，结合学科发展需要，在全国形成35个专业基地。

（4）建设重点　在全面提质现有基地的基础上，统筹考虑基地现有建设基础、入驻现状与需求、服务产业产区的重要性与代表性等，按照区分轻重缓急、量力而行、循序渐进、培育一批、建设一批、使用一批的思路和原则，确定重点建设8个专业基地。其中，扩建现有基地7个，即湖南祁阳红壤农业生态试验基地（中国农业科学院农业资源与农业区划研究所）、广西桂林农业有害生物监测与防治试验基地（中国农业科学院植物保护研究所）、河南商丘农业资源与生态环境试验基地（中国农业科学院农田灌溉研究所）、甘肃兰州大洼山畜牧试验基地（中国农业科学院兰州畜牧与兽药研究所）、山西寿阳旱地农业试验基地（中国农业科学院农业环境与可持续发展研究所）、青海玉树青藏高寒草原资源与生态环境试验基地（中国农业科学院草原研究所）、西藏那曲高寒草地生态与气候变化试验基地（中国农业科学院农业环境与可持续发展研究所）；新建基地1个，即湖南湘潭产地环境试验基地（农业部环境保护科研监测所）。

3. 以中间试验为主体功能的专业基地

重点支撑工程与机械、加工与质量安全等学科集群的科技创新。主要任务是根据主要产业和学科发展的需要，加强中试设施、设备及配套条件的布局和建设，为农产品加工、农业机械/农业设施等物质装备研发、肥料/农药/饲料等农业投入品创制、灌溉排水/沼气/食用菌等领域的技术系统及配套工程研发、工艺技术成果熟化提供科研场所，同时开展必要的成果转化和推广应用，为农业工程领域产业发展、农业装备水平提升、全产业链条农业增效提供支撑与保障，进而为加速农业现代化提供支撑与保障。

（1）现有基础　现有基地4个，基地面积623亩，其中产权土地353亩，分别占全院基地的3.8%、0.6%和0.8%。该类基地建设相对滞后，普遍存在科研中试条件不足、相关装备设施缺乏等问题。

（2）发展任务　通过提质、扩建、新建等方式，加快形成重点突出、结构合理的基地发展格局。一是全面提质现有基地。重点改造中试车间、中试装备、工程设施及其配套的中试条件，完善相关装备，提升基地机械化自动化和安全保障水平；加强管理，满足中试研发需求。二是着力扩建重要专业基地。扩大规模，完善基地功能。三是根据科技创新及产业发展需要。加强论证，选址新建一批试验基地。

（3）区域布局　根据主要产业和学科特点，建设一批专业基地，形成9个专业基地。

（4）建设重点　在全面提质现有基地的基础上，根据基地现有建设基础、服务产业产区的重要性与代表性等，重点建设专业基地4个。其中：扩建现有基地3个，即江苏南京溧水农业机械化创新试验基地（农业部南京农业机械化研究所）、四川成都双流沼气发酵研发试验基地（沼气所）、河北平泉国家食用菌改良中心试验基地（中国农业科学院农业资源与农业区划研究所）；新建基地1个，即黑龙江木兰主食加工技术研究院（中国农业科学院农产品加工研究所）。

（三）集成展示基地

该类基地重点支撑全国主要农业产区农业绿色可持续发展、主要农产品全产业链绿色增产增效等方面的技术集成与示范工作。

1. 主要任务

针对区域和产业发展的重大科技需求，加强农业主产区、粮食生产功能区、重要农产品生产保护区、特色农产品优势区等的区域布局，加强粮、棉、油、畜等主要农业产业产品的品种布局，为开展重点区域主要技术集成创新与示范、主要品种全产业链先进技术集成研究与示范提供田间场所和工作平台，研究并推广不同区域主要品种可复制可推广的绿色增产增效技术集成模式和区域农业可持续发展技术解决方案，与科研试验基地的成果展示、示范推广等工作一起，共同支撑和引领农业供给侧结构性改革和传统农业的现代化转型发展。

2. 现有基础

现有集成展示基地59个，面积15万亩，覆盖17个省（直辖市、自治区）和50多个地区。该类基地起步较晚，存在支撑条件不完善、推广应用效果不明显等问题。

3. 发展任务

通过以地方投资建设为主、院所提供技术支撑等多方合作共建的方式，加快集成展示基地发展。一是统筹资源，加快集成展示基地布局建设。借助农业部、科技部等上级部门力量，发挥国家农业科技创新联盟的平台和纽带作用，整合院内科技创新工程、基本科研业务费专项等资源，结合院地科技合作、科技精准扶贫、科技援疆援藏、深入实施绿色增产增效技术集成生产模式研究与示范、区域农业可持续发展技术集成创新与示范等工作，通过与地方政府及兄弟单位合作，建立和完善一批相对固定的集成展示基地，夯实全院科技兴农的物质技术基础。二是创新方式方法，发挥基地展示作用。积极拓展合作主体，突出工作重点，注重工作实效，形成院地共建、互利双赢的集成展示基地建设和发展长效机制，将示范条件好、地方积极性高、便于学习观摩的重要集成展示基地长期固定下来，做大做好，更好发挥应有作用。三是发挥好广泛分布于全国各地的科研试验基地的成果展示和示范推广作用，丰富和完善集成展示基地体系。

4. 区域布局与建设重点

在现有工作的基础上，根据全院科技推广、院地科技合作、服务上级部门要求和服务重点地区农业发展的需要，结合科技成果转化的重点任务部署，有计划有步骤地在全国农业主产区、粮食生产功能区、重要农产品生产保护区、特色农产品优势区，以及典型农业生态生产区、特殊功能区、老少边穷地区布局建设一批显示度高、集成效果好、特色明显、支撑有力的集成展示基地，解决大区域农业可持续发展的综合科技支撑问题，解决典型农业生态生产区、特殊功能区的环境生态保护和特殊功能固持与典型产业发展的科技支撑问题，解决老少边穷地区主导产业精准甄选与扶持发展的科技支撑问题。

第四节　典型转化示范平台

一、北京南口中试基地

南口中试基地是中国农业科学院从加快农业科技成果的中试、转化、示范和推广的需要出发，于1990年投资建设的院部周边重要科研试验中试基地，位于北京昌平区南口镇，基地占地844.4亩。南口中试基地有中国农业科学院作物科学研究所、中国农业科学院蔬菜花卉研究所、中国农业科学院蜜蜂研究所、中国农业科学院北京畜牧兽医研究所、中国农业科学院农产品加工研究所、中国农业科学院饲料研究所、中国农业科学院农业资源与农业区划研究所、中国农业科学院农业质量标准与检测技术研究所8个院属单位长期入驻开展科研工作。

（一）条件建设

基地基础建设与改造已累计投资近4亿元人民币，将南口基地建成为具备一定规模的科研试验基地。建有实验室、中试车间、科研辅助用房等建筑面积44 451m^2，各类温室大棚总建筑面积480 410m^2。近年来，农业部先后批复了一系列建设项目。目前院本级在南口基地承担实施的主要建设项目有2个，即院级统筹重大项目南口基地电改造项目和南口基地建设项目，批复资金5 535万元，电改造项目工程现已投入使用，基地建设项目已进入工程收尾阶段。这两个项目全部完成之后将使得南口基地设施支撑条件和硬件水平发生显著变化。

（二）运行管理

为更好适应中国农业科学院科研和科技开发工作的需要，充分利用试验基地的资源条件，为入驻各所服务，1997年12月经研究决定，院设立处级事业单位——中国农业科学院南口中试基地（简称基地管理机构）。2015年12月，南口基地实施以"统一协调、管运分离、权责明确"为主要特征的院属综合基地管理改革，明确由后勤服务中心接管基地的运行管理工作。院后勤服务中心接管运行管理后，后勤京区物业管理中心于2016年6月成立物业三部，专门负责南口基地的物业管理工作，维护了基地的整体环境和园区秩序。

（三）工作成绩

南口基地现入驻国家级农业研究中心11个，分别为国家蔬菜改良中心、国家昌平综合农业工程技术研究中心蔬菜花卉分中心、国家马铃薯区域试验站、国家农产品加工技术研发中心蜂产品加工分中心、国家蜜蜂遗传资源保护中心、国家实验用小型猪种质资源中心、国家植物转基因技术研究中心、国家转基因小麦环境安全评价与检测技术中心、国家饲料安全评价基地和动物试验基地、国家饲料安全评价基准实验室、农产品质量安全风险评估与污染物毒理学评价基地。

基地入驻科研单位已陆续培育出了近百项科研成果，约有20%的科研成果在全国推广和转化，如中国农业科学院蔬菜花卉研究所培育的"中甘"甘蓝、"中蔬"番茄、"中椒"甜椒等蔬菜系列新品种，先后获得国家科技进步奖励成果；中国农业科学院蜂蜂研究所已成为全国蜂业龙头，引领国内蜂业科技发展；中国农业科学院作物科学研究所选育的大豆"中黄13"是迄今为止跨纬度最大、适应范围最广的大豆品种，累计推广7 000多万亩，2012年获国家科技进步一等奖。目前，南口基地入驻各研究所共安排课题组近60个，科研工作全面展开，承担着国家863、973、国家科技支撑、行业科技等国家级、省部级科研项目百余项。

目前，南口基地的农业科学研究与农业产业化已初见规模，在蔬菜、花卉、大豆资源创新，新品种选育，农作物栽培、植保高新技术研究，农业科技成果转化、示范和推广等方面发挥着应有的作用，已成为中国农业科学院重要的科技产业孵化基地和农业科技工程中心。

二、河北廊坊农业高新技术产业园

园区由中国农业科学院作物科学研究所、中国农业科学院蔬菜花卉研究所、北京中国农业科学院北京畜牧兽医研究所、中国农业科学院饲料研究所、中国农业科学院生物技术研究所、中国农业科学院农业资源与农业区划研究所、中国农业科学院农业质量标准与检测技术研究所、农业部食物与营养发展研究所、中国农业科学院草原研究所和中国农业科学院特产研究所开展科研试验及试验示范工作。产业园核心功能区拥有土地使用权的区域2 000亩，其中国有土地（建设用地）200亩拥有永久使用权。

（一）条件建设

园区核心功能区内道路、围墙、水、电、网络、安防等基础设施已基本健全，相关实验和辅助设施完备。建有办公实验综合楼3 600m^2，职工宿舍2 500m^2，专家工作间25 000m^2，分散在各试验示范区的设施包括：办公实验用房10 000m^2，玻璃试验温室5 000m^2，试验生产车间10 000m^2，日光温室35 000m^2，旱棚4 000m^2，晒场4 000m^2、蓄水池1 000m^3、综合气象观测站等。各入驻研究所在863、973、自然基金等国家项目、省部级科研项目的支持下，购置大型仪器设备，建设完善田间相应设施，基地科研条件逐步得到完善。

（二）运行管理

为加强园区运行管理，成立了廊坊园区领导小组及其管委会，管委会在廊坊市事业单位登记管理局注册，取得事业单位法人证书。管委会内设办公室、财务资产部、基建安保部、后勤服务部4个部门。法定代表人由院基地主管部门的分管领导兼任、院人事主管部门任免，管委会设主任1名、副主任1~2名。各入园研究所派驻长期管理人员。

（三）工作成绩

在核心试验区，园区已建成20个试验示范小区，有10个研究所的50多个课题组、300多名专家长期开展工作。承担着国家"863""973"、科技支撑计划，FAO/IAEA、美国Ceres公司、比尔及梅琳达盖茨基金项目等200多个科研项目，与欧盟、美国、法国、日本等国家在区域农情遥感监测、水稻功能基因组等领域开展合作研究。依托廊坊园区取得了三系杂交转基因抗虫棉、转植酸酶基因玉米、高油大豆中黄13等多项重大科研成果。

为促进优先带动区发展，中国农业科学院与廊坊市广阳区政府签署了科技合作协议，启动了蔬菜、奶牛、果树产业示范项目，也启动了中国农业科学院广阳现代农业综合示范区建设。常年有11个研究所在优先带动区开展试验示范和推广服务工作。中国农业科学院紧紧围绕广阳区蔬菜、奶牛、果树三大农业主导产业，协调安排国家农业科技成果转化资金项目，并整合院科技项目资金，累计实施了9个科技项目（蔬菜类3个、果树类3个、奶牛类3个），形成了"以互利共赢为目的、以基地为依托、以项目为抓手"的新时期院地科技合作新模式"广阳模式"，中央电视台、新华社、科技日报、光明日报等多家媒体进行了采访和宣传报道。

在成果辐射区，中国农业科学院每年组织研究所参加中国（廊坊）农产品交易会，集中展示全院先进实用的农业新品种、新技术、新产品，办出了特色和影响，已成为廊坊农交会的一张亮丽名片。配合有关项目实施和有关部门行动，多次举办农业产业化高峰论坛、组织送科技下乡、召开成果展示现场会、编制并发放农业新品种、新技术实用手册和科普书籍、举办专题实用技术培训班等，多形式多渠道传播农业科技新知识，推广实用新技术和新产品，辐射带动更广区域农业和农村发展。

三、河南新乡综合试验基地

新乡综合试验基地是中国农业科学院直属的综合试验基地，2009年10月开始建设，基地有212亩建设用地，产权属中国农业科学院；试验用地4 135亩由入驻研究所租赁当地村流转的农用地。

（一）运行管理

设有中国农业科学院新乡综合试验基地协调小组，该小组负责新乡基地规划、建设、使用和管理等方面的重要事项组织协调和决策研究。组长由分管院领导担任，常务副组长由成果转化局负责人担任，副组长由中国农业科学院农田灌溉研究所、中国农业科学院新乡试验基地领导小组办公室（管委会）负责人担任，成员由院有关部门（院办公室、科技管理局、财务局、基本建设局）和入驻各单位相关人员组成。

（二）工作成绩

基地在小麦、玉米、棉花、水稻、大豆等作物遗传育种、病虫害防治和栽培生理以及节水灌溉、农业水资源高效利用的田间监测、技术推广示范、重大技术集成和科研成果中试研究等方面取得了一系列科技成果。2013年、2014年和2015年在新乡试验基地连续3年开展良种良法配套展示示范，采用免耕覆秸栽培技术种植耐密抗倒大豆新品系"中作XA12938"，3年的实收产量分别为311.20kg、281.95kg和336.28kg，创造了我国大豆主产区（含东北、黄淮海和南方）大豆实收单产新纪录。大豆免耕覆秸栽培技术模式有效地解决了长期困扰黄淮海地区大豆生产的麦秸处理、大豆保苗和土壤培肥难题。耐密抗倒品种结合免耕覆秸栽培技术，真正实现了良种良法配套、农机农艺融合、节本增效同步、生产生态并重，增产增收效果显著。

"十二五"以来，以新乡基地为依托获得国家科技进步一等奖1项、二等奖7项，河南省科技进步奖和中国农业科学院科技成果奖等多项奖励；成果鉴定30余项，转让成果4项，培育和审定大豆、果树新品种合计百余个。

四、吉林昌邑左家特种经济动植物试验基地

拟建为吉林左家综合试验基地，依托中国农业科学院特产研究所建设，主要围绕我国濒危、珍稀、经济价值高的特种经济动物资源，开展收集、整理、

保存和利用的基础研究和应用技术研究工作。

（一）区位特点

试验站位于吉林省吉林市昌邑区左家镇（原吉林省吉林市左家自然保护区）境内，属长白山余脉，位于长白山北坡（E 121°18′、N 46°12′、海拔736m），拥有林地面积56.81km²。年平均气温3.5℃，年降水量600~1 000mm。自然区域属长白山北坡低海拔高度的植被类型，代表了欧亚大陆东北部典型的自然特征。地理位置具有区域代表性和典型的学科特征，开展的野外观测、试验研究能反映研究对象所代表区域特征的变化。

（二）工作成绩

目前，基地在濒危、珍稀、经济价值高的特种经济动物资源收集、整理、保存和利用中取得突出成效。基地下设的长白山野生浆果资源试验站积极开展山葡萄野生资源收集及种质资源创新，目前共保存资源374份。基地下属药用植物资源试验站保存人参种质180份，细辛种质103份，桔梗种质126份，平贝母种质70份，龙胆种质66份。基地下属特种经济动物试验站目前保存鹿类动物资源、毛皮动物资源、特禽资源30余种，1 000余头份。此外，特种经济动物试验站还积极开展特种经济动物种质资源与数据的共享工作，建立了特种经济动物种质资源数据库，并积极对全国鹿类动物资源保存单位、毛皮动物资源保存单位、特禽资源保存单位的种质资源保存工作进行技术指导。

五、内蒙古呼伦贝尔草原生态系统试验基地

拟建为内蒙古呼伦贝尔综合试验基地，依托单位为中国农业科学院农业资源与农业区划研究所，基地2015年建成，具有建设用地40亩和试验用地3 200亩，土地使用权隶属于中国农业科学院农业资源与农业区划研究所。

（一）条件建设

基地先后投入2 000多万元进行基础设施、科辅设施和仪器设备等硬件条件

建设。在基础设施方面，基地建有1 500m²的实验办公楼及辅助用房，分设办公室、会议室、网络中心、实验室、样品标本室、餐厅、宿舍、多功能厅等，水、电、暖、网络通讯等保障设施完善，具备满足50~100名研究人员同时到站开展工作的接待能力。在科辅设施方面，基地设置了贝加尔针茅、羊草、线叶菊优势类型和退化改良等观测样地群，包括4个长期观测实验样地和3个辅助观测样地，占地面积约150hm²；另建有1个大型放牧试验平台和人工草地试验平台，分别占地面积90hm²和20hm²。在仪器设备方面，基地先后投入900多万元购置了80多台（套）先进的野外监测和实验室分析等设备，包括涡度相关观测系统、自动气象站、能量平衡系统、植物光合仪、植物光谱仪、冠层分析仪、化学流动分析仪和凯氏定氮仪、气象观测场、地表径流场等。

（二）工作成绩

呼伦贝尔基地立足草地生态系统监测、模拟与数字化管理，在草甸草原生态系统观测研究方面取得突出成绩，填补了我国相关领域的空白。开展了草地生态系统立体监测评估关键技术攻关，解决草地立体监测评估的技术瓶颈，将计算机技术最新进展与草地专业模型进行集成，开发了适于我国草地生态系统综合监测评估的软硬件技术产品，处于国内领先地位；开展了草业科学与信息科学交叉学科新方法、新技术创新研究，通过草地生态系统监测评估软硬件技术产品应用示范，有效提高区域草地生态系统空间信息获取的精度与时效，显著降低监测成本，加速我国草地生态系统监测管理、评估的现代化进程；开展了草地恢复与地力提升关键技术攻关，制定了草原退化及恢复标准，实现草地退化和恢复的快速诊断，研制了土壤理化改良技术配套方法，实现草地退化土壤的"两松一补"。

六、湖北阳逻油料作物试验基地

依托油料作物研究所建设，拟建为湖北阳逻综合试验基地，占地面积1 000亩，其中包括建设用地200亩和农业科研用地800亩，全部为自有产权，已经于

2006年取得《国有土地使用权证》。基地建设目标瞄准国际先进水平和学科前沿，集中开展高产、优质、高效、环境友好的华中地区主要农作物种质资源发掘与创制、重要功能基因资源的挖掘与利用、新品种培育、高产栽培及营养高效利用等技术创新和集成创新，拟建成国内一流、国际先进的华中地区农作物研究基地。

（一）条件建设

按照标准，农业科研试验基地要求分为试验地、实验室和生活区。试验地分隔为10~15亩的网格，地块周边的排水沟、灌溉管道和田埂等均已建成配套，并实现了喷灌设施全面覆盖，是高标准的农科试验用地。基地配套建设了挂藏室、种子工作间和风雨晒场4 396.22m^2、繁殖隔离网室7 304m^2、农药肥料库120m^2、农具房120m^2、泵站50m^2。基地购置了各种农机具52台（套），可满足各种田间试验的耕种需求。基地水源由阳逻水厂提供，水质良好。同时场区已有自建水井五口，每口出水量为35m^3/h，能满足田间灌溉用水需要。用电由场区东南角的10kV高压电源引入场区配电室，再从变电室引至场区内用电地点。基地通讯设施已较为完善，拥有程控交换机、宽带、1 000M光纤。

综合试验楼总面积3 998.54m^2，内有20间实验室，配备了低温冰箱、制冰机、台式冷冻离心机、电热鼓风干燥箱、高温灭菌锅、超纯水机、电热恒温水浴锅、电子天平、解剖镜等仪器设备40台（套），可满足田间试验的前期处理和试验基地基础生物学研究需求。

为满足试验基地科研人员的生活需求，基地内配备标准间30间、食堂1间，并聘用有厨师和保安人员10余名，可以满足试验基地工作的人员住宿和餐饮需求。

（二）工作成绩

基地重点承担了油菜、花生、大豆、芝麻及其他特种油料作物种质资源、遗传育种、栽培技术、转基因安全性评价、品质化学分析等领域的田间试验研究工作。每年承担50多项约400亩的田间试验工作。基地在承担科研任务的同时，还利用基地高标准试验田的优势，为我国各种油料作物的最新研究成果进行田间展示；2012年建成了20亩的油菜田间基因超市，湖北省及武汉市的电视台、报纸及网络等各种媒体对此进行了大量的报道。

建成200亩左右的示范展示基地，常年展示适用于华中区域的粮、油方面的最新成果。同时，基地将利用现有条件，开展新型职业农民培训，组织农村基层领导、农技人员、农民参观，积极与有关企业合作，促进科技成果的快速转化。将阳逻基地建设成为国家农业科技创新与集成示范基地，为全国农业科技创新服务。

阳逻基地专门规划了100亩的高标准试验地用于开放共享。迄今为止，基地已承担了中国水稻研究所、湖北大学、华中农业大学的试验项目，已连续三年承担了中国水稻研究所水稻农艺研究中心和华中农业大学的水稻氮肥递减与品种适应性试验（长期定位试验）和水稻对N、P、K等大量营养元素的钝化试验与营养高效种质资源筛选等科研课题；此外，基地还对中国农业科学院作物所的大豆优良品种、中国农业科学院棉花研究所的棉花优良品种进行展示。

基地通过自办企业和研究团队积极开展与企业对接合作与农民培训工作，全方位发挥基地的开放共享功能。目前，已与国内种业集团、跨国种业公司、肥料农资公司及油料加工企业均建立有长期稳定的合作与对接关系，与中国种业集团、德国拜耳公司、先正达生物科技有限公司、无限极（中国）有限公司等签订了合作研究与技术推广的合作协议，与企业对接的力度和深度不断提升。

基地与中国农业科学院油料作物研究所各科技创新团队合作开展农业生产技术培训，以示范观摩会、示范现场实地考察、专家集中授课、专家田间指导、座谈交流、发放品种或技术宣传册、网络咨询服务等形式开展职业农民和农技人员培训工作，传递最新的科技成果、技术，同时帮助解决实际生产问题。

七、浙江富阳水稻试验场

拟建为浙江富阳综合试验基地，依托中国水稻研究所建设，基地以建设国家级水稻科技创新技术转移平台和水稻科技集成示范培训中心为主目标，重点开展新品种、新产品和新技术研发，进行多学科技术集成示范，广泛开展学术交流和技术培训，力争建成水稻科学试验田、新型经营主体、新型职业农民的示范观摩田、生态农业模式田，服务企业和水稻生产一线。

（一）条件建设

基地建设用地408亩，总投入2.2亿元人民币，建有一个实验楼群（包括科学实验楼、图书信息楼、访问学者宿舍等），总建筑面积4.5万m^2，配有1.1多亿元的仪器设备，基地内水、电、灌溉设施基本完善。基地包括实训基地6个，其中种植业1个，农田面积2 000多亩，可同时容纳200人实训；水产业养殖场地2个水面900余亩；农机操作和维修训练场地各1个，分别可同时容100人实训；加工实验室1个，可同时容纳50人实训。

（二）工作成绩

基地自建立以来已经取得一批重要成果：在重大成果产出方面，作为主持单位获得省部级以上成果奖励10项，其中国家科技进步二等奖1项，浙江省科技进步重大贡献奖1项，浙江省科技进步一等奖2项，中国农业科学院杰出科技创新奖2项；作为参加单位获省部级以上成果奖励4项，其中2016年获国家科技进步二等奖1项，2015年院杰出科技创新奖1项，2015年四川省科技进步一等奖1项；在科研水平与影响力方面，以第一作者或通讯作者在SCI/EI期刊发文65篇，其中院选顶尖SCI核心期刊发文2篇，编写专著6部；在产业支撑方面，育成通过省部级以上审定品种36个，"中嘉早17""内5优8015"等9个（次）品种入选农业部主导品种；"水稻机械化育插秧技术"等16项次稻作技术入选农业部主推技术；制定国家（行业）标准10项，授权发明专利38项，植物新品种权14项，软件著作权6项。

八、广东深圳基因组学试验基地

拟建成广东深圳综合试验基地，目前有1 340亩的科学试验用地已完成改造并以长期租赁的形式供基地使用，中国农业科学院农业基因组研究所、中国农业科学院棉花研究所、中国农业科学院农产品加工研究所、中国水稻研究所、中国农业科学院草原研究所、中国农业科学院茶叶研究所等单位已经在深圳试验基地开展针对华南典型生态区的科研实验活动。

（一）功能定位

作为中国农业科学院在华南典型生态区的唯一基地，弥补了中国农业科学院试验基地在华南亚热带季风典型生态区和华南水稻优势产区的缺位，可全方位开展华南地区水稻等主要农作物的研究与全基因组分子辅助育种工作。基地根据华南农业种植模式特点，开展稻蔬水旱轮作和华南地区冬闲地马铃薯的有关研究；结合中国农业科学院农业基因组研究所的学科优势，推动基因组学成果向育种实践渗透，提高我国育种技术水平，打造国际生物育种创新高地；把握国家种业成果交易中心南方分中心落户深圳的契机，加快农业科技成果交易和转化效率；发挥综合基地毗邻海岸的优势，针对华南地区海水养殖业的实际问题，重点开展海洋生物资源的开发与利用。

（二）运行管理

由所领导牵头成立中国农业科学院农业基因组研究所试验基地管理领导小组，负责基地的规划、建设、管理等重大问题决策和组织领导。由科研处牵头，条财处和综合办公室参与成立综合基地工作小组，负责综合基地的日常工作。基地实行分级分型建设和管理，由研究所、课题组和实验人员组成三级管理制度，明确责任人，统一管理。建立多元化资金投入渠道。一是要积极向国家和深圳市有关部门申请修缮改造项目、基本建设项目和水务专项等资金，进行基地建设和提质改造；二是院所自筹资金设立专项经费，用于基地的基本运转；三是要争取和申请国家和深圳市有关部门的基地运行维护管理费专项；四是对科研项目全成本核算，统筹经费。

九、海南三亚作物南繁试验基地

拟建成海南南繁综合试验基地,南繁基地历经30多年的建设与发展,目前中国农业科学院8个研究所共有南繁基地11处,面积1 521亩,其中有产权面积128.6亩,水田313.1亩、坡地8.7亩、标准化实验田500亩;建有一座占地38亩的海南综合试验基地,包括两栋综合科研楼、5 000m²的工作生活用房(表8-6)。

表8-6 各研究所南繁基地现有面积

研究所	基地地点	总面积(亩)	产权面积(亩)	租期(年)
中国农业科学院作物科学研究所	南滨农场	325		30
中国农业科学院蔬菜花卉研究所	三亚市吉阳镇	50		1
中国农业科学院生物技术研究所	乐东县、南滨农场	127	1.4	23
中国水稻研究所	陵水基地	326	4.2	20
中国农业科学院棉花研究所	荔枝沟基地	38	38	永久
	大茅基地	500		17
	崖城基地	85	85	永久
中国农业科学院油料作物研究所	三亚市吉阳镇	20		1
中国农业科学院麻类研究所	三亚市吉阳镇等	50		1
合计		1 521	128.6	

(一)运行管理

各研究所在海南三亚作物南繁试验基地的管理模式存在差异,其中中国农业科学院棉花研究所的管理模式最为突出,为南繁基地的建设提供了很好的参考经验。主要体现在四个方面:一是后勤工作定位明确,以服务科研工作和科技人员为核心;二是研究所领导高度重视、常抓不懈,根据自身科研工作特点和当地情况,建立了特色鲜明的管理运行模式;三是通过设立专门机构和选用优秀管理团队,保证了南繁工作高效顺利开展;四是勇于开拓创新,大力加强基地条件建设,积极拓展研究实验平台,通过温室、实验室等研究平台的建设,实现棉花等作物每年3~4代的加代繁殖,大幅提高了科研创新效率。

（二）工作成绩

初步建成了以荔枝沟基地为中心的南繁基地公共实验平台和共享交流服务平台。该平台采取先进的管理模式和创新性运行机制，通过进一步加强条件建设，提升公共服务能力，为中国农业科学院乃至全国南繁机构提供开放实验室服务，加强育种技术的发展和农作物新品种的升级换代，加速南繁科技创新成果交流合作与转移。

十、甘肃张掖旱生牧草种子繁育试验基地

依托兰州畜牧与兽药研究所建设，拟建成甘肃张掖综合试验基地。基地占地总面积3 050亩，为研究所自有土地，拥有《国有土地使用证》。基地目前主要开展草食家畜和牧草的保存评价与多样性监测、种质特性的遗传机理研究与优质基因挖掘、分子育种研究和农作物新品种选育、草食动物遗传育种、中草药资源保存等研究。

（一）条件建设

基地土地类型多样，其中耕地1 030亩，后备耕地885亩，生态治理用地206亩，林地94亩，沙荒地787亩。基地内基础设施及科研、生活保障能力已有显著提升。基地内建有种子加工车间、机具库、种子库、种子检测实验室及配套用房等1 229m^2，铺设道路16 000m^2，10kV高压输电线路1 500m；机井2眼，单井出水量140m^3/h，灌溉渠道10km。基地配备种子生产、加工、检验和包装的仪器设备30余台（件）；拖拉机、推土机、粉碎机、播种机、割草机、搂草机、打捆机、联合收割机等农具20余台（件）。基地基础设施条件基本完善，初步具备了为科研工作提供基础设施保障的能力。此外，基地还建有1 600m^2综合实验室、3 000m^2大型实验牛羊舍、500亩滴灌设施等基础配套设施。

（二）工作成绩

张掖综合试验基地已开展多项院地企合作项目，并与张掖市林业局、甘州区政府、甘肃广宇牧业有限公司、北京中农种业有限公司等单位合作，共同建

立了"张掖珍禽养殖示范园""肉羊养殖及饲料加工示范园""现代肉牛生态养殖科技示范园区"和"张掖林业科技示范园"。通过以上项目的成功实施，对张掖肉牛养殖业发展起到了积极的推动作用，也为张掖绿洲现代农业试验示范区发展注入了新的活力，拓展了示范区建设内容。2012年和2013年甘州区政府连续授予中国农业科学院兰州畜牧与兽药研究所"支持地方经济建设先进单位"荣誉称号。

十一、青海平安油菜夏繁试验基地

拟建成青海平安综合试验基地，依托油料研究所建设，是油料作物异地繁种、育种的综合试验基地。基地主要开展冬季油料作物北繁及北方生态品种选育，承担育成新品种和新材料的异地繁种、进行品种生态适应性鉴定、北方生态区春油菜品种选育、规模生产杂交油菜品种原种、油菜种质资源中期库中春油菜种质资源繁种和更新等任务。

（一）区位特点

位于青海省平安县小峡镇上红庄村良种繁殖场，始建于2008年，占地面积208亩，其中建设用地28亩，由地方无偿划拨，农业科研用地180亩。所处区域东经102.09、北纬36.47，海拔2 066~4 167m（黄海高程），基地属于湟水河Ⅱ级阶地，地形基本平坦、地貌单元单一、地层结构简单，地下水埋藏较深，土壤类型为灌溉淤积土，pH值为8左右，肥力中等，土质均匀。其气候的主要特点是：日照时间长，太阳辐射强，春季干旱多风，夏季短促凉爽，秋季阴雨滋润，冬季寒冷漫长，年平均降水量345.4mm。农作物主要有小麦、油菜、青稞、豌豆、蚕豆和洋芋等六大作物，春种秋收，一年一熟。

（二）条件建设

北繁试验基地已建成完善的田间试验设施，并建有综合性科研实验楼2 000m^2，智能温室内温光可控，挂藏室、种子仓库等设施共1 500m^2。基地可供田间实验的面积为150亩，具有良好的灌溉条件和水利设施。田间实验主要以机械化操作为主，能承担各类作物北方繁育的试验。

第九章　国际合作交流平台

中国农业科学院建院六十年来，特别是改革开放以来，认真贯彻执行党的对外开放政策，积极开展农业科技国际合作与交流，建立了国际联合实验室、国际科技合作基地、引智基地、OIE或FAO认证参考实验室构成的国际合作平台体系。国际合作平台在开展合作研究、引进技术、引进管理经验、培养人才以及推动农业科技"走出去"等方面发挥了重要作用，有力地促进了中国农业科学院学科建设和人才队伍建设，大力提升了我国在国际农业科技界的地位和影响力。

第一节　国际联合实验室

为开展常态化的国际农业科技合作与交流，中国农业科学院与国际研究组织、国外研究机构、高校等机构均建立了合作研究平台。实验室主要通过技术交流、联合研究、人才互访等方式，共同开展重大科学问题的联合攻关和新技术、新产品的研发，打造农业生产技术转化平台和培训中心，组织筹办相关领域学术会议和研讨会，探索国际合作的新领域和新机制，为国际粮食安全、环境保护等问题的解决提供科技支撑，促进国际农业可持续发展。

一、中—美小麦品质与抗病性联合实验室

中—美小麦品质与抗病性联合实验室（MOST-USDA Joint Research Center for Wheat Quality and Pathology）为中国农业科学院作物科学研究所和美国农业部农业研究局普曼研究中心（USDA-ARS Wheat Genetics，Quality，Physiology，and Disease Research Unit，Pullman，WA）合作建设，于2005年建立，主要在小麦主要产品的实验室评价方法，品质基因的定位克隆与分子标记发掘验证，新种质培育，抗条锈病基因定位与种质创新等领域开展合作。

（一）功能定位

中国科技部与美国农业部合作平台（包括中国农业科学院和省级农业科学院以及农业大学），主要任务包括小麦品质与抗病特性研究，组织人才培训与国际会议等。

（二）运行管理

双方成立管理委员会，任命何中虎研究员为中方主任、Craig Morris为美方主任，协调双方的合作。

（三）研究条件

建有设备完善的分子育种、品质分析、病害鉴定、生物信息学等实验室，有实验地300亩，主要分布在中国农业科学院和西北农林科技大学等。

（四）合作成果

近五年引进小麦种质资源205份，15人次到美国进行合作研究或合作培养研究生，联合发表SCI论文35篇，合作召开学术研讨会5次。自2009年9月至2016年3月，承担科技部国际合作项目2项，经费435万元。

二、农业部—国际玉米小麦改良中心联合实验室

农业部—国际玉米小麦改良中心联合实验室（MoA-CIMMYT Joint Laboratory for Maize and Wheat Improvement）为国际玉米小麦改良中心（International Maize and Wheat Improvement Center，CIMMYT）和中国农业科学院作物科学研究所共同建设，成立于2016年，主要在小麦和玉米种质改良，抗病虫等表型鉴定平台，基因发现克隆与分子育种技术，生物信息学在育种中的应用，提高水肥利用效率等方面进行合作研究。

（一）功能定位

协调双方合作的平台（包括中国农业科学院和省级农业科学院以及农业大学），研究领域包括种质引进与创新、表型鉴定与基因发现、分子育种、生理与水肥利用效率、保护性耕作、生物信息学，开展国际培训、组织国际会议、对其他第三世界国际的技术转移。

（二）运行管理

双方成立管理委员会，任命中心主任和副主任，合作建立5~8个创新团队。

（三）研究条件

建有设备完善的分子育种、品质分析、病害鉴定、生物信息学等实验室，有实验地300亩，主要分布在中国农业科学院、云南农业科学院和河南农业大学等。

（四）合作成果

近五年引进小麦玉米种质资源5 200份，用引进种质育成审定品种10个。"CIMMYT小麦引进、研究与创新利用"获2015年度国家科技进步二等奖，CIMMYT获2016年度国家国际合作奖。35人次到CIMMYT从事合作研究，联合发表SCI论文75篇，合作召开亚洲玉米学术研讨会等重要会议5次。双方共出版专著7本。承担国家自然科学基金重点国际合作项目1项，经费210万元，承担科技部国际合作项目1项，经费360万元。

三、中—澳小麦改良合作研究中心

中—澳小麦改良合作研究中心（China-Australia Joint Research Center for Wheat Improvement）为莫道克大学（Murdoch University）中国农业科学院作物科学研究所共同建设，成立于2012年，主要在小麦分子育种技术领域进行合作研究。

（一）功能定位

协调中澳小麦育种研究与人员交流。

（二）运行管理

中澳分别任命中心主任，通过双方主任协调合作。

（三）研究条件

建有设备完善的分子育种、品质分析、病害鉴定、生物信息学等实验室，有试验地300亩。

（四）合作成果

近五年引进小麦种质资源305份，18人次到澳洲从事合作研究或合作培养研究生，联合发表SCI论文35篇，合作召开学术研讨会4次。2013年4月至2016年3月，承担小麦新基因和实用型分子标记的发掘和应用科研项目，经费464万元。

四、中—美农业环境中心

中—美农业环境中心（China-US Agro-environmental Center of Excellence）为美国农业部外国农业局（Foreign Agricultural Service, US Department of Agriculture）和中国农业科学院农业环境与可持续发展研究所共同建设，成立于2003年，主要在畜禽养殖粪便无害化处理和资源化利用技术，畜禽养殖污水处理和利用技术，畜禽清洁生产技术，畜禽养殖臭气排放及其减排技术，畜禽和养殖废弃物温室气体排放及其减排技术等领域开展合作研究。

（一）功能定位

中心集中中美双方的技术力量，以开展多学科的国际合作、研究培训和研讨等方式，为养殖业环境污染防治寻求切实可行的技术措施和方法，通过经济实用的畜牧环境技术及设备研究开发、示范和推广应用，促进畜牧业可持续发展。

（二）运行管理

在中国农业科学院农业环境与可持续发展研究所设立办公室，负责协调和办理人员互访等事务，协助合作项目申请。建立中心技术咨询委员会，由相等数量的、来自中方和美方的政府官员和环境、公共健康和农业领域的专家组成，负责提供和共享有关农业可持续发展的信息、提供未来研究计划等建议、帮助寻求项目和经费、推进研究成果推广和应用。

（三）研究条件

依托单位拥有农业环境技术研究相关的仪器设备和试验基地，并与国内多家大型养殖场建立了长期友好的合作关系，为农业新技术研究开发及其示范应用打下了良好的基础。

（四）合作成果

研究开发出"畜禽粪便沼气处理清洁发展机制方法学和技术"，建立了全球第一个户用沼气CDM方法学、创建了大型养殖场畜禽粪便沼气处理CDM工艺、集成了适用于不同规模化养殖场的畜禽粪便沼气处理CDM技术模式，于2012年获得国家科技进步二等奖；开发出畜禽粪便密闭箱式堆肥技术及其配套装置，为小规模畜禽场的粪便资源化利用提供了技术支持；提出畜禽粪便静态通气堆肥与养殖污水厌氧处理后农田利用的组合处理技术，完成存栏3 000头生猪、500头奶牛的标准化设计；开发出养殖污水膜生物反应器深度处理技术，是目前出水等级最高的养殖污水处理方式；提出无外界微生物引入的少/无污水排放养猪生产技术工艺；开发出死猪与猪粪一体化堆肥技术。

五、中国—巴西农业科学联合实验室

中国—巴西农业科学联合实验室（Sino-Brazilian Joint Laboratory for Agricultural Sciences）为中国农业科学院与巴西农牧研究院［Brazilian Agricultural Research Corporation（Embrapa）］共同建设，成立于2011年，主要依托中国农业科学院农业生物技术研究所开展合作研究。

（一）功能定位

落实两国政府和领导人达成的协议，服务于国家的战略需求。联合实验室以农业生物技术研究为重点，共同开展新技术和新产品的研发，有效发挥中国农业科学院和巴西农牧研究院的各自优势，提升双方在农业生物技术领域的国际地位和影响，推动中巴在农业和自然资源领域的科技合作，带动中国同拉美其他国家的合作。

（二）运行管理

组建工作组和学术委员会，对联合实验室建设过程中的科学问题给予方向性和战略性指导，确定合作研究重点领域，制订年度工作计划。

（三）研究条件

拥有配套齐全的科研仪器设备。主要仪器设备有激光分子成像系统、荧光生物显微镜、激光共聚焦显微镜、荧光定量PCR仪、数字PCR仪、超高速冷冻离心机、基因枪、DNA合成仪、PCR仪、冻干机、球磨仪、脉冲电泳系统、人工气候箱、超低温冰箱、低温循环恒温水域、种子干燥箱等。另外，依托单位建有全自动高通量植物3D成像表型组学研究平台、代谢组学分析平台及高性能计算平台等科技平台，科技平台大型仪器互联网共享，开放和共享程度高。

（四）合作成果

申请发明专利7项、授权4项，发表论文6篇。创造了抗逆性显著提高的水稻材料上百个，首蓿材料20个。引进先进技术1项。2010年10月至2016年3月开展联合研究2项，经费445万元。

六、中国—巴基斯坦棉花生物技术联合实验室

中国—巴基斯坦棉花生物技术联合实验室（China-Pakistan Joint Laboratory on Cotton Biotechnology）由巴基斯坦旁遮普大学分子生物学卓越中心（Centre of Excellence in Molecular Biology，University of the Punjab，Pakistan）和中国农业科学院生物技术研究所共同建设，成立于2016年。实验室重点合作领域包括生命科学领域、作物育种学与良种繁育学、棉花分子育种。

（一）功能定位

建设中国—巴基斯坦棉花生物技术联合实验室，使其成为中国棉花生物技术进入巴基斯坦进而走入国际市场的窗口和平台。

（二）运行管理

中方合作单位由中国农业科学院生物研究所牵头，北京银田浩海生物技术有限公司共同参与；巴方合作单位由巴基斯坦分子生物学卓越中心（CEMB）牵头，费萨拉巴德农业大学、木尔坦棉花试验站共同参与。

成立联合实验室专家委员会，负责联合实验室的运行及日常维护规则的制定，包括联合实验室的研究选题。由中国农业科学院生物技术所任专家委员会主任，CEMB任副主任，生物技术所等中方单位的5名具有高级职称的专家任委员，CEMB、费萨拉巴德农业大学以及木尔坦棉花试验站各派2名高级职称专家任委员，由北京银田浩海生物技术有限公司出任委员会秘书。

（三）条件设施

巴基斯坦分子生物学卓越中心为联合实验室配备120m^{2}实验房间，配套实验桌椅和日常生物实验仪器设备，保证水电供给，配备20m^{2}温、网室各1间，同时配备15m^{2}中方客座研究人员的办公用房。木尔坦棉花试验站提供20亩转基因棉花试验专用试验田，其中5亩用于小区试验和网室隔离试验，15亩用于大田观

测。配有GL-18LM超高速冷冻离心机、CK2000D96组织研磨仪、RM2245半自动轮式切片机、Lightcycler罗氏荧光定量PCR仪等优良的分子生物学仪器设备，以及冷库、长城皮卡车、人工气候室、LX 1000东方红70马力拖拉机等常用的农机设备。

（四）合作成果

2011年1月至2015年12月承担"中国双价转基因抗虫棉在巴基斯坦研发应用示范"项目，经费470万元，搜集创制了18份适宜巴基斯坦环境的棉花育种新种质，其中抗高温、耐曲叶病2份可做转基因受体的特异优良种质；转化获得10份抗虫基因纯合的巴基斯坦棉花新材料；成功培育3个适合巴基斯坦的创新性多功能抗性棉花新品系；选育出一系列杂交苗头组合，最高增产达40%以上；在巴基斯坦主栽棉区建立了500亩试验示范基地和50亩的棉花育种基地；建立了在巴基斯坦良种良法配套技术新体系；双方科研人员交流互访4次，培养巴基斯坦专业技术人才3名，培训巴基斯坦育种、推广和棉花种植人员200多人次。本项目利用特异优良种质，培育成功的3个创新性多功能抗性棉花品系，突破了我国抗虫棉品种不耐高温且对曲叶病敏感的育种难题。

七、中—芬农业与环境技术联合实验室

中—芬农业与环境技术联合实验室（LUKE-AEPI Joint Laboratory for Agricultural Environmental Technology）为芬兰自然资源研究中心（Natural Resources Institute Finland）农业部环境保护科研监测所于2015年在两国农业部合作框架下成立。实验室主要在规模化奶牛养殖环境控制，包括养殖环境监测与评估、综合养分管理、环保型畜舍设计与建造、环境经济政策等方面开展合作研究。

（一）功能定位

为中芬双方科研人员互访交流、团队建设、联合研究搭建良好科研平台，为两国政府推动农业生态环境保护方面决策提供技术支撑。

（二）运行管理

中芬合作双方在奶牛养殖环境污染防治与综合养分管理等研究领域加强多层次技术交流，建立国际合作科研平台；借助双方人才物优势，结合当前国际研究热点和需求，依托中—芬农业与环境技术联合实验室，联合申报国际合作项目，共同提高科研学术水平，扩大科技成果影响力；利用联合实验室平台，积极开展人员交流互访，通过研究生联合培养、合作研究、中短期学习和技术培训等方式加强学术交流，培养专业技术人才。

（三）研究条件

现有农业部大理农业环境科学观测试验站及天津规模化养殖场环境污染控制技术工程中心联合支撑联合实验室日常运行，配备了电感耦合等离子体质谱（ICP-MS）、气/质/质联用仪、液/质/质联用仪、气/质联用仪、气相色谱、液相色谱、原子吸收分光光度计、流动注射分析仪、扫描电镜、荧光定量PCR大中型仪器50余台（套）。

（四）合作成果

引进芬兰奶牛养殖污染防控技术，建设大理试验站环保型家庭牧场；2016—2017年派4人赴LUKE中短期培训学习；签署"中芬农业环境科技合作协议"1份。承担国家外国专家局科研项目3项，经费44.2万元；承担2016—2017年农业国际交流与合作项目2项，经费140万元。

八、CAAS-CIMMYT应用基因组学和分子育种联合研究中心

CAAS-CIMMYT应用基因组学和分子育种联合研究中心（CAAS-CIMMYT Joint Research Center for Genomics and Molecular Breeding）由中国农业科学院作物科学研究所和国际玉米小麦改良中心（International Maize and Wheat Improvement Center，CIMMYT）合作建设，成立于2010年，主要在玉米和小麦等作物非生物逆境（干旱、低磷、低氮等）的分子遗传和育种研究方面开展合作

研究。

（一）功能定位

开展与CIMMYT合作，共同挖掘丰富的热带种质资源，获取表型数据，监测重要试验点的GIS数据和环境、气候变化信息，联合建立数据及信息处理系统、表型鉴定平台、全基因组选择的平台和系统。

（二）运行管理

聘用CIMMYT高级科学家徐云碧博士为该联合实验室负责人，为中国农业科学院一级杰出人才岗位研究员。引进李文学博士、邹枨博士为主要研究人员，并通过所内调动，配备王山荭副研究员、郭子锋助理研究员分别为该联合实验室行政助理和科研助理，根据中国农业科学院作物科学研究所的人员管理政策管理。

（三）研究条件

作物科学研究所提供办公用房64.8m^2、实验用房293.56m^2。在北京顺义、河南新乡、海南三亚建有试验基地。

（四）合作成果

引进CIMMYT热带玉米种质2 000份；引进CIMMYT热带玉米GBS数据801份（30Gb）；引进2万份CIMMYT材料的SNP数据，每份含960K SNP标记数据，结合引进SNP数据和重测序数据，鉴定出参考基因组缺失的4 000多个SNP标记；联合进行温热带玉米之间抗病性、耐逆性和产量等性状的渐渗育种；联合培养博士研究生，相关论文获2012年全国百优博士论文；与CIMMYT、华大基因、康奈尔大学和冷泉港实验室等单位合作，建立玉米第二代单倍型图谱（HapMap Ⅱ），包含5 500万个SNP标记；发展了分子植物育种的全基因组策略，实现分子育种常规化；在国际上首次提出了环境型鉴定的概念，发表的论文入选2015 F5000中国优秀期刊顶级论文；联合开发55K SNP芯片开发，该芯片已被国内10多个实验室和种业公司用作基本的分子标记芯片应用与种质资源评价和玉米育种，相关研究工作发表在《Molecular breeding》杂志上；合作完成了高通量遗传作图及其在玉米根倒抗性QTL定位中的应用、玉米耐低磷的元分析和候选基因挖掘、玉米锈病抗性的全基因组关联分析等项目；徐云碧博士于2014年被聘为国家千人计划特聘专家。

联合实验室自2010年成立至今，已发表SCI论文39篇，获得授权实用新型专利2项，正在申请发明专利1项；培养博士后出站1人、在站1人，培养和联合培养研究生博士毕业3名、在读10名，硕士毕业18名、在读7名。据不完全统计，接待来访外宾及国际交流学生20余人；参与主办国际会议和培训班10余次，参加国内外学术会议并作学术报告30余次；连续三年成功主办了三届"玉米分子育种高端论坛"。

九、中—法禾谷类作物基因组学联合实验室

中—法禾谷类作物基因组学联合实验室（CAAS-INRA Joint Laboratory on Cereal Crop Genomics）为法国农业科学院克莱蒙费朗研究所（INRA Clermont Ferrand）和中国农业科学院作物科学研究所共同建设，成立于2005年，主要在亚欧小麦种质资源的遗传多样性比较分析，亚欧小麦种质资源抗赤霉病鉴定分析及新抗源筛选，小麦3B染色体着丝粒的遗传组成分析等方面开展合作研究。

（一）功能定位

充分发挥法国在小麦基因组学及我国在多样性分析、分子细胞遗传学领域的优势互补作用，提升两国农业领域合作的水平，带动中法在其他相关领域的合作。

（二）运行管理

双方分工管理，共同推进。

（三）研究条件

中国农业科学院作物科学研究所拥有国家农业基因资源与遗传改良重大工程、农业部重点实验室、国家作物改良中心等国际一流研究平台，各类先进仪

器设备总额达8 000多万元，是我国主要作物小米、水稻、玉米的应用基因学研究中心，在资源及作物的基因组学研究领域具有很好的学科和技术基础。

（四）合作成果

合作双方交换了100份种质资源，以联合署名的形式发表文章4篇。在收集大量基因型数据的基础上对中欧小麦品种资源进行群体结构分析并比较两种不同地理来源材料之间的遗传关系和多样性差异；应用全部材料的分子数据比较分析全基因组与3B染色体的遗传多样性差异及分布特征，明确3B染色体的多样性程度；利用3B染色体差异的ISBP、SNP等标记数据研究中欧小麦的分化关系，为中国小麦国外引种及重要性状改良提供理论依据。中方派遣2名研究人员在法国INRA-Clermont-Ferrand研究所进行一年的博士后研究。中法谷物基因组研究联合实验室在2008年举行的"庆祝中法科技合作20周年"庆祝大会上被评为十大优秀中法合作实验室之一。中法小麦合作项目被列为中法农科院首个未来合作的重点项目。

十、中—日农业技术研究发展中心

中—日农业技术研究发展中心由日本国际协力机构（JICA）和中国农业科学院农业环境与可持续发展研究所共同建设，成立于2002年，主要合作领域为环境友好型农业技术。

（一）功能定位

为解决21世纪中国和亚太地区粮食安全及农业可持续发展问题，1997年时任中国国务院总理李鹏访问日本期间，与日本政府时任首相乔本龙太郎达成在中国农业科学院建立"中日农业技术研究发展中心"，开展《中国可持续型农业技术研究发展计划》的协议。2002年6月，中心正式投入运行。该中心立足于可持续农业技术的研发与推广，正式启动了中日迄今为止最大农业科技项目

"中国可持续型农业技术研究发展计划"项目。

（二）运行管理

以中国农业科学院农业环境与可持续发展研究所为依托法人的中国—日本农业技术研究发展中心，上级行政监督部门是农业部，项目主管部门是科技部，日方窗口单位为日本国际协力机构。中日双方分工管理，共同推进中心建设。

（三）研究条件

2002年6月，中心在国家农业部、科技部、中国农业科学院、日本国际协力机构（JICA）的共同关心和领导下正式投入运行。根据项目合作协议，日本政府向中心提供总价值14.4亿日元（约合1亿元人民币）的无偿援助仪器设备，建设公共实验室，并派出常驻专家组和若干短期专家协助开展"中国可持续型农业技术研究发展计划"的实施。中方提供项目研究基础设施和全部研究费用支持，并根据研究内容优选科研能力强的研究人员具体实施各项研究计划。

（四）合作成果

项目执行期间，中方有近20个研究机构、85人次赴日本10余个单位进行农业环境相关领域培训，先后举办6次国际学术会议。日方先后有63位日方农业环境和政策领域的知名专家来华短期交流，日方项目长期专家山下市二于2014年获得了中国政府颁发的友谊奖。

十一、中国农业科学院—国际水资源管理研究所农业水管理联合实验室

中国农业科学院—国际水资源管理研究所农业水管理联合实验室（CAAS-IWMI Center of Excellence for Water Management in Agriculture，CEWMA）由国际水管理研究所（International Water Management Institute，IWMI）和中国农业科学院农业环境与可持续发展研究所共同建设，成立于2008年，主要合作领域：全球灌溉面积动态监测研究，促进区域、国家和地区尺度的资源利用与环

境保护的流域管理技术和信息的传播，水管理策略研究等。

（一）功能定位

进一步增强合作关系，为加强在农业水管理领域的合作提供一个平台，在提升可持续的农业水管理领域加强合作，以保障食物安全和生态安全。

（二）运行管理

联合研究中心的运行是以中心运行指导委员会作为联合实验室的管理机构。委员会由7名成员组成，其中中国农业科学院4名，国际水管理研究所3名。委员会由从委员中选举产生的主席和副主席领导，日常事物主要通过电子邮件交流，每年至少举行一次全体会议，其职责：批准和修订三方协定的研究项目的工作计划，批准联合实验室的年度工作计划和拟定新项目；评议所有联合实验室发起和计划的研究活动，向中国农业科学院院长、国际水管理研究所所长提交工作的建议。指导委员会在中国农业科学院农业环境与可持续发展研究所设1个秘书处。秘书处协助中心主任日常工作以及协调和执行指导委员会确定的工作计划。

（三）研究条件

联合实验室的办公用硬件设备由中国农业科学院提供，并配有专业的科学研究实验室。

（四）合作成果

联合实验室成立以来，共发表论文10余篇，召开国际会议2次。2009年，承担"洱海流域农业面源污染和水质管理研究"项目，中国农业科学院农业环境与可持续发展研究所提供20万元，IWMI提供定向捐款作为研究经费；该项目完成了应用3S技术进行作物水分生产力监测和评价合作项目的可行性报告。2009年承担"中国灌溉面积动态分布制图"项目，中国农业科学院农业环境与可持续发展研究所提供20万元，IWMI提供定向捐款作为研究经费；该项目构建了农田植被信息标准谱线库，研究开发了用于分类的决策树算法，完成了500m和30m精度的中国灌溉面积分布图（第一版）。

十二、中国农业科学院—国际干旱地区农业研究中心—国际半干旱地区热带作物研究所旱地农业联合实验室

中国农业科学院—国际干旱地区农业研究中心—国际半干旱地区热带作物研究所旱地农业联合实验室（CAAS-ICARDA-ICRISAT Joint Center of Excellence for Dryland Agriculture，CEDA）为国际干旱地区农业研究中心（International Center for Agricultural Research in the Dry Areas，ICARDA）、国际半干旱地区热带作物农业研究所（International Crops Research Institute for the Semi-Arid Tropics，ICRISAT）中国农业科学院农业环境与可持续发展研究所共同建设，成立于2008年，主要合作领域：与资源、环境、生计相关的旱地生态系统研究和生物多样性管理，区域食物安全保障、减轻和消除贫困以及环境保护的综合技术研究与开发，促进国家、区域和全球范围内资源保存、环境保护与旱地农业方面技术和信息的传播，研究旱地农业发展策略。

（一）功能定位

进一步增强合作关系，为加强在旱地农业领域的合作提供一个平台，在提升可持续的旱地农业领域加强合作，以保障粮食安全和生态安全。

（二）运行管理

联合研究中心的运行是以中心运行指导委员会作为联合实验室的管理机构。委员会由7名成员组成，其中，中国农业科学院3名，国际干旱地区农业研究中心2名，国际半干旱地区热带作物研究所2名。委员会由从委员中选举产生的主席和副主席领导，日常事物主要通过电子邮件交流，每年至少举行一次全体会议。指导委员会在中国农业科学院农业环境与可持续发展研究所设1个秘书处。秘书处协助中心主任日常工作以及协调和执行指导委员会确定的工作计划。

（三）研究条件

联合实验室的办公用硬件设备由中国农业科学院提供，并配有专业的科学研究实验室。

（四）合作成果

联合实验室成立以来，共发表SCI论文40余篇，出版著作10余部，召开重大国际学术会议5次。2010—2011年承担"中亚和中国西部对气候变化适应"国际合作项目，ICARDA提供经费资助。2012—2013年承担"亚太地区粮食安全与气候变化"项目，ICRISAT提供经费资助。2014—2016年承担"中国旱地农业补充灌溉技术研究"项目，ICARDA提供经费资助。

十三、中—澳可持续农业生态联合实验室

中—澳可持续农业生态联合实验室（Sino-Australian Joint Laboratory for Sustainable Agro-Ecosystems）为悉尼大学农业与环境学院（Faculty of Agriculture and Environment, the University of Sydney）和中国农业科学院农业环境与可持续发展研究所共同建设，成立于2013年，主要合作领域：气候变化与农业生态系统，气候变化适应与极端天气事件风险控制，土壤改良，旱地小麦水碳管理与生产力提升，病虫害与外来入侵生物防控，生态农业技术开发和管理研究。

（一）功能定位

搭建可持续农业生态研究和发展平台，重点致力于解决中澳粮食安全、消除贫困和环境保护等相关问题；打造可持续农业生产技术转化培训中心，包括个人培训、团体培训和学位培训；成为中国农业科学院、澳大利亚悉尼大学和其他相关机构人员的实践基地；组织筹办可持续农业生态领域学术会议和研讨会；积极推动中澳两国可持续农业研究领域合作。

（二）运行管理

联合指导委员会构成联合实验室的管理主体，委员会至少每两年举行一次全体会议，其职责：评议联合实验室计划开展的所有研究活动，向中国农业科学院中国农业科学院农业环境与可持续发展研究所所长和悉尼大学农环学院院长提交改进和执行建议；每年提出批准联合实验室新发起的工作计划和活动，

并修改联合实验室已开展活动的工作计划。

（三）合作成果

在中澳可持续农业生态联合实验室框架下开展了密切的人员互访和学术交流。中国农业科学院先后派出来自中国农业科学院农业环境与可持续发展研究所、中国农业科学院作物科学研究所、中国农业科学院烟草研究所、中国农业科学院蜜蜂研究所、中国农业科学院果树研究所（兴城）的6名科研人员到悉尼大学开展为期7~12个月的合作研究。来自悉尼大学、澳大利亚联邦科工组织等澳大利亚研究机构的农业环境领域专家也多次来华进行短期学术交流，合作撰写了多篇SCI收录论文。2015年1—8月承担国家外国专家局培训项目：中澳动植物资源筛选培训，经费37.4万元，选派中国农业科学院6名科研人员赴悉尼大学进行培训。

十四、中—荷畜禽废弃物资源化中心

中—荷畜禽废弃物资源化中心（Sino-Dutch Livestock Waste Recycling Center）由荷兰瓦赫宁根大学（Wageningen University and Research Center）和中国农业科学院农业环境与可持续发展研究所共同建设，成立于2016年，主要合作领域：畜禽废弃物及沼渣沼液肥料化技术研究，畜禽废弃物能源开发新技术研发及应用，畜禽养殖臭气回收利用技术研究与应用，畜禽废弃物温室气体减排与固碳技术研究。

（一）功能定位

引进转化荷兰和欧盟畜禽废弃物处理技术、设备、管理体系，创建适合国情的资源化利用技术和解决方案，助力国内该领域技术升级。成为中荷畜禽废弃物资源化利用人才培养、国际合作与交流的开放共享平台。

（二）运行管理

成立指导委员会和学术委员会，指导和帮助中心主任管理，促进中心的有效运行。中心指导委员会由有关部门、单位和企业技术管理专家组成，负责中心的战略规划、把握研究方向，帮助经费筹集并对中心项目和成果进行评估。中心学术委员会由国内外知名专家组成，为中心的发展方向、研究选题提供咨询，对中心的报告、成果进行技术把关，向指导委员会提议新项目，对已有项目提出建议。

（三）研究条件

依托单位中国农业科学院农业环境与可持续发展研究所拥有农业环境技术研究相关的仪器设备和试验基地，并与国内多家大型养殖场建立了长期友好的合作关系，为农业新技术研究开发及其示范应用奠定了良好的基础。

十五、CAAS-ICRAF农用林业与可持续畜牧业联合实验室

CAAS-ICRAF农用林业与可持续畜牧业联合实验室（CAAS-ICRAF Joint Lab on Agroforestry and Sustainable Animal Husbandry，ASAH）由世界农用林业中心（World Agroforestry Centre）和中国农业科学院北京畜牧兽医研究所共同建设，成立于2014年，主要合作领域包括木本饲料和油料作物资源评价和循环利用，环境微生物生态多样性和养分循环，畜牧业低碳减排和可持续发展，健康养殖与优质产品开发，退化草地的农用林业修复途径等。

（一）功能定位

实验室设于中国农业科学院北京畜牧兽医研究所内，旨在推动农用林业资源整合利用和畜牧业可持续发展，提高双方在相关领域国际影响力。

（二）运行管理

联合实验室由中国农业科学院北京畜牧兽医研究所和世界农用林业中心中国办公室共同管理，联合实验室每年举行一次研讨会，日常事务由两位分别来自中国农业科学院和世界农用林业中心的主任和秘书负责总体联络。实验室建立学术指导委员会和国际顾问委员会，为实验室的发展方向、研究选题提供咨

询建议。

（三）研究条件

联合实验室依托于中国农业科学院北京畜牧兽医研究所家畜营养调控与创新团队反刍动物研究室，配有气相色谱仪、液相色谱仪、人工瘤胃、乳成分分析仪、凯氏定氮仪、脂肪分析仪等仪器。

（四）合作成果

实验室累计发表论文40余篇，其中SCI论文12篇，ISTP15余篇。近五年来，团队在奶牛高效健康饲养领域共承担973计划、国家自然科学基金、948计划、国际科技合作项目、国家科技支撑计划项目、农业科技成果转化资金项目、公益性行业科技专项等国家及省部级项目30余项。在奶牛高效饲养领域，先后连续承担了国家"十五""十一五"和"十二五"奶业科技支撑计划课题6项，经费共计2 391万元。在生鲜乳质量提升领域，先后承担了973计划项目、国家自然科学基金项目、948计划项目、国际科技合作项目4项，经费共计3 317万元。2016年1月至2018年12月承担中国农业科学院创新工程及基本科研业务费项目2项，经费共计70万元。自2014年6月至2016年5月，召开学术会议3次。

十六、中国农业科学院—国际家畜研究所畜禽牧草遗传资源联合实验室

中国农业科学院—国际家畜研究所畜禽牧草遗传资源联合实验室（CAAS-ILRI Joint Laboratory on Livestock and Forage Genetic Resources）由国际家畜研究所和中国农业科学院北京畜牧兽医研究所共同建设，成立于2004年，重点合作领域包括畜禽资源与遗传育种及牧草资源与育种。

（一）功能定位

本实验室是中国农业科学院和国际家畜研究所建立的国际联合实验室，主要开展中国和东亚及东南亚地区畜禽和牧草遗传资源领域的合作研究，举办

畜禽和牧草遗传资源领域的国内或国际培训班、研讨会以及学术大会；为国际家畜研究所在亚洲开展的有关生物技术综合领域的项目提供研究设备和技术支持。

（二）运行管理

联合实验室位于中国农业科学院北京畜牧兽医研究所，北京畜牧医医研究所代表中国农业科学院负责联合实验室的日常管理。成立由两名中国农业科学院专家、两名国际家畜研究所专家及一名由双方联合任命的国际科学家组成的科学指导委员会，每年召开一次会议，负责检查评估联合实验室规划的科研活动进展情况；批准或修订联合实验室科研工作计划，向CAAS主管部门和ILRI总部提出建议。实施联合项目时，双方签署项目合同书，规定各方的投入（包括人员、经费、材料及设备）以及联合研究成果的所有权和使用权。

（三）研究条件

拥有达到国际先进水平的研究设施和平台，包括二代DNA测序仪、定量PCR仪等仪器，完全满足开展动物、植物基因组学研究的基本要求。

（四）合作成果

2014—2016年，实验室署名发表原创性研究论文15篇，其中影响因子在10以上的高水平研究论文2篇，参编专著2部。2014—2015年承担中德农业科技合作项目1项，经费30万元。

十七、中国—挪威鱼类消化道微生物联合实验室

中国—挪威鱼类消化道微生物联合实验室（Sino-Norway Joint Lab on fish Gut Microbiota）由挪威科技大学（Norwegian University of Science and Technology，NTNU）和中国农业科学院饲料研究所共同建设，成立于2015年，主要合作领域为鱼类消化道微生物研究。

（一）功能定位

通过国际联合实验室的建设与共享，寻求国外优势力量，广泛开展国际交流与合作，通过引进聚集高端人才及组建国际化科研创新团队、谋划申请国际合作项目、引进优质资源和关键技术、承担国际会议，促进国内科研人员与国际同行交流，加强国际前沿水产动物消化道微生物基础与应用基础的合作研究。

（二）运行管理

中国农业科学院饲料研究所作为联合实验室建设的责任主体，为联合实验室建设提供切实有力的支持措施，确保运行资金、实验室用房、仪器设备等运行保障资源投入到位。在充分利用和盘活现有资源与条件的同时，积极拓展社会的投入渠道，形成多元化支持，优化投入结构、提高投入效益，增强联合实验室自我发展的能力。

（三）研究条件

该联合实验室依托饲料研究所农业部饲料生物技术重点实验室、生物饲料开发国家工程研究中心、国家饲料工程技术研究中心、国家转基因生物饲用安全评价与检测中心、国家水产饲料安全评价基地、饲料安全评价基准实验室、饲料工艺标准参考实验室、国家饲料中药物参考实验室、国家饲料加工技术研发分中心和中关村开放实验室等重要科技创新平台，成功建立了鱼类消化道微生物研究平台、新型饲用酶制剂开发平台、生物信息学分析平台等，为本联合实验室顺利开展合作提供技术支撑。

（四）合作成果

双方合作发表SCI论文5篇；于2016年12月在北京平谷成功举办"第二届消化道微生物与鱼虾互作国际研讨会"，挪威特罗瑟姆大学Einar Ringø教授应邀参加了此次会议。

十八、中国—欧盟饲料霉菌毒素脱毒技术联合实验

中国—欧盟饲料霉菌毒素脱毒技术联合实验室（Sino-Euro Joint Lab on Feed Mycotoxin Decetetion Techology）为奥地利自然资源与生命科学大学（University of Natural Resources and Life Science）与中国农业科学院饲料研究所合作建设，成立于2016年，重点合作领域有饲料霉菌毒素生物脱毒技术，饲料霉菌毒素吸附剂产品有效性评价方法的建立。

（一）功能定位

支撑形成一流学科，引领新兴、交叉发展方向，学科实力达到国际一流水平；承担国际前沿或重大需求科研任务，持续产出国际学术界公认具有重大科学价值的原始创新成果，学术影响力进入国际一流；汇聚国际一流创新人才，培养具有国际视野杰出创新能力的科学家，领军人才水平达到世界一流；充分利用国际化人才培养手段，进一步提升人才培养能力，人才培养质量达到国际一流；执行国际化运行机制、人才评聘、学术评价和支撑服务，实验室管理水平达到国际一流。

（二）运行管理

实验室实行学术委员会指导下的主任负责制。实验室主任全面负责和领导实验室的整体发展和运作，协调各部门的统一发展，负责实验室的科学研究、发展建设、学术活动及运行管理等工作。实验室主任定期召开主任办公会，讨论与研究联合实验室运行管理中的重大事宜。学术委员会是实验室的最高学术指导机构，由相关学科领域的著名专家组成，其职责是对联合实验室的发展提供战略、研究方向、建设规划咨询意见。实验室在运行管理与开放合作机制方面积极探索，通过边建设、边研究和边开放的方式，凝聚一批高水平的专家与学者，取得若干重要的成果，培养一批高素质的博士和硕士研究生。

（三）研究条件

中国农业科学院饲料研究所是专门从事动物营养与饲料科学研究的国家

级研究所，拥有生物饲料开发国家工程中心，国家饲料工程技术研究中心，农业部饲料生物技术重点实验室，中关村开放实验室等诸多国家级研发平台。此外，实验室还拥有占地200多亩中试试验基地，包括国家饲料工程中心中试基地、农业部转基因动物试验基地、生物酶发酵中试车间等。

（四）合作成果

2016年6月9日，实验室专家应邀到加拿大温尼伯参加第九届世界霉菌毒素大会，代表中国做主题报告。2016年12月至2019年11月承担中国—欧盟饲料霉菌毒素生物脱毒关键技术合作研究项目，经费417.14万元；2016年3月至2020年2月承担"欧盟地平线2020项目"。

十九、中国农业科学院—日本国际农林水产业研究中心农业发展研究联合实验室

中国农业科学院—日本国际农林水产业研究中心农业发展研究联合实验室（CAAS-JIRCAS Joint Laboratory on Agricultural Development Research）由日本国际农林水产业研究中心（Japan International Research Center for Agricultural Sciences，JIRCAS）和中国农业科学院农业资源与农业区划研究所共同建设，成立于2016年，主要合作领域包括粮食安全、农村发展与环境、可持续农业发展及农业经济政策。

（一）功能定位

以联合实验室可用预算、办公室、实验室和人员队伍为依托，开展以下方面的合作：交换研究人员和学生、联合培养学生、申请技术合作课题研究、交换信息与知识、共同举办学术会议、分享学术资料和出版物、双方同意的其他学术交流。

（二）运行管理

联合实验室挂靠在中国农业科学院农业资源与农业区划研究所（以下简称

"中国农业科学院农业资源与农业区划研究所"），并委托中国农业科学院农业资源与农业区划研究所负责其日常及经费管理。联合实验室设管理委员会和学术委员会，具体工作由双方组成的联合实验室人员执行。

二十、中国农业科学院—国际半干旱研究所花生黄曲霉毒素防控国际联合实验室

中国农业科学院—国际半干旱研究所花生黄曲霉毒素防控国际联合实验室（CAAS-ICRISAT Joint Laboratory for Groundnut Aflatoxin Management）（院级）由国际半干旱研究所（International Crops Research Institute for the Semi-Arid Tropics，ICRISAT）和中国农业科学院油料作物研究所共同建设，成立于2013年，主要合作领域包括花生黄曲霉抗性的遗传改良及分子机制研究，花生黄曲霉污染综合控制技术研究，花生黄曲霉毒素快速检测技术研究。

（一）功能定位

充分利用中外双方在花生品种资源、抗病品种、防控技术、检测技术等方面的优势，通过联合申报项目、互派访问学者等方式实现双方在花生黄曲霉抗黄曲霉遗传改良、综合防控技术、毒素污染监控等领域的优势互补与合作研究，以降低花生中的黄曲霉毒素污染水平、提升花生食品卫生安全性。

（二）运行管理

联合实验室设中方和外方首席科学家各1名，实行首席科学家负责制。

（三）研究条件

联合实验室启动后，新购置液相色谱1台，用于黄曲霉毒素的精准测定；新建500m^{2}遮雨棚1座，用于抗黄曲霉花生材料的鉴定；新建动物房60m^2，用于黄曲霉毒素的免疫学研究。

（四）合作成果

2016年中方从ICRISAT引进花生种质资源28份，其中抗黄曲霉种质4份；联合实验室成立3年来，总计发表论文12篇，其中SCI论文10篇；中方单位中国农业科学院油料作物研究所主持的"农产品黄曲霉毒素靶向抗体创制与高灵敏检测技术"于2015年获国家发明二等奖；中方单位中国农业科学院油料作物研究所主持的"花生抗黄曲霉优质高产品种的培育与应用"于2015年获湖北省科技进步一等奖；2013年6月中国农业科学院油料作物研究所联合ICRISAT在湖北武汉联合召开"国际花生病害防控培训研讨会"。2014—2018年承担国家自然科学基金面上项目2项，经费161万元；2015—2019年承担国家自然科学基金国际合作与交流NSFC-CGIAR项目1项，经费243万元；2017—2019年承担国家自然科学基金面上青年项目1项，经费20万元；承担美国玛氏公司资助ICRISAT项目1项，经费326万元。

二十一、中国—意大利果树科学联合实验室

中国—意大利果树科学联合实验室（Sino-Italian Joint Laboratory of Pomology）由意大利巴里大学（Bari University of Italy，UNIBA）和中国农业科学院果树研究所共同建设，成立于2012年，主要合作领域包括果业优质高效、可持续发展研究和相关技术的产业化研发。

（一）功能定位

旨在为中意双方果树科研机构提供长效、稳定的合作平台，有效利用和发挥双方的各自科技优势，促进双方在良好合作的基础上进一步通过联合项目和人才培养等形式开展更加广泛、紧密和实质性的科学研究和交流，促进相关技术成果的转化应用和产业化，提升双方在果树科技领域的国际地位和影响，为两国果业的效益提升和可持续发展做出贡献。

（二）合作成果

自成立以来，中意双方专家互访16人次，2014年举办中意果树科学高端专

家研讨会1次；通过人员交流和培训，引进意大利葡萄和桃无病毒优良种质资源36份，引进葡萄无土栽培、葡萄简易设施栽培技术、苹果优质苗木生产技术，取得良好社会收益；相关领域发表论文12篇。

2012年承担意大利农业发展管理和果树植保专家引进项目，经费5万元，引进葡萄无病毒优良株系资源6份，制定了我国无病毒葡萄生产技术规程行业标准1项，发表有关葡萄新病毒发现与鉴定、病原菌致病基因等SCI论文5篇。2013年承担国外葡萄优新品种示范基地建设及推广项目，经费10万元，在中国农业科学院果树研究所建成引智示范基地1处，占地面积30亩，在辽宁省兴城市望海乡建成新品种繁育苗圃1处，占地面积60亩，年繁育夏黑、意大利、克瑞森无核和金手指等新品种优质苗木30万株，2013年年底已将上述新品种示范推广到新疆、辽宁和山东等地，建立新品种示范基地2 000亩；制定夏黑、意大利、克瑞森无核和金手指等新品种的配套栽培技术规程1套，在辽宁、山东和新疆等地开展技术培训16次，培训人员993人次。2016—2018年承担中国农业科学院基本科研业务费专项"中意果树国际合作平台建设研究"项目，经费40万元。2012—2016年承担意大利Puglia地区项目1项，经费10万欧元，收集鉴定葡萄、石榴等地方品种资源56份，鉴定和建立了资源生物多样图谱等。

二十二、中—荷蔬菜遗传育种联合实验室

中—荷蔬菜遗传育种联合实验室（Dutch-Sino Joint Laboratory of Vegetable Genetics & Breeding）由瓦赫宁根大学植物育种系（Wageningen UR Plant Breeding）和中国农业科学院蔬菜花卉研究所共同建设，成立于2014年，主要合作领域包括蔬菜作物全基因组测序与遗传变异、高通量、实用型分子标记的开发和利用等研究。

（一）功能定位

深化联合实验室的建设与实施，在科学研究、产业推广，科研人员及研究生培养方面展开广泛而深入的合作，将为我国蔬菜种业发展、提高蔬菜育种创

（二）运行管理

联合实验室由5位中国农业科学院蔬菜花卉研究所和荷兰瓦赫宁根大学植物育种系的专家组成执行委员会，委员会每年至少开会1次，进行学术交流和科研进展总结。通过举办分子育种技术培训班、双方科研人员的人员互访、硕博士研究生联合培养等方式，进一步推动蔬菜作物的分子育种技术合作，从而创新一批优良的种质，整体提升我国的蔬菜育种水平。

（三）研究条件

中国农业科学院蔬菜花卉研究所是我国唯一的国家级蔬菜与花卉的研究机构，拥有大量先进的分子生物学、生理学、蔬菜营养分析、植物病虫害研究仪器与设备，包括测序仪、LC-MS、GC-MS、激光共聚焦显微镜等大型仪器与设备，而且还有非常完善与配套的各种小型设备；同时拥有大量温室和露地及相应的田间配套设施。

（四）合作成果

共同培养博士研究生20余名，在世界顶级学术期刊《Nature》《Science》和《Nature Genetics》等联合发表论文100余篇。荷方雅可布森教授获2005年"中华人民共和国国际科学技术合作奖"，双方在研合作项目7项，现特聘荷方名誉教授3名（每年在中方工作1个月）。2015—2016年承担农业部国际合作与交流项目1项，经费30万元；2015—2017年承担国家留学基金委项目1项，经费132万元。

二十三、中—俄蔬菜种质资源挖掘利用联合实验室

中—俄蔬菜种质资源挖掘利用联合实验室（Research Scope IVF-VIR Joint Laboratory on Vegetable Genetic Resouorces）由全俄瓦维诺夫植物栽培研究所（The N.I.Vacilov All-Russian Research Institute of Plant Industry）和中国农业科

学院蔬菜花卉研究所共同建设，成立于2014年，主要合作领域包括优质蔬菜种质资源收集与利用、蔬菜资源"多组学联合鉴定技术"等创新技术和方法研究。

（一）功能定位

该实验室将整体提升中国农业科学院蔬菜花卉研究所在资源保存与利用方面的水平，实现园艺作物种质资源的深度挖掘。

（二）运行管理

实验室位于蔬菜花卉研究所，中国农业科学院蔬菜花卉研究所负责实验室的管理。中国农业科学院蔬菜花卉研究所拥有实验室仪器设备，负责维护实验室的设施，购买和维护所有必要的保险，并升级相关的基础设施和研究设施，负责实验室的全面运行。实验室正常操作所需人员由俄方总干事批准的中国农业科学院蔬菜花卉研究所工作人员。俄方总干事提名俄方工作人员的代表担任合作项目的研究协调员，负责联合实验室研究项目的实施。

（三）研究条件

全俄瓦维洛夫植物栽培研究所已保存来自世界各地的蔬菜及瓜类种质资源5万余份，是世界上基因资源保存最多的国家之一，遗传多样性十分丰富，拥有我国缺乏但对未来蔬菜业起重要作用的基因资源。俄方对蔬菜花卉研究所院蔬菜领域基因组学的研究成果给予高度肯定。建议在"中俄蔬菜遗传资源联合实验室"平台基础上，利用中俄双方在资源和技术方面的优势互补性，申报国际合作项目，进一步加强蔬菜遗传资源的研究范围和深度，共同开展蔬菜遗传资源的生态评价鉴定、分子鉴定和功能基因资源的挖掘。

（四）合作成果

中方从全俄瓦维诺夫植物栽培研究所引进蔬菜遗传资源223份，其中白菜类资源材料22份、黄瓜119份、萝卜30份、十字花科独行菜属种质（Lepidium）52份。中方提供给俄方67份蔬菜花卉研究所通过小孢子培育获得的白菜类作物的DH系。2011—2015年承担科技部国际科技合作计划项目"中俄主要蔬菜基因资源遗传多样性比较研究"，经费280万元。

二十四、中国—捷克菌根多样性、功能和可持续利用联合实验室

中国—捷克菌根多样性、功能和可持续利用联合实验室（Sino-Czech Joint Lab on Diversity, Function and Sustainable Application of Arbuscular Mycorrhiza, AM）由捷克科学院植物研究所（Institute of Botany of the Academy of Sciences of the Czech Republic）和中国农业科学院蔬菜花卉研究所共同建设，成立于2013年，主要合作领域包括：土壤菌根真菌遗传资源分离、菌根增强、番茄、甜椒、黄瓜和茄子等设施蔬菜对病害、逆境抗性以及菌根苗应用技术。

（一）功能定位

研究菌根多样性、分析菌根菌剂对园艺植物的功能作用以及开展园艺作物菌根菌剂的可持续利用研究，通过共享菌根菌种、分子标记和菌根菌剂资源并利用这些资源申请合作项目，完成以下4个战略目标：共享科技资源，合作开展实验研究，交流培训学生和研究人员，合作发表论文宣传科研进展。

（二）运行管理

联合实验室由5位中国农业科学院蔬菜花卉研究所和捷克植物所的专家组成执行委员会，委员会每两年至少开会1次，委员会负责评价联合实验室的科研活动计划并向中国农业科学院蔬菜花卉研究所所长和捷克植物所所长提交科研总结。每年批准科研计划和联合实验室的科研任务。

联合实验室的主任由中国农业科学院蔬菜花卉研究所所长和执行委员会任命，由主任全面负责联合实验室的日常科研工作，并负责向执行委员会汇报年度计划执行情况和准备新的交执行委员会批准的年度工作计划。执行委员会将在中国农业科学院蔬菜花卉研究所科研处安排一位秘书，负责联合实验室的日常管理。

（三）研究条件

联合实验室拥有先进的科研设施、实验平台，包括低温冷冻离心机、制冰机、超纯水系统、凝胶成像系统、Real time-PCR仪、激光共聚焦显微镜、

Olympus显微镜、紫外分光光度计、等离子发射光谱仪、近红外光谱仪等仪器设备，可用于检测菌根及其基因表达等，建立了植物生理学、分子生物学等相应的先进实验技术体系，拥有可控温度、光照强度和湿度的人工气候室6间52m²，为实验提供了良好的场地。

（四）合作成果

发表相关论文10篇；抗逆辣椒砧木雄性不育系创制及新品种选育与应用获2016年山东省科技进步奖二等奖；2012—2016年承担国家科技部中国捷克政府间科技合作项目2项，经费20万元；2015年承担国家外专局项目1项，经费5万元。

二十五、中国农业科学院—韩国农村振兴厅作物科学联合实验室

中国农业科学院—韩国农村振兴厅作物科学联合实验室（CAAS-RDA Joint Laboratory of Crop Science）由韩国农村振兴厅国立食粮科学院［National Institute of Crop Science（NICS）of the Rural Development Administration（RDA）of the Republic of Korea］和中国农业科学院作物科学研究所合作建设，成立于2015年，主要合作领域为大豆抗逆性鉴定评价及利用。

（一）功能定位

中国农业科学院作物科学研究所主要研究内容：建立田间条件下抗逆鉴定评价方法，并对种质资源进行鉴定评价；对韩国提供的RIL群体进行田间抗逆鉴定评价，双方合作开展相关基因的表达分析。韩国农村振兴厅国立食粮研究院研究内容：构建遗传作图RIL群体，构建分子遗传连锁图，遗传群体将提供中方进行抗逆性表型鉴定评价。根据实施情况讨论耐逆种质互换事宜。双方可利用QTL定位信息和优异种质进行耐逆新种质创新。

（二）运行管理

联合实验室由中韩双方共同管理。韩方管理人员由韩国农村振兴厅国立食

粮科学院Oh Kiwon博士负责，中国管理人员由中国农业科学院作物科学研究所邱丽娟博士负责。双方签署合作研究备忘录，建立协商机制。重大事情将由双方按备忘录规定进行协商解决。项目执行过程中研究内容的变更、经费的调整等，须经双方协商决定。

（三）研究条件

中韩联合实验室依托单位中国农业科学院作物科学研究所国家农作物基因资源与改良重大实验科学工程、农业部作物种质资源与生物技术重点实验室和国家大豆改良北京分中心的条件设施，为本项目的顺利完成奠定良好的基础。依托单位与国内相关单位建立了良好的合作研究网络，保证了相关试验的顺利进行。

（四）合作成果

项目于2016年开始正式执行，在抗逆性鉴定方面取得了阶段性进展。2015年12月11日至2018年12月10日承担"应对气候变化改良大豆品种的耐非生物胁迫性"项目，经费10万美元，筛选出1级抗旱种质1份和1级耐涝种质1份。韩方一名科学家在中方实验室工作6个月，学习大豆遗传转化技术，期间参加了国际作物科学大会、中日韩作物科学研讨会和中韩相关学术交流。中方派一名科学家赴韩国进行为期5天的访问和学术交流。

二十六、中—荷设施园艺联合研究中心（北京）

中—荷设施园艺联合研究中心（北京）（Sino-Dutch Joint Research Center for Greenhouse Horticulture）（Beijing）由瓦赫宁根大学（Wageningen University）和中国农业科学院农业环境与可持续发展研究所共同建设，成立于2016年，主要合作领域包括设施园艺等。

（一）功能定位

成立"中—荷设施园艺联合研究中心"旨在深入有效地开发、协调和实施设施园艺领域的合作研究，发挥各自优势，共同推进设施园艺产业发展。该中心具体功能定位：联合申请国际国内各类相关项目；组织实施各类设施园艺相关培训，交流探讨设施园艺领域相关信息；联合培养博士研究生；组织双方科学家、技术人员及相关专家之间的交流互访；联合开发和实施符合中荷两国重大研究议题的合作计划；为中荷双方相关企业提供咨询和技术服务。

（二）运行管理

联合指导委员会将构成中—荷设施园艺联合研究中心（北京）的管理主体，设立联合主任，分别由中国农业科学院农业环境与可持续发展研究所所长张燕卿研究员和瓦大植物科学院院长Ernst van den Ende博士担任。委员会由中荷设施园艺领域5~8名知名专家和学者组成，每年举行1~2次全体会议，其职责：评议中荷设施园艺联合研究中心（北京）计划开展的所有研究活动；每年提出批准联合研究中心新发起的工作计划和活动，修改联合研究中心已开展活动的工作计划。

（三）研究条件

瓦赫宁根大学拥有国际上设施园艺学科实力最强的科研团队与研发中心，拥有相关科研人员150余人，实验温室约2 hm²，各类实验设备约300余台（套）。中国农业科学院农业环境与可持续发展研究所拥有6 000m²的实验用房，现有植物工厂实验室、设施节能工程实验室、设施植物生理生态实验室3个专业实验室；拥有试验连栋温室4 000m²，节能日光温室4 200m²。拥有仪器设备200多台（件）。

二十七、国际原子能机构（IAEA）环境放射性核素分析实验室

环境放射性核素分析实验室（Analytical Laboratoriesfor the Measurement of Environmental Radioactivity，ALMERA）由国际原子能机构（IAEA，International Atomic Energy Agency）和中国农业科学院农业环境与可持续发展研究所共同建设，成立于2005年，重点合作领域为农业土壤侵蚀。

（一）功能定位

环境放射性核素分析与国际比对，IAEA亚太地区环境放射性核素示踪技术培训基地，环境放射性核素技术服务平台。

（二）合作成果

环境放射性核素分析实验室于2005年通过国际原子能机构评审、正式批准为IAEA环境放射性核素分析实验室成员（IAEA ALMERA）。曾参加过IAEA 2006年、2009年、2010年和2012年的全球比对试验，均获得较好的测试比对结果。以实验室为平台，招收、培养国外留学博士研究生7名、国内博士（博士后）研究生7名，硕士研究生10名；接收来自孟加拉国、印度、越南、缅甸等17个国家的200多名学者来华进修。到目前为止，共承担国际原子能机构（IAEA）亚太地区技术合作、国家项目和研究合同项目共16项，举办培训班和国际会议共计15次。

二十八、中—爱奶业科学技术中心

中—爱奶业科学技术中心（China-Ireland Dairy Science and Technology Center，CIDC）由爱尔兰都柏林大学（University College Dublin）、爱科兰公司（Keenan）和中国农业科学院北京畜牧兽医研究所合作建设，成立于2014年，主要合作领域包括动物营养、动物生物技术、粗饲料资源开发利用、物联网信息化服务等。

（一）功能定位

中—爱奶业科学技术中心旨在开展中爱两国奶业科技合作，围绕提高饲料转化率、提高牛奶质量和改善奶牛健康三方面开展合作研究、技术推广与人员教育培训交流。

（二）运行管理

中—爱奶业科学技术中心实行中心技术委员会指导下的主任负责制，中心技术委员会是由国内外奶业领域著名专家组成，负责中心的发展方向、研究课题及相关方案的制订。

（三）研究条件

中—爱奶业科学技术中心依托于中国农业科学院北京畜牧兽医研究所反刍动物研究室，配有气相色谱仪、液相色谱仪、人工瘤胃、乳成分分析仪、凯氏定氮仪、脂肪分析仪等仪器支撑中心研发任务。

（四）合作成果

中—爱奶业科学技术中心在黑龙江齐齐哈尔核心示范场推广奶牛提质增效集成技术，奶牛平均单产由2015年8.67t提升为9.5t，提升9.57%；饲料成本下降5.1%，兽药费用下降18.6%；生鲜乳中乳脂肪平均为4.0%、乳蛋白平均为3.20%，体细胞数低于30万/ml，细菌总数低于5万CFU/ml；中心建立了以提高饲料转化率和生鲜乳质量为核心的奶牛营养技术升级方案，在10个技术示范基地推广。2015年1—12月，中爱奶牛提质增效云应用数据中心初步构建，经费20万元；举办2016年国际奶牛新技术大会；初步集成奶牛生产提质增效技术1套。

二十九、中—俄牧草遗传资源联合实验室

中—俄牧草遗传资源联合实验室（IAS-VIR Joint Laboratory on Forage Genetic Resources）由瓦维洛夫植物遗传资源研究所（N.V. Vavilov Institute of Plant Genetic Resources，VIR）和中国农业科学院北京畜牧兽医研究所共同建设，成立于2013年，主要合作领域包括牧草种质资源联合更新繁殖和评价鉴定、牧草种质资源联合评价鉴定和创新利用。

（一）运行管理

俄方提供牧草种质资源和相应的技术与人员协助，中方提供相关的资金、物质支持，联合在中国进行牧草种质资源更新繁殖和评价鉴定。

（二）研究条件

北京畜牧兽医研究所建有牧草资源分子遗传研究实验室一个，拥有相关研究需要的基本设备条件；山西省农业科学院畜牧兽医研究所建有100余亩的牧草种质资源联合更新繁殖和评价鉴定基地；河北省农林科学院旱地农业研究所建有20余亩的牧草种质资源联合评价鉴定基地。

（三）合作成果

中心成立以来，俄方来华合作交流28次、180周人次，中方赴俄合作交流40周人次；中方系统引进牧草种质资源7科39属200余种14 000余份材料，其中60余个种国内未见分布报道，填补了我国相关牧草种质资源的空白；双方联合更新繁殖13 000余份，入国家作物种质资源库4 000余份，入农业部牧草种质资源库7 000余份，特别是苜蓿、山羊豆等属牧草种质资源入库量占国家草种质资源库库存量的30%~100%；双方联合完成10 000余份材料的田间评价鉴定，2 000余份材料的抗性、品质评价鉴定，筛选出优异种质材料400余份；中心从紫花苜蓿、东方山羊豆等牧草资源中挖掘与抗逆、品质、产量等性状相关基因资源20余个，并进行了机理功能研究；中心为全国40余个单位提供4 000余份材料的种质资源共享利用服务；2015年中心获得北京市科技进步奖1项；中心选育并通过审定登记牧草新品种3个，发表论文60余篇（SCI收录20余篇），制定农业行业标准《牧草种质资源田间评价技术规程》，形成一套豆科牧草种质资源评价鉴定和描述规范，获得发明专利4项。

三十、中国农业科学院农业资源与农业区划研究所—荷兰瓦赫宁根大学蘑菇育种联合实验室

中国农业科学院农业资源与农业区划研究所—荷兰瓦赫宁根大学蘑菇育种联合实验室（Joint Laboratory for Mushroom Research between IARRP, CAAS and Plant Breeding, WUR）由荷兰瓦赫宁根大学和中国农业科学院农业资源与农业区划研究所共同建设，成立于2014年。重点合作领域为双孢蘑菇和平菇等

食用菌育种。

（一）研究条件

中国农业科学院农业资源与农业区划研究所设有中国农业微生物菌种保藏管理中心、国家食用菌标准菌株库两个食用菌资源种质库，拥有农业部农业微生物资源收集与保藏重点实验室、农业部微生物肥料和食用菌菌种质量监督检验测试中心、农业部微生物产品风险评估中心（北京）、国家食用菌改良中心。具备食用菌遗传育种、菌种繁育、栽培、质量检测等全套的设备设施，包括隔氮式液氮冻存系统、无菌操作系统、多功能系统显微镜、高速冷冻离心机、荧光定量PCR仪、冷冻干燥机、紫外分光光度计、低温培养箱、人工气候箱、菇房环境自控系统、蛋白质自动测定仪、高效液相色谱仪、气相色谱仪、原子荧光光度计等仪器。

（二）合作成果

中方派出访问学者1人，博士生1人赴瓦赫宁根大学开展合作研究，荷方来华开展学术交流7人次。双方总计交换种质资源3份，发表文章2篇。2016年09月至2017年12月，合作承担了"双孢蘑菇和褐色无孢平菇品种选育"项目。

三十一、中国—国际水稻研究所稻米品质与营养联合研究中心

中国—国际水稻研究所稻米品质与营养联合研究中心（China-IRRI Joint Research Center on Rice Quality and Nutrition）由国际水稻研究所（International Rice Research Institute，IRRI）和中国水稻研究所共同建设，成立于2005年。主要合作领域包括：引进IRRI成功研究经验并利用IRRI已有的设备与研究经验，建设加强对稻米品质与营养研究的协作平台，开展稻米淀粉精细结构、香稻资源的遗传多样性与香味新基因发掘、高铁与高氨基丁酸的功能稻米、优质杂交稻研发等研究。

（一）功能定位

支持优质、富含营养水稻的研究与开发，开展中国、IRRI及其他发展中国家科学家的培训，组织与水稻品质和营养有关的重要会议和研讨会。

（二）运行管理

联合中心由5~7人组成执行委员会，包括中国水稻研究所、中国农业科学院、国家水稻研究所和其他相关人员，由中国水稻研究所和国际水稻研究所选出主席和副主席。委员会原则上每年举行一次会议，并负责以下工作：检查中心研究计划执行情况，为中国水稻研究所和国际水稻研究所所长提供改进和实施的建议，批准和/或修改联合中心每年的研究工作计划和新的研究项目。由中国水稻研究所指定并由中心执行委员会批准任命中心主任，负责中心的日常管理，并向执行委员会报告年度工作计划的制定和实施。中国水稻研究所科研与国际合作处指派秘书1名，负责联合研究中心的行政事务。

（三）研究条件

中心拥有500m^2实验室和温室、网室、人工气候箱等基础设施，配备原子吸收光谱仪、荧光光度计、近红外分析仪、高效液相色谱仪、气相色谱—质谱联用仪（GC-MS）、紫外分光仪、RVA淀粉黏度仪、毛细管电泳仪（Capillary Electrophoresis）、凝胶渗透色谱仪（Gel permeation chromatography）、差示扫描量热仪（DSC）、氨基酸分析仪、质构仪、食味分析仪、电子鼻检测系统等用于开展稻米品质研究的先进仪器设备，以及荧光定量PCR等开展基因定位的相关仪器设备。

（四）合作成果

获得国家科技进步奖二等奖2项，浙江省科技进步奖一等奖1项，省部二等奖2项；发表SCI论文20余篇；培养了2个创新团队，还培养了博士后、博士和硕士30余名；获得植物新品种权8项，发明专利9项。2011—2016年，承担国家自然科学基金国际/地区合作重大项目1项，经费210万元，收集了国内外700余份香稻资源；2013年1—12月，承担948项目1项，经费60万元，从国际水稻研究所新引进约89份香稻资源，引进利用GC-MS仪器高效香味鉴定技术一套；2015—2018年，承担国家自然科学基金面试项目1项，经费91万元；2006—2008年承担科技部国际合作重点项目1项，经费87万元，从国际水稻研究所引进香稻资源131份、高抗性淀粉材料及其野生亲本共4份，不同淀粉品质资源17份，育成品质达国标3级的香型优质早籼组合中2优308通过省级审定，并进行成果转让，"香稻骨干亲本筛选鉴定与高档优质香稻研发"2008年获中国农业科学院科技进步一等奖，农业部神农科技进步二等奖，申报获品种保护2项，举办国际稻米品质研讨培训班1次。

三十二、中国农业科学院—堪萨斯州立大学油料绿色加工与高值化利用国际联合实验室

中国农业科学院—堪萨斯州立大学油料绿色加工与高值化利用国际联合实验室（CAAS-KSU Joint Lab for Green Processing and High Value Utilization of Oilseeds）由堪萨斯州立大学（Kansas State University）和中国农业科学院油料作物研究所共同建设，成立于2015年。实验室主要合作领域为油料绿色加工与高值化利用，包括油料脂质绿色高效制备技术与装备、高效高通量脂质组方法学、脂质活性功能成分的分子修饰与营养组学、油料生物转化技术与高附加值功能产品开发。

（一）功能定位

搭建油料绿色加工与高值化利用研究和开发平台，重点致力于解决中美油料产业可持续发展、消除贫困和环境保护等相关问题，打造油料绿色加工与高值化利用培训中心、中国农业科学院、美国堪萨斯州立大学和其他相关机构人员的实践基地，组织筹办油料绿色加工与高值化利用领域学术会议和研讨会，积极推动中美两国油料绿色加工与高值化利用领域的合作。

（二）运行管理

成立实验室联合指导委员会，至少每两年举行一次全体会议，其职责：

评议国际联合实验室计划开展的工作，向中国农业科学院油料作物研究所所长和堪萨斯州立大学生物与农业工程系主任提交改进和执行建议；每年提出批准联合实验室新发起的工作计划和活动，并修改联合实验室已开展活动的工作计划。

（三）研究条件

中美双方均具有先进的研究平台。油料作物研究所拥有粮油加工创新团队和油料品质化学与营养创新团队等专业研究力量，并建有"国家油菜工程技术研究中心""科技部油菜加工产业技术创新战略联盟""农业部油料加工中试车间"和"油料脂质化学与营养湖北省重点实验室"等技术平台。堪萨斯州立大学在农产品绿色加工、高值化综合利用、食品安全等方面研究得到了美国联邦和州政府的大力支持。该校建有堪萨斯脂质组研究中心（Kansas Lipidomics Research Center）和生物转化与高值化项目（Bioprocessing and Industrial Value Added Program）等平台，在生物脂质组学、生物基材料制备、生物转化、生物炼制等领域具有较强的研究实力，居世界领先水平。

（四）合作成果

2016年5月26日，在中国农业科学院油料作物研究所召开脂质科学与健康国际研讨会，签订了国际创新联盟协议，并签署了"脂质科学与健康国际合作联盟"多边合作备忘录。2015年1—12月承担湖北省科技支撑计划（对外科技合作类）项目1项，经费20万元，发表论文10篇（其中SCI收录论文6篇），培养研究生6名。2015年1月至2016年12月承担国家外专局引进国外技术、管理人才项目1项，经费20万元，引进研发调整血脂的新一代功能脂质健康食品的关键技术。2015年1—12月承担美方K-State International Incentive Grant项目，经费3万美元，资助中国农业科学院油料作物研究所科研人员访问堪萨斯州立大学。

三十三、中国农业科学院油料作物研究所—奥克兰大学理学院脂质化学与营养联合实验室

中国农业科学院油料作物研究所—奥克兰大学理学院脂质化学与营养联合实验室（Lipid Chemistry and Nutrition joint lab between Oil Crops Research Institute，Chinese Academy of Agricultural Sciences and Faculty of Science，University of Auckland）由奥克兰大学理学院（Faculty of Science，University of Auckland）和中国农业科学院油料作物研究所共同建设，成立于2013年，主要合作领域包括脂质修饰改性、功能脂质产品研发、营养评价和脂质基因组学。

（一）功能定位

将联合实验室建设成为中国—新西兰油脂科学家学术交流和人才培养的平台，在脂质化学与营养领域的基础研究、应用研究、人才培养以及新产品、新技术研发方面开展合作研究，促进中国—新西兰科学家高层次的合作，提升实验室及合作伙伴在食品科学、油料产品加工、功能脂质领域的研究水平和研发能力。

（二）运行管理

双方通过共同申报各类国际合作项目的方式，促进学术交流，充分发挥双方优势，共同提高脂质化学与营养功能领域的研究水平，进一步提升双方的国际学术和技术影响力，为人才培养提供良好的平台。

（三）研究条件

实验室拥有从事油脂脂质成分分析的科研仪器设备200余台（套），如4000 QTRAP LC/MS/MS系统、气相色谱—质谱系统、超高效液相色谱仪、气相色谱仪、毛细管电泳仪、多功能低温测定仪、黏度测定仪等适用于油脂分析测试的仪器设备，以及X射线衍射仪、热分析仪、透射电镜、比表面积和孔径分析仪、傅立叶红外光谱仪等用于材料表征所需的仪器设备。

（四）合作成果

2014年12月，在新西兰奥克兰大学共同举办了"Update on Oils and Fats for Human Health"国际研讨会。2013年2月至2014年12月承担武汉市科技局国际合作项目1项，经费100万元。自成立以来，实验室累计发表论文11篇，其中SCI收录论文7篇；申请国家发明专利3项，其中授权发明专利2项，制定企业产品质量标准1项。

三十四、河南省果树基因组学国际联合实验室

果树基因组学国际联合实验室（International Joint Research Laboratory for Fruit Genomics）由新西兰植物与食品研究所［The New Zealand Institute for Plant and Food Research Limited（Plant & Food Research，PFR）］、加泰罗尼亚农业和食品科技研究所（Institute of Agriculture and Food Research and Technology，IRTA）和中国农业科学院郑州果树研究所共同建设，成立于2016年，主要合作领域包括果树离体保存技术研究，进行抗性、品质及砧木矮化等重要性状优异基因发掘，建立基于分子标记辅助选择（MAS）、基因组选择（GS）、CRISPR/Cas9基因编辑技术及转基因技术的现代育种技术体系。

（一）功能定位

果树基因组学国际联合实验室是经河南省科技厅认定的省级国际科技合作基地，旨在促进河南省科技对外开放与合作、有效利用和对接国际科技资源为河南省果树瓜类产业服务。

（二）运行管理

设立联合实验室主任和实验室秘书，实行专人管理。成立联合实验室学术委员会，学术委员会成员由郑州中国农业科学院果树研究所和合作单位人员组成，学术委员会对实验室下开展的合作研究进行科学论证，设立研究课题，并对研究课题实行年度考核。

（三）研究条件

实验室依托中国农业科学院郑州中国农业科学院果树研究所建设。该研究所拥有国家果树种质郑州葡萄、桃圃、国家西瓜甜瓜中期库、国家瓜果改良中心、农业部果树育种重点实验室、河南省果树瓜类生物学重点实验室、农业部果品及苗木质量监督检验测试中心（郑州）、农业部作物种质资源河南观测站等平台。研究所现存果树种质5 000余份，50万以上仪器设备23台（套），涵盖分子生物学、细胞生物学、栽培生理、果品贮藏加工各学科，为联合实验室下开展合作研究提供了良好的条件保障。

（四）合作成果

自实验室成立以来，中新科学家交流互访达60人次，中西科学家交流互访达20人次。中方聘用新方高级科学家Jia-Long Yao博士为客座研究员，协助建立苹果、梨、猕猴桃转基因平台，成效显著。中方2位青年科研人员赴新西兰进行苹果育种和红梨育种的中长期培训，4位科研骨干赴PFR进行猕猴桃优质安全生产技术培训，中方2位青年科研人员赴IRTA进行桃基因组学研究与分子育种技术培训。中方从新西兰引进红梨花粉10份，苹果、梨分子育种体系各1套，猕猴桃溃疡病综合防控体系1套，苹果、梨、猕猴桃转基因体系1套，从西班牙引进瓜类病毒病防控体系1套。利用从PFR引进的资源、技术，获得红梨杂交组合17个，建立猕猴桃标准化示范园100亩。中方和新方共合作发表论文2篇，其中SCI论文1篇；中方和西方联合发表SCI论文1篇，合作在第八届国际蔷薇科基因组大会提交了有关桃需冷量、需热量和开花时间性状的研究摘要，被大会e-book收录。

三十五、中—新果树科学联合实验室

中—新果树科学联合实验室（China-New Zealand Joint Laboratory on Fruit Science）由新西兰植物与食品研究所［The New Zealand Institute for Plant and Food Research Limited （Plant & Food Research，PFR）］和中国农业科学院郑

州果树研究所共同建设，成立于2013年，重点合作领域包括果树功能基因发掘、分子育种、果树生长发育调控、果品贮藏与加工、果品质量安全。

（一）功能定位

实验室旨在为中国、新西兰双方果树科研机构提供长效、稳定的合作平台，有效利用和发挥双方各自的科技优势，通过联合项目申报和人才培养等形式，促进合作研究和学术交流，促进相关技术成果的转化应用和产业化，提升双方在果树科技领域的国际地位和影响，为两国果业的效益提升和可持续发展做出贡献。

（二）运行管理

联合实验室不设固定研究人员，主要以联合承担科技项目来保证正常运行。双方科技和农业主管部门等通过国际项目等渠道提供连续稳定的支持。

（三）研究条件

中—新果树科学联合实验室依托中国农业科学院郑州中国农业科学院果树研究所建设。该研究所拥有国家果树种质郑州葡萄、桃圃、国家西瓜甜瓜中期库、国家瓜果改良中心、农业部果树育种重点实验室、河南省果树瓜类生物学重点实验室、农业部果品及苗木质量监督检验测试中心（郑州）、农业部作物种质资源河南观测站等平台。研究所现存果树种质5 000余份，50万以上仪器设备23台（套），具备支撑分子生物学、细胞生物学、栽培生理、果品贮藏加工各学科发展的平台基础。

三十六、中—西果树科学与技术联合实验室

中—西果树科学与技术联合实验室（China-Spain Joint Laboratory on Fruit Science and Technology）由西班牙加泰罗尼亚农业和食品科技研究所（Institute of Agriculture and Food Research and Technology，IRTA）和中国农业科学院郑州果树研究所共同建设，成立于2014年，主要合作领域包括果树和瓜类功能基因

发掘、果树和瓜类分子育种、植物保护、果品贮藏与加工、果品质量和安全、果树节水灌溉技术。

（一）功能定位

实验室旨在为中国、西班牙两国果树科研机构提供长效、稳定的合作平台，有效利用和发挥双方的各自科技优势，促进双方在原先良好合作的基础上通过联合项目和人才培养等形式开展更加广泛、紧密和实质性的科学研究和交流，促进相关技术成果的转化应用和产业化，提升双方在果树科技领域的国际地位和影响，为两国果业的效益提升和可持续发展做出贡献。

（二）运行管理

联合实验室不设固定研究人员，主要以共同承担科技项目来保证平台正常运行。

（三）研究条件

郑州中国农业科学院果树研究所建设拥有国家果树种质郑州葡萄、桃圃、国家西瓜甜瓜中期库、国家瓜果改良中心、农业部果树育种重点实验室、河南省果树瓜类生物学重点实验室、农业部果品及苗木质量监督检验测试中心（郑州）、农业部作物种质资源河南观测站等平台。拥有50万以上仪器设备23台（套），为联合实验室开展合作研究提供了良好的条件保障。

（四）合作成果

自成立以来，双方科学家交流互访达10余人次，中方从西班牙引进瓜类病毒病防控体系1套；双方合作在第八届国际蔷薇科基因组大会提交了有关桃需冷量、需热量和开花时间性状的研究摘要，被大会e-book收录；双方联合发表SCI论文1篇。

三十七、中—俄草地生态与利用联合实验室

中—俄草地生态与利用联合实验室（The china-russia joint laboratory and utilization of grassland ecology）由俄罗斯科学院西伯利亚分院普通与实验生物学研究所（Siberian Branch at the Russian Academy of Science institute of normal and experimental biology）和中国农业科学院草原研究所合作建设，成立于2012年，主要合作领域包括对欧亚温带草原资源与生态、草原生产以及人类活动与草原政策。

（一）功能定位

围绕欧亚温带草原东缘样带开展草原种质资源收集，植被、土壤状况调查等相关工作，揭示不同纬度带欧亚温带草原植被群落、土壤养分、微生物等变化特征，阐明温度梯度和放牧利用对温带草原生态系统的影响。此外，实验室还开展土壤微生物宏基组研究，通过采集中国与蒙古草原土壤样品，分析温度与放牧管理方式对草原土壤微生物种类、结构及功能的影响。

（二）运行管理

依托蒙古国肯特省温都尔汗草地生态野外观测站、河北沽源国家草原生态监测站、内蒙古锡林郭勒典型草原生态监测站、俄罗斯贝加尔野外生态监测站4个野外台站，开展跨越中、俄、蒙三国的草地野外生态观测的国际合作研究。

（三）合作成果

先后承担科技部中俄国际合作专项、国家自然基金—俄罗斯自然基金联合项目等各类国际合作项目12项，采集昆虫标本2万余头，隶属于11目。发现2个新种，2个中国新记录种。引进羊草、黄花苜蓿牧草种质资源500余份，发表SCI论文15篇，举办中俄草地生态学术会议5次，审定登记牧草新品种3个，出版著作3部，获得省部级奖励3项。

三十八、国际人参质量研究及产业化发展中心

国际人参质量研究及产业化发展中心（International Center for Ginseng Quality Research and Industrial Development）由澳门科技大学（Macau University of Science and Technology）和中国农业科学院特产研究所共同建设，成立于2014年，主要合作领域：人参优质高产栽培技术，人参提取物的先进生产技术，创新药物研发，人参、人参制品品质评价方法、质量控制技术及其标准化等研究。

（一）功能定位

依托高科技和国际化标准，实现人参种植、产品加工规范化，推动人参及人参产业国际化。

（二）合作成果

实验室自成立以来承担科技部科技支撑计划、科技部科技惠民计划、国家星火计划、农业科技成果转化资金、自然科学基金、吉林省科技发展专项项目等12项，2015年1月至2017年12月承担韩国农振厅"药用植物的种子与药材品质国际标准化技术开发"项目，制定中药材ISO国际标准，经费60万元；2015年3月至2018年4月承担国家国际合作专项"人参种质资源收集与创新"，经费60万元；2016年1月至2018年12月承担吉林省"双十工程"重大科技成果转化项目，开展人参GAP种植基地建设、开发标准人参提取物，经费200万元。近年来，以第一完成单位发表文章56篇（其中SCI收录论文11篇），获得授权发明专利6项，获得国家科技进步二等奖1项、吉林省科技进步一等奖2项，审定药用植物新品种5个，出版学术著作1部。

三十九、中国—新西兰国际联合实验室

中国—新西兰国际联合实验室（Sino-New Zeland Joint Laborotary）依托中

国农业科学院特产研究所建设，成立于2015年，主要合作领域为鹿茸及其产品质量检测体系构建。

（一）研究条件

拥有4 000m²的实验室面积，依托单位具有农业部挂牌的野生实验动物养殖基地，拥有实验用梅花鹿600多头，具有完备的鹿茸生物学研究和成果转化所需的仪器设备，例如转基因操作系统、高通量基因分析仪、流氏细胞仪、Bio Rad双向电泳分析仪、实时荧光定量PCR仪、9700PCR仪、梯度PCR仪、凝胶成像系统、CO_2培养箱、Lecai荧光倒置显微镜、显微操作仪、活体采卵仪、动物行为影像分析仪、超低温冰箱、高效液相色谱仪、微波消解仪、液相色谱/质谱联用仪、连续高速离心机、手提式基因枪、CO_2超临界萃取仪、冻干机等大型仪器设备超过30台（件），总价值超过2 000万元。

（二）合作成果

发表文章2篇，专著2部，获得专利2项，设立了鹿茸产地溯源、鹿茸生物学标记、DNA指纹、鹿茸活性指数四个指标的鹿茸及其产品质量评价体系，目前已完成70%。

四十、中—美植物衰老联合实验室

中—美植物衰老联合实验室（Sino-US Joint Laboratory of Plant Senescence）由美国康奈尔大学综合植物科学学院植物衰老研究实验室（The Plant Senescence Research Laboratory，School of Integrative Plant Science，Cornell University）和中国农业科学院烟草研究所共同建设，成立于2015年，重点合作领域为植物衰老生物学。

（一）功能定位

中美植物衰老联合实验室紧紧围绕植物衰老生物学开展研究，主要致力于叶片衰老的分子调控，特别是多肽激素对衰老的调控机制，营养物质再动员调控等方向的研究。着力解决制约烟草行业发展的烤烟烟叶后熟不够、营养代谢不协调、烟叶质量不佳等关键问题。此外，也在主要粮食作物中开展衰老生物学方面研究，探索通过叶片衰老调控提高作物产量和品质的分子育种途径，为烟草和其他农作物"理想源库型"品种的选育提供理论依据和育种材料。

（二）运行管理

中美植物衰老联合实验室以中国农业科学院烟草研究所功能基因组创新团队为依托，由烟草研究所独立出资建立，实行"研究所主导、首席科学家负责、开放、流动、联合、创新"的管理及运行机制。实验室充分发挥研究平台作用，固定科研人员和流动科研人员行政关系仍归属原单位，不设单独编制。中美双方在签订合作协议的基础上开展学术合作研究，联合培养人才，充分利用康奈尔大学优质的教育资源与科研资源，提升科研能力与学术水平，强化农业科技创新能力建设。

（三）研究条件

实验室现拥有建筑面积125m^2的办公与实验场所，配备有激光共聚焦显微镜、基因分析仪、微量热泳动仪、流式细胞仪、实时荧光定量PCR仪等国际一流的仪器设备，仪器设备总值1 300万元。

（四）合作成果

中方从美方Susheng Gan教授实验室获得用于叶片衰老研究的转基因烟草材料54份；联合实验室成立以来发表论文5篇，其中SCI论文2篇（1篇为双方合作发表）；申请专利4项，已获得授权1项；主编英文专著1部，参与编写著作1部。2013年1—12月承担"高通量植物衰老基因克隆技术（TASSEL-tagging系统）的引进、创新及利用"项目，获得19个烟草叶片衰老抑制候选基因，并对该系统进行了改造，经费60万元。

四十一、中国—古巴蚕桑科技合作中心

中国—古巴蚕桑科技合作中心（Centro de Cooperación Científico-Técnica en Sericultura Cuba-China）由中国农业科学院蚕业研究所和古巴农业科学院（Instituto Nacional de Ciencias Agricolas）共同建设，成立于2014年，主要合作领域为蚕桑科研合作、技术服务、人才培养等。

（一）功能定位

旨在落实两国领导人的指示精神，推动两国农业发展，造福两国人民，为中古蚕桑领域合作搭建重要平台，为开展中古蚕桑重要人才交流培养提供重要基地，并为中古双方科研机构、大学与企业间开展经济合作领域提供相关支撑服务。

（二）运行管理

以中古蚕桑科技合作框架协议为指导，以项目为依托，开展双方及多方科技交流合作。

（三）合作成果

完成古巴蚕桑生产用桑园建设规划，中古蚕桑合作项目成为古中政府间合作的标志成果。中方协助古巴农业科学院举办国际性蚕桑专业学术会议1场。组织完成2批次蚕桑生产用物资、设备的招标、采购、运输。2016年11月底挂牌成立"中古蚕丝实验室"，中方援助小型缫丝示范车间的配套设备和实验室设备。中方派出5名专业研究人员赴古巴进行蚕桑生产及茧丝加工技术服务和交流，累计提供技术服务7人次；邀请古方技术人员来中国交流14人次。成功接待古巴高级蚕桑代表团一行6人来访，先后赴江苏省、浙江省、上海市、重庆市、四川省、广西壮族自治区等6个省市区的17家蚕桑产学研机构及基地进行访问、考察、交流；古方技术人员来中国接受缫丝技术培训2人次、赴西南大学开展家蚕转基因技术学习1人次，4名专业技术人员参加中国商务部"发展中国家蚕桑生产与管理研修班"援外培训。2015年1月至12月承担中古蚕桑行动计划，经费

100万元；2016年1月至12月承担中古蚕桑科技合作平台建设，经费100万元；2016年11月至2018年12月承担中国—古巴蚕桑科技合作中心建设与国际技术转移服务，经费65万元。

四十二、中国—国际水稻研究所联合实验室

中国—国际水稻研究所联合实验室（Joint China-IRRI laboratory）由国际水稻研究所（The International Rice Research Institute，IRRI）和中国农业科学院农业基因组研究所共同建设，成立于2015年，主要合作领域包括水稻基因组重测序、优异等位基因挖掘、基因组辅助育种、全球表型鉴定网络、水稻信息学。

（一）功能定位

联合实验室通过现代基因组学技术与成熟的常规育种技术相结合，充分利用种质资源的多样性，建立基因组辅助种质创新的高效平台，为提高东盟各国水稻产量潜力和稻作研究能力服务。

（二）运行管理

联合实验室设立在中国农业科学院农业基因组研究所（AGI），由钱前主任和叶国友副主任共同负责，研究团队：基因组学和分子生物学（熊国胜博士），育种信息学和全球表型组学（叶国友博士），种质资源开发（钱前、叶国友博士），等位基因挖掘和分子育种（徐建龙博士）。专用设施由基因组所提供。国际水稻研究所遗传学和生物技术部门负责人Hei Leung博士协调在国际水稻研究所开展的合作活动；双方将每半年举行一次会议，以促进信息交流和协调研究进展。

（三）研究条件

中国农业科学院深圳农业基因组研究所（以下简称"基因组所"）隶属于中国农业科学院，在深圳市开办登记，目前已经引进水稻、黄瓜、家猪分子设计育种和功能基因与生物大数据分析等方向的10个创新团队，其中国家杰出青

年基金获得者3人，国家万人计划入选者4人，深圳孔雀团队1个。中国农业科学院农业基因组研究所拥有10 000m²的科研用房，1 300多亩高标准的科研试验田为实验室的建设提供设施保障。设备总值3 000万元，建成三大平台一个基地：生物大数据云计算平台、基因测序平台、分子生物学实验平台以及综合试验基地。正构建大规模作物功能基因挖掘平台、全基因组设计育种平台以及系统与合成生物学研究平台，为实验室提供了研究保障。

（四）合作成果

联合实验室与中国农业科学院作物科学研究所等多家单位合作，基于3K重测序数据，完成了重测序数据基因组结构变异、SNP及泛基因组等分析，文章近期将在《Nature》发表。近两年来以中国农业科学院农业基因组研究所为第一或合作单位，在《Plant Physiology》等刊物发表论文21篇，影响因子合计79.54。承担"超级稻种质创新"及"绿色超级稻分子设计和全基因组育种"项目（2016—2020年），经费1 300万元；承担"基于基因组信息的水稻种质创新技术体系研发"项目（2017—2019年），经费400万元；承担"作物学大数据与应用"及"农作物基因大数据的分析与利用协同创新行"项目（2017—2020年），经费770万元。

四十三、中—波麻类分子生物学联合实验室

中—波麻类分子生物学联合实验室（Joint laboratory for molecular biology of bast fiber crops）由波兰弗罗茨瓦夫大学（University of Wroclaw，Poland）和中国农业科学院麻类研究所共同建设，成立于2015年，主要合作领域包括麻类资源的收集与利用、麻类分子生物学、栽培与生理和麻类作物的多功能开发利用。

（一）功能定位

联合实验室旨在建成国际社会及相关地区寻求资金的平台，国际、国内和地区性的培训基地，国际组织和地区机构之间开展合作的开放式平台。

（二）运行管理

联合实验室设在位于长沙的中国农业科学院麻类研究所（以下简称"中国农业科学院麻类研究所"）。中国农业科学院麻类研究所负责联合实验室的日常行政工作。实验室成立联合指导委员会作为管理机构。联合指导委员会由7人组成，其中中方代表4人，波方代表3人，设联络秘书1名，负责中方和波方有关机构之间的联络。联合实验室设主任2名（中方和波方各1名），负责联合实验室的总体管理工作，并就年度工作计划的制订和实施向指导委员会报告。联合指导委员会在公历年每年的年初或年末，在一致通过的基础上选出1名委员会主席，由中方代表和波方代表轮流担任。委员会每年至少召开一次会议。联合实验室资产归属视项目资产的来源或设备和财产提供的情况而定。

（三）研究条件

麻类研究所是我国从事麻类作物研究的唯一国家级综合性专业研究所，也是全国麻类专业委员会挂靠单位。联合实验室依托国家麻类作物育种中心、农业部麻类遗传改良与工程微生物重点开放实验室，-70℃超低温冰箱、超速离心机、多种电泳设备、凝胶成像系统和PCR仪等实验设备开展合作研究。

（四）合作成果

实验室自成立以来，发表论文3篇，中方从波兰弗罗茨瓦夫大学引进亚麻种质资源71份。2016年1月1日至2017年6月30日承担中波双方政府间科技合作项目1项。

四十四、中—马联合国际红麻育种试验站

中—马联合国际红麻育种试验站（Joint International Kenaf Breeding Station Between Institute Of Bast Fiber Crops, China and University Putra Malaysia, Malaysia）由马来西亚博特拉大学［Universiti Putra Malaysia（UPM），Malaysia］和中国农业科学院麻类研究所共同建设，成立于2015年。重点合作领

域包括红麻资源的收集与利用，种质创新、品种选育和多用途利用的研究。

（一）功能定位

联合试验站将作为红麻育种合作研究的平台，涉及领域包括红麻资源的收集与利用，种质创新和品种选育的研究。实验室旨在建为举办或协助开展国际、国内和地区性培训的平台，推动红麻育种研究人员交流、学生培养、科学交流及合作项目的实施。

（二）运行管理

联合试验站设在位于长沙的中国农业科学院麻类研究所和马来西亚博特拉大学热带森林与产品研究所（以下简称麻类所和INROP）。中国农业科学院麻类研究所和INROP负责联合试验站的日常行政工作。

（三）合作成果

中方从马来西亚博特拉大学引进红麻种质资源17份。发表论文1篇。

四十五、中—日动物原虫病联合实验室

中—日动物原虫病联合实验室（The joint laboratories of animal protozoan diseases）由日本带广畜产大学国立原虫病研究中心（National Research Center for Protozoan Diseases，Obihiro University of Agriculture and Veterinary Medicine，Japan）和中国农业科学院上海兽医研究所共同建设，成立于2014年。重点合作领域为动物原虫及原虫病研究。

（一）运行管理

实行联合实验室双主任制，开展人员交流、项目共同申报、合作研究。

（二）合作成果

实验室成立以来，双方进行了动物原虫研究相关的虫种、质粒、抗体和样本等资源交换20批次，共同申报中日NSFC-JSPS国际交流项目2项；开展了含

绿色荧光蛋白（GFP）的转基因巴贝西原虫研究，共同发表论文3篇；完成20多人次的学术互访交流，举办双方学术研讨会10次，共同开展流行病学现场调查8次。

四十六、中—新生物炭与农业环境联合实验室

中—新生物炭与农业环境联合实验室（IAE-AEPI Joint Laboratory for Biochar and Agro-Environment）由新西兰梅西大学农业与环境研究所（Institute of Agriculture and Environment, Massey University, New Zealand）和农业部环境保护科研监测所共同建设，成立于2016年，重点合作领域为生物炭功能材料的研发及其在农业环保中的应用。

（一）功能定位

以生物炭功能材料为核心，探讨其在污染土壤修复、作物生长发育、改良土壤、减少温室气体排放等领域的作用及内在机制，以提高我国秸秆的资源化利用水平以及农业的可持续发展。

（二）运行管理

双方分别选派负责人对联合实验室的建设进行沟通与合作，双方科研人员通过电话及邮件保持紧密联系，并定期举行研讨会制订研究方案以及联合申报国际合作项目等。

第二节　国际科技合作基地

国际科技合作基地是科技部及其职能机构认定，依托在承担国家国际科技合作任务中取得显著成绩、具有进一步发展潜力和引导示范作用的国内科技园区、科研院所、高等学校、创新型企业和科技中介组织等机构为载体建设，包括国际创新园、国际联合研究中心、国际技术转移中心和示范型国际科技合

作基地等类型。国家国际科技合作基地的建立旨在更为有效地提升我国国际科技合作的质量和水平，发展"项目—人才—基地"相结合的国际科技合作模式，使基地成为国家在利用全球科技资源、扩大科技对外影响力等工作中的骨干和中坚力量，并对领域或地区国际科技合作的发展产生引领和示范效果。2009年以来，中国农业科学院有一批基地被认定为国家国际科技合作基地，在有效对接和利用全球科技创新资源、加强农业科技开放合作等方面取得突出成效。

一、设施蔬菜资源高效利用国际科技合作基地

设施蔬菜资源高效利用国际科技合作基地（Protected vegetables resource high efficacy application international science and technology cooperation base）认定时间为2013年，国合基地证书编号：2013D01048。设施蔬菜资源高效利用国际科技合作基地依托于中国农业科学院蔬菜花卉研究所建设。基地主要开展设施蔬菜栽培新技术的国际科技合作，包括温室光热资源高效利用、有益微生物外源介导技术、根区肥水气一体化施用技术和基质土壤无害化消毒技术等多个领域开展广泛国际合作。

（一）运行管理

管理体制采取所长领导下的专家负责制，由蔬菜花卉所科研处制定有关涉外工作的规章制度，指导、协调和管理中心涉外事务，负责本中心的人员派出、来华专家的接待及举办、出席国际会议等的审核、报批工作，负责中心国家及部门公派留学人员的选派、出国后及回国后的有关工作。专家团队组成学术委员会负责联系国外专家，申请国际交流与合作以及引进技术、智力、资源等项目，开展重大国际合作项目的申报、立项、组织、实施及管理。

设施蔬菜资源高效利用国际科技合作基地充分利用全球科技资源，通过政府间科技合作项目、国家外专家局项目、农业部948项目等项目合作来引进国外先进适用的农业新技术，结合中国国情进行消化吸收，二次开发出低成本、高

效能的新技术或农业新产品为中国现代农业服务，同时通过南南合作的技术援助和示范将中国的现代农业技术向东南亚、非洲等国推广。

（二）条件建设

国合基地实验室拥有先进的科研设施、实验平台，包括低温冷冻离心机、制冰机、超纯水系统、凝胶成像系统、Real time-PCR仪、激光共聚焦显微镜、Olympus显微镜、紫外分光光度计、等离子发射光谱仪、近红外光谱仪等仪器设备，可用于检测菌根及其基因表达等，并建立了植物生理学、分子生物学等相应的先进实验技术体系，拥有可控温度、光照强度和湿度的人工气候室6间52m^2，为实验提供了良好的场地。

（三）合作成果

基地自成立以来，发表论文9篇；获2016年山东省科技进步奖二等奖1项。2012—2016年承担国家科技部中国捷克政府间科技合作项目2项，经费20万元；承担国家外专局项目2项，经费10万元；承担国家科技部中国泰国政府间科技合作项目2项，经费30万元。

二、设施农业国际合作示范基地

设施农业国际合作示范基地由中国农业科学院组织推荐，认定于2012年，依托中国农业科学院农业环境与可持续发展研究所建设。基地所属领域为设施农业，主要研究内容为都市型设施园艺技术、温室节能与结构优化技术、植物工厂LED节能及高效栽培技术。

（一）运行管理

基地主要依托平台"中国农业科学院国家农业科技展示园"，由中国农业科学院农业环境与可持续发展研究所负责管理，设施植物环境工程团队负责园区的日常管理与运营。国家农业科技展示园通过邀请设施农业发达国家的知名学者来园区进行技术交流和项目合作，引进国外先进的技术成果来园区进行试验示范，同时通过消化吸收与再创新，形成具有中国自主知识产权的科技成果，在全国进行普及与推广。

在经费支持和保障方面，主要由农业部、中国农业科学院、中国农业科学院农业环境与可持续发展研究所共同出资承担，保障园区建设和展示工作的顺利进行。在国际合作管理机制方面，在科技部统筹管理下，主要由中国农业科学院际合作局具体管理，中国农业科学院农业环境与可持续发展研究所申请和承担相关国际科技合作项目，在园区内试验、示范。

（二）合作伙伴

自2010年开始，与荷兰瓦赫宁根大学合作，引进其温室地源热泵、LED补光技术，在北京顺义、山东寿光等地示范应用；同年开始，与日本千叶大学合作，引进人工光植物工厂、植物种苗工厂技术、营养液循环利用技术等，在北京海淀区等地示范应用；自2013年开始，与韩国首尔大学、韩国农村振兴厅合作，合作研发人工光植物工厂节能环控技术，在北京示范应用；自2013年开始，与罗马尼亚布加勒斯特农业与兽药大学合作，合作研发人工光植物工厂光温耦合节能环控技术，在北京示范应用。

（三）合作成果

基地认定以来，累计发表学术论文153篇，其中SCI收录论文36篇，EI论文21篇，核心期刊论文78篇；出版专著5部；获授权专利87件，其中发明专利19件，软件著作权14件；获得省部级科技成果奖3项，省部级鉴定成果2项。

聘请日本千叶大学原校长古在丰树教授、荷兰瓦赫宁根大学Gerard Bot教授为高级顾问；先后引进国外博士人才2名，引进、培养国内博士5名，培育高级研究人员5名，并定期派出成员到国际知名大学、研究所学习交流；联合法国国家农业研究院（INRA-URIH）Thierry Boulard教授等人申报国家外专局高端专家短期人才。中国农业科学院农业环境与可持续发展研究所与寿光市人民政府每两年举行一次国际设施园艺高层论坛，每次均邀请国际设施园艺知名学者10余人，组织国内从事设施农业领域研究的高校、科研院所专家和研究生参会研讨。

三、国家科技国际科技合作基地（奶业国际联合研究中心）

国家国际科技合作基地（国家级国际联合研究中心类）"奶业国际联合研究中心"由中国农业科学院组织推荐，认定于2013年，依托于中国农业科学院北京畜牧兽医研究所建设，所属领域为动物营养领域。基地主要针对我国奶牛养殖方式落后和优质乳生产不足的重大产业难题，通过国际合作，整合奶牛营养学、营养基因组学和整合生物学等多学科，在奶牛高效饲养关键技术、牛奶质量安全控制技术和优质功能乳品研发领域开展合作研究。

（一）运行管理

基地实行主任负责制，根据合作基地的战略定位组建奶牛健康养殖与优质牛奶生产科研团队，明确岗位专家职责分工并实施动态管理机制，并与依托单位现有国家级及省部级科研平台和研究中心为基础，实现项目、人才、资金和硬件设施的优化配置，推进资源共享，稳定开展奶业国际科技合作。

（二）合作伙伴

自2013年至今，与阿根廷洛马斯大学动物科学系合作开展对发展中国家援助项目"中国—阿根廷优质牛奶生产技术"；与澳大利亚西澳大学动物科学系合作开展奶牛养殖技术培训；与美国伊利诺伊大学动物科学系合作开展营养素在乳腺细胞中的信号通路调控研究。自2014年至今，与爱尔兰国立都柏林大学、科兰奶牛物理营养公司（Keenan）合作签署建立了"中爱奶业科学技术中心"，主要围绕奶牛健康养殖、牛奶质量与养殖效益提升开展合作研究、技术推广与人才培训工作。2014年与英国哈伯·亚当斯大学合作，主要开展奶牛营养代谢进展交流，针对关键基因与营养素之间互作关系指导绘制乳脂肪和乳蛋白合成的关键基因调控网络。2014—2015年，与美国芝加哥食品研究所合作，重点开展生鲜乳中危害物风险排序模型合作研究、生鲜乳中危害物风险预警模型合作研究和生鲜乳质量安全风险排序、预警技术推广与示范等技术合作与研究；与新西兰食品安全署合作开展生鲜乳质量安全风险排序技术合作研究与应用。自2015年至今，与美国哈佛医学院贝斯以色列女执事医学研究中心合作研究生鲜乳中微生物的快速、高通量检测方法，探讨微生物对动物肠道的潜在毒害作用及其信号分子作用机理，合作建立奶及奶制品风险评估与预警体系。自2016年至今，与新西兰安硕（Asure Quality），合作开展牛奶中风险因子的快速检测技术开发，两国牛奶检测标准建立。自2013年至今，与美国康奈尔大学合作开展生鲜乳中蛋白质图谱的构建研究，进行了人才的培养；与肯尼亚国际家畜研究所合作开展瘤胃微生物降解秸秆的微生物学机理研究；与美国奶业科学学会合作主办了两届"奶牛营养与牛奶质量"国际研讨会；与美国俄亥俄州立大学，合作开展了瘤胃微生物多样性组成及其对日粮营养素响应的机理研究。

（三）合作成果

自成立以来，累计发表SCI文章共61篇，中文核心期刊124篇，ISTP收录文章41篇，获得国家授权发明专利2项，申请发明专利10项，制定农业行业标准2项。研究构建了不同奶畜乳清蛋白定量差异表达谱，揭示了乳脂肪与乳蛋白合成需要的关键前体物在奶牛瘤胃、肝脏和乳腺转化的物质代谢通路，构建了调控乳脂肪和乳蛋白合成的营养、激素及信号分子的相互作用网络，针对奶牛饲料转化率低和生鲜乳质量差的状况，研究提出了集饲料营养价值评定、奶牛日粮营养素平衡监测、奶牛场TMR生产技术和数据信息反馈为一体的奶牛营养升级综合技术方案。完成的"生鲜乳质量安全控制关键技术及应用"获得2014年河北省科学技术进步一等奖。2015年5月，联合美国奶业科学学会成功召开了第四届"奶牛营养与牛奶质量"国际研讨会。

四、中国水稻研究所国际科技合作基地

中国水稻研究所国际科技合作基地由浙江省科学技术厅组织推荐，认定于2009年，依托中国水稻研究所建设。基地主要开展水稻种质资源创新、水稻遗传育种、水稻栽培、水稻生物技术以及稻米品质等领域的合作研究以及产品开发。

（一）运行管理

基地管理与运行由中国水稻研究所科研管理与国际合作处负责管理，设有专门负责国际合作管理人员3名，分别负责合作洽商、项目管理、留学生管理、人员进出、英文网站建设与维护和对外宣传等国际合作事务，并制订一系列对外合作管理制度，采取项目管理与目标管理相结合的方式，通过"请进来，走出去"并举，内外联动推进中国水稻研究所科研国际化。

（二）合作伙伴

2009年至今，与俄罗斯全俄水稻研究所签署合作协议2份，内容包括种质资源收集、引进及评价利用，双方共同承担科技部国际合作项目子课题1项；2013年至今与肯尼亚农牧渔业部、肯尼亚农业科学院和肯尼亚国家灌溉局开展合作，进行肯尼亚水稻种质资源的收集、筛选和育种利用、新品种征集和优势评估等工作，2014年合作申请科技部对发展中国家科技援助项目1项；2009年至今与美国陶氏益农公司、美国水稻科技公司合作，签署合作协议2份，主要合作内容包括水稻生物技术、水稻遗传育种，合作主要方式由外方出资开展委托研究；2014年至今与泰国农业合作部水稻司合作，签署合作协议2份，内容包括杂交水稻技术合作研究、辐射育种等，合作主要方式包括开展人员及信息交流、技术示范等方面的合作，双方共同承担农业部政府间合作交流项目1项、科技部中泰政府间科技合作联委会项目1项，申请2016年农业部政府间合作交流项目1项；与马来西亚森达美（Sime Darby）公司合作，签署合作协议1份，内容为马来西亚棕榈园向水稻田的改建、适合马来西亚气候环境且高产优质的水稻新品种的研发与选育、最佳农艺措施和新品种病虫害管理及其防治技术的研发等；与印度尼西亚PT Biogene Plantation公司和印度尼西亚西爪哇省粮食作物生产局合作，内容包括水稻种质资源创新、品种培育及稻米产业化等方面的合作研究，合作方式是开展信息交流、海外联合研究、合作建立实体企业亚洲农业技术转移中心、人员培训等；自2014年起与巴基斯坦卡拉奇大学化学和生物科学国际中心和巴基斯坦组织培养技术国际公司合作，签署合作协议3份，内容包括水稻科技合作、杂交水稻品种培育和开发等方面的合作研究，合作方式是成立联合研究机构、开展信息交流、海外品种测试和联合研究、人员培训等。2015—2016年与巴基斯坦组织培养技术国际公司联合申报浙江省国际合作重点研发项目（一带一路示范推广）1项；2009年至今与德国拜耳作物科学公司、德国巴斯夫（中国）有限公司合作，签署合作协议6份，主要合作内容包括水稻转基因技术、水稻栽培等，合作主要方式由外方出资开展委托研究、产品评估及研发工作。

（三）合作成果

基地对外主要合作领域包括种质资源创新、水稻遗传育种、水稻栽培技术等三个研究领域。在水稻遗传育种领域，基地被认定的超级稻品种达15个，列入农业部主推品种23个（次）；在水稻分子生物学领域，克隆了一批水稻重要农艺性状的功能基因，相关研究成果发表在《Science》《Nature》《Plant Cell》等重要学术刊物上；在水稻栽培研究领域，开发的超级稻配套栽培技术和机械化插秧技术在生产上大面积应用，并连续多年列为农业部主推技术。这些成果和技术先后获得4项国家奖励，目前这些成果和技术被广泛应用于各研究机构或生产一线。"十二五"期间，基地累计获得国家、省部级奖励34项；发表论文1 431篇，SCI论文376篇，其中第一/通讯作者的SCI论文264篇；专著44部（含非第一作者），申请专利331项，获得专利181项。其中与国际合作直接相关奖励9项，合作发表论文90篇，相关专著3部，获得发明专利和实用新型专利27项。

五、油料作物品质改良与质量安全国际科技合作基地

油料作物品质改良与质量安全国际科技合作基地由中国农业科学院组织推荐，由2014年被认定，依托中国农业科学院油料作物研究所建设，主要研究内容为油菜高含油量机理、油菜转录组、油菜菌核病和黑胫病抗性、油菜抗旱、花生黄曲霉毒素污染防控、花生抗青枯病抗性、油料优质营养与平衡施肥技术、菜籽饼粕高值化利用、生物质能源、生物炼制技术、油料质量安全等。

（一）合作伙伴

2013—2015年与澳大利亚墨尔本大学合作，主要开展油菜种质资源改良合作研究；2012—2015年与国际半干旱研究所合作，开展花生青枯病防治技术合作研究；2014—2015年与美国玛斯公司合作，开展花生高油酸育种技术合作研究；2013—2015年与德国联邦油脂研究所合作，开展食用植物油掺伪鉴别技术研究；2014—2017年与新西兰奥克兰大学合作，开展油脂营养研究与功能产品开发合作研究；2014—2016年与美国康奈尔大学合作，开展油菜根系构型高通量分析与三维重建合作；自2014年其与加拿大国际谷物研究所合作，开展菜籽饼粕高值化利用技术合作。

（二）合作成果

自2013年8月至2016年11月，签署合作协议6份，签署合作备忘录2份。"十二五"以来，通过国际合作获得国家科技进步二等奖3项，培育了具有完全自主知识产权的高含油量、双低、高产、多抗、广适油菜新品种（杂交种）5个，品种累计推广面积达3 000多万亩，创经济效益约20亿元。获中国、美国、韩国等发明专利33项，发表论文91篇。引进中国农业科学院A类人才1名、D类人才8名，培养"973"首席1名、国家优青1名。

六、动物用生物制剂研究国际科技合作基地

动物用生物制剂研究国际科技合作基地，由中国农业科学院组织推荐，认定年份为2013年，依托中国农业科学院哈尔滨兽医研究所建设。基地主要研究内容：动物流感病毒致病机制与防控技术，禽传染病生物资源库建立，猪重要传染病新疫苗创制及应用，人畜共患病和外来病关键技术储备和防控技术，动物细菌病诊断试剂盒的创制。

（一）运行管理

依托单位成立国际合作负责部门，包括主管国际合作副所长1名，处长

1名，副处长1名，国际合作管理项目官员两人，主要负责全所的国际合作工作，包括国际合作与交流、国际合作项目管理、人员出访、出国审批等工作。研究所建立了一整套严格的国际合作管理与审批制度，一方面保障国际合作的高效、安全，另一方面促进国际合作工作为哈尔滨兽医研究所两个一流的目标迈进。

（二）合作伙伴

2016年5月至2018年5月，与摩洛哥合作完成小反刍兽疫重组山羊痘病毒活载体疫苗的10个批次的中试生产，产品的无菌、支原体、外源病毒、特异性、病毒滴度等检验，免疫效力检验。2014年12月至2017年12月与斯塞弗林哈萨克农业技术大学合作，建立中哈农业科学联合实验室及教学示范基地。与美国国立卫生研究所合作完成"中国动物流感监测"项目。2013年10月至2017年6月与比尔及梅琳达盖茨基金会合作，完成"牛传染性胸膜肺炎Ben-1弱毒疫苗安全性和免疫效力评价"项目。2016—2020年与日本东京大学合作，完成"中日新发和再发传染病研究"项目。2013—2017年与欧盟第七框架（FP7）合作，完成"跨境动物疫病流行病学与实验室研究网络"。

（三）合作成果

基地承担国际合作项目共有12项，项目经费总额超过2 800万元，其中项目来源为科技部的国际合作项目2项，国家自然基金国际合作项目1项目，以及项目来源为国际组织、国际科研机构的国际合作项目5项，新增农业部国际合作项目1项。引进硕腾公司在动物保健品先进生产工艺和技术，促进国内动物保健品产业的转型和升级换代，促进国内动物生物制品质量的提高和生产工艺的进步。通过引进酵母发酵技术、细胞高密度培养技术、重组蛋白抗原纯化技术，基地研制2种新型动物用疫苗，完善1种生物制品生产工艺，研制2种动物疫病用诊断试剂盒。

七、国家沼气技术国际科技合作基地

沼气技术国际科技合作基地由四川省科学技术厅组织推荐，认定年份为2016年，依托农业部沼气科学研究所建设。基地主要开展沼气发酵微生物、产烃产醇微生物、生物质能源化利用技术、生物基材料、沼气发酵工艺、沼气工程材料与装备、沼气生态技术与污染控制7个方向的研究。

（一）运行管理

国际科技合作基地实行统一领导，归口管理。成立国家沼气国际科技合作基地建设工作小组，负责基地建设的组织协调工作，研究制订基地建设的总体规划，实施方案，研究分析相关科技计划项目实施情况和推进措施等；农业部沼气科学研究所国际科技合作的管理部门是基地建设的管理部门，负责所属基地建设的组织、推荐工作，对批复建设的基地实施检查、督促、协调和落实配套等日常运行管理工作及基地宣传工作，并按时向科技部报送年度总结、下年度工作计划和统计报表等相关材料，同时报组织推荐部门备案；依托单位是基地建设的具体实施单位，其主要职责是协调解决基地过程中的有关问题，配套有关经费和提供相应的条件保障，督促基地负责人认真做好基地建设任务书签订、年度计划实施、工作总结、业绩考核等工作。

（二）合作伙伴

2013年1月至2015年12月与美国密歇根州立大学合作，签署合作协议1份，研究氨纤维爆破预处理后的秸秆水解残渣和乙醇蒸馏残液生产沼气的潜力，及厌氧消化过程水解残渣中木质素的性质变化；2011年5月16日起与美国伊利诺依大学农业与生物工程系合作，签署合作协议1份，共同承担中国科技部国家国际科技合作专项"沼气发酵过程干预及控制关键技术合作研究"项目；2016年5月至2019年5月与美国能源部可再生能源实验室，签署合作协议1份；自2012年7月起与德国吕贝克应用科技大学环境工程系合作，签署合作协议1份，开展沼气发酵过程干预及控制关键技术合作研究；2012年10月至2014年12月与加拿大卡里加里大学合作，开展重质原油降解产甲烷机理研究；2016年9月至2017年12月与瑞典隆德大学合作。

（三）合作成果

1981年中国政府与联合国开发计划署建立"中国成都亚太区域沼气研究和培训中心（BRTC）"，为发展中国家举办技术培训，开展合作研究与交流。2014年，基于农业部沼气科学研究所在科研创新、能力建设、国际培训与合作方面的成就，联合国粮农组织（FAO）认定沼气所为FAO沼气技术研究培训参考中心，截至2016年，共举办71期双边及多边国际培训班，培训了来自120多个国家的1 600多名从事技术研究、管理推广的国外学员。组建"农业部农村可再生能源开发利用重点实验室"的能源微生物与利用优秀创新团队。参与中国农业科学院科技创新工程建设，目前已建成6个创新团队。期间聘请美国斯坦福大学吴唯民博士、日本国家产业技术综合研究所Kamagata教授、美国伊利诺依大学张源辉教授、北京大学吴晓磊教授、同济大学朱洪光教授等国内外知名学者作为客座教授，科研力量得到进一步加强。

第三节　国家引进国外智力成果示范推广基地与示范单位

国家引进国外智力成果示范推广基地（以下将"引进国外智力"简称为"引智"）是由国家外国专家局认定，在引进国外智力成果的消化、吸收、创新和推广方面做出显著成绩的单位。基地主要通过聘请国（境）外专家来华指导或派遣专业技术、管理人员出国（境）培训等引智工作为主的方式，引进、消化、吸收和创新新产品、新技术、新工艺或先进管理方法，并做好示范工作，形成引智成果示范推广体系，加快引智成果的推广，促进生产力的发展，实现引智工作为我国经济建设和社会发展服务。

国家引进国外智力示范单位是国家外国专家局认定的，在引智工作中取得显著成果，其引智工作模式或经验可以示范、借鉴或推广的单位。示范单位通过引智工作成功经验的宣传，引导更多的企（事）业单位积极开展引智工作，吸收和借鉴国外先进的技术和管理经验，提高企（事）业单位的技术和管理水平，为社会创造更大的效益。

中国农业科学院先后建设了中国西门塔尔牛新品种选育等引智基地和蚕业研究所等引智示范单位，相关单位以行业或地区的发展规划为基础，以市场为导向，引进、创新、推广对经济建设和农业发展有较大促进作用的引智成果，在加速先进技术转化成生产力、加强引进技术的本土化创新利用、缩短与农业发达国家的差距等方面发挥了不可替代的作用。

一、设施园艺节能及栽培工程

设施园艺节能及栽培工程由中国农业科学院组织推荐，认定年份为2016年，依托中国农业科学院农业环境与可持续发展研究所建设，基地主要开展温室热能蓄积与释放控制技术、温室无土栽培关键技术、植物工厂节能环控及高效栽培关键技术的研发。

（一）合作伙伴

自2010年开始，与荷兰瓦赫宁根大学合作，引进其温室地源热泵、LED补光技术，在国内北京顺义、山东寿光等地示范应用；与日本千叶大学合作，引进人工光植物工厂、植物种苗工厂技术、营养液循环利用技术等，在国内北京海淀区、吉林长春、江苏南京、山东寿光等地示范应用。自2013年开始，与韩国首尔大学、韩国农村振兴厅合作研发人工光植物工厂节能环控技术，在北京示范应用；与罗马尼亚布加勒斯特农业与兽药大学合作研发人工光植物工厂光温耦合节能环控技术，在北京示范应用。

（二）引智成果

基地主要合作的国外专家古在丰树教授是日本植物工厂技术协会会长，前千叶大学校长，指导中方开发了LED节能型植物工厂综合生产技术，在节能型光源LED的光质配比、光强设定以及光周期设置方面给予了积极的建议。指导中方进行植物工厂技术的消化吸收和创新，结合LED和太阳能光伏利用技术，形成了适合中国应用实际的资源高效型植物工厂综合技术体系。

（三）示范推广

多年来，基地已顺利完成温室环境控制与节能工程技术、温室结构优化技术、资源高效利用型植物工厂生产技术、LED节能型植物种苗工厂技术等10余项引智人才和示范推广项目。通过国外先进技术的引进与再创新，基地在资源高效利用型植物工厂技术及温室环境调控技术等方面取得了重要进展，在山东寿光、吉林长春、陕西杨凌等农业示范基地和农业科技园区进行了大面积的示范推广，为设施农业生产提供了大批优质种苗，为温室节能生产提供了技术支撑，奠定了我国在植物工厂等现代农业技术领域的科研领先地位。

二、中国西门塔尔牛新品种选育引智基地

中国西门塔尔牛新品种选育引智基地由农业部组织推荐，认定年份为2003年，依托中国农业科学院北京畜牧兽医研究所建设，基地立足我国现有西门塔尔牛高代杂种资源，加强西门塔尔牛育种新技术的研究和创新，培育具有自主知识产权的肉用西门塔尔牛新品种，满足我国肉牛业种源需求，扭转种牛依赖进口的局面。

（一）运行管理

基地依托中国农业科学院北京畜牧兽医研究所，在研究所统一管理下，由基地负责人带领5名科研骨干围绕西门塔尔牛新品种选育新技术的创新与示范推广展开研究，每年定期邀请国外知名专家来基地进行学术交流。基地主要通过农业部和外国专家局示范推广项目支撑运行。

（二）合作伙伴

2003—2004年与美国康乃尔大学合作，为中国西门塔尔牛选育提供了新的思路和方法；2006—2011年与德国宝牛育种中心合作，签订"中德西门塔尔牛合作协议"，重点引进、消化、吸收德国先进的西门塔尔牛育种方法和经验，解决目前乳肉兼用牛选育中存在的关键技术问题；2007—2013年与丹麦奥胡斯

大学合作；自2016年起与美国加利福尼亚州立大学合作，就如何提高基因组育种值估计准确性、西门塔尔牛培育进行合作交流。

（三）引智成果

西门塔尔牛早在20世纪50年代，特别是70年代以来从前苏联、德国、奥地利和瑞士等国陆续引入我国，用于改良我国黄牛，提高产肉性能。1998年，在国家外国专家局培训项目"引进西门塔尔牛培育新品种（98036017）"、推广项目"高效肉牛生产综合配套技术推广（3261267）"的重点支持下，通过学习培训以及外国专家协同攻关，中国西门塔尔牛新品种培育取得重大进展。2002年，被国家畜禽品种审定委员会审定的乳肉兼用型新品种，并于2003年度获得国家科技进步二等奖。

基地自2013年被再次命名以来，坚持以中国西门塔尔牛为载体，围绕选育中存在的关键技术问题，与美国、德国、澳大利亚、丹麦、爱尔兰等国专家就"肉牛全基因组选择关键技术"和"Intouch技术"等技术进行合作交流，建立了以西门塔尔牛为主的国内第一个肉牛参考资源群体，并在此基础上，重点开展了肉牛全基因组选择研究，并利用全基因组选择技术评估西门塔尔牛种牛1 000头，使基因组育种值估计准确度达到0.70以上，获得了巨大的经济效益。

（四）示范推广

项目实施大幅提高养牛生产经济效益，对我国肉牛产业发展起到了巨大的推动作用，最终创立知名品牌——科尔沁牛肉；形成了较完善的肉牛育肥体系，并通过项目区向周边地区辐射；建立了中国西门塔尔牛网站，促进新品种的推广示范，成为国外同行了解我国的窗口。项目执行期间，举办不同类型讲习班8次，培训5 000余人次。

三、蜜蜂健康养殖技术基地

2007年11月，"蜜蜂健康养殖技术"引智基地设在中国农业科学院蜜蜂研究所，该基地通过引进发达国家先进的蜜蜂饲养技术、育种技术和病虫害防治技术，结合我国实际情况加以消化吸收，形成适合我国国情的蜜蜂健康养殖技术，把蜂产品的质量安全隐患在产前加以控制，有利于我国蜜蜂健康养殖技术的集成和创新。2012年12月，中国农业科学院蜜蜂研究被授权为"国家引智示范单位"，将通过示范加快我国蜂业技术成果的推广和示范。

（一）运行管理

国家外国专家局根据全国引智工作总体规划，制订引智基地和示范单位的发展规划和相关政策。国家外国专家局设立评审委员会（以下简称"评委会"），负责引智基地和示范单位的评审工作。评委会下设办公室，负责日常管理工作。

（二）合作伙伴

2011年以来，先后派出专家30余人次，赴泰国、英国、日本、以色列、美国、巴西、乌克兰、俄罗斯、肯尼亚等国进行合作交流，学习和交流与蜜蜂健康养殖有关的技术。主要包括现代养蜂管理方法及先进技术、蜜蜂无限增殖细胞系的培养技术、蜜蜂蛋白质组学研究、熊蜂鉴定与分类技术、蜜蜂营养添加剂应用、蜜蜂主要病虫害监测预警等。

引进来自英国自然历史博物馆、法国农业科学院、澳大利亚西澳大学、加拿大圭尔夫大学、美国密歇根州立大学、美国农业部、西班牙蜂业研究中心等蜜蜂健康养殖专家30余人次，先后就国外蜂种改良、蜜蜂培养、蜂病防治手段、蜜蜂病虫害与细胞凋亡技术、蜂产品溯源体系研究、熊蜂分类、人工繁育与授粉应用技术等方面展开培训与技术交流。

（三）引智成果

基地成立以来，蜜蜂研究所先后引进了蜜蜂衰竭失调（CCD）诊断技术、雄蜂精液保存技术、清洁行为研究方法、蜜蜂病毒研究技术、蜜蜂规模化饲养技术等技术成果5项。引进多只优质种王。从俄罗斯引进高加索蜂种（*Apis mellifera caucasica Gorbachev* 1916）150只，从土耳其引进安纳托利亚蜜蜂（*A. m. anatoliaca Maa* 1953）50只，从意大利引进原意蜂种（*Apis mellifera ligustica Spinola*）60只，从澳大利亚引进意大利蜜蜂（*A. mellifera ligustica Spinola*）

蜂王或熊蜂精液10份，从法国引进抗螨蜂种10只，从法国引进欧洲黑蜂（*A. mellifera mellifera Linnaeus*）蜂王20只以及雄蜂精液。2013年，中国农业科学院蜜蜂研究所与英国自然历史博物馆签署了2013—2018年的中英熊蜂合作研究协议，英国自然历史博物馆Paul Williams博士被聘为中国农业科学院蜜蜂研究所客座教授。中国农业科学院蜜蜂研究所与美国农业部蜜蜂研究室建立了中美蜜蜂授粉技术研究联合实验室，通过这个国际合作平台，中国农业科学院蜜蜂研究所与美国农业部蜜蜂研究室组成的科研团队，研究发现了一种感染蜜蜂的植物病毒——烟草环斑病毒，这是首次报道这种植物病毒传染到蜜蜂上，相关成果2014年1月在线发表在<mBio>上，多国媒体也报道了此发现。

（四）示范推广

通过示范推广，2013年以来，北京、河南蜂群单产量和产品质量有了大幅度的提高；病虫害发生率明显降低，没有发生大规模病害，秋季螨寄生率由以前的15%降低到不足2%，平均每群蜂用药量减少20元。蜂产品产量提高，示范推广地原来每群的年产蜜量40kg，推广后达45kg。累计示范蜂群为20 000群，增加直接经济效益307万元，间接经济效益500万元，直接带动1 000余名蜂农致富。同时，通过蜜蜂健康养殖示范的推广，带动了北京、河南等地蜂业的发展，推动蜜蜂在两地环境保护、维护生态平衡，促进加工业就业，带动蜂农和产品加工业等行业的发展，也带动了周边省份蜂业的发展，创造了较大的社会效益和生态效益。

四、中国超级稻培育与栽培集成技术

中国超级稻培育与栽培集成技术，由浙江省外国专家局组织推荐，认定时间为2012年，依托中国水稻研究所建设。基地主要开展超级稻品种选育、配套栽培技术的合作研究以及产品开发。

（一）运行管理

基地管理与运行由中国水稻研究所科研管理与国际合作处负责管理，设有专门负责国际合作管理人员3名，分别负责合作洽商、项目管理、留学生管理、人员进出、英文网站建设与维护和对外宣传等国际合作事务，并制定一系列对外合作管理制度，如中国水稻研究所因公出国（境）管理办法、中国水稻研究所援外专家管理办法等，采取项目管理与目标管理相结合的方式，通过"请进来，走出去"并举，内外联动推进我所科研国际化。

（二）合作伙伴

2013年与美国阿肯色大学（University of Arkansas）作物土壤及环境科学系教授Nilda R. Burgos博士合作，主要开展杂草化学防治、杂草稻生理及其生态控制技术等方面的合作研究。2014年与美国阿拉巴马大学伯明翰分校生物统计学系副教授Xiangyang Lou博士合作，开展超级稻分子设计育种研究和示范推广应用方面的合作研究。2014年与加拿大圭尔夫大学生物科学学院分子和细胞生物学系教授Peter J Krell博士合作，开展杆状病毒方面的合作研究。自2007年起与日本农林水产食品产业技术振兴协会小仓昭男、日本农研机构作物研究所土屋一成博士、日本株式会社佐竹河野元信博士等人合作，开展水稻无土育秧技术、水稻长毯育秧机插技术、水稻机插秧叠盘暗出苗育秧技术、机械化高效深施肥技术等水稻机插秧技术的研发与交流。自2012年起与韩国农村振兴厅作物科学研究所Shingu KANG、韩国直播协会主席Lee Moon Hee博士合作，开展水稻盘育秧技术、水稻机插秧技术的研发与交流。

（三）引智成果

基地建立了适合中国国情、环境友好、节本增收的超级稻高产栽培技术体系。该项技术在提高产量的同时，提高肥料利用率5%～10%，提高水资源利用率30%，减少农药使用，减少稻田排水对水质污染。该项成果被农业部列为全国水稻主推技术，2014年获得国家科技进步二等奖。

基地创新了叠盘暗出苗育供秧新模式，大幅提高种子出苗率，出苗整齐，提高育供秧能力10多倍，育秧成本下降10%~15%，促进水稻育秧规模化和社会化服务。成果获得发明专利20余项，主编出版著作4部，核心技术连续6年列为我国水稻主推技术，获全国农业丰收一等奖及浙江省技术发明二等奖各1项。

（四）示范推广

超级稻高产栽培关键技术在我国长江中下游稻区、东北稻区、华南稻区和西南稻区等近20余省市示范推广，促进了我国超级稻良种良法配套栽培，被农业部列为全国水稻主推技术。仅2011—2013年在超级稻主要推广省份应用面积达1.19亿亩，增产稻谷640.0万t，节本增产增效累计137.4亿元，为我国粮食产量"十连增"做出了重要贡献。

水稻钵形毯状秧苗机插技术连续6年入选农业部水稻生产主推技术，在黑龙江、浙江、吉林、宁夏、江苏、天津、安徽、湖南、湖北、云南、江西、广东、广西、四川等20多个省市区试验和示范应用，年推广应用面积已超过3 000多万亩。

五、果树机械授粉技术示范与推广基地

果树机械授粉技术示范与推广，由中国农业科学院郑州果树研究所组织推荐，依托中国农业科学院郑州果树研究所建设，主要研究内容：引进国外先进授粉设备并进行国产化，进行示范推广；建立并完善果树机械授粉体系；建立果树机械授粉示范推广协作网。

（一）引智成果

基地从韩国、新西兰、日本等国家引进先进授粉装备，与中国农业部南京农业机械化研究所展开技术合作，对其中的花粉制备设备、手持式机械授粉枪通过技术的消化吸收。结合本国实际情况，成功实现了设备的国产化，国产化后的设备成本为国外同类产品价格的1/10，授粉效率为传统人工点授的10倍左右，在猕猴桃、苹果、梨及设施果树上，采用机械授粉平均节约成本200元/亩，相关研究成果获取专利4项。

（二）示范推广

花粉制备和制粉、手持式机械授粉设备的推广在猕猴桃、梨、苹果等果树

生产上得到大规模示范推广工作，直接推广面积5 000余亩，辐射面积10余万亩。基地参加第十二届国际人才大会，代表国家外国专家局与中国农业科学院展示引智成果。基地建立果树机械授粉示范推广协作网，在果树主产区（猕猴桃、梨、苹果）与当地农技推广部门、企业、果业合作社等合作，建立示范推广网络，通过培训、现场示范等手段积极推广该项技术，解决推广中存在的问题，现已累计培训果农4 000余人。

六、农业面源污染监测及防控技术

农业面源污染监测及防控技术引智基地由农业部组织推荐，认定时间为2015年，依托农业部环境保护科研监测所建设。基地通过国际合作项目和聘请外国专家，引进发达国家先进的面源污染精准监测技术、流域农业面源污染测报技术、农药残液生物床降解技术、农业生态补偿政策和标准等，结合我国实际情况加以消化吸收，形成适合我国国情的农业面源污染监测与防治技术与政策。

（一）运行管理

引智基地管理实行领导小组指导下的法人（站长）负责制。基地现有科研管理人员7人，其中常务站长/研究员1人，常务副站长/副研究员1人，技术工程师4人，办公室1人，管理队伍稳定，为基地国际合作及长期环境定位监测与污染防控研究工作的顺利进行提供人员和技术保障。

（二）合作伙伴

2009—2011年与欧盟农业和农村发展总司合作，借鉴欧盟良好农业实践技术与环境补贴政策，在中国典型农业示范区开展环境友好型种植、养殖技术研究与示范；2014—2015年与德国鲁尔大学合作，引进德国定位在线监测技术设备，在海河流域规模化生猪养殖示范场、洱海流域农业部大理试验基地开展针对农业生产对地下水、地表水质影响效果的定位在线监测；2014—2015年与美国加州大学戴维斯分校合作，围绕畜禽养殖场气体环境监测技术方法和养殖废水农用过程中温室气体排放机理交流研讨；2016年起与芬兰自然资源研究中心、芬兰贝龙公司合作，围绕中芬两国奶业可持续生产、环保型奶牛畜舍建设与环境控制交流研讨。

（三）引智成果

2009—2016年通过国际合作项目，先后引进欧美国家先进的农业面源污染定位监测、预警与防控技术，包括德国地下水硝酸盐在线监测技术、美国稻田氮氧化物减排技术、瑞典农药残液生物床降解技术、芬兰奶牛清洁养殖与种养平衡理念、欧盟农业生态补偿经验做法等，结合我国西南农区特有的农业发展情况及种养条件，加以消化吸收，形成一系列接轨国际先进水平和符合中国国情的农业面源污染监测与防治技术；在洱海流域、长三角和华北地区建立农业面源污染精准监测和信息化系统、常规轮作模式不同施肥条件下氮磷减排技术示范点、养殖废弃物有机肥制备技术示范点、养殖废水农田循环利用技术示范点、三级塘生物净化等的核心技术示范点，形成农业污染控源减排技术集成与农业生态补偿综合技术模式，在养殖废弃物的有机肥制备技术方面、养殖废水农田循环利用技术与三级塘生物生态净化技术方面、常规轮作模式不同施肥条件下氮磷减排技术方面形成3套技术操作规程，养殖废水和农田径流尾水水资源利用率提高到80%以上。同时，提出了适合洱海流域农业面源污染防控与大理农区农业可持续发展的生态补偿政策建议，被多个地方政府采纳和应用推广，并参与编制了洱海流域《农业面源污染防治规划》。

（四）示范推广

2010—2016年，引进德国面源污染集成技术和设备，并在云南洱海流域和海河流域天津地区进行了示范推广，辐射面积42万亩；引进欧盟及其成员国良好农业实践经验做法，分别在天津宝坻、江苏常州、湖北咸宁、云南大理建立环境友好型农业清洁生产技术与生态补偿政策示范点；在天津市西青区、武清区、宁河区、静海区等9个区县建成规模化畜禽养殖场粪污处理和循环利用基地60余处，培训养殖业主860余人次；引进瑞典农药残液生物床降解技术，在天津静海、宝坻等地建立农药残液生物降解床Biobed示范基地23处，示范面积270

亩，培训农民和农技人员累计320余人次。截至目前，共计建立农业面源污染集成示范区80万亩，培训农民和农技人员1 000人次。

七、地方鸡种保护、选育及利用技术

地方鸡种保护、选育及利用技术由扬州市外专局组织推荐，认定时间为2012年，依托中国农业科学院家禽研究所建设。基地主要开展地方鸡种保护、选育及利用技术。

（一）合作伙伴

2014年5月9—14日，与美国加州大学戴维斯分校终身教授/博士生导师周怀军合作，研究与鸡繁殖性能紧密关联的NPY、PRL和GH三个基因，建立分子标记辅助育种模型，选育芦花鸡H系；2015年10月19～25日以色列希伯来大学食品与环境学院的教授Avigdor Cahaner来郑州果树研究所对引智项目"苏禽绿壳蛋鸡的示范推广"开展"分子技术在项目中的应用"进行为期7天的学术指导与交流，同时做两个专题讲座；2015年3月7—13日，法国ECTI农艺师DIDIER GRASTILLEUR对郑州果树研究所邵伯和仪征基地家禽饲养情况、粪污处理现状进行调研，提出了粪污处理的解决方案。2016年5月19—23日，法国HUBBARD育种公司高级顾问/农业工程师JEAN JACQUES TREVIDY将分子标记辅助育种与传统育种相结合，指导苏禽绿壳蛋鸡的育种工作，使每只父母代鸡每世代产蛋量提高3.7个。

（二）引智成果

与美国加州大学戴维斯分校和以色列希伯来大学食品与环境学院合作，利用分子技术提高芦花鸡H系产蛋量。利用分子技术鉴定不同鸡种。采用简化基因组测序技术对不同鸡种进行DNA序列测定，通过与鸡参考基因组序列比对，鉴定出不同鸡种中特异性的SNP位点。通过引智，培育国家级配套系苏禽绿壳蛋鸡，获得发明专利两项，申报专利3项。

（三）示范推广

以示范基地为抓手，带动农户养殖，形成"公司+基地（农户）+市场"的推广模式，提高了养殖效益。每年开展健康养殖和疾病防治技术培训2~3次，培训养殖技术人员600多人次，发放技术资料1 000多份。目前建立示范基地8个。推广父母代种鸡150万套，商品鸡4 000多万羽。

八、国家引进国外智力示范单位——中国农业科学院蚕业研究所

中国农业科学院蚕业研究所经农业部推荐，2014年被认定为国家引进国外智力示范单位，主要引进示范推广蚕蛹高附加值利用与深加工技术。

（一）合作伙伴

2011年与韩国农村振兴厅、东亚大学合作，引进蛹虫草菌种；2012年与日本国立农业生物研究所合作，引进蛹虫草菌种；2013年与韩国农村振兴厅、东亚大学等合作，研究蛹虫草高效培育与加工技术；2014年与法国农业科学研究院合作，研究昆虫资源深加工技术与应用；2015年与日本东京大学、群马大学合作，研究昆虫资源深加工技术与应用。

（二）引智成果

2010年起先后从韩国引进了优良蛹虫草菌株4株。在韩国专家的指导下分析研究了引进菌种的生物学特性、培养基组成、培养条件、规模化生产的技术途径，以及相关产品（如虫草茶、虫草胶囊等保健食品）的开发等。在深入研究优良菌种的保存、选育等技术基础上，通过物理和化学诱变方法、冬虫夏草与蛹虫草菌株原生质体融合技术等筛选出优良的稳定菌株2个，并进行推广应用。取得的主要科研成果：从韩国引进高活性蛹虫草菌种4个，培育新菌株2株；建立蛹虫草高效培养技术1套；申请国家发明专利2项；研发蛹虫草产品2个（虫草茶、虫草子实体）。

（三）示范推广

建立了规模化生产技术体系，目前已有蚕蛹虫草规模企业38家，分布吉林、辽宁、河北等省市，全国年生产蚕蛹虫草360多万吨，开发蚕蛹虫草系列产品有蛹虫草子实体、虫草茶、虫草酒、虫草胶囊等，产品出口到韩国、日本、美国、欧盟及东南亚国家，年经济效益超10亿元人民币。带动了一大批相关产业的发展和当地农民致富，产生了巨大的经济效益和社会效益。

第四节　OIE、FAO认可参考实验室、中心

OIE参考实验室是国际动物卫生、兽医公共卫生以及动物产品贸易标准制修订的技术支撑机构，在国际动物疫病防控和动物产品安全等标准和规则制定方面具有最高的权威性和主导性。其主要任务是负责起草相关国际动物卫生标准、标化动物疫病诊断方法、提供标准化诊断试剂和国际标准血清、提出疫病监测和控制建议、为各成员提供技术培训等工作。自2007年，我国恢复在OIE合法权益以来，已有13家实验室被OIE认可为其参考实验室。截至目前，中国农业科学院共建设禽流感、口蹄疫等4家世界动物卫生组织参考实验室。此外中国农业科学院受到世界动物卫生组织和联合国粮农组织认可的机构还包括2家世界动物卫生组织twinning实验室、1家协作中心、1家联合国粮农组织参考实验室和1家联合国粮农组织研究培训参考中心，确立了这些单位在相关领域的世界领先地位。

一、世界动物卫生组织禽流感参考实验室

世界动物卫生组织禽流感参考实验室（OIE Reference Laboratory for Avian Influenza）依托中国农业科学院哈尔滨兽医研究所建设，成立于2008年。实验室主要任务是及时掌握全球禽流感流行情况，共享中国禽流感流行病学信息和免疫防控经验，为全球禽流感防控提供科研服务。

（一）运行管理

按照农业部和中国农业科学院相关实验室管理要求，独立运行实验室管理，每年定期向OIE提交实验室动物流感科研活动年度报告，参加OIE组织的学术交流会，完成OIE协作科研工作。

（二）运行经费

中方由农业部资助1 612万元、科技部资助5 187万元、卫生部/卫计委资助790万元和其他资助4 845万元。外方由日本东京大学资助250万元、美国艾默瑞大学资助450万元。

（三）研究条件

实验室拥有中国第一个建立的用于人畜共患和动物传染病研究的动物生物安全三级实验室（P3+），规模和管理均处于国内领先水平，是农业部批准的可长期从事高致病性禽流感研究的专门实验室，同时还拥有国内目前最为先进的SPF鸡培育保种设施以及P3级别的人工感染隔离设施，可以为家禽的相关动物实验以及病毒的培养提供良好的鸡胚、SPF鸡群供应以及良好的鸡群试验基地，为动物流感的家禽感染提供了坚强的保证。同时还拥有基因序列测定仪、核酸提取仪、血凝工作站等大型仪器，为实验室开展病原学、分子生物学等研究提供充足条件。

（四）合作成果

2011年以来，本实验室从朝鲜引进H5N1亚型禽流感病毒2株，从美国农业部东南家禽研究所引进2株H7N8亚型病毒和3株H5亚型病毒，向美国农业部东南家禽研究所出口7株H7N9病毒、2株H9N2病毒、1株H5N2病毒，开展相关研究。2013年12月4—6日在北京召开OFFLU免疫技术国际会议（OFFLU Vaccination Technical Meeting）。2011年1月24—25日在日本东京主办第5届中日流感双边研讨会。实验室主任陈化兰研究员任OIE生物标准委员会副主席，多次主持和参加OIE生物标准委员会会议。

2011—2013年承担"埃及禽流感疫苗研究"项目，经费545万元，成功研制疫苗，并已在埃及应用6.45亿羽份；2010—2015年承担"中日新发传染病研究"项目，经费900万元；2016—2021年承担"中国动物流感监测"项目，经费450万元；2014—2017年承担"禽流感等重要疫病疫苗和诊断技术的合作研究"项目，经费185万元。

二、世界动物卫生组织马传贫参考实验室

世界动物卫生组织马传贫参考实验室（World organization for animal health Reference Laboratory for Equine Infectious Anaemia）依托中国农业科学院哈尔滨兽医研究所建设，成立于2011年，重点研究领域为马传贫病原学和免疫学。

（一）研究条件

依托国家兽医生物技术重点实验室、生物安全二级实验室开展研究。

（二）合作成果

交换种质资源450份；发表论文11篇；发布著作1部；召开重大国际学术会议2次；2011年1月至2013年12月承担国家自然基金项目1项，经费33万元；2013年1月至2015年12月承担国家自然基金优秀青年基金项目1项，经费100万元。

三、世界动物卫生组织马流感twinning实验室

马流感协作实验室（Reference Laboratory Twinning Partner for Equine Influenza）依托爱尔兰马病中心（Irish Equine Centre）和中国农业科学院哈尔滨兽医研究所建设，成立于2011年，主要开展马流感病原学和免疫学研究。

（一）研究条件

国家兽医生物技术重点实验室，生物安全二级实验室。

（二）合作成果

交换马鼻拭子种质资源40管，交换马标准阳性血清资源6支，交换马血清资源34份。发布著作1部。2011年1月至2015年12月承担世界动物卫生组织（OIE）"OIE马流感参考实验室协作项目"，经费33万欧元。

四、世界动物卫生组织口蹄疫参考实验室

依托中国农业科学院兰州兽医研究所建设，于2011年由世界动物卫生组织第79届年会通过决议认定。实验室的基本职责包括承担口蹄疫防治基础研究与应用研究，解决防治工作中的重大和关键性技术难题；研究诊断、预防、控制和扑灭等方面的技术；负责作出最终诊断结论，并将诊断结果报告农业部兽医局；负责提供诊断试剂标样；负责筛选、推荐免疫疫苗生产所用毒种、株，按要求及时向农业部指定的菌（毒）种保藏机构无偿提供；收集、整理、分析流行病学信息，及时向农业部兽医局报告；负责对兽医实验室的口蹄疫诊断、监测进行技术指导、培训；参与国际交流与合作，增进中国与OIE及其成员在兽医新技术、新方法研究等领域的交流与合作。为OIE和有关成员提供诊断技术支持和诊断技术标准化服务；参与全球口蹄疫防控和动物产品安全保障事务；受农业部兽医局的委托对兽医实验室的诊断、监测进行校准。

依托单位自1958年以来，一直从事口蹄疫和猪水泡病的诊断检疫、流行病学监测、免疫预防和病原生物学研究以及技术产品的开发推广工作，建立了从病原学到血清学系列诊断方法18项，攻克疫苗生产技术和工艺，研制成功了我国目前几乎全部的口蹄疫预防用疫苗品种8种。多年来，一方面重视动物疫病病原学、分子流行学、病原致病机理、宿主分子免疫机制、病毒分子遗传与变异、宿主嗜性变化及持续感染机制等系统的基础研究工作。另一方面服务国家重大需求，积极投身疫情扑灭与疫苗生产的主战场，口蹄疫的系列诊断检疫技术和疫苗在我国口蹄疫防控中发挥了重要作用。在流行病学研究和疫情监测方面，成功绘制出了口蹄疫病毒系统发生树，搞清了病毒的遗传衍化关系，为政府科学决策提供了及时、准确、翔实的科学与技术依据。

实验室开展对外服务，包括：免费提供疫情确诊，抗原鉴定和序列分析；血清学检测，免疫效果评价和风险分析；疫苗匹配性试验；提供标准物质；疫苗、消毒剂产品效果测定和评价；技术咨询和人员培训；生物安全三级实验室开放共享。

五、世界动物卫生组织鸡传染性法氏囊病twinning实验室

OIE鸡传染性法氏囊病协作实验室（OIE Twinning Laboratory for Infectious Bursal Disease）依托法国国家食品、环境及劳动卫生署（ANSES）Ploufragan/Plouzane研究所、OIE传染性法氏囊病（IBD）参考实验室［Ploufragan-Plouzane Veternary Institute，French Agency for Food，Environmental and Occupational Health Safety（Anses）/OIE Reference Laboratory for Infectious Bursal Disease］、中国农业科学院哈尔滨兽医研究所建立，成立于2013年，主要针对IBD致病机制和综合防控，开展基础和应用研究。重点合作领域为IBD遗传变异、致病和免疫机制、诊断技术、新型疫苗、综合防控。

（一）运行管理

依托中国农业科学院哈尔滨兽医研究所的管理体系，遵守国际合作平台的合同规定和实验室首席科学家负责制，建章立制，开展绩效管理。依据绩效任务，团队每周召开1次学术讨论，每年召开年初、中期、年末3次大的战略研讨会，就团队的研究计划、进度进行讨论，集思广益解决难题，凝神聚力重点攻关。

（二）研究条件

依托中国农业科学院哈尔滨兽医研究所、兽医生物技术国家重点实验室和动物用生物制剂研究国际科技合作基地，条件设施优良。拥有电镜、病理、基因组、蛋白质组、大分子互作、流行病学、病毒学、分子生物学、免疫学等成熟的仪器设施平台。拥有SPF鸡培育、负压隔离饲养、转基因安全评价、诊断试剂创制与生产、疫苗创制与转化等成套的技术体系。

（三）合作成果

与OIE IBD参考实验（法国）交换IBDV参考毒株10株，诊断试剂1套；与OIE交流学习了实验室质量控制体系，本实验室通过了国家合格评定国家认可委员会（CNAS）认证，疫病检测能力达到国际水平。双方科技人员互访12人次。

创制了IBD抗体检测ELISA检测试剂盒、IBD琼脂扩散检测试剂盒，获得了国家新兽药证书；完善了IBDV超强毒分离鉴定技术与标准，率先参与鉴定了超强毒在中国的流行；建立了病毒库和流行病学信息平台，掌握了基于特异性单抗的IBDV抗原变异检测技术，研究了中国IBDV遗传变异的情况；与OIE进行了疫病检测方法的飞行比对，符合性良好，促进了IBDV检测技术的标准化。

创制了针对IBDV超强毒的系列弱毒和灭活疫苗，获得国家新兽药证书2个，直接应用于我国疫病防控；发明了基于反向遗传操作的IBD疫苗株高效驯化技术；针对疫病防控出现的新问题，创制了IBD新型重组疫苗，获得了国家发明专利，通过了国家转基因安全评价；国际上率先建立了IBDV新型反向遗传研究平台，阐明了IBDV强、弱毒致病力、细胞嗜性、复制效率等主要生物学特性差异的分子机制；发现了IBDV新的细胞受体，鉴定了IBDV新的模式识别受体，研究了IBDV与宿主博弈的分子细节，揭示了天然免疫在IBDV致病和免疫中的作用和机制。

发表IBDV研究文章百余篇，其中被《J Virol》《Virology》《J Gen Virol》等著名SCI刊物收录30余篇；参编《兽医微生物学》《兽医病毒学》《动物病毒反向遗传学》《动物基因工程疫苗原理与方法》等多部著作。获黑龙江省科技进步一等奖、中华农业科技一等奖、中华农业科技奖优秀创新团队奖、大北农科技特等奖等省部级以上奖励多项。

六、人兽共患病亚太区域协作中心

人兽共患病亚太区域协作中心（Zoonoses of Asia-Pacific）依托中国农业科学院哈尔滨兽医研究所建设，成立于2012年5月。中心针对重要人兽共患病防控需求，全面开展包括动物流感、狂犬病、乙型脑炎、西尼罗河、尼帕病毒、裂谷热等病毒性人兽共患病及布氏杆菌病、结核、沙门氏菌、丹毒等细菌性人兽共患病和原虫病、蜱媒传播病等寄生虫引起的人兽共患病的病原学、流行病学与分子流行病学、疫情检测与监测、疫病诊断及诊断方法及试剂的研发，新型疫苗的研发和储备性研究，病原的变异、致病力改变，病原的变异与致病性的相关性，病毒致病力改变及跨种传播的分子机制的相关研究。积极开展本地区的交流合作、技术培训及联合攻关，为本地区和人兽共患病防控提供翔实的数据和信息。

（一）运行经费

承担的科研项目有国家自然科学基金、国家973计划、国家863计划、国家科技重大专项（卫生部）、科技部支撑计划、公益性行业专项、黑龙江省自然科学基金、哈尔滨市科技创新人才项目、中国农业科学院创新工程、中央级公益性科研院所基本科研业务费、中国农业科学院院（所）长基金和国家重点实验室（自主）课题以及国际合作和横向（与企业合作研发）课题，合同科研经费累计达3 000余万元。

（二）研究条件

本协作中心的依托单位中国农业科学院哈尔滨兽医研究所拥有10个国家级公益研究平台和6个国际级研究平台；拥有万元以上仪器900余台（套）、50万元以上大型仪器近20台（套）；拥有完善的动物试验与感染设施（PBL3、PBL4实验室，试验动物基地和实验动物感染用房，SPF实验动物饲养暨国家禽类实验动物种子中心）。

（三）合作成果

研制了布鲁氏菌cELISA抗体检测试剂盒，2013年获得国家新兽药注册，获得生产批文并已临床应用；研制了羊种布鲁氏菌M5-90株基因缺失标记疫苗及其配套鉴别诊断试剂盒；开展了羊种布鲁氏菌强毒M28株及其M5-90疫苗株功能基因组学比较研究，初步阐明M5-90疫苗株致弱的分子机制。开展了狂犬病病原谱及其传播规律的调查研究；发现了狂犬病毒G基因和聚合酶基因变异影响狂犬病病毒毒力的有关分子机制；研制了安全、有效的狂犬病分子修饰减毒口服疫苗株、活载体疫苗和DNA疫苗，其中狂犬病活载体疫苗已完成技术转让，进入临床申报阶段，对狂犬病防治具关键意义。针对尼帕脑炎、西尼罗热、裂谷热、埃博拉/马尔堡出血热、拉沙出血热、中东呼吸综合征等烈性人兽共患病，分别建立了病原学和血清学检测方法，并研制了前瞻性的储备候选疫苗。

发表SCI论文80余篇；获发明专利授权近20项，国家二类新兽药证书1项；农业转基因生物安全证书3项；获黑龙江省自然科学三等奖1项和中国农业科学院自然科学二等奖1项，2012—2016年全国农牧渔业丰收奖成果三等奖科1项；编译著作2部，参编著作2部。召开或参加重要国际会议53场。

七、OIE羊泰勒虫病参考实验室

依托中国农业科学院兰州兽医研究所建设，成立于2013年。主要致力于羊泰勒虫病病原的分离鉴定、分子生物学检测和流行病学调查，并提供流行病学调查报告及风险性分析。同时，为国内及国外相关单位提供标准阳性基因组及血清，并提供检测技术共享及服务。

（一）研究条件

本实验室隶属于家畜疫病病原生物学国家重点实验室和甘肃省动物寄生虫病重点开放实验室，拥有共聚焦显微镜、2D电泳和分析系统、基因测序仪和大分子作用模拟系统本研究中将要应用的重要设备。同时拥有良好的常规实验条件，如300m^{2}动物舍、高速离心机、台式离心机、电泳仪、PCR仪、恒温摇床、细胞培养箱、光学显微镜等相关设备，能够进行常规的RNA和DNA的提取、基因克隆、表达、蛋白的纯化、细胞培养和蛋白的提取、纯化和分析等工作。此外，兰州兽医研究所仪器中心拥有先进的来自美国BD公司的流式细胞仪，为实验的开展提供了便利的仪器设备条件。

（二）合作成果

实验室建立以来发表SCI论文23篇，获得羊泰勒虫病相关专利2项，包括：一种用于羊泰勒虫病检测的间接Elisa方法及鉴定、检测多种羊泰勒虫的试剂盒及制备方法。此外，实验室还为多家国内外单位提供羊泰勒虫阳性基因组及血清共享。

八、联合国粮农组织动物流感参考中心

联合国粮农组织动物流感参考中心（FAO Animal Influenza Reference Centre）依托中国农业科学院哈尔滨兽医研究所建设，成立于2013年。中心主要监测全球动物流感流行情况，共享中国动物流感流行病学信息和防控经验，研制诊断和防控疫苗，为全球动物流感防控提供科研服务。

（一）运行管理

中方按照农业部和中国农业科学院相关实验室管理要求，独立运行实验室管理，每年定期向FAO提交实验室动物流感科研活动年度报告，参加FAO组织的学术交流会，完成FAO协作科研工作。

（二）条件设施

本中心拥有我国第一个建立的用于人畜共患和动物传染病研究的动物生物安全三级实验室（P3+），规模和管理均处于国内领先水平，拥有国内目前最为先进的SPF鸡培育保种设施以及P3级别的人工感染隔离设施，可以为家禽的相关动物实验以及病毒的培养提供良好的鸡胚、SPF鸡群供应以及良好的鸡群试验基地，为动物流感的家禽感染提供了坚强的保证。拥有基因序列测定仪、核酸提取仪、血凝工作站等大型仪器，为实验室开展病原学、分子生物学等研究提供充足条件。

（三）合作成果

2011年以来，本实验室从朝鲜引进H5N1亚型禽流感病毒2株，从美国农业部东南家禽研究所引进2株H7N8亚型病毒和3株H5亚型病毒，向美国农业部东南家禽研究所出口7株H7N9病毒、2株H9N2病毒、1株H5N2病毒，开展相关研

究。主办重要国际学术会议2场，多次参加OFFLU会议。合作程度科研项目8项，经费共计2 431.97万元。

九、联合国粮农组织沼气技术研究培训参考中心

联合国粮农组织沼气技术研究培训参考中心（FAO Reference Center for Biogas Research and Training）依托农业部沼气科学研究所建设，成立于2014年。中心参与FAO的沼气相关领域的活动，协助FAO广泛整合行业资源，提供专业技术支撑和科学建议，支持FAO开展相关研究和培训等。

（一）运行管理

参考中心由农业部沼气科学研究所培训与信息研究中心管理。制订《参考中心岗位聘用管理办法》《参考中心岗位职责考核暂行办法》《参考中心培训班学员实验记录规范》等规章制度。设置中心主任1名，项目处处长1名，项目官员6名。

（二）条件设施

有会议室2间，可容纳30人；实验室5 000m^2；50万元以上科研仪器9台（套），50万元以下科研仪器数量533台（套）；多功能厅1间，可容纳50人；多媒体教室1间，可容纳80人。沼气所研发基地总规划建设用地1 000亩，按照功能分区分别建设国家沼气科技创新中心试验区100亩，国家沼气科技创新中心中试示范区200亩，国家沼气科技创新技术产业循环农业示范区700亩；有2个村镇集中供气技术示范基地、1个玻璃钢沼气设备生产示范基地和1个沼气服务与技术推广基地。

（三）合作成果

承办中国政府（商务部、科技部、农业部等）及国际组织（FAO、APEC、UN-ESCAP、SNV、GIZ等）主办的64期对外培训，培训来自120多个国家的1 451名从事技术研究、管理推广的国外学员。先后派出多批专家组赴亚洲和非

洲实施由联合国组织、中国政府援助以及双边合作的沼气援外项目18项。先后派出多批专家组赴发展中国家实施沼气技术援外项目20余项。承办2014年农村能源培训暨"推动智慧能源发展，促进发展中国家粮食安全和农村发展"高级别国际对话及2016年中国—联合国粮农组织南南合作计划"总结经验，推动亚洲地区沼气未来发展"高级别对话。

第五节　国际机构驻京办事处

自1983年我国正式加入国际农业研究磋商组织（CGIAR）以后，该组织所属国际马铃薯研究中心（CIP）于1985年在中国农业科学院建立了首个联络办事处。此后，国际植物遗传资源研究所（现更名为国际生物多样性中心，Bioversity International）、加拿大钾肥研究所（现更名为国际植物营养研究所，IPNI）、国际应用生物科学中心（CABI）、韩国农村振兴厅（RDA）等也先后在中国农业科学院设立了联络办事机构（表9-1）。

表9-1　国际机构驻京办事处

序号	名称
1	国际玉米小麦改良中心（CIMMYT）中国办事处
2	国际生物多样性研究中心（BIOVERSITY）北京办事处
3	国际中国水稻研究所（IRRI）北京办事处
4	国际马铃薯中心（CIP）北京联络处
5	国际食物政策研究所（IFPRI）北京项目办公室
6	国际农用林业中心（ICRAF）北京办事处
7	国际畜牧研究所（ILRI）北京联络处
8	国际应用生物科学中心（CABI）东亚中心
9	国际植物营养研究所（IPNI）北京办公室
10	韩国农村农村振兴厅（RDA）北京办事处

附表1：基础设施条件平台

附表1-1　国家重大科学工程

序号	名称	依托单位
1	农作物基因资源与基因改良国家重大科学工程	中国农业科学院作物科学研究所、中国农业科学院生物技术研究所
2	国家农业生物安全科学中心	中国农业科学院植物保护研究所

附表1-2　国家科技基础条件平台

序号	名称	依托单位
1	国家农作物种质资源平台	中国农业科学院作物科学研究所
2	国家微生物资源平台	中国农业科学院农业资源与农业区划研究所
3	家养动物种质资源平台	中国农业科学院北京畜牧兽医研究所
4	农业科学数据共享中心	中国农业科学院农业信息研究所

附表2：科学研究创新平台

附表2-1 国家重点实验室

序号	名称	依托单位
1	植物病虫害生物学国家重点实验室	中国农业科学院植物保护研究所
2	动物营养学国家重点实验室	中国农业科学院北京畜牧兽医研究所、中国农业大学
3	水稻生物学国家重点实验室	中国水稻研究所、浙江大学
4	棉花生物学国家重点实验室	中国农业科学院棉花研究所、河南大学
5	兽医生物技术国家重点实验室	中国农业科学院哈尔滨兽医研究所
6	家畜疫病病原生物学国家重点实验室	中国农业科学院兰州兽医研究所

附表2-2 省部共建国家重点实验室

序号	名称	依托单位
1	吉林省特种经济动物分子生物学省部共建国家重点实验室培育基地	中国农业科学院特产研究所

附表2-3 综合性农业部重点实验室

序号	名称	依托单位
1	农业部作物基因资源与种质创制重点实验室	中国农业科学院作物科学研究所
2	农业部麦类生物学与遗传育种重点实验室	中国农业科学院作物科学研究所
3	农业部作物有害生物综合治理重点实验室	中国农业科学院植物保护研究所
4	农业部园艺作物生物学与种质创制（蔬菜）重点实验室	中国农业科学院蔬菜花卉研究所
5	农业部薯类作物生物学与遗传育种重点实验室	中国农业科学院蔬菜花卉研究所
6	农业部农业环境重点实验室	中国农业科学院农业环境与可持续发展研究所
7	农业部动物营养与饲料学重点实验室	中国农业科学院北京畜牧兽医研究所

(续表)

序号	名称	依托单位
8	农业部农产品加工重点实验室	中国农业科学院农产品加工研究所
9	农业部农业基因组学重点实验室（北京）	中国农业科学院生物技术研究所
10	农业部植物营养与肥料重点实验室	中国农业科学院农业资源与农业区划研究所
11	农业部农产品质量安全重点实验室	中国农业科学院农业质量标准与检测技术研究所
12	农业部水稻生物学与遗传育种重点实验室	中国水稻研究所
13	农业部棉花生物学与遗传育种重点实验室	中国农业科学院棉花研究所
14	农业部油料作物生物学与遗传育种重点实验室	中国农业科学院油料作物研究所
15	农业部兽用药物与诊断技术重点实验室	中国农业科学院哈尔滨兽医研究所
16	农业部动物病原生物学重点实验室	中国农业科学院兰州兽医研究所
17	农业部农村可再生能源开发利用重点实验室	农业部沼气科学研究所
18	农业部现代农业装备重点实验室	农业部南京农业机械化研究所
19	农业部动物遗传育种与繁殖（家禽）重点实验室（试运行）	中国农业科学院北京畜牧兽医研究所
20	农业部特种经济动植物生物学与遗传育种重点实验室（试运行）	中国农业科学院茶叶研究所
21	农业部产地环境污染防控重点实验室（试运行）	农业部环境保护科研监测所
22	农业部农业遥感重点实验室（试运行）	中国农业科学院农业资源与农业区划研究所

附表2-4　农业部专业性（区域性）重点实验室

序号	名称	依托单位
1	农业部作物生理生态重点实验室	中国农业科学院作物科学研究所
2	农业部北京大豆生物学重点实验室	中国农业科学院作物科学研究所
3	农业部旱作节水农业重点实验室	中国农业科学院农业环境与可持续发展研究所
4	农业部设施农业节能与废弃物处理重点实验室	中国农业科学院农业环境与可持续发展研究所
5	农业部授粉昆虫生物学重点实验室	中国农业科学院蜜蜂研究所
6	农业部饲料生物技术重点实验室	中国农业科学院饲料研究所
7	农业部农业微生物资源收集与保藏重点实验室	中国农业科学院农业资源与农业区划研究所
8	农业部面源污染控制重点实验室	中国农业科学院农业资源与农业区划研究所
9	农业部农业信息服务技术重点实验室	中国农业科学院农业信息研究所
10	农业部作物需水与调控重点实验室	中国农业科学院农田灌溉研究所
11	农业部生物毒素检测重点实验室	中国农业科学院油料作物研究所
12	农业部麻类生物学与加工重点实验室	中国农业科学院麻类研究所
13	农业部园艺作物种质资源利用重点实验室	中国农业科学院果树研究所
14	农业部果树育种技术重点实验室	中国农业科学院郑州果树研究所
15	农业部兽用药物创制重点实验室	中国农业科学院兰州畜牧与兽药研究所
16	农业部动物寄生虫学重点实验室	中国农业科学院上海兽医研究所

(续表)

序号	名称	依托单位
17	农业部牧草资源与利用重点实验室	中国农业科学院草原研究所
18	农业部特种经济动物遗传育种与繁殖重点实验室	中国农业科学院特产研究所
19	农业部烟草生物学与加工重点实验室	中国农业科学院烟草研究所
20	农业部蚕桑遗传改良重点实验室	中国农业科学院蚕业研究所
21	农业部农产品质量安全生物性危害因子（植物源）控制重点实验室（试运行）	中国农业科学院植物保护研究所
22	农业部蔬菜质量安全控制重点实验室（试运行）	中国农业科学院蔬菜花卉研究所
23	农业部农膜污染防控重点实验室（试运行）	中国农业科学院农业环境与可持续发展研究所
24	农业部休闲农业重点实验室（试运行）	中国农业科学院农业环境与可持续发展研究所
25	农业部牧草种质资源与育种重点实验室（试运行）	中国农业科学院北京畜牧兽医研究所
26	农业部奶及奶制品质量安全控制重点实验室（试运行）	中国农业科学院北京畜牧兽医研究所
27	农业部蜂产品质量安全控制重点实验室（试运行）	中国农业科学院蜜蜂研究所
28	农业部农产品质量安全收贮运管控重点实验室（试运行）	中国农业科学院农产品加工研究所
29	农业部农业转基因生物安全评价（分子）重点实验室（试运行）	中国农业科学院生物技术研究所
30	农业部草地资源监测评价与创新利用重点实验室（试运行）	中国农业科学院农业资源与农业区划研究所
31	农业部农业大数据重点实验室（试运行）	中国农业科学院农业信息研究所
32	农业部节水灌溉工程重点实验室（试运行）	中国农业科学院农田灌溉研究所
33	农业部油料加工重点实验室（试运行）	中国农业科学院油料作物研究所
34	农业部茶叶质量安全控制重点实验室（试运行）	中国农业科学院茶叶研究所
35	农业部兽用化学药物及制剂学重点实验室（试运行）	中国农业科学院上海兽医研究所
36	农业部草地与农业生态遥感重点实验室（试运行）	中国农业科学院草原研究所
37	农业部草地生态与修复治理重点实验室（试运行）	中国农业科学院草原研究所
38	农业部经济动物疫病重点实验室（试运行）	中国农业科学院特产研究所
39	农业部农产品质量安全环境因子控制重点实验室（试运行）	农业部环境保护科研监测所
40	农业部农业基因数据分析重点实验室（试运行）	中国农业科学院农业基因组研究所

附表2-5　农业部科学观测试验站

序号	名称	依托单位
1	农业部新乡小麦高效育种技术科学观测试验站	中国农业科学院作物科学研究所
2	农业部核辐射农业生物科学观测试验站	中国农业科学院作物科学研究所
3	农业部锡林郭勒草原有害生物科学观测试验站	中国农业科学院植物保护研究所
4	农业部桂林有害生物科学观测试验站	中国农业科学院植物保护研究所
5	农业部廊坊农作物有害生物科学观测试验站	中国农业科学院廊坊科研中试基地
6	农业部蔬菜作物基因资源与种质创制北京科学观测试验站	中国农业科学院蔬菜花卉研究所
7	农业部寿阳农业环境与作物高效用水科学观测试验站	中国农业科学院农业环境与可持续发展研究所

(续表)

序号	名称	依托单位
8	农业部兽用药物与兽医生物技术北京科学观测试验站	中国农业科学院北京畜牧兽医研究所
9	农业部华北动物遗传资源与营养科学观测试验站	中国农业科学院北京畜牧兽医研究所
10	农业部祁阳农业环境科学观测试验站	中国农业科学院农业资源与农业区划研究所
11	农业部呼伦贝尔农业环境科学观测试验站	中国农业科学院农业资源与农业区划研究所
12	农业部华北设施栽培与施肥科学观测试验站	中国农业科学院德州盐碱土改良实验室
13	农业部商丘农业环境科学观测试验站	中国农业科学院农田灌溉研究所
14	农业部作物基因资源与种质创制浙江科学观测试验站	中国水稻研究所
15	农业部作物基因资源与种质创制辽宁科学观测试验站	中国农业科学院果树研究所
16	农业部作物基因资源与种质创制河南科学观测试验站	中国农业科学院郑州果树研究所
17	农业部草原畜牧业装备科学观测试验站	中国农业科学院草原研究所
18	农业部大理农业环境科学观测试验站	农业部环境保护科研监测所
19	农业部西南地区果树科学观测试验站	中国农业科学院柑桔研究所

附表2-6 中国农业科学院重点开放实验室

序号	名称	依托单位
1	中国农业科学院作物种质资源与生物技术重点开放实验室	中国农业科学院作物科学研究所
2	中国农业科学院作物遗传改良与生物技术重点开放实验室	中国农业科学院作物科学研究所
3	中国农业科学院粮棉油料作物生理与栽培重点开放实验室	中国农业科学院作物科学研究所
4	中国农业科学院植物病虫害生物学重点开放实验室	中国农业科学院植物保护研究所
5	中国农业科学院农药化学与应用技术重点开放实验室	中国农业科学院植物保护研究所
6	中国农业科学院生物入侵与生物防治重点开放实验室	中国农业科学院植物保护研究所
7	中国农业科学院杂草鼠害生物学与治理重点开放实验室	中国农业科学院植物保护研究所
8	中国农业科学院园艺作物遗传与生理重点开放实验室	中国农业科学院蔬菜花卉研究所
9	中国农业科学院农业环境与气候变化重点开放实验室	中国农业科学院农业环境与可持续发展研究所
10	中国农业科学院旱作节水农业重点开放实验室	中国农业科学院农业环境与可持续发展研究所
11	中国农业科学院动物营养学重点开放实验室	中国农业科学院北京畜牧兽医研究所
12	中国农业科学院家养动物遗传资源与种质创新重点开放实验室	中国农业科学院北京畜牧兽医研究所
13	中国农业科学院牧草遗传改良与利用重点开放实验室	中国农业科学院北京畜牧兽医研究所
14	中国农业科学院授粉昆虫生物学重点开放实验室	中国农业科学院蜜蜂研究所
15	中国农业科学院饲料生物技术重点开放实验室	中国农业科学院饲料研究所
16	中国农业科学院农产品加工与质量控制重点开放实验室	中国农业科学院农产品加工研究所
17	中国农业科学院农作物分子生物学与生物技术重点开放实验室	中国农业科学院生物技术研究所
18	中国农业科学院国家农业政策分析与决策支持系统重点开放实验室	中国农业科学院农业经济与发展研究所

（续表）

序号	名称	依托单位
19	中国农业科学院植物营养与养分循环重点开放实验室	中国农业科学院农业资源与农业区划研究所
20	中国农业科学院资源遥感与数字农业重点开放实验室	中国农业科学院农业资源与农业区划研究所
21	中国农业科学院土壤质量重点开放实验室	中国农业科学院农业资源与农业区划研究所
22	中国农业科学院智能化农业预警技术与系统重点开放实验室	中国农业科学院农业信息研究所
23	中国农业科学院农产品质量与食物安全重点开放实验室	中国农业科学院农业质量标准与检测技术研究所
24	中国农业科学院农业水资源高效安全利用重点开放实验室	中国农业科学院农田灌溉研究所
25	中国农业科学院水稻生物学重点开放实验室	中国水稻研究所
26	中国农业科学院棉花遗传改良重点开放实验室	中国农业科学院棉花研究所
27	中国农业科学院油料作物生物学重点开放实验室	中国农业科学院油料作物研究所
28	中国农业科学院茎纤维生物质与工程微生物重点开放实验室	中国农业科学院麻类研究所
29	中国农业科学院麻类遗传育种与生物加工重点开放实验室	中国农业科学院麻类研究所
30	中国农业科学院果树种质资源与育种技术重点开放实验室	中国农业科学院果树研究所
31	中国农业科学院果树生长发育与品质控制重点开放实验室	中国农业科学院郑州果树研究所
32	中国农业科学院茶及饮料植物产品加工与质量控制重点开放实验室	中国农业科学院茶叶研究所
33	中国农业科学院兽医生物技术重点开放实验室	中国农业科学院哈尔滨兽医研究所
34	中国农业科学院动物流感重点开放实验室	中国农业科学院哈尔滨兽医研究所
35	中国农业科学院人兽共患病重点开放实验室	中国农业科学院哈尔滨兽医研究所、中国农业科学院兰州兽医研究所
36	中国农业科学院家畜疫病病原生物学重点开放实验室	中国农业科学院兰州兽医研究所
37	中国农业科学院草食动物疫病重点开放实验室	中国农业科学院兰州兽医研究所
38	中国农业科学院新兽药工程重点开放实验室	中国农业科学院兰州畜牧与兽药研究所
39	中国农业科学院动物寄生虫学重点开放实验室	中国农业科学院上海兽医研究所
40	中国农业科学院兽药安全评价与兽药残留研究重点开放实验室	中国农业科学院上海兽医研究所
41	中国农业科学院草地资源生态重点开放实验室	中国农业科学院草原研究所
42	中国农业科学院特种经济动物种质资源遗传改良重点开放实验室	中国农业科学院特产研究所
43	中国农业科学院农业环境与农产品安全重点开放实验室	农业部环境保护科研监测所
44	中国农业科学院能源微生物重点开放实验室	农业部沼气科学研究所
45	中国农业科学院农业机械重点开放实验室	农业部南京机械化研究所
46	中国农业科学院烟草遗传改良与生物技术重点开放实验室	中国农业科学院烟草研究所
47	中国农业科学院柑桔学重点开放实验室	中国农业科学院柑桔研究所
48	中国农业科学院北方糖料作物资源与利用重点开放实验室	中国农业科学院甜菜研究所
49	中国农业科学院蚕桑遗传改良与生物技术重点开放实验室	中国农业科学院蚕业研究所
50	中国农业科学院草地农业系统学重点开放实验室	中国农业科学院草原生态研究所
51	中国农业科学院家禽遗传资源评价与繁育重点开放实验室	中国农业科学院草原家禽研究所
52	中国农业科学院甘薯遗传改良重点开放实验室	中国农业科学院甘薯研究所

附表3：技术集成熟化平台

附表3-1 国家工程实验室

序号	名称	依托单位
1	作物分子育种国家工程实验室	中国农业科学院作物科学研究所
2	作物细胞育种国家工程实验室	中国农业科学院蔬菜花卉研究所
3	棉花转基因育种国家工程实验室	中国农业科学院棉花研究所
4	耕地培育技术国家工程实验室	中国农业科学院农业资源与农业区划研究所
5	作物高效用水与抗灾减损国家工程实验室	中国农业科学院农业环境与可持续发展研究所

附表3-2 国家工程研究中心

序号	名称	依托单位
1	动物用生物制品国家工程研究中心	中国农业科学院哈尔滨兽医研究所
2	生物饲料开发国家工程研究中心	中国农业科学院饲料研究所

附表3-3 国家工程技术研究中心

序号	名称	依托单位
1	国家昌平综合农业工程技术研究中心	中国农业科学院
2	国家饲料工程技术研究中心	中国农业大学、中国农业科学院饲料研究所
3	国家油菜工程技术研究中心	华中农业大学、中国农业科学院油料作物研究所
4	国家茶产业工程技术研究中心	中国农业科学院茶叶研究所
5	国家柑桔工程技术研究中心	中国农业科学院柑桔研究所

附表3-4 中国农业科学院工程技术研究中心

序号	名称	依托单位
1	中国农业科学院粮食作物育种工程技术研究中心	中国农业科学院作物科学研究所
2	中国农业科学院生物防治工程技术研究中心	中国农业科学院植物保护研究所
3	中国农业科学院花卉工程技术研究中心	中国农业科学院蔬菜花卉研究所
4	中国农业科学院农业环境工程技术研究中心	中国农业科学院农业环境与可持续发展研究所
5	中国农业科学院家畜品种改良与繁育工程技术研究中心	中国农业科学院北京畜牧兽医研究所
6	中国农业科学院蜂产品工程技术研究中心	中国农业科学院蜜蜂研究所
7	中国农业科学院饲料安全工程技术研究中心	中国农业科学院饲料研究所
8	中国农业科学院农产品加工工程技术研究中心	中国农业科学院农产品加工研究所
9	中国农业科学院作物生物技术工程技术研究中心	中国农业科学院生物技术研究所
10	中国农业科学院新型肥料工程技术研究中心	中国农业科学院农业资源与农业区划研究所
11	中国农业科学院农业监测预警与大数据工程技术研究中心	中国农业科学院农业信息研究所
12	中国农业科学院农产品质量安全工程技术研究中心	中国农业科学院农业质量标准与检测技术研究所
13	中国农业科学院双蛋白工程技术研究中心	农业部食物与营养发展研究所
14	中国农业科学院节水灌溉工程技术研究中心	中国农业科学院农田灌溉研究所
15	中国农业科学院超级稻工程技术研究中心	中国水稻研究所
16	中国农业科学院棉花工程技术研究中心	中国农业科学院棉花研究所
17	中国农业科学院油料作物分子育种工程技术研究中心	中国农业科学院油料作物研究所
18	中国农业科学院麻类工程技术研究中心	中国农业科学院麻类研究所
19	中国农业科学院落叶果树工程技术研究中心	中国农业科学院果树研究所
20	中国农业科学院果树瓜类种苗工程技术研究中心	中国农业科学院郑州果树研究所
21	中国农业科学院茶叶加工工程技术研究中心	中国农业科学院茶叶研究所
22	中国农业科学院动物疫病诊断技术工程技术研究中心	中国农业科学院哈尔滨兽医研究所
23	中国农业科学院草食动物疫病防控工程技术研究中心	中国农业科学院兰州兽医研究所
24	中国农业科学院羊育种工程技术研究中心	中国农业科学院兰州畜牧与兽药研究所
25	中国农业科学院动物热带疫病防控技术研究中心	中国农业科学院上海兽医研究所
26	中国农业科学院草原生产力保育工程技术研究中心	中国农业科学院草原研究所
27	中国农业科学院特种动物饲养与饲料工程技术研究中心	中国农业科学院特产研究所
28	中国农业科学院农产品产地环境保护与修复工程技术研究中心	农业部环境保护科研监测所
29	中国农业科学院沼气工程技术研究中心	农业部沼气科学研究所
30	中国农业科学院农作物收获装备工程技术研究中心	农业部南京机械化研究所
31	中国农业科学院烟草工程技术研究中心	中国农业科学院烟草研究所
32	中国农业科学院全基因组育种设计工程技术研究中心	中国农业科学院农业基因组研究所

附表4：野外科学观测平台

附表4-1 国家级野外台站

序号	名称	依托单位
1	国家农作物种质资源野外观测研究圃网	中国农业科学院作物科学研究所
2	国家农业土壤肥力效益野外研究站网络	中国农业科学院农业资源与农业区划研究所
3	南方红黄壤地区农业生态环境监测试验站	中国农业科学院农业资源与农业区划研究所
4	内蒙古呼伦贝尔草原生态系统国家野外科学观测研究站	中国农业科学院农业资源与农业区划研究所
5	河南商丘农田生态系统国家野外科学观测研究站	中国农业科学院农田灌溉研究所

附表4-2 农业部野外科学观测试验站

序号	名称	依托单位
1	农业部新乡矮败小麦重点野外科学观测试验站	中国农业科学院作物科学研究所
2	农业部廊坊有害生物防治重点野外科学观测试验站	中国农业科学院植物保护研究所
3	农业部锡林浩特草原有害生物防治重点野外科学观测试验站	中国农业科学院植物保护研究所
4	农业部寿阳旱地农业重点野外科学观测试验站	中国农业科学院农业环境与可持续发展研究所
5	农业部昌平畜禽资源重点野外科学观测试验站	中国农业科学院北京畜牧兽医研究所
6	农业部迁西燕山生态环境重点野外科学观测试验站	中国农业科学院农业资源与农业区划研究所
7	农业部洛阳旱地农业重点野外科学观测试验站	中国农业科学院农业资源与农业区划研究所
8	农业部呼伦贝尔草甸草原生态环境重点野外科学观测试验站	中国农业科学院农业资源与农业区划研究所
9	农业部祁阳红壤生态环境重点野外科学观测试验站	中国农业科学院农业资源与农业区划研究所
10	农业部昌平潮褐土生态环境重点野外科学观测试验站	中国农业科学院农业资源与农业区划研究所
11	农业部德州农业资源与生态环境重点野外科学观测试验站	中国农业科学院农业资源与农业区划研究所
12	农业部商丘农业资源与生态环境重点野外科学观测试验站	中国农业科学院农田灌溉研究所
13	农业部武昌花生资源重点野外科学观测试验站	中国农业科学院油料作物研究所
14	农业部沅江麻类资源重点野外科学观测试验站	中国农业科学院麻类研究所

（续表）

序号	名称	依托单位
15	农业部兴城北方落叶果树资源重点野外科学观测试验站	中国农业科学院果树研究所
16	农业部杭州茶树资源重点野外科学观测试验站	中国农业科学院茶叶研究所
17	农业部兰州黄土高原生态环境重点野外科学观测试验站	中国农业科学院兰州畜牧与兽药研究所
18	农业部鄂尔多斯沙地草原生态环境重点野外科学观测试验站	中国农业科学院草原研究所
19	农业部沙尔沁牧草资源重点野外科学观测试验站	中国农业科学院草原研究所
20	农业部玉树高寒草原资源与生态环境重点野外科学观测试验站	中国农业科学院草原研究所
21	农业部长白山野生生物资源重点野外科学观测试验站	中国农业科学院特产研究所
22	农业部大理农业生态环境重点野外科学观测试验站	农业部环境保护科研监测所
23	农业部镇江桑树资源重点野外科学观测试验站	中国农业科学院蚕业研究所
24	农业部徐州甘薯资源重点野外科学观测试验站	中国农业科学院甘薯研究所

附表4-3　中国农业科学院野外科学观测试验站

序号	名称	依托单位
1	中国农业科学院祁阳红壤生态环境野外科学观测试验站	中国农业科学院农业资源与农业区划研究所
2	中国农业科学院呼伦贝尔草甸草原生态环境野外科学观测试验站	中国农业科学院农业资源与农业区划研究所
3	中国农业科学院洛阳旱地农业野外科学观测试验站	中国农业科学院农业资源与农业区划研究所
4	中国农业科学院迁西燕山生态环境野外科学观测试验站	中国农业科学院农业资源与农业区划研究所
5	中国农业科学院昌平潮褐土生态环境野外科学观测试验站	中国农业科学院农业资源与农业区划研究所
6	中国农业科学院德州农业资源与生态环境野外科学观测试验站	中国农业科学院农业资源与农业区划研究所
7	中国农业科学院长白山野生生物资源野外科学观测试验站	中国农业科学院特产研究所
8	中国农业科学院杭州茶树资源野外科学观测试验站	中国农业科学院茶叶研究所
9	中国农业科学院寿阳旱地农业野外科学观测试验站	中国农业科学院农业环境与可持续发展研究所
10	中国农业科学院鄂尔多斯沙地草原生态环境野外科学观测试验站	中国农业科学院草原研究所
11	中国农业科学院沙尔沁牧草资源野外科学观测试验站	中国农业科学院草原研究所
12	中国农业科学院玉树高寒草原资源与生态环境野外科学观测试验站	中国农业科学院草原研究所
13	中国农业科学院沅江麻类资源野外科学观测试验站	中国农业科学院麻类研究所
14	中国农业科学院廊坊有害生物防治野外科学观测试验站	中国农业科学院植物保护研究所
15	中国农业科学院锡林浩特草原有害生物防治野外科学观测试验站	中国农业科学院植物保护研究所
16	中国农业科学院兴城北方落叶果树资源野外科学观测试验站	中国农业科学院果树研究所
17	中国农业科学院武昌花生资源野外科学观测试验站	中国农业科学院油料作物研究所

（续表）

序号	名称	依托单位
18	中国农业科学院商丘农业资源与生态环境野外科学观测试验站	中国农业科学院农田灌溉研究所
19	中国农业科学院兰州黄土高原生态环境野外科学观测试验站	中国农业科学院兰州畜牧与兽药研究所
20	中国农业科学院昌平畜禽资源野外科学观测试验站	中国农业科学院北京畜牧兽医研究所
21	中国农业科学院新乡矮败小麦野外科学观测试验站	中国农业科学院作物科学研究所
22	中国农业科学院大理农业生态环境野外科学观测试验站	农业部环境保护科研监测所
23	中国农业科学院镇江桑树资源野外科学观测试验站	中国农业科学院蚕业研究所
24	中国农业科学院徐州甘薯资源野外科学观测试验站	中国农业科学院甘薯研究所
25	中国农业科学院新乡有害生物防治野外科学观测试验站	中国农业科学院植物保护研究所
26	中国农业科学院天水有害生物防治野外科学观测试验站	中国农业科学院植物保护研究所
27	中国农业科学院桂林有害生物防治野外科学观测试验站	中国农业科学院植物保护研究所
28	中国农业科学院廊坊数字水肥野外科学观测试验站	中国农业科学院农业资源与农业区划研究所
29	中国农业科学院密云生态农业野外科学观测试验站	中国农业科学院农业资源与农业区划研究所
30	中国农业科学院鄂托克旗牧草资源与育种野外科学观测试验站	中国农业科学院北京畜牧兽医研究所
31	中国农业科学院杭州水稻种质资源野外科学观测试验站	中国水稻研究所
32	中国农业科学院长江中下游棉花野外科学观测试验站	中国农业科学院棉花研究所
33	中国农业科学院平安油菜育种野外科学观测试验站	中国农业科学院油料作物研究所
34	中国农业科学院进贤红壤地区油料作物野外科学观测试验站	中国农业科学院油料作物研究所
35	中国农业科学院汉川转基因油料作物环境安全野外科学观测试验站	中国农业科学院油料作物研究所
36	中国农业科学院武清转基因生物农田生态系统影响野外科学观测试验站	农业部环境保护科研监测所
37	中国农业科学院藁城农业生态环境野外科学观测试验站	农业部环境保护科研监测所
38	中国农业科学院彭州农产品产地环境野外科学观测试验站	农业部环境保护科研监测所
39	中国农业科学院南京农业机械野外科学观测试验站	农业部南京农业机械化研究所
40	中国农业科学院郑州果树瓜类野外科学观测试验站	中国农业科学院郑州果树研究所
41	中国农业科学院阿克苏果树瓜类野外科学观测试验站	中国农业科学院郑州果树研究所
42	中国农业科学院青岛烟草资源与环境野外科学观测试验站	中国农业科学院烟草研究所
43	中国农业科学院张掖牧草及生态农业野外科学观测试验站	中国农业科学院兰州畜牧与兽药研究所
44	中国农业科学院苏尼特温带荒漠草原资源与生态环境野外科学观测试验站	中国农业科学院草原研究所
45	中国农业科学院太仆寺旗草地资源生态监测与评价野外科学观测试验站	中国农业科学院草原研究所
46	中国农业科学院葫芦岛落叶果树生理生态及有害生物野外科学观测试验站	中国农业科学院果树研究所
47	中国农业科学院新乡农业水土环境野外科学观测试验站	中国农业科学院农田灌溉研究所

（续表）

序号	名称	依托单位
48	中国农业科学院廊坊蔬菜资源野外科学观测试验站	中国农业科学院蔬菜花卉研究所
49	中国农业科学院信息农业野外科学观测试验站	中国农业科学院农业信息研究所
50	中国农业科学院数字化文献信息服务系统野外科学观测试验站	中国农业科学院农业信息研究所
51	中国农业科学院岳阳农业环境野外科学观测试验站	中国农业科学院农业环境与可持续发展研究所
52	中国农业科学院那曲高寒草原生态与气候变化野外科学观测试验站	中国农业科学院农业环境与可持续发展研究所
53	中国农业科学院密云农业环境野外科学观测试验站	中国农业科学院农业环境与可持续发展研究所
54	中国农业科学院共和农业环境野外科学观测试验站	中国农业科学院农业环境与可持续发展研究所
55	中国农业科学院兰州农业环境野外科学观测试验站	中国农业科学院农业环境与可持续发展研究所、中国农业科学院兰州畜牧与兽药研究所
56	中国农业科学院永宁农业环境野外科学观测试验站	中国农业科学院农业环境与可持续发展研究所
57	中国农业科学院大荔农业环境野外科学观测试验站	中国农业科学院农业环境与可持续发展研究所
58	中国农业科学院崇明农业环境野外科学观测试验站	中国农业科学院农业环境与可持续发展研究所
59	中国农业科学院东营农业环境野外科学观测试验站	中国农业科学院农业环境与可持续发展研究所
60	中国农业科学院西昌烟草资源与环境野外科学观测试验站	中国农业科学院烟草研究所

附表5：产业安全支撑平台

附表5-1 国家质量监督检验中心

序号	名称	依托单位
1	国家化肥质量监督检验中心（北京）	中国农业科学院农业资源与农业区划研究所
2	国家饲料质量监督检验中心（北京）	中国农业科学院农业质量标准与检测技术研究所
3	国家植保机械质量监督检验中心	农业部南京农业机械化研究所

附表5-2 部级产品质量监督检验测试中心

序号	名称	依托单位
1	农业部谷物品质监督检验测试中心	中国农业科学院作物科学研究所
2	农业部农药应用评价监督检验测试中心（北京）	中国农业科学院植物保护研究所
3	农业部转基因植物环境安全及植物抗性监督检验测试中心（北京）	中国农业科学院植物保护研究所
4	农业部蔬菜品质监督检验测试中心（北京）	中国农业科学院蔬菜花卉研究所
5	农业部畜牧环境设施设备质量监督检验测试中心（北京）	中国农业科学院农业环境与可持续发展研究所
6	农业部奶及奶制品质量监督检验测试中心（北京）	中国农业科学院北京畜牧兽医研究所
7	农业部蜂产品质量监督检验测试中心（北京）	中国农业科学院蜜蜂研究所
8	农业部农产加工品质量监督检验测试中心（北京）	中国农业科学院农产品加工研究所
9	农业部转基因植物用微生物环境安全监督检验测试中心（北京）	中国农业科学院生物技术研究所
10	农业部微生物肥料和食用菌菌种质量监督检验测试中心	中国农业科学院农业资源与农业区划研究所
11	水利部节水灌溉设备质量检测中心	中国农业科学院农田灌溉研究所
12	农业部稻米及制品质量监督检验测试中心	中国水稻研究所
13	农业部转基因植物环境安全监督检验测试中心（杭州）	中国水稻研究所
14	农业部棉花品质监督检验测试中心	中国农业科学院棉花研究所

(续表)

序号	名称	依托单位
15	农业部转基因植物环境安全监督检验测试中心（安阳）	中国农业科学院棉花研究所
16	农业部油料及制品质量监督检验测试中心	中国农业科学院油料作物研究所
17	农业部转基因植物环境安全监督检验测试中心（武汉）	中国农业科学院油料作物研究所
18	农业部麻类产品质量监督检验测试中心	中国农业科学院麻类研究所
19	农业部果品及苗木质量监督检验测试中心（兴城）	中国农业科学院果树研究所
20	农业部果品及苗木质量监督检验测试中心（郑州）	中国农业科学院郑州果树研究所
21	农业部茶叶质量监督检验测试中心	中国农业科学院茶叶研究所
22	农业部实验动物质量监督检验测试中心（哈尔滨）	中国农业科学院哈尔滨兽医研究所
23	农业部动物毛皮及制品质量监督检验测试中心（兰州）	中国农业科学院兰州畜牧与兽药研究所
24	农业部特种经济动植物及产品质量监督检验测试中心	中国农业科学院特产研究所
25	农业部环境质量监督检验测试中心（天津）	农业部环境保护科研监测所
26	农业部转基因生物生态环境安全监督检验测试中心（天津）	农业部环境保护科研监测所
27	农业部沼气产品及设备质量监督检验测试中心	农业部沼气科学研究所
28	农业部烟草产业产品质量监督检验测试中心	中国农业科学院烟草研究所
29	农业部柑桔及苗木质量监督检验测试中心	中国农业科学院柑桔研究所
30	农业部甜菜品质监督检验测试中心	中国农业科学院甜菜研究所
31	农业部蚕桑产业产品质量监督检验测试中心（镇江）	中国农业科学院蚕业研究所

附表5-3　农业部农产品质量安全风险评估实验室

序号	名称	依托单位
1	农业部谷物产品质量安全风险评估实验室（北京）	中国农业科学院作物科学研究所
2	农业部农产品质量安全生物性危害因子风险评估实验室（北京）	中国农业科学院植物保护研究所
3	农业部蔬菜产品质量安全风险评估实验室（北京）	中国农业科学院蔬菜花卉研究所
4	农业部动物产品质量安全环境因子风险评估实验室（北京）	中国农业科学院农业环境与可持续发展研究所
5	农业部奶产品质量安全风险评估实验室（北京）	中国农业科学院北京畜牧兽医研究所
6	农业部蜂产品质量安全风险评估实验室（北京）	中国农业科学院蜜蜂研究所
7	农业部农产品加工质量安全风险评估实验室（北京）	中国农业科学院农产品加工研究所
8	农业部微生物产品质量安全风险评估实验室（北京）	中国农业科学院农业资源与农业区划研究所
9	农业部农产品质量与营养功能风险评估实验室（北京）	农业部食物与营养发展研究所
10	农业部稻米产品质量安全风险评估实验室（杭州）	中国水稻研究所
11	农业部棉花产品质量安全风险评估实验室（安阳）	中国农业科学院棉花研究所
12	农业部油料产品质量安全风险评估实验室（武汉）	中国农业科学院油料作物研究所
13	农业部植物纤维产品质量安全风险评估实验室（长沙）	中国农业科学院麻类研究所

(续表)

序号	名称	依托单位
14	农业部果品质量安全风险评估实验室（兴城）	中国农业科学院果树研究所
15	农业部果品质量安全风险评估实验室（郑州）	中国农业科学院郑州果树研究所
16	农业部茶叶产品质量安全风险评估实验室（杭州）	中国农业科学院茶叶研究所
17	农业部畜产品质量安全风险评估实验室（兰州）	中国农业科学院兰州畜牧与兽药研究所
18	农业部动物产品质量安全生物性危害因子风险评估实验室（上海）	中国农业科学院上海兽医研究所
19	农业部特种动植物产品质量风险评估实验室（长春）	中国农业科学院特产研究所
20	农业部农产品质量安全环境因子风险评估实验室（天津）	农业部环境保护科研监测所
21	农业部烟草质量安全风险评估实验室（青岛）	中国农业科学院烟草研究所
22	农业部柑桔产品质量安全风险评估实验室（重庆）	中国农业科学院柑桔研究所
23	农业部糖料产品质量安全风险评估实验室（哈尔滨）	中国农业科学院甜菜研究所
24	农业部蚕桑产品及食用昆虫质量安全风险评估实验室（镇江）	中国农业科学院蚕业研究所
25	农业部禽类产品质量安全风险评估实验室（扬州）	中国农业科学院家禽研究所

附表5-4　中国农业科学院农产品质量安全风险评估研究中心

序号	名称	依托单位
1	中国农业科学院谷物产品质量安全风险评估研究中心	中国农业科学院作物科学研究所
2	中国农业科学院农产品农药残留与生物危害风险评估研究中心	中国农业科学院植物保护研究所
3	中国农业科学院蔬菜产品质量安全风险评估研究中心	中国农业科学院蔬菜花卉研究所
4	中国农业科学院奶产品质量安全风险评估研究中心	中国农业科学院北京畜牧兽医研究所
5	中国农业科学院蜂产品质量安全风险评估研究中心	中国农业科学院蜜蜂研究所
6	中国农业科学院农产品加工质量安全风险评估研究中心	中国农业科学院农产品加工研究所
7	中国农业科学院食用菌质量安全风险评估研究中心	中国农业科学院农业资源与农业区划研究所
8	中国农业科学院稻米产品质量安全风险评估研究中心	中国水稻研究所
9	中国农业科学院棉花质量安全风险评估研究中心	中国农业科学院棉花研究所
10	中国农业科学院油料产品质量安全风险评估研究中心	中国农业科学院油料作物研究所
11	中国农业科学院麻类产品质量安全风险评估研究中心	中国农业科学院麻类研究所
12	中国农业科学院兴城果品质量安全风险评估研究中心	中国农业科学院果树研究所
13	中国农业科学院郑州果品质量安全风险评估研究中心	中国农业科学院郑州果树研究所
14	中国农业科学院茶叶质量安全风险评估研究中心	中国农业科学院茶叶研究所
15	中国农业科学院兰州畜产品质量安全风险评估研究中心	中国农业科学院兰州畜牧与兽药研究所
16	中国农业科学院特种经济动植物产品质量安全风险评估研究中心	中国农业科学院特产研究所
17	中国农业科学院农产品产地环境风险评估研究中心	农业部环境保护科研监测所
18	中国农业科学院烟草产品质量安全风险评估研究中心	中国农业科学院烟草研究所
19	中国农业科学院柑橘质量安全风险评估研究中心	中国农业科学院柑桔研究所
20	中国农业科学院蚕业产品质量安全风险评估研究中心	中国农业科学院蚕业研究所

(续表)

序号	名称	依托单位
21	中国农业科学院农用水质量安全风险评估研究中心	中国农业科学院农田灌溉研究所
22	中国农业科学院沼气及发酵产品质量安全评估研究中心	农业部沼气科学研究所

附表5-5 国家参考实验室

序号	名称	依托单位
1	国家牛传染性胸膜肺炎参考实验室	中国农业科学院哈尔滨兽医研究所
2	国家禽流感参考实验室	中国农业科学院哈尔滨兽医研究所
3	国家口蹄疫参考实验室	中国农业科学院兰州兽医研究所

附表6：品种保藏改良平台

附表6-1　国家农作物、畜禽改良中心（分中心）

序号	名称	依托单位
1	国家小麦改良中心	中国农业科学院作物科学研究所
2	国家大豆改良北京分中心	中国农业科学院作物科学研究所
3	国家蔬菜改良中心	中国农业科学院蔬菜花卉研究所
4	国家花卉改良中心	中国农业科学院蔬菜花卉研究所
5	国家马铃薯改良中心华北分中心	中国农业科学院蔬菜花卉研究所
6	国家畜禽分子育种中心	中国农业科学院北京畜牧兽医研究所
7	国家牛奶质量改良中心	中国农业科学院北京畜牧兽医研究所
8	国家食用菌改良中心	中国农业科学院农业资源与农业区划研究所
9	国家水稻改良中心	中国水稻研究所
10	国家棉花改良中心	中国农业科学院棉花研究所
11	国家油料作物改良中心	中国农业科学院油料作物研究所
12	国家麻类作物育种中心	中国农业科学院麻类研究所
13	国家苹果育种中心	中国农业科学院果树研究所
14	国家桃、葡萄改良中心	中国农业科学院郑州果树研究所
15	国家瓜果改良中心	中国农业科学院郑州果树研究所
16	国家茶树改良中心	中国农业科学院茶叶研究所
17	国家禽类实验动物种子中心	中国农业科学院哈尔滨兽医研究所
18	国家牧草改良中心	中国农业科学院草原研究所
19	国家烟草改良中心	中国农业科学院烟草研究所
20	国家柑桔品种改良中心	中国农业科学院柑桔研究所
21	国家糖料改良中心	中国农业科学院甜菜研究所
22	国家蚕桑育种中心	中国农业科学院蚕业研究所

附表6-2 国家级农作物种质库

序号	名称	依托单位
1	国家作物种质长期库	中国农业科学院作物科学研究所
2	国家农作物种质保存中心	中国农业科学院作物科学研究所
3	国家蔬菜种质资源中期库	中国农业科学院蔬菜花卉研究所
4	国家水稻种质资源中期库	中国水稻研究所
5	国家棉花种质资源中期库	中国农业科学院棉花研究所
6	国家油料种质资源中期库	中国农业科学院油料作物研究所
7	国家麻类种质资源中期库	中国农业科学院麻类研究所
8	国家西瓜甜瓜种质资源中期库	中国农业科学院郑州果树研究所
9	国家牧草种质资源中期库	中国农业科学院草原研究所
10	国家烟草种质资源中期库	中国农业科学院烟草研究所
11	国家甜菜种质资源中期库	中国农业科学院甜菜研究所

附表6-3 国家级农作物种质圃

序号	名称	依托单位
1	国家种质北京多年生小麦野生近缘植物圃	中国农业科学院作物科学研究所
2	国家种质海南野生棉圃	中国农业科学院棉花研究所
3	国家种质武昌野生花生圃	中国农业科学院油料作物研究所
4	国家种质沅江苎麻圃	中国农业科学院麻类研究所
5	国家果树种质兴城梨、苹果圃	中国农业科学院果树研究所
6	国家种质郑州桃、葡萄圃	中国农业科学院郑州果树研究所
7	国家种质杭州茶树圃	中国农业科学院茶叶研究所
8	国家种质多年生牧草圃	中国农业科学院草原研究所
9	国家种质左家山葡萄圃	中国农业科学院特产研究所
10	国家种质重庆柑桔圃	中国农业科学院柑桔研究所
11	国家种质镇江桑树圃	中国农业科学院蚕业研究所
12	国家种质徐州甘薯试管苗库	中国农业科学院甘薯研究所

附表7：技术转化示范平台

附表7-1　中国农业科学院直属科研试验基地

序号	名称	依托单位
1	北京南口综合试验基地	中国农业科学院
2	河北廊坊农业高新技术产业园	中国农业科学院
3	河南新乡综合试验基地	中国农业科学院

附表7-2　研究所直属科研试验基地

序号	名称	依托单位
1	北京海淀作物试验基地	中国农业科学院作物科学研究所
2	北京昌平作物试验基地	中国农业科学院作物科学研究所
3	海南三亚作物南繁试验基地	中国农业科学院作物科学研究所
4	河南新乡小麦育种试验基地	中国农业科学院作物科学研究所
5	北京顺义作物试验基地	中国农业科学院作物科学研究所
6	河北沽源小麦夏繁试验基地	中国农业科学院作物科学研究所
7	吉林公主岭作物试验基地	中国农业科学院作物科学研究所
8	河北唐海作物耐盐碱试验基地	中国农业科学院作物科学研究所
9	内蒙古锡林浩特草原有害生物监测与防治试验基地	中国农业科学院植物保护研究所
10	河北廊坊农业有害生物监测与防治试验基地	中国农业科学院植物保护研究所
11	吉林公主岭农业有害生物监测与防治试验基地	中国农业科学院植物保护研究所
12	广西桂林农业有害生物监测与防治试验基地	中国农业科学院植物保护研究所
13	新疆库尔勒农业有害生物监测与防治试验基地	中国农业科学院植物保护研究所
14	甘肃天水农业有害生物监测与防治试验基地	中国农业科学院植物保护研究所
15	山东长岛农业有害生物监测与防治试验基地	中国农业科学院植物保护研究所
16	北京海淀蔬菜花卉试验基地	中国农业科学院蔬菜花卉研究所

（续表）

序号	名称	依托单位
17	北京顺义蔬菜试验基地	中国农业科学院蔬菜花卉研究所
18	河北省张家口蔬菜试验基地	中国农业科学院蔬菜花卉研究所
19	山西寿阳旱地农业试验基地	中国农业科学院农业环境与可持续发展研究所
20	西藏那曲高寒草地生态与气候变化试验基地	中国农业科学院农业环境与可持续发展研究所
21	湖南岳阳农业环境试验基地	中国农业科学院农业环境与可持续发展研究所
22	北京顺义农业环境试验基地	中国农业科学院农业环境与可持续发展研究所
23	福建海西农业环境试验基地	中国农业科学院农业环境与可持续发展研究所
24	东营农业环境试验基地	中国农业科学院农业环境与可持续发展研究所
25	北京昌平畜牧试验基地	中国农业科学院北京畜牧兽医研究所
26	内蒙古鄂尔多斯鄂托克旗牧草资源与育种试验基地	中国农业科学院北京畜牧兽医研究所
27	转基因猪安全评价技术基地	中国农业科学院北京畜牧兽医研究所
28	中国农业科学院农产品中国农业科学院农产品加工研究所主食加工技术研究院（哈尔滨）	中国农业科学院农产品加工研究所
29	中国农业科学院合肥食品科学与营养创新研究院	中国农业科学院农产品加工研究所
30	北京平谷北方棉花生物技术育种试验基地	中国农业科学院生物技术研究所
31	海南三亚棉花南繁试验基地	中国农业科学院生物技术研究所
32	湖北麻城长江流域棉区棉花生物技术育种试验基地	中国农业科学院生物技术研究所
33	海南乐东生物技术试验基地	中国农业科学院生物技术研究所
34	辽宁营口生物技术试验基地	中国农业科学院生物技术研究所
35	安徽灵璧生物技术试验基地	中国农业科学院生物技术研究所
36	北京昌平潮褐土生态环境试验站	中国农业科学院农业资源与农业区划研究所
37	内蒙古呼伦贝尔草原生态系统试验基地	中国农业科学院农业资源与农业区划研究所
38	山东德州盐碱土壤改良试验基地	中国农业科学院农业资源与农业区划研究所
39	北京海淀国家土壤肥力与肥料效益监测站网	中国农业科学院农业资源与农业区划研究所
40	河南洛阳旱地农业试验基地	中国农业科学院农业资源与农业区划研究所
41	北京密云土壤肥料试验基地	中国农业科学院农业资源与农业区划研究所
42	湖南祁阳红壤农业生态试验基地	中国农业科学院农业资源与农业区划研究所
43	河北迁西燕山生态环境试验基地	中国农业科学院农业资源与农业区划研究所
44	河北平泉国家食用菌改良中心试验基地	中国农业科学院农业资源与农业区划研究所
45	江西进贤土壤肥料试验基地	中国农业科学院农业资源与农业区划研究所
46	广东江门农业农业资源试验基地	中国农业科学院农业资源与农业区划研究所
47	河南商丘农业资源与生态环境试验站	中国农业科学院农田灌溉研究所
48	河南洪门水资源安全利用试验基地	中国农业科学院农田灌溉研究所
49	海南陵水水稻南繁试验基地	中国水稻研究所
50	浙江富阳水稻试验场	中国水稻研究所
51	云南永胜水稻试验基地	中国水稻研究所

（续表）

序号	名称	依托单位
52	浙江临安稻瘟病野外试验站	中国水稻研究所
53	黑龙江宝清试验基地	中国水稻研究所
54	海南三亚南繁基地	中国农业科学院棉花研究所
55	安徽合肥杂交棉试验基地	中国农业科学院棉花研究所
56	安徽望江长江生态区三熟棉试验基地	中国农业科学院棉花研究所
57	新疆石河子北疆早熟棉试验基地	中国农业科学院棉花研究所
58	新疆温宿试验基地	中国农业科学院棉花研究所
59	新疆阿拉尔中早熟棉试验基地	中国农业科学院棉花研究所
60	新疆库尔勒棉花试验基地	中国农业科学院棉花研究所
61	新疆阿克苏中早熟棉试验基地	中国农业科学院棉花研究所
62	河南郑州棉花试验基地	中国农业科学院棉花研究所
63	河南安阳棉花试验基地	中国农业科学院棉花研究所
64	青海平安油菜夏繁试验基地	中国农业科学院油料作物研究所
65	湖北汉川油料转基因安全检测与试验基地	中国农业科学院油料作物研究所
66	湖北阳逻油料作物试验基地	中国农业科学院油料作物研究所
67	湖北武昌油料作物试验基地	中国农业科学院油料作物研究所
68	江西进贤油料作物试验基地	中国农业科学院油料作物研究所
69	湖南沅江麻类作物试验基地	中国农业科学院麻类研究所
70	湖南长沙苎麻与野生纤维植物资源圃	中国农业科学院麻类研究所
71	湖南长沙望城麻类创新试验基地	中国农业科学院麻类研究所
72	野生纤维植物保护圃	中国农业科学院麻类研究所
73	中国农业科学院麻类研究所泰安产业基地	中国农业科学院麻类研究所
74	南方饲料作物种质与利用	中国农业科学院麻类研究所
75	湖北利川功能蔬菜基地	中国农业科学院麻类研究所
76	辽宁兴城砬山北方落叶果树试验基地	中国农业科学院果树研究所
77	辽宁兴城温泉果树试验基地	中国农业科学院果树研究所
78	辽宁绥中果树栽培试验基地	中国农业科学院果树研究所
79	新疆哈密果树瓜类试验基地	中国农业科学院郑州果树研究所
80	河南郑州果树瓜类试验基地	中国农业科学院郑州果树研究所
81	河南荥阳果树瓜类试验基地	中国农业科学院郑州果树研究所
82	新疆阿克苏果树试验基地	中国农业科学院郑州果树研究所
83	浙江杭州茶叶试验基地	中国农业科学院茶叶研究所
84	浙江淳安茶叶试验基地	中国农业科学院茶叶研究所
85	浙江嵊州茶叶试验基地	中国农业科学院茶叶研究所
86	云南普洱茶试验基地	中国农业科学院茶叶研究所

(续表)

序号	名称	依托单位
87	黑龙江哈尔滨南山试验场	中国农业科学院哈尔滨兽医研究所
88	甘肃兰州大洼山畜牧试验基地	中国农业科学院兰州畜牧与兽药研究所
89	甘肃张掖旱生牧草种子繁育试验基地	中国农业科学院兰州畜牧与兽药研究所
90	内蒙古呼和浩特农牧交错区试验基地	中国农业科学院草原研究所
91	内蒙古锡盟苏尼特荒漠草原试验基地	中国农业科学院草原研究所
92	内蒙古鄂尔多斯十二连城沙地草原试验基地	中国农业科学院草原研究所
93	内蒙古鄂尔多斯达拉特沙地草场改良试验基地	中国农业科学院草原研究所
94	青海玉树青藏高寒草原试验基地	中国农业科学院草原研究所
95	内蒙古锡盟太仆寺旗典型草原试验基地	中国农业科学院草原研究所
96	内蒙古锡林浩特草原生态保护与可持续利用试验基地	中国农业科学院草原研究所
97	上海松江动物试验基地	中国农业科学院上海兽医研究所
98	吉林昌邑左家特种经济动植物试验基地	中国农业科学院特产研究所
99	云南大理农业生态环境试验基地	农业部环境保护科研监测所
100	天津武清农业生态环境试验基地	农业部环境保护科研监测所
101	湖南湘潭农业生态环境试验基地	农业部环境保护科研监测所
102	四川成都公兴沼气发酵中试基地	农业部沼气科学研究所
103	江苏南京溧水农业机械化技术试验基地	农业部南京机械化研究所
104	山东即墨烟草试验基地	中国农业科学院烟草研究所
105	山东青州烟草试验基地	中国农业科学院烟草研究所
106	四川西昌烟草试验基地	中国农业科学院烟草研究所
107	广东深圳基因组学试验基地	中国农业科学院农业基因组研究所

附表8：国际合作交流平台

附表8-1　国际联合实验室

序号	名称	依托单位
1	中—美小麦品质与抗病性联合实验室	中国农业科学院作物科学研究所
2	农业部—国际玉米小麦改良中心联合实验室	中国农业科学院作物科学研究所
3	中—澳小麦改良合作研究中心	中国农业科学院作物科学研究所
4	中—美农业环境中心	中国农业科学院农业环境与可持续发展研究所
5	中国—巴西农业科学联合实验室	中国农业科学院生物技术研究所
6	中国—巴基斯坦棉花生物技术联合实验室	中国农业科学院生物技术研究所
7	中—芬农业与环境技术联合实验室	农业部环境保护科研监测所
8	CAAS-CIMMYT应用基因组学和分子育种联合研究中心	中国农业科学院作物科学研究所
9	中—法禾谷类作物基因组学联合实验室	中国农业科学院作物科学研究所
10	中—日农业技术研究发展中心	中国农业科学院农业环境与可持续发展研究所
11	中国农业科学院—国际水资源管理研究所农业水管理联合实验室	中国农业科学院农业环境与可持续发展研究所
12	中国农业科学院—国际干旱地区农业研究中心—国际半干旱地区热带作物研究所旱地农业联合实验室	中国农业科学院农业环境与可持续发展研究所
13	中—澳可持续农业生态联合实验室	中国农业科学院农业环境与可持续发展研究所
14	中—荷畜禽废弃物资源化中心	中国农业科学院农业环境与可持续发展研究所
15	CAAS-ICRAF农用林业与可持续畜牧业联合实验室	中国农业科学院北京畜牧兽医研究所
16	中国农业科学院—国际家畜研究所畜禽牧草遗传资源联合实验室	中国农业科学院北京畜牧兽医研究所
17	中国—挪威鱼类消化道微生物联合实验室	中国农业科学院饲料研究所
18	中国—欧盟饲料霉菌毒素脱毒技术联合实验室	中国农业科学院饲料研究所

（续表）

序号	名称	依托单位
19	中国农业科学院—日本国际农林水产业研究中心农业发展研究联合实验室	中国农业科学院农业资源与农业区划研究所
20	中国农业科学院—国际半干旱研究所花生黄曲霉毒素防控国际联合实验室	中国农业科学院油料作物研究所
21	中国—意大利果树科学联合实验室	中国农业科学院果树研究所
22	中—荷蔬菜遗传育种联合实验室	中国农业科学院蔬菜花卉研究所
23	中—俄蔬菜种质资源挖掘利用联合实验室	中国农业科学院蔬菜花卉研究所
24	中国—捷克菌根多样性、功能和可持续利用联合实验室	中国农业科学院蔬菜花卉研究所
25	中国农业科学院—韩国农村振兴厅作物科学联合实验室	中国农业科学院作物科学研究所
26	中—荷设施园艺联合研究中心（北京）	中国农业科学院农业环境与可持续发展研究所
27	国际原子能机构（IAEA）环境放射性核素分析实验室	中国农业科学院农业环境与可持续发展研究所
28	中—爱奶业科学技术中心	中国农业科学院北京畜牧兽医研究所
29	中—俄牧草遗传资源联合实验室	中国农业科学院北京畜牧兽医研究所
30	中国农业科学院农业资源与农业区划研究所—荷兰瓦赫宁根大学蘑菇育种联合实验室	中国农业科学院农业资源与农业区划研究所
31	中国—国际水稻研究所稻米品质与营养联合研究中心	中国水稻研究所
32	中国农业科学院—堪萨斯州立大学油料绿色加工与高值化利用国际联合实验室	中国农业科学院油料作物研究所
33	中国农业科学院油料作物研究所—奥克兰大学理学院脂质化学与营养联合实验室	中国农业科学院油料作物研究所
34	河南省果树基因组学国际联合实验室	中国农业科学院郑州果树研究所
35	中—新果树科学联合实验室	中国农业科学院郑州果树研究所
36	中—西果树科学与技术联合实验室	中国农业科学院郑州果树研究所
37	中—俄草地生态与利用联合实验室	中国农业科学院草原研究所
38	国际人参质量研究及产业化发展中心	中国农业科学院特产研究所
39	中国—新西兰国际联合实验室	中国农业科学院特产研究所
40	中—美植物衰老联合实验室	中国农业科学院烟草研究所
41	中国—古巴蚕桑科技合作中心	中国农业科学院蚕业研究所
42	中国—国际水稻研究所联合实验室	中国农业科学院农业基因组研究所
43	中—波麻类分子生物学联合实验室	中国农业科学院麻类研究所
44	中—马联合国际红麻育种试验站	中国农业科学院麻类研究所
45	中—日动物原虫病联合实验室	中国农业科学院上海兽医研究所
46	中—新生物炭与农业环境联合实验室	农业部环境保护科研监测所

附表8-2 国际科技合作基地

序号	名称	依托单位
1	设施蔬菜资源高效利用国际科技合作基地	中国农业科学院蔬菜花卉研究所
2	设施农业国际合作示范基地	中国农业科学院农业环境与可持续发展研究所
3	国家科技国际科技合作基地（奶业国际联合研究中心）	中国农业科学院北京畜牧兽医研究所
4	中国水稻研究所国际科技合作基地	中国水稻研究所
5	油料作物品质改良与质量安全国际科技合作基地	中国农业科学院油料作物研究所
6	动物用生物制剂研究国际科技合作基地	中国农业科学院哈尔滨兽医研究所
7	国家沼气技术国际科技合作基地	农业部沼气科学研究所

附表8-3 国家引进国外智力成果示范推广基地和示范单位

序号	名称	依托单位
1	设施园艺节能及栽培工程	中国农业科学院农业环境与可持续发展研究所
2	中国西门塔尔牛新品种选育引智基地	中国农业科学院北京畜牧兽医研究所
3	蜜蜂健康养殖技术基地	中国农业科学院蜜蜂研究所
4	中国超级稻培育与栽培集成技术	中国水稻研究所
5	果树机械授粉技术示范与推广基地	中国农业科学院郑州果树研究所
6	农业面源污染监测及防控技术	农业部环境保护科研监测所
7	地方鸡种保护、选育及利用技术	中国农业科学院家禽研究所
8	国家引进国外智力示范单位	中国农业科学院蚕业研究所

附表8-4 国际机构驻京办事处

序号	名称
1	国际玉米小麦改良中心（CIMMYT）中国办事处
2	国际生物多样性研究中心（BIOVERSITY）北京办事处
3	国际中国水稻研究所（IRRI）北京办事处
4	国际马铃薯中心（CIP）北京联络处
5	国际食物政策研究所（IFPRI）北京项目办公室
6	国际农用林业中心（ICRAF）北京办事处
7	国际畜牧研究所（ILRI）北京联络处
8	国际应用生物科学中心（CABI）东亚中心
9	国际植物营养研究所（IPNI）北京办公室
10	韩国农村农村振兴厅（RDA）北京办事处

附表8-5 获OIE、FAO认可的参考实验室、中心

序号	名称	依托单位
1	世界动物卫生组织禽流感参考实验室	中国农业科学院哈尔滨兽医研究所
2	世界动物卫生组织马传染性贫血参考实验室	中国农业科学院哈尔滨兽医研究所
3	世界动物卫生组织马流感twinning实验室	中国农业科学院哈尔滨兽医研究所
4	世界动物卫生组织口蹄疫参考实验室	中国农业科学院兰州兽医研究所
5	世界动物卫生组织禽传染性法氏囊病twinning实验室	中国农业科学院哈尔滨兽医研究所
6	世界动物卫生组织人兽共患病亚太区协作中心	中国农业科学院哈尔滨兽医研究所
7	世界动物卫生组织羊泰勒虫病参考实验室	中国农业科学院兰州兽医研究所
8	联合国粮农组织动物流感参考中心	中国农业科学院哈尔滨兽医研究所
9	联合国粮农组织沼气技术研究培训参考中心	农业部沼气科学研究所

参考文献

陈实. 2011. 中国国家重点实验室管理制度的演变与创新[M]. 北京：冶金工业出版社.

程琳琳，王旭，田维敏，等. 2015. 农业科研单位科技平台建设的实践与思考[J]. 中国热带农业（3）：109-112.

高峰，张雨，李宁. 2012. 农业野外科学观测试验站现状及贡献分析——以中国农业科学院为例[J]. 广东农业科学，39（9）：212-214.

金发忠. 2011. 关于农产品质量安全监管及其业务支撑体系建设的思考[J]. 农产品质量与安全（6）：8-11.

金发忠. 2014. 我国农产品质量安全风险评估的体系构建及运行管理[J]. 农产品质量与安全（3）：3-11.

李建萍，刘建安. 2008. 加强农业科技条件平台建设的实践与思考[J]. 农业科技管理，27（5）：48-50.

刘建安. 2015. 创新工程技术研究中心机制 提高农业产业支撑能力[J]. 农业科技管理，34（3）：31-37.

刘建安. 2015. 农产品质量安全风险评估平台的建设现状与发展对策[J]. 农业科技管理，34（1）：36-38.

刘爽，熊明民，刘建安，等. 2016. 农业科技平台建设分析与发展思考——以中国农业科学院为例[J]. 农业科技管理（1）：49-51.

汤以良，孔祥金. 2005. 加强重点实验室建设 促进科技平台发挥作用[J]. 中国科技信息（6）：170.

唐华俊. 2015. 我国农产品质量安全风险评估学科建设推进方略[J]. 农产品质量与安全（5）：3-5.

王贺，赵林萍，王芳，等. 2015. 浅谈农业科研院所科技平台建设与发展[J]. 科技管理研究（10）：23-25.

王宏伟，李平. 2015. 深化科技体制改革与创新驱动发展[J]. 求是学刊（5）：49-56.

王青峰，王敏，袁文才，等. 2013. 高校科研平台建设与管理机制探索[J]. 实验室研究与探索，32（6）：226-230.

危怀安，王炎坤. 2006. 国家重点实验室运行机制问题与对策[J]. 研究与发展管理，18（4）：104-107.

熊明民，刘建安. 2013. 加强我国农业科研单位科技平台建设的实践与思考[J]. 农业科技管理，32（3）：17-21.

熊明民，刘建安. 2016. 农业领域国家重点实验室建设发展布局建议[J]. 实验技术与管理（7）：234-236.

易高峰. 2009. 国家重点实验室建设的回顾与思考：1984—2008[J]. 科学管理研究，27（4）：35-38.

张贵红，朱悦. 2015. 我国科技平台建设的历程、现状及主要问题分析[J]. 中国科技论坛（1）：17-21.

赵沁平. 2005. 建设科技平台　会聚学科力量　提高研究型大学的自主创新能力[J]. 中国高等教育（23）：3-4.

周文能，彭以祺，王静. 2001. 加强野外台站建设促进　中国基础科学（10）：37-40.

庄越，叶一军. 2003. 我国国家重点实验室与美国国家实验室建设及管理的比较研究[J]. 科学与科学技术管理，24（12）：21-24.